Zur Europarechtskonformität der Pflichtmitgliedschaft in den Industrie- und Handelskammern

Kölner Schriften zu Recht und Staat

Herausgegeben von
Prof. Dr. Hartmut Schiedermair (†) und
Prof. Dr. Bernhard Kempen

Band 62

PETER LANG

Jessica A. Kempen

Zur Europarechtskonformität der Pflichtmitgliedschaft in den Industrie- und Handelskammern

PETER LANG

Bibliografische Information der Deutschen Nationalbibliothek
Die Deutsche Nationalbibliothek verzeichnet diese Publikation in der Deutschen Nationalbibliografie; detaillierte bibliografische Daten sind im Internet über http://dnb.d-nb.de abrufbar.

Zugl.: Köln, Univ., Diss., 2020

Abbildung auf dem Umschlag:
Historisches Universitätssiegel
der Universität zu Köln.

D38
ISSN 1433-0253
ISBN 978-3-631-84376-5 (Print)
E-ISBN 978-3-631-85577-5 (E-PDF)
E-ISBN 978-3-631-85578-2 (EPUB)
E-ISBN 978-3-631-85579-9 (MOBI)
DOI 10.3726/b18565

Peter Lang – Berlin · Bern · Bruxelles · New York ·
Oxford · Warszawa · Wien

Diese Publikation wurde begutachtet.

www.peterlang.com

Vorwort

Diese Studie wurde von der Rechtswissenschaftlichen Fakultät der Universität zu Köln im Sommer 2020 als Dissertation angenommen. Auf dem langen, von sehr erfreulichen privaten Unterbrechungen gekennzeichneten Weg zu ihrer Fertigstellung haben mich die Kolleginnen und Kollegen am Institut für Völkerrecht in Köln immer wieder ermuntert. Ihnen verdanke ich viel. Besonderer Dank gebührt aber meinem Doktorvater Professor Dr. Burkhard Schöbener, der mich in vielen intensiven und regelmäßigen Beratungsgesprächen auf neue Ideen gebracht und mich einige meiner ursprünglichen Ideen neu überdenken ließ. Er war ein idealer Coach und Begleiter dieses Projekts, weil er sich ebenso intensiv wie kritisch mit meinem Thema befasste. Dank sagen möchte ich schließlich Herrn Professor Dr. Wolfram Höfling, der das Zweitgutachten zu meiner Dissertation erstellt hat.

Inhaltsverzeichnis

Einleitung

Am 12. Juli 2017 hat der Erste Senat des Bundesverfassungsgerichts zwei Verfassungsbeschwerden, die gegen die Pflichtmitgliedschaft in den deutschen Industrie- und Handelskammern (IHK) erhoben worden waren, zurückgewiesen.[1] Damit ist in Deutschland abschließend entschieden: Die Pflichtmitgliedschaft verstößt nicht gegen das Grundgesetz.

Schon einmal war das höchste deutsche Gericht mit dieser Frage konfrontiert. Damals, im Jahr 2001, hat die 2. Kammer des Ersten Senats eine gegen die Pflichtmitgliedschaft gerichtete Verfassungsbeschwerde nicht zur Entscheidung angenommen[2] und in einem ausführlich begründeten Beschluss dargelegt, dass nicht die negative Vereinigungsfreiheit des Art. 9 Abs. 1 GG, sondern die allgemeine Handlungsfreiheit des Art. 2 Abs. 1 GG den verfassungsrechtlichen Maßstab für die Beurteilung der Pflichtmitgliedschaft bildet.[3] Dies hat der Erste Senat nun 16 Jahre später bestätigt. Den richtigen verfassungsrechtlichen Maßstab liefere Art. 2 Abs. 1 GG[4], in den Schutzbereich dieses Grundrechts greife die gesetzlich angeordnete Pflichtmitgliedschaft zwar ein[5], aber der Eingriff sei gerechtfertigt, weil er einen legitimen Zweck verfolge und verhältnismäßig sei[6]. Eine Grundrechtsverletzung sei daher im Ergebnis nicht gegeben.

Die Pflichtmitgliedschaft in den Industrie- und Handelskammern scheint damit auf lange Sicht gesichert. Verfassungsrechtlich bedenkenfrei und gewissermaßen mit höchstem gerichtlichen Siegel zertifiziert müsste schon der Bundesgesetzgeber tätig werden, um die Pflichtmitgliedschaft anzutasten. Auf entsprechende gesetzgeberische Initiativen deutet derzeit nichts hin.

---

1 BVerfG, Beschluss v. 12. 07. 2017, Az. 1 BvR 2222/12 u. 1 BvR 1106/13, BVerfGE 146, 164.

2 BVerfG, Beschluss der 2. Kammer des Ersten Senats v. 07. 12. 2001, Az. 1 BvR 1806/2001, https://www.bundesverfassungsgericht.de/SharedDocs/Entscheidungen/DE/2001/12/rk20011207_1bvr180698.html.

3 BVerfG, Beschluss der 2. Kammer des Ersten Senats v. 07. 12. 2001, Az. 1 BvR 1806/2001, https://www.bundesverfassungsgericht.de/SharedDocs/Entscheidungen/ DE/2001/12/rk20011207_1bvr180698.html, Rn. 27, 35.

4 BVerfGE 146, 164 (193 f.).

5 BVerfGE 146, 164 (196).

6 BVerfGE 146, 164 (198 ff.).

Doch ist mit dem Urteil aus Karlsruhe tatsächlich die Rechtmäßigkeit der Pflichtmitgliedschaft ein für allemal besiegelt? Gewiss, sie ist verfassungsrechtlich bestätigt, aber weitere damit im Zusammenhang stehende Fragen sind bislang nicht abschließend geklärt. Wie verhält es sich mit dem Recht der Europäischen Union, wie mit der Europäischen Menschenrechtskonvention? Hält das europäische Recht womöglich Rechtsmaßstäbe bereit, denen die Pflichtmitgliedschaft nicht standhält? In Karlsruhe hatte einer der Beschwerdeführer in dem 2017 abgeschlossenen Verfahren eine Verletzung der Garantie des gesetzlichen Richters (Art. 101 Abs. 1 S. 2 GG) gerügt, weil die Gerichte der Vorinstanzen seiner Ansicht nach verpflichtet gewesen waren, dem EuGH im Wege des Vorabentscheidungsverfahrens vorzulegen.[7] Der Senat wies diese Rüge jedoch – bedauerlicherweise ohne eingehendere Begründung – als unzulässig zurück[8], sodass eine Klärung dieser interessanten Frage in dem Verfahren vor dem Bundesverfassungsgericht nicht erfolgte.[9] Es wäre aufschlussreich gewesen, wie der Europäische Gerichtshof die Pflichtmitgliedschaft vor dem Hintergrund der Niederlassungsfreiheit und der Dienstleistungsfreiheit beurteilt.

Weder der Europäische Gerichtshof (EuGH) noch der Europäische Gerichtshof für Menschenrechte (EGMR) hatten bisher über die deutsche IHK-Pflichtmitgliedschaft eine Entscheidung zu fällen. Über die Rechtmäßigkeit der Pflichtmitgliedschaft und damit über ihren Fortbestand ist deshalb vielleicht noch nicht das letzte Wort gesprochen.[10] Es mag sein, dass eine gerichtliche Anwendung der europäischen Rechtsmaßstäbe zu keinem anderen Ergebnis führt, aber es kann andererseits auch nicht von vornherein ausgeschlossen werden, dass Verstöße gegen das Unionsrecht oder gegen die EMRK festgestellt werden, sodass die IHK-Pflichtmitgliedschaft auf einmal in einem anderen Licht erscheint.

Gegenstand der in dieser Arbeit vorgenommenen Überprüfung ist die Pflichtmitgliedschaft in den deutschen IHKs gemessen am heutigen Europarecht der Europäischen Verträge und der EMRK. Die Rechtsmaßstäbe, die bislang von

---

7 BVerfGE 146, 164 (179).

8 BVerfGE 146, 164 (193); die Begründung besteht aus einem Satz: „Die Rüge einer Verletzung von Art. 101 Abs. 1 Satz 2 GG durch eine unterbliebene Vorlage an den Gerichtshof der Europäischen Union als gesetzlichem Richter für Unionsrechtsfragen durch die Beschwerdeführerin im Verfahren 1 BvR 1106/13 ist ebenfalls unzulässig, da der Grundsatz der Subsidiarität nicht gewahrt ist."

9 BVerfGE 146, 164 (195 f.).

10 Soweit erkennbar sind gegen die Pflichtmitgliedschaft gerichtete Verfahren derzeit weder vor dem EuGH noch vor dem EGMR anhängig.

den höchsten europäischen Gerichten noch nicht konkret anzulegen waren, sollen hier schon einmal angelegt werden, gleichsam so, als wäre nun in Luxemburg oder Straßburg zu entscheiden, ob die deutsche Pflichtmitgliedschaft in den IHKs mit den jeweiligen Rechtsmaßstäben kompatibel ist. Fragen nach den jeweiligen prozessualen Voraussetzungen für Entscheidungen der europäischen Gerichte sollen hier allerdings nicht behandelt werden. Insoweit soll der Hinweis genügen, dass mit dem Vorabentscheidungsverfahren vor dem EuGH (Art. 267 AEUV) und der Individualbeschwerde zum EGMR (Art. 34 EMRK) zwei Rechtsbehelfe zur Verfügung stehen[11], deren zulässige Einlegung für die Zukunft nicht ausgeschlossen werden kann.

11 Es gibt daneben noch weitere grundsätzlich statthafte Rechtsbehelfe: das Vertragsverletzungsverfahren (Art. 258, 259 AEUV) zum EuGH, die Staatenbeschwerde zum EGMR (Art. 33 EMRK). Zu den Voraussetzungen der Verfahren vor dem EuGH *Gornig*, Vertragsverletzungsverfahren, in: Schöbener (Hrsg.), Europarecht, Rn. 2984 ff.; *ders.*, Vorabentscheidungsverfahren, in: Schöbener (Hrsg.), Europarecht, Rn. 3096 ff.; zur EMRK-Staatenbeschwerde *Grabenwarter/Pabel*, EMRK, § 13 Rn. 73 ff.

Kapitel I IHK und Pflichtmitgliedschaft – der historische und rechtliche Rahmen

A. Industrie- und Handelskammern in Deutschland

Die Industrie- und Handelskammern sind aus Deutschland kaum wegzudenken. Sie fallen einerseits durch ihre Aktivitäten auf vielen Feldern des Wirtschaftslebens auf und machen andererseits vor den deutschen Gerichten von sich reden. Um die Pflichtmitgliedschaft als ein Wesensmerkmal der deutschen Industrie- und Handelskammern besser verstehen zu können, ist es unumgänglich, sich auch mit ihrer Geschichte und ihrem Ursprung vertraut zu machen. In einem geschichtlichen Überblick wird die Entwicklung des Status der IHKs und der Mitgliedschaft näher zu betrachten sein, während andere historische Entwicklungen nur am Rande gestreift werden.

I. Ursprung und jüngere historische Entwicklung

Die heutigen Industrie- und Handelskammern blicken auf eine Geschichte zurück, die bis ins späte Mittelalter reicht.[12] Erste Ursprünge des Kammersystems waren in Frankreich am Ende des 16. Jahrhunderts zu erkennen[13] und fanden während der Besetzung der linksrheinischen deutschen Gebiete durch Frankreich Einzug in den späteren preußischen Rechtsraum.[14] Parallel kam es dort zwischen 1820 und 1825 zur Bildung von sog. privilegierten kaufmännischen Korporationen, die gleichfalls als Körperschaften verfasst waren, auf dem Prinzip der Selbstverwaltung beruhten, bei denen aber eine Mitgliedschaft freiwillig war.[15] Im Gegensatz zu den Handelskammern französischen Ursprungs, die kaum Strukturmerkmale der heutigen Selbstverwaltungsorganisation erkennen ließen, wiesen die kaufmännischen Korporationen bereits einige für

---

12 Eine sehr ausführliche Darstellung der historischen Entwicklung des Rechts der IHKs findet sich bei *Will*, Selbstverwaltung der Wirtschaft, 4. Kapitel, S. 239 ff.

13 *Bremer*, Kammerrecht, S. 1.

14 *Kluth* in: Kluth (Hrsg.), Handbuch des Kammerrechts, § 3 Rn. 64 f.

15 *Kluth* in: Kluth (Hrsg.), Handbuch des Kammerrechts, § 3 Rn. 66; *Lusensky*, Gesetz über die Handelskammern, S. 1; von einer „genossenschaftlichen Prägung der inneren Struktur“ spricht *Will*, Selbstverwaltung der Wirtschaft, S. 269, m.w.N.

den modernen Selbstverwaltungsgedanken wichtige organisationsrechtliche Eigenschaften auf.[16]

Eine königliche Verordnung von 1848 stellte das Kammerwesen im gesamten Gebiet des Königreichs Preußen dann auf eine einheitliche Grundlage.[17] Ziel der Verordnung war es, die Unterschiede in der Organisation der bestehenden Handelskammern zu beseitigen und für die Errichtung neuer Kammern zu einem erleichterten Verfahren und insgesamt zu einer größeren Einheitlichkeit der Einrichtungen zu kommen.[18] Dies führte zu einer weiteren Ausbreitung des Kammerwesens. Mit dem Preußischen Gesetz über die Handelskammern vom 24. Februar 1870[19] wurden zusätzliche Veränderungen zur Beseitigung noch bestehender Abweichungen und Problemlagen eingeführt. Die neuen Regelungen betrafen insbesondere Fragen der Zweckbestimmung[20] der Handelskammern und des Kammerwahlrechts.[21] Neben den auf Pflichtmitgliedschaft gründenden Handelskammern blieben die bestehenden kaufmännischen Korporationen mit freiwilliger Mitgliedschaft interessanterweise erhalten.[22] Daran änderten auch folgende Gesetzesnovellen[23] nichts, die sich mit dem parallelen Bestehen von Handelskammern und kaufmännischen Korporationen befassten und die jeweiligen Zuständigkeiten regelten.[24] Die Korporationen existierten weiter neben den Handelskammern, eine Umwandlung zur Handelskammer wurde zwar vereinfacht[25], war aber keineswegs zwingend. Die Entwicklung der

---

16 *Hendler*, Selbstverwaltung als Ordnungsprinzip, S. 24 u. 26, der u.a. auf die Ausgliederung aus dem Behördenaufbau, die Selbstständigkeit, die Betroffenenbeteiligung und die Inpflichtnahme durch den Staat bei der Erfüllung bestimmter öffentlicher Aufgaben hinweist.

17 *Kluth* in: Kluth (Hrsg.), Handbuch des Kammerrechts, § 3 Rn. 68; Königliche Verordnung über die Errichtung von Handelskammern vom 11. 02. 1848, GS S. 63.

18 *Bremer*, Kammerrecht, S. 5.

19 Preußisches Gesetz über die Handelskammern v. 24. 02. 1870, GS S. 134 ff.

20 Sie lautete schon damals: „(…) die Gesamtinteressen der Handel- und Gewerbetreibenden ihres Bezirkes wahrzunehmen, insbesondere die Behörden in der Förderung des Handels und der Gewerbe durch thatsächliche Mittheilungen, Anträge und Erstattung von Gutachten zu unterstützen“, ebd. GS S. 134.

21 *Kluth* in: Kluth (Hrsg.), Handbuch des Kammerrechts, § 3 Rn. 69; detailliert zum Inhalt des preußischen Gesetzes über die Handelskammern: *Bremer*, Kammerrecht, S. 6 f.

22 *Bremer*, Kammerrecht, S. 7.

23 Novelle (zum Gesetz vom 19. 08. 1897 zu insbesondere Abgabensystem und Wahlrecht, GS. S. 343) vom 02. 06. 1902, GS. S. 161.

24 *Bremer*, Kammerrecht, S. 8.

25 *Bremer*, Kammerrecht, S. 9.

Handelskammern in den anderen deutschen Staaten verlief grundsätzlich ähnlich, wenn auch mit einigen Unterschieden im Detail.[26]

Bis in die Zeit der Weimarer Republik galt in den preußischen Gebieten das Gesetz von 1870 fort, lediglich das Wahlverfahren erfuhr einige, allerdings wesentliche Änderungen.[27] Einschneidend für das System der Handelskammern waren die nationalsozialistischen Regelungen zwischen 1934 und 1942, die zur Folge hatten, dass die regionale Selbstverwaltung zerstört wurde und die Kammern fortan direkt der Ordnungsgewalt des Reichsgesetz- und Verordnungsgebers unterstellt waren.[28] Mit dem Übergang zur totalitären Herrschaft verlor sich systembedingt auch jegliche Form freiwillig organisierter Kaufmannschaft.[29] 1942 schließlich wurden die Handelskammern durch eine Verordnung[30] abgeschafft und in die neu gegründeten Gauwirtschaftskammern überführt.[31]

Nach dem Ende der nationalsozialistischen Herrschaft lag das deutsche Kammerwesen in Scherben, es herrschten „Zersplitterung, Unklarheit und Rechtsunsicherheit“[32]. Die Besatzungsmächte wollten einerseits die Wirtschaftsorganisation vollständig von nationalsozialistischen Prägungen befreien und eine demokratische Wirtschaftsverfassung stärken. Andererseits standen sie aber mit Misstrauen allen ihnen unbekannten wirtschaftlichen Erscheinungsformen gegenüber[33]. Diese Ambivalenz, aber auch die regionalen Besonderheiten der einzelnen Besatzungszonen spiegelte sich in den Konzeptionen der Mitgliedschaft zu den doch wieder ins Leben gerufenen Industrie- und Handelskammern wider, die einen bunten Strauß an Variationen offenbarten. Während in der französischen Zone wieder zur Rechtsform der Körperschaft öffentlichen

---

26 Die weitere Entwicklung des Handelskammerwesens orientiert sich großenteils am erwähnten preußischen Geschehen, deshalb hier nur der Hinweis auf die detailliertere Beschreibung von *Bremer*, Kammerrecht, S. 11 ff.

27 *Kluth*, in: Kluth (Hrsg.), Handbuch des Kammerrechts, § 3 Rn. 73 m.w.N.

28 Vgl. *Bremer*, Kammerrecht, S. 18; *Möllering*, in: Frenzel/Jäkel/Junge, IHKG, Einführung, Rn. 3.

29 Teilweise wird davon gesprochen, dass bereits im Jahre 1926 die letzte kaufmännische Korporation (Stettin) in einer Handelskammer aufging, vgl. *Keucher*, Geschichtliche Entwicklung, S. 35.

30 Verordnung über die Vereinfachung und Vereinheitlichung der Organisation der gewerblichen Wirtschaft vom 20. 04. 1942, RGBl. I S. 189 ff.

31 *Kluth*, in: Kluth (Hrsg.), Handbuch des Kammerrechts, § 3 Rn. 74; *Bremer*, Kammerrecht, S. 19.

32 *Möllering*, in: Frenzel/Jäkel/Junge, IHKG, Einführung Rn. 4.

33 *Möllering*, in: Frenzel/Jäkel/Junge, IHKG, Einführung Rn. 4.

Rechts mit Pflichtmitgliedschaft übergegangen wurde, blieb der Beitritt in der amerikanischen Zone freiwillig. Als Rechtsform wählte man dort die privatrechtliche Vereinigung.[34] In der britischen Zone wurde die Frage nach der Mitgliedschaft anfänglich nicht konsequent geregelt. Obwohl zunächst Tendenzen erkennbar waren, die deutlich eine freiwillige Mitgliedschaft favorisierten[35], wurde die Pflichtmitgliedschaft grundsätzlich beibehalten, es war den Kammern jedoch nicht gestattet, ihre Beiträge zwangsweise beizutreiben.[36] Die Industrie- und Handelskammern in der sowjetischen Zone stellten eher eine besondere Form der Staatsverwaltung, als eine Verkörperung von Selbstverwaltung der Wirtschaft dar.[37] Sie hatten insbesondere die Aufgabe, die Integration der privaten Betriebe in die Planwirtschaft zu fördern.[38]

Eine Vereinheitlichung des IHK-Rechts erfolgte nach mehreren Gesetzgebungsanläufen erst im Jahr 1956 mit dem „Gesetz zur vorläufigen Regelung des Rechts der Industrie- und Handelskammern“[39]. Zuvor war eine Einigung an zwei wesentlichen inhaltlichen Aspekten gescheitert. Zunächst einmal fand die Frage der innerbetrieblichen und überbetrieblichen Mitbestimmung keine konsensfähige Antwort, denn insbesondere die Gewerkschaften sprachen sich dagegen aus, die Industrie- und Handelskammern als reine „Unternehmer-Körperschaften“[40] zu formen. Dieser Disput löste sich jedoch nach den mit Blick auf die Mitbestimmung erfolglosen sog. Hattenheimer Gesprächen[41] langsam von der Frage nach der Organisation der Handelskammern ab. Die zweite zu klärende Frage betraf die Organisation der Mitgliedschaft. Es war der wirtschaftsliberale Bundesminister Ludwig Erhard, der in Abkehr von der preußischen Tradition eine privatrechtliche Struktur ähnlich dem Reformmodell der amerikanischen Militärregierung vorschlug, wobei alle öffentlichen Aufgaben

---

34 *Bremer*, Kammerrecht, S. 22; *Winkel*, Industrie- und Handelskammern in der Bewährung, in: Abelshauser/Petzina (Hrsg.), Ordnungspolitischen Weichenstellungen, S. 153 f.

35 Vgl. dazu *Weise*, Kammern in Not, S. 126 ff.

36 *Hardach*, DIHT, S. 99.

37 *Bremer*, Kammerrecht, S. 23.

38 *Hardach*, DIHT, S. 102.

39 Gesetz zur vorläufigen Regelung des Rechts der Industrie- und Handelskammern v. 18. 12. 1956, BGBl. I Nr. 52 v. 21. 12. 1956, S. 920 ff.

40 *Bremer*, Kammerrecht, S. 25.

41 Mehrere Verhandlungsrunden zur Reform des Kammerrechts und der Frage der Mitbestimmung Anfang bis Mitte der 1950er Jahre, die u.a. in Hattenheim abgehalten wurden, *Hardach*, DIHT, S. 124 ff.

beim Staat liegen sollten.[42] Anders konzipierte Gesetzentwürfe des DIHT (Deutscher Industrie- und Handelstag) lehnten der Wirtschaftsminister und auch Bundeskanzler Adenauer ab.[43] Als im Dezember 1955 SPD-Abgeordnete einen Gesetzentwurf in den Bundestag einbrachten, der bei obligatorischer Mitgliedschaft zumindest die Beitragszahlung für die nicht im Handelsregister geführten Einrichtungen freiwillig stellte[44], wurde diese Initiative mit einigen Änderungen dem Bundestag zum Beschluss überwiesen.[45] Zum Gesetzesbeschluss kam es indes nicht. Im Jahr 1956 näherten sich die politischen Lager jedoch in grundsätzlichen wirtschaftspolitischen Fragen an, und auch Bundeswirtschaftsminister Erhard gab seinen Widerstand gegen die Pflichtmitgliedschaft und den öffentlich-rechtlichen Status auf.[46] Das bis heute als „vorläufig" betitelte und seit damals nur einzelnen Änderungen unterworfene IHK-Gesetz (IHKG[47]) regelt seitdem Status und Organisation der Industrie- und Handelskammern, indem es insbesondere die Pflichtmitgliedschaft und auch die Beitragspflicht vorsieht.

Von den frühen Anfängen bis in die jüngere Zeit standen Pflicht und Freiwilligkeit der Mitgliedschaft zu den Industrie- und Handelskammern bzw. sonstigen wirtschaftlichen Vereinigungen mithin nah beieinander, und in der Geschichte der Kammern waren auch hybride Gebilde und privatrechtliche Formen zu beobachten. Am Ende dieses wechselhaften historischen Prozesses steht in Deutschland ein rechtlicher Status der Kammern, der auf ganz spezifische Weise ausgestaltet ist.

II. Rechtliche Rahmenbedingungen I: Die Pflichtmitgliedschaft

Die Pflichtmitgliedschaft ist eines der prägenden Merkmale der Industrie- und Handelskammern geblieben. Bei genauer Betrachtung der Gesetzesbezeichnung müsste richtigerweise von „Pflichtzugehörigkeit" die Rede sein. Trotzdem soll im Folgenden der allseits in fester Übung stehende Begriff der Pflichtmitgliedschaft verwendet werden. § 2 Abs. 1 IHKG bestimmt, dass zur Industrie- und Handelskammer „natürliche Personen, Handelsgesellschaften, andere Personenmehrheiten und juristische Personen des privaten und öffentlichen Rechts,

---

42 *Hardach*, DIHT, S. 127; ebenso *Weise*, Kammern in Not, S. 308 f.

43 *Hardach*, DIHT, S. 27.

44 BT-Drs. 02/1964 v. 14. 12. 1955.

45 BT-Drs. 02/2380 v. 16. 05. 1956.

46 *Hardach*, DIHT, S. 128 f; *Weise*, Kammern in Not, S. 328 f.

47 Wenn im Folgenden vom IHKG die Rede ist, meint dies das Bundesgesetz. Landesgesetze sind entsprechend gekennzeichnet.

welche im Bezirk der Industrie- und Handelskammer eine Betriebsstätte unterhalten (Kammerzugehörige)", gehören, sofern sie gewerbesteuerpflichtig sind. § 2 Abs. 2 IHKG schränkt die Pflichtmitgliedschaft für freie Berufe und für land- bzw. forstwirtschaftliche Berufe insoweit ein, als sie nur bei Handelsregistereintragung entsteht. § 2 Abs. 3 IHKG schließt die Pflichtmitgliedschaft für landwirtschaftliche Genossenschaften, § 2 Abs. 4 IHKG für Gemeinden und Gemeindeverbände aus.

III. Rechtliche Rahmenbedingungen II: Organisation und Binnenstruktur

Die Industrie- und Handelskammern sind Körperschaften des öffentlichen Rechts, also vom konkreten Mitgliederbestand unabhängige Vereinigungen, die ihr Bestehen keiner privatrechtlichen Entscheidung, sondern einem Hoheitsakt verdanken. Sie sind zugleich Selbstverwaltungskörperschaften. Ihnen steht grundsätzlich Satzungsautonomie[48] zu, so dass für sie letztlich eine Kombination aus formellem Gesetzesrecht (Bundesrecht, Landesrecht) und Satzungsrecht maßgeblich ist. Nicht unmittelbar geregelt ist die IHK-Selbstverwaltung hingegen im Verfassungsrecht.

Selbstverwaltung bedeutet „die Erfüllung öffentlicher Aufgaben durch vom Staat dazu berufene öffentlich-rechtliche Körperschaften unter staatlicher Aufsicht, aber mit eigener Verantwortlichkeit und eigener Entschlussfreiheit, sowie mit eigenen, selbstgewählten Organen".[49] Diesem Definitionsansatz entsprechen die Industrie- und Handelskammern. Gemäß § 11 IHKG unterliegen sie der „Aufsicht des Landes darüber, dass sie sich [...] im Rahmen der für sie geltenden Rechtsvorschriften halten" (Rechtsaufsicht). Die Organe der IHK finden ihren rechtlichen Status in §§ 4 ff. IHKG. Oberstes Beschlussorgan ist die Vollversammlung (§ 4), die ihrerseits wiederum den Präsidenten und die übrigen Mitglieder des Präsidiums wählt (§ 6) sowie den Hauptgeschäftsführer bestellt (§ 7).[50] Der Vollständigkeit halber sei noch erwähnt, dass auch dem

---

48 Vgl. § 4 Abs. 1 IHKG für die Industrie- und Handelskammern.

49 *Most*, Selbstverwaltung, S. 13; *Vogel*, in: Stober (Hrsg.), Lexikon des Rechts der Wirtschaft, S. 303; ähnlich auch *Hendler*, Selbstverwaltung als Ordnungsprinzip, S. 284. Der Einfachheit halber sei vorliegend diese klare, leicht nachvollziehbare und weithin anerkannte Definition zugrunde gelegt. Eine kurze Übersicht über weitere Selbstverwaltungslehren und die Ideengeschichte der Selbstverwaltung findet sich bei *Hendler*, in: Kluth, Handbuch des Kammerrechts, § 2 Rn. 18 ff.

50 Zu den genauen Befugnissen und Aufgaben der Organe siehe *Rickert*, in: Frenzel/Jäkel/Junge, IHKG, § 6 Rn. 1 ff.

Berufsbildungsausschuss nach §§ 77 ff. Berufsbildungsgesetz und den Prüfungsausschüssen nach §§ 39 ff., 56, 62 des Berufsbildungsgesetzes Organqualität zukommt.[51]

Die Organe der Industrie- und Handelskammern sind im Sinne der oben wiedergegebenen Definition „selbstgewählt". Den gesetzlichen Rahmen gibt § 5 IHKG vor, der die Wahl zur Vollversammlung in aktiver wie passiver Hinsicht regelt. Die Mitglieder der Vollversammlung werden demnach von allen Kammerzugehörigen gewählt. Passives Wahlrecht genießen nur volljährige Aktivberechtigte und besonders Befugte, wie bestimmte Bevollmächtigte und Prokuristen. Dieser gesetzliche Rahmen bedarf jedoch einer konkretisierenden Ausgestaltung durch eine Wahlordnung, die Näheres zur Wahlrechtsausübung, der Durchführung der Wahl, sowie über Dauer und Beendigung der Mitgliedschaft in der Vollversammlung regelt.[52] Insoweit handelt es sich um rechtliche Inhalte, die in dieser Form aus dem Staatsorganisations- oder Kommunalrecht bekannt sind. In § 5 IHKG sind jedoch noch weitere Vorgaben enthalten. So schreibt § 5 Abs. 3 IHKG eine obligatorische Aufteilung der Kammerzugehörigen in Wahlgruppen vor. Grund für das auf jeweils eine Wahlgruppe beschränkte Wahlrecht ist es, die Vollversammlung zu einem Spiegelbild der tatsächlichen Wirtschaftsstruktur des Kammerbezirks zu machen.[53] Die Praxis geht dahin, die Wahl getrennt nach Wirtschaftsgruppen vorzunehmen[54] und, so wie das Gesetz es in § 5 Abs. 3 vorgibt, „die wirtschaftlichen Besonderheiten des Kammerbezirks sowie die gesamtwirtschaftliche Bedeutung der Gewerbegruppen zu berücksichtigen". Dieses Verfahren führt dazu, dass der Erfolgswert der Stimmen in den verschiedenen Wahlgruppen unterschiedlich und nur in der eigenen Wahlgruppe gleich ist.[55]

---

51 Dazu auch *Rickert*, in: Frenzel/Jäkel/Junge, IHKG, § 6 Rn. 2; *Wurster*, in: Frenzel/Jäkel/Junge, IHKG, § 8 Rn. 28.

52 So bestimmt es auch § 5 Abs. 3 IHKG.

53 *Rickert*, in: Frenzel/Jäkel/Junge, IHKG, § 5 Rn. 44.

54 *Kluth*, in: Kluth (Hrsg.), Handbuch des Kammerrechts, § 6 Rn. 158, mit einer beispielhaften Aufzählung für die IHK Köln.

55 *Rickert*, in: Frenzel/Jäkel/Junge, IHKG, § 5 Rn. 3; *Kluth*, in: Kluth (Hrsg.), Handbuch des Kammerrechts, § 6 Rn. 158 m.w.N. mit Blick auf – die hier der Thematik wegen nicht weiter erläuterbaren – verfassungsrechtlichen Probleme.

IV. Rechtliche Rahmenbedingungen III: Die Aufgaben

Eine erste Aufgabenzuweisung findet sich in § 1 Abs. 1 IHKG. Danach haben die Industrie- und Handelskammern die Aufgabe,

> „das Gesamtinteresse der ihnen zugehörigen Gewerbetreibenden ihres Bezirkes wahrzunehmen, für die Förderung der gewerblichen Wirtschaft zu wirken und dabei die wirtschaftlichen Interessen einzelner Gewerbezweige oder Betriebe abwägend und ausgleichend zu berücksichtigen; dabei obliegt es ihnen insbesondere, durch Vorschläge, Gutachten und Berichte die Behörden zu unterstützen und zu beraten sowie für Wahrung von Anstand und Sitte des ehrbaren Kaufmanns zu wirken."

Zentral und schon der textlichen Stellung wegen als Kernaufgaben konzipiert sind also Interessenvertretung, Wirtschaftsförderung, Gutachtertätigkeit und die Wahrung von Standesanstand und Standessitte. Die Formulierung zeigt auch heute noch eine deutliche Nähe zu den Regelungen, die schon in den Anfangszeiten der Handelskammern in den preußischen Gebieten galten.[56] Trotz der über 200-jährigen Geschichte des IHK-Leitbildes des „Gesamtinteresses" aller Gewerbetreibenden besteht weiterhin keine Klarheit darüber, was genau angesichts der Heterogenität der heutigen Wirtschaft dieses Gesamtinteresse darstellen soll bzw. ob es als solches überhaupt identifizierbar ist. Dies ist ein Punkt, der aus unionsrechtlicher Sicht kritikwürdig sein könnte.

Als weitere Aufgaben normiert das Gesetz die Erlaubnis, Anlagen und Einrichtungen, die der Förderung der gewerblichen Wirtschaft oder einzelner Gewerbezweige dienen, zu begründen, zu unterhalten oder zu unterstützen und Maßnahmen im Bereich der Berufsbildung zu treffen.[57] Ferner obliegt den Industrie- und Handelskammern die Aufgabe, Ursprungszeugnisse und andere Bescheinigungen auszustellen.[58] Diese administrative Tätigkeit wird seit 2008 ergänzt durch die Aufgabenübertragung an die sog. einheitliche Stelle i.S.d. Verwaltungsverfahrensgesetzes, die zur Umsetzung der Dienstleitungsrichtlinie[59] eingeführt wurde.[60]

---

56 Siehe oben Kapitel 1 A I.

57 § 1 Abs. 2 IHKG; zum genauen Zusammenspiel mit dem Berufsbildungsgesetz *Wurster*, in: Frenzel/Jäkel/Junge, IHKG, § 1 Rn. 72 ff.

58 § 1 Abs. 3 IHKG.

59 Richtlinie 2006/123/EG v. 12. 12. 2006, ABl. Nr. L 376 v. 27. 12. 2006, S. 36 ff.

60 § 1 Abs. 3 a und b; hierbei geht es um die Ermächtigung der Länder, den Industrie- und Handelskammern Aufgaben zu übertragen, die unter Umständen auch Nicht-Kammerzugehörige betreffen.

§ 1 Abs. 4 IHKG, der besagt, dass den Industrie- und Handelskammern durch Gesetz oder Rechtsverordnung weitere Aufgaben übertragen werden können, ist an sich zwar nur deklaratorisch, da dort letztlich allgemeine rechtsstaatliche Anforderungen für die Übertragung hoheitlicher Befugnisse und Zuständigkeiten wiederholt werden[61]. Trotzdem verdeutlicht die Vorschrift die Reichweite heutiger Kammeraufgaben, die den Industrie- und Handelskammern im Rahmen der Selbstverwaltung zukommen.[62] Probleme könnten sich hier mit Blick auf das Europarecht insbesondere dann ergeben, wenn die Industrie- und Handelskammer mit den eigenen – sie finanzierenden – Kammerzugehörigen in Konkurrenz tritt.

Bereits dieser kurze, kursorische Einblick lässt die Fülle und Vielseitigkeit der IHK-Aufgaben, aber auch die damit zusammenhängenden rechtlichen Schwierigkeiten erahnen. Die IHK-Aufgaben sind deshalb neben der Pflichtmitgliedschaft häufig Gegenstand von Gerichtsverfahren.[63]

V. Fakten und Zahlen

Einige statistische Werte lassen die wirtschaftliche Bedeutung, aber auch die Probleme der Industrie- und Handelskammern deutlich werden. In Deutschland existieren 80 Industrie- und Handelskammern, die rund 5 Millionen registrierte Mitglieder vertreten. Die Wahlbeteiligung zur IHK-Vollversammlung betrug bei der Wahl im Jahr 2016 im Durchschnitt nur 10,8 % (gegenüber 11,6 % im Jahr 2011), bei einem statistischen Korridor zwischen 6 % (Düsseldorf, München) und 19 % (Bayreuth). Bundesweit 8851 Personen (in Vollzeitäquivalenten) fanden 2016 eine Vollzeitbeschäftigung in den Industrie- und Handelskammern.[64] Zu der Höhe der insgesamt erhobenen Beiträge gibt es leider kaum belastbare

---

61 *Möllering*, in: Frenzel/Jäkel/Junge, IHKG, § 1 Rn. 168

62 Eine aktuelle Übersicht über die Tätigkeiten der Industrie- und Handelskammern findet sich beispielsweise bei *Swoboda*, Was wir tun, 2011; schon 1992 zum umfangreichen Aufgabenbereich *Stober*, Die IHK als Mittler zwischen Staat und Wirtschaft, S. 31 ff.

63 Zuletzt z.B. VG Köln, 03. 05. 2012, 1 K 2836/11, VG Sigmaringen, 12. 10. 2011, 1 K 3870/10 und grundlegend die sog. Limburger Erklärung des BVerwG v. 23. 06. 2010, GewArch 2010, 400.

64 Alle Daten aus dem Jahr 2016, http://www.dihk.de/ihktransparent/infos/mitderwirtschaft/1-mitderwirtschaft, Aufruf zuletzt am 25. 07. 2018; die Ergebnisse ergeben sich aus der Addition von Einzelwerten regionaler Kammern, die im Rahmen einer Transparenzinitiative online veröffentlicht werden. Bedauerlicherweise vermeidet der DIHT dort eine Gesamtaufstellung deutschlandweiter Zahlen.

Quellen. Eine Kleine Anfrage einiger Bundestagsabgeordneter, die unter anderem Auskunft über die Höhe der von den Mitgliedern aufgebrachten Gesamtkosten verlangte, beantwortete die Bundesregierung damit, dass die von allen Industrie- und Handelskammern erhobenen Beiträge sich im Jahr 1998 auf (umgerechnet) 635 Millionen Euro und im Jahr 2002 auf 651 Millionen Euro beliefen.[65] Im Jahr 2002 gab es zudem eine ausführliche Unterrichtung durch die Bundesregierung über Beiträge, Aufgaben und Effizienz der Industrie- und Handelskammern[66]. Obwohl die Beitragslast im Referenzzeitraum gesunken war und der Anteil der vom Grundbeitrag freigestellten Mitglieder über 30% lag, musste eine Zunahme der gegen Beitragsbescheide eingereichten Klagen verzeichnet werden.[67] Überdies waren im entsprechenden Zeitraum zwischen gut 138.000 (1998) und knapp 120.000 (2000) Fälle zu verzeichnen, in denen Vollstreckungsmaßnahmen gegen Kammerzugehörige eingeleitet werden mussten.[68]

Die Bundesregierung bekannte sich noch vor gut 10 Jahren in diesem Bericht sowie in der zuvor erwähnten Antwort auf die Kleine Anfrage explizit dazu, dass „europarechtlich (…) der Status der IHKs nicht im Streit“[69] stehe.

---

65 BT-Drs. 15/3265 v. 28. 05. 2004, Antwort der Bundesregierung auf die Kleine Anfrage der Abgeordneten Dagmar Wöhrl u.a. (BT-Drs. 15/3114) zur Zukunft der Pflichtmitgliedschaft in Industrie- und Handelskammern, den Handwerkskammern, den Landwirtschaftskammern und den Kammern der Freien Berufe, S. 6.

66 BT-Drs. 14/9175 v. 29. 05. 2002, Unterrichtung durch die Bundesregierung: Bericht der Bundesregierung über Beiträge, Aufgaben und Effizienz der Industrie- und Handelskammern.

67 BT-Drs. 14/9175 v. 29. 05. 2002, Unterrichtung durch die Bundesregierung: Bericht der Bundesregierung über Beiträge, Aufgaben und Effizienz der Industrie- und Handelskammern, S. 2.

68 Ebd. S. 7 f.

69 BT-Drs. 14/9175 v. 29. 05. 2002, Unterrichtung durch die Bundesregierung: Bericht der Bundesregierung über Beiträge, Aufgaben und Effizienz der Industrie- und Handelskammern, S. 3; BT-Drs. 15/3265 v. 28. 05. 2004, Antwort der Bundesregierung auf die Kleine Anfrage der Abgeordneten Dagmar Wöhrl u.a. (BT-Drs. 15/3114) zur Zukunft der Pflichtmitgliedschaft in Industrie- und Handelskammern, den Handwerkskammern, den Landwirtschaftskammern und den Kammern der Freien Berufe, Frage 16, S. 5.

B. Pflichtmitgliedschaft – Begriff und Inhalt

I. Begriffsdefinition und -inhalt

Neben dem historischen Hintergrund ist vor der rechtlichen Analyse auch ein Blick auf die Begriffsbedeutung sowie das tatsächliche anderweitige Vorkommen von Pflichtmitgliedschaften hilfreich.

1. Pflichtmitgliedschaft im allgemeinen Verständnis

Von einer Pflichtmitgliedschaft[70] ist die Rede, wenn bei Vorliegen bestimmter tatbestandlicher Voraussetzungen per Gesetz eine Mitgliedschaft bzw. Zugehörigkeit zu einer öffentlich-rechtlichen Vereinigung angeordnet wird. Der Betroffene hat nicht die Möglichkeit, die Mitgliedschaft abzulehnen oder zu beenden, solange die gesetzlichen Voraussetzungen erfüllt sind. Eine Beitragspflicht ist nicht notwendig mit dem allgemeinen begrifflichen Verständnis von Pflichtmitgliedschaft verbunden.

Eine Pflichtmitgliedschaft kann beitragspflichtig oder beitragsfrei statuiert werden. In grundrechtsdogmatischer Hinsicht sind Pflichtmitgliedschaften an Art. 2 Abs. 1 GG zu messen, da Art. 9 Abs. 1 GG nach ganz überwiegender, vom Bundesverfassungsgericht bestätigter[71] Ansicht hoheitlich errichtete unfreiwillige Zwangsvereinigungen unabhängig von ihrer Organisationsform auf der Ebene des Schutzbereichs nicht erfasst.[72] Auf diesen Aspekt wird später[73] noch zurückzukommen sein.

2. Weitere Pflichtmitgliedschaften

Neben den Industrie- und Handelskammern sind in Deutschland noch weitere öffentlich rechtliche Körperschaften auf gesetzlicher Grundlage pflichtmitgliedschaftlich organisiert. Dazu zählen berufsständische Vereinigungen wie die Handwerkskammern und die Kammern einer Vielzahl freier Berufe: Ärzte, Rechtsanwälte, Apotheker, Architekten, Notare, Steuerberater etc. Die Pflichtmitgliedschaft kann überdies in Form der verfassten Studierendenschaft oder

---

70 Synonym wird der Begriff „Zwangsmitgliedschaft“ verwendet, z.B. vom Bundesverfassungsgericht, BVerfG, Beschluss der 2. Kammer des Ersten Senats v. 07.12.2001, Az. 1 BvR 1806/2001, https://www.bundesverfassungsgericht.de/SharedDocs/Entscheidungen/DE/2001/12/rk20011207_1bvr180698.html., Rn. 23 und fortlaufend.

71 BVerfGE 146, 164 (195 f.).

72 Statt vieler *Cornils* in: Epping/Hillgruber, GG-Kommentar, Art. 9 Rn. 8 m.w.N.

73 S.u. Kapitel II B.

der Jagdgenossenschaft begegnen. Auch bei Berufsgenossenschaften und den gesetzlichen Sozialversicherungen besteht eine Pflichtmitgliedschaft. Diese Aufzählung ist keinesfalls abschließend, zeigt jedoch, dass dieses Organisationsprinzip in Deutschland in unterschiedlichen Ausgestaltungen verbreitet ist.

II. Zugehörigkeit zu Wirtschaftskammern in anderen europäischen Staaten

Grundsätzlich lassen sich bei allen Unterschieden zwei bzw. drei verschiedene Kammertypen auf europäischer Ebene identifizieren. Zu den Kammertypen mit Pflichtmitgliedschaft zählt in der Europäischen Union (EU) neben Deutschland, Österreich, Frankreich, den Niederlanden, Luxemburg und Italien auch das Neumitglied Kroatien.[74] Griechenland brachte Anfang 2013 die Abschaffung der Pflichtmitgliedschaft in den Industrie- und Handelskammern auf den Weg[75], über eine Nachfolgeorganisation ist bisher nichts bekannt. Die zweite Gruppe, die sich durch eine freiwillige Mitgliedschaft auszeichnet, lässt sich wiederum unterteilen in Kammern, die auf gesetzlicher Grundlage (z.B. Belgien, Finnland, Schweden, Portugal, Litauen, Polen, Tschechien, die Slowakei und Ungarn) und solche, die auf rein privatrechtlicher Grundlage des Gesellschaftsrechts beruhen (Dänemark, Großbritannien, Irland, Estland, Lettland, Malta und Zypern).[76] Spanien ist seit Anfang 2011 von der verpflichtenden zu einer freiwilligen Mitgliedschaft übergegangen.[77] Die Situation stellt sich mithin heute so dar, dass gut 2/3 der Mitgliedstaaten der Europäischen Union ohne Pflichtmitgliedschaft auskommen. Auch in der Schweiz und in den USA ist die Mitgliedschaft in Handelskammern und vergleichbaren Vereinigungen freiwillig.[78]

---

74 Dazu *Kluth*, in: Kluth (Hrsg.), Handbuch des Kammerrechts, § 4 Rn. 5; noch mit Spanien, da aus dem Jahre 2003, sonst aber identisch: Antwort der Landesregierung auf eine Große Anfrage im Landtag Baden-Württemberg, Drs. 13/1664 v. 10. 01. 2003, S. 9.

75 Siehe Brief der Botschaftssekretärin der Handelsabteilung der Griechischen Botschaft auf dem Internetauftritt des Bundesverbandes für Freie Kammern (Bffk), http://www.bffk.de/aktuelles/griechenland-kippt-den-kammerzwang.html, zuletzt aufgerufen am 25. 07. 2018.

76 *Kluth*, in: Kluth (Hrsg.), Handbuch des Kammerrechts, § 4 Rn. 5; *Möllering*, in: Frenzel/Jäkel/Junge, IHKG, Einführung Rn. 26.

77 Siehe Internetauftritt der Deutschen Außenhandelskammern für Spanien http://www.ahk.es/medien/nachrichten/nachrichten/artikel/spanien-hebt-pflichtmitgliedschaft-in-handelskammern-auf/?cHash=c2ada39741b19900320e6287ff868e06, zuletzt aufgerufen am 22. 07. 2012.

78 S.o. Landtag Baden-Württemberg, Drs. 13/1664 v. 10. 01. 2003, S. 9 f.

Kapitel II Vereinbarkeit der IHK-Pflichtmitgliedschaft mit der Europäischen Menschenrechtskonvention

Die Europäische Menschenrechtskonvention (EMRK) spielt als Europarecht im weiteren Sinne[79] bei der Beurteilung der Pflichtmitgliedschaft eine maßgebliche Rolle. Die EMRK ist nach ihrer Ratifikation in Deutschland am 3. September 1953 in Kraft getreten. Durch das Zustimmungsgesetz[80] (Art. 59 Abs. 2 Satz 1 GG) wurde der Rechtsanwendungsbefehl für die EMRK erteilt.[81] Damit steht die EMRK grundsätzlich im Rang eines einfachen Bundesgesetzes.[82]

A. Rechtliche Wirkung der EMRK in der deutschen Rechtsordnung

Der Rang als einfaches Bundesgesetz und eine Maßstabsfunktion für den Gesetzgeber scheinen sich auf den ersten Blick zu widersprechen.[83] Die Völkerrechtsfreundlichkeit des Grundgesetzes, die sich als Verfassungsprinzip aus der Präambel und Art. 1 Abs. 2, Art. 23, Art. 24, Art. 25 und Art. 59 Abs. 2 GG ableiten lässt, steht jedoch jeder Abweichung von den konventionsrechtlichen Vorschriften durch spätere Gesetze (leges posteriores) grundsätzlich entgegen[84]

---

79 Das Europarecht umfasst grundsätzlich das Recht der europäischen internationalen Organisationen, geht somit über das reine Recht der Europäischen Union hinaus. Neben ihrer Qualität als Vertrag einer europäischen Organisation – und somit Europarecht im weiteren Sinne – gewinnt die EMRK insofern an Bedeutung, als sie zudem eine direkte Verzahnung mit dem Unionsrecht aufweist. Dazu weiterführend *Streinz*, Europarecht, § 1 Rn. 1.

80 BGBl. II v. 19. 01. 1954, S. 14.

81 Z.B. BVerfG, 2 BvR 2365/09, Urteil v. 04.05.2011 zur Problematik der Sicherungsverwahrung, https://www.bundesverfassungsgericht.de/SharedDocs/Entscheidungen/DE/2011/05/rs2 0110504_2bvr236509.html, Rn. 87.

82 U.a. BVerfGE 74, 358 (370); 82, 106 (120); 111, 307 (316 f.). Dies ist Ausdruck des Dualismus, der dazu führt, dass völkerrechtliche Verträge erst über einen Umsetzungsakt in die innerstaatliche Rechtsordnung einbezogen werden.

83 *Peters/Altwicker*, Europäische Menschenrechtskonvention, § 1 R. 8 spricht von einem „Spannungsverhältnis".

84 *Peters/Altwicker*, Europäische Menschenrechtskonvention, § 1 Rn. 7.

und fordert innerstaatlich eine konventionskonforme Auslegung von einfachem Gesetzesrecht. Im Kern steht dahinter die Erwägung, dass sich die Gesetzgeber der Mitgliedstaaten – und damit auch der deutsche Gesetzgeber – völkerrechtstreu verhalten wollen.[85] Diese völkerrechtsfreundliche Auslegung führt grundsätzlich dazu, dass die Rechte der EMRK objektiv-rechtlich als Maßstab für die Auslegung und Anwendung des einfachen Rechts dienen.[86]

Inzwischen ist durch das Bundesverfassungsgericht anerkannt, dass die Gewährleistungen der EMRK in Deutschland mittelbar sogar eine Art verfassungsrechtlichen Rang einnehmen und die EMRK und die EGMR-Rechtsprechung somit sogar zur Auslegung des Grundgesetzes herangezogen werden können.[87] Das Bundesverfassungsgericht geht dabei davon aus, dass zur Bindung an Recht und Gesetz gemäß Art. 20 Abs. 3 GG auch die Berücksichtigung der Gewährleistungen der EMRK zu zählen ist und eine fehlende Auseinandersetzung mit Entscheidungen des EGMR sowie eine schematische „Vollstreckung" (sic) dieser Entscheidungen gegen Grundrechte in Verbindung mit dem Rechtsstaatsprinzip verstoßen können.[88]

Im innerstaatlichen Recht spielen die Konventionsrechte somit eine erhebliche Rolle. Damit einhergehend steigt international die Bedeutung der Individualbeschwerde vor dem Europäischen Gerichtshof für Menschenrechte (EGMR). Artikel 34 EMRK eröffnet dem Einzelnen bei Vorliegen verschiedener Voraussetzungen[89] die Möglichkeit, auf europäischer Ebene einen der Verfassungsbeschwerde vergleichbaren Rechtsbehelf gegen innerstaatliche Maßnahmen zu ergreifen.

Im Rahmen dieser Untersuchung wird zu fragen sein, ob die EMRK Gewährleistungen bereithält, die der deutschen Pflichtmitgliedschaft in den

---

85 *Peters/Altwicker*, Europäische Menschenrechtskonvention, § 1 Rn. 11.

86 *Ehlers*, in: Ehlers (Hrsg.), Europäische Grundrechte und Grundfreiheiten, § 2 Rn. 12; von Bedeutung ist hier die Entscheidung des Bundesverfassungsgerichts in der Sache *Görgülü*, die mit Hinweis auf eine „faktische Orientierungs- und Leitfunktion" sowie eine „faktische Präzedenzwirkung" explizit die Pflicht der deutschen Gerichtsbarkeit statuierte, die Rechtsprechung des EGMR zu berücksichtigen, BVerfGE 111, 307, v.a. Rn. 89.

87 BVerfGE 111, 307 (317); 128, 326 (368 f.); vgl. *Schöbener*, Kontinuität und Dynamik im subjektiven Rechtsschutz, S. 49.

88 BVerfGE 111, 307, erster Leitsatz.

89 Zentrales Element ist hier insbesondere die Rechtswegerschöpfung; im Einzelnen zu den Voraussetzungen: *Grabenwarter/Pabel*, EMRK, § 9 S. 44 ff; *Ehlers*, in: Ehlers (Hrsg.), Europäische Grundrechte und Grundfreiheiten, § 2 Rn. 73 ff.

Industrie- und Handelskammern entgegenstehen. In Betracht kommen hier insbesondere die Eigentumsgarantie gemäß Art. 1 1. Zusatzprotokoll (nachfolgend B.) sowie die Vereinigungsfreiheit nach Art. 11 EMRK (nachfolgend C.).

B. Eigentumsgarantie, Art. 1 Abs. 1 1. ZP EMRK

Die Eigentumsgarantie auch nur als möglicherweise einschlägig in Erwägung zu ziehen, fällt nicht ganz leicht. Nahe läge die Vermutung, dass wie im deutschen Recht das Vermögen als solches – und damit staatliche oder staatlich begründete Abgabenpflichten aufgrund einer Pflichtmitgliedschaft – aus dem Schutzbereich ausgeklammert wird.[90] Der EGMR folgt jedoch einer autonomen Auslegung der Konventionsbegriffe, was bedeutet, dass er keine Rücksicht auf das Begriffsverständnis im innerstaatlichen Recht der Konventionsstaaten nimmt, sondern die zutreffende Auslegung alleine im rechtlichen Rahmen der EMRK findet.[91] Eine „Übernahme" des Begriffsverständnisses nationaler Rechtsprechung widerspräche dem Verhältnis der Gerichte zueinander[92] sowie dem Selbstverständnis des Gerichtshofs. Art. 1 Abs. 1 1. Zusatzprotokoll – als einziges unmittelbar wirtschaftsbezogenes Recht der Konvention[93] – kann somit durchaus in Betracht gezogen werden, wenn es um die Rechtmäßigkeit der Pflichtmitgliedschaft bei gleichzeitiger Beitragspflicht geht.

I. Schutzbereich

1. Personeller Schutzbereich

Bereits ausdrücklich vom Schutzbereich des Art. 1 Abs. 1 1. ZP umfasst sind natürliche und juristische Personen. Beitragspflichtige Mitglieder der IHK

---

90 Teilweise wird heute jedoch auch dieser Ausschluss aus dem Schutzbereich des Art. 14 Abs. 1 GG infrage gestellt, s. *Axer*, in: Epping/Hillgruber, GG, Art. 14 Rn. 54 f., m.w.N. aus Rechtsprechung und Literatur.

91 So z.B. *Kaiser*, in: Karpenstein/Meyer, EMRK, Art. 1 1. ZP, Rn. 2, *Schilling*, Internationaler Menschenrechtsschutz, II. Kapitel Rn. 37; Bedeutung in der Rechtsprechung des Gerichtshofs erlangte die autonome Auslegung in jüngerer Zeit bei der Frage, ob es sich bei der deutschen Sicherungsverwahrung um eine „Strafe" i.S.d. Art. 7 EMRK handelte, EGMR, v. 17. 12. 2009, M./.Germany, EuGRZ 2010, S. 25 (Rz. 120 ff. des Urteils).

92 Zum Verhältnis von BVerfG und EGMR allgemein z.B. *Zoellner*, Das Verhältnis von BVerfG und EGMR; zur Letztentscheidungskompetenz des EGMR: *Heer-Reißmann*, Die Letztentscheidungskompetenz des EGMR.

93 *Kaiser*, in: Karpenstein/Mayer, EMRK, Art. 1 1. ZP, Rn. 1.

sind gemäß § 2 Abs. 1 IHKG, sofern sie zur Gewerbesteuer veranlagt sind, alle „natürlichen Personen, Handelsgesellschaften, andere Personenmehrheiten und juristische Personen des privaten und öffentlichen Rechts, welche im Bezirk der Industrie- und Handelskammer eine Betriebsstätte unterhalten“[94]. Nach der weiten Formulierung des Art. 1 Abs. 1 1. ZP können somit die Kammerzugehörigen dieses Recht für sich in Anspruch nehmen.[95]

2. *Sachlicher Schutzbereich*

Eingehender betrachtet werden muss der sachliche Schutzbereich der Vorschrift. Art. 1 Abs. 1 1. ZP statuiert wörtlich den Schutz des „Eigentums“.

a. *Vertragsfreiheit*

Der Schutzbereich könnte unter dem Gesichtspunkt der Vertragsfreiheit betroffen sein, denn die Pflichtmitglieder werden nicht kraft vertraglicher Willenserklärung, sondern kraft Gesetzes Mitglied in der IHK. In der Rechtsprechung des EGMR lässt sich zwar inzwischen die Anerkennung der Vertragsfreiheit als Ausprägung der unternehmerischen Freiheit von Art. 1 Abs. 1 1. ZP EMRK nachweisen.[96] Diese ist in Bezug auf die Pflichtmitgliedschaft in den IHKs aber nicht betroffen, weil die Pflichtmitgliedschaft mit Beitragsleistung die Kammerzugehörigen mangels alternativer Zugehörigkeitsmöglichkeit nicht in ihrer Vertragsfreiheit beschränkt.

Ein darüber hinaus gehendes eigenes Recht auf vollumfängliche unternehmerische Freiheit lässt sich in der Rechtsprechungsentwicklung (noch) nicht ausmachen.[97] Folglich kann mittels Art. 1 Abs. 1 1. ZP die unternehmerische

94 Die Rechtsgrundlagen für die Beiträge der Kammerzugehörigen finden sich in § 3 Abs. 2 und § 3 Abs. 3 IHKG.

95 Nicht als Berechtigte i.S.d. EMRK sind juristische Personen des öffentlichen Rechts zu zählen, soweit sie aufgrund von Erfüllung staatlicher Aufgaben oder eines beherrschenden Einflusses der Staatsgewalt dem Staat zugeordnet werden müssen, genauer dazu Peters/Altwicker, Europäische Menschenrechtskonvention, § 2 Rn. 16. Diese sind aber in der Regel keine Mitglieder der IHK und somit im Rahmen des persönlichen Schutzbereiches irrelevant.

96 Zum Beispiel EGMR v. 25. 03. 1999, *Iatridis./.Griechenland*, Nr. 31107/96, RJD 1999-II, S. 75/EuGRZ 1999, S. 316.

97 So auch *Schwier*, Der Schutz der „Unternehmerischen Freiheit“ nach Art. 16 GRCh, S. 130.

Freiheit auch nicht als Abwehrrecht gegen eine verpflichtende Mitgliedschaft in den deutschen IHKs fruchtbar gemacht werden.

b. Allgemeiner Vermögensschutz

Als ein an der Konvention mit Blick auf Art. 1 1. ZP zu messender Akt kommt deshalb, wenn überhaupt, nur die konkrete Verpflichtung zur Beitragsleistung in Betracht, die sich wegen § 3 Abs. 2 IHKG zwingend aus der Pflichtmitgliedschaft ergibt.[98] Der Wortlaut des Art. 1 Abs. 1 1. ZP umfasst in den authentischen[99] Sprachfassungen „possessions" und „biens" und enthält somit anders als das deutsche Recht, das zwischen Besitz und Eigentum unterscheidet, eine einheitliche Garantie des Eigentums.[100] Dies umfasst zunächst zumindest die Gewährleistungen des allgemeinen völkerrechtlichen Eigentumsbegriffs, nämlich alle „erworbenen" Rechte mit Vermögenswert.[101]

Doch damit ist noch nicht beantwortet, ob die zulässige und gewollte autonome Gewährleistungsinterpretation des Gerichtshofs über die des Bundesverfassungsgerichtes hinausgeht, die den Bestand „des Vermögens als solches"[102] gerade nicht schützt. Eine eigene, davon abweichende Interpretation durch den EGMR ist nicht ausgeschlossen, da der Eigentumsbegriff des EGMR bisher nicht so extensiv entwickelt worden ist wie andere Gewährleistungen, z.B. Art. 6 EMRK oder Art. 3 EMRK. Das führt dazu, dass er neuen Entwicklungen gegenüber grundsätzlich offen ist[103] – eher vielleicht noch als in der Entscheidungspraxis bereits deutlich geformte Begrifflichkeiten. Zudem nimmt der

---

98 § 3 Abs. 2 IHKG stellt diesen rechtlichen Zusammenhang her, indem bestimmt wird, dass grundsätzlich die „Kosten der Errichtung und Tätigkeit der Industrie- und Handelskammern (...), durch Beiträge der Kammerzugehörigen gedeckt (werden)." Fälle von Beitragsfreistellungen sollen an diesem Punkt außer Betracht bleiben. Sie können möglicherweise im Rahmen von Verhältnismäßigkeitserwägungen eine Rolle spielen, zum Ausgangspunkt der Prüfung wird aber der pflichtmitgliedschaftlich organisierte Beitragszahler genommen.

99 Hierbei handelt es sich um die englische und französische Fassung, wie aus der Schlussformel der EMRK deutlich wird.

100 EGMR, v. 13. 06. 1979 (Marcks), EuGRZ 1979, S. 454, Z. 63.

101 *Grabenwarter/Pabel*, EMRK, § 25 Rn. 3.

102 Diesen Schutz verneinen die obersten deutschen Gerichte in ständiger Rechtsprechung, vgl. u.a BVerfGE 4, 7 (17); 78, 232 (243); 91, 207 (220); 96, 375 (397); BVerwGE 87, 324 (330); 98, 280 (291).

103 *Cremer*, in: Grote/Marauhn, EMRK/GG, Kap. 22 Rn. 26.

Gerichtshof seit Anbeginn für sich in Anspruch, die Konvention als „living instrument“[104] ständig im Lichte der heutigen Bedingungen auszulegen.

Die einschlägige Literatur spricht sich allerdings deutlich gegen die Erfassung des Vermögens als solchem durch den sachlichen Schutzbereich aus.[105] So wird festgestellt, dass Art. 1 Abs. 1 1. ZP und Art. 14 GG sich in ihrer Gesamtstruktur ähneln[106] und sich nur in einigen, dafür aber wesentlichen Punkten unterscheiden[107], zu denen die Frage nach dem Schutz des Vermögens als solchem jedoch nicht zu zählen ist.

Der EGMR selbst hatte zudem bereits früh in einer Entscheidung betont, dass Art. 1 Abs. 1 1. ZP nicht davor schütze, zur Zahlung geringer Geldsummen verpflichtet zu werden.[108] Auch in der jüngeren Rechtsprechung des EGMR sind weiterreichende Schutztendenzen nicht zu erkennen. Die Brücke zur Erfassung des allgemeinen Schutzes des Vermögens vermag bisher eine noch so dynamische Auslegung kaum zu schlagen.

Art. 1 Abs. 2 1. ZP, der bestimmt, dass unberührt vom Eigentumsschutz das staatliche Recht bleibt, Steuern oder sonstige Abgaben zu erheben, kann insoweit ebenso wenig fruchtbar gemacht werden. Die Zuordnung des IHK-Beitrags zu den klassischen Abgabenpflichten des Bürgers wird aufgrund der selektiven Betroffenheit schwer zu begründen sein. Dennoch wollen Teile der Literatur hierdurch gewissermaßen im Umkehrschluss das private Vermögen gegen hoheitlich begründete Eingriffe grundsätzlich geschützt sehen.[109] Überzeugend ist dies nicht. Letztlich ist der zweite Absatz des Art. 1 1. ZP nichts anderes als die Vergewisserung der Konventionsstaaten, in ihrem Recht der Steuer- und Abgabenerhebung und damit einem zentralen Governance-Instrument nicht beschränkt zu sein. Daraus einen allgemeinen Vermögensschutz abzuleiten, ist

---

104 Erstmals zu finden ist diese Rechtsfigur in EGMR, v. 25. 04. 1978 (*Tyrer*), EuGRZ 1979, S. 162; zudem z.B. EGMR v. 27. 03. 1996 (*Goodwin*), ÖJZ 1996, S. 795; EGMR v. 07. 01. 2010 *(Rantsev)*, NJW 2010, 3003.

105 *Kaiser*, in: Karpenstein/Mayer, EMRK, Art. 1 1. ZP, Rn. 4, *Cremer*, in: Grote-Marauhn, EMRK/GG, Kap. 22 Rn. 85, Meyer-Ladewig, HK-EMRK, Art. 1 Abs. 1 1. ZP Rn. 8 ff., der bei der Gewährleistungsaufzählung des Vermögen als solches nicht nennt.

106 Einen ausführlichen Strukturvergleich bietet *Cremer*, in Grote/Marauhn, EMRK/GG, Kap. 22.

107 Dazu genauer *Grabenwarter/Pabel*, EMRK, § 25 Rn. 2.

108 EGMR v. 22. 06. 1989 (*Langborger*), Rn. 41.

109 So z.B. *Schwier*, Der Schutz der Unternehmerischen Freiheit nach Art. 16 GRCH, S. 153 mit Verweis auf *Depenheuer*, in: Tettinger/Stern, Kommentar EU-GRCh, Art. 17 Rn. 37.

eher fernliegend. In der Rechtsprechung des Gerichtshofs haben die Vorstöße aus der Wissenschaft deshalb zu Recht auch keinen Widerhall gefunden.

II. Ergebnis

Die Pflichtmitgliedschaft mit einhergehender Beitragspflicht berührt nicht den Schutzbereich des Art. 1 Abs. 1 1. ZP und ein Verstoß gegen diese Vorschrift scheidet somit aus.

C. Vereinigungsfreiheit, Art. 11 EMRK

Weiterhin könnte die Pflichtmitgliedschaft gegen Art. 11 EMRK verstoßen. Diese Gewährleistung schützt die Versammlungs- und Vereinigungsfreiheit. Sie wird hier in ihrer zweiten Variante relevant. In der deutschen Rechtsprechung ist Art. 9 GG, das namentliche Pendant zu Art. 11 EMRK, in diesem Zusammenhang in ständiger Rechtsprechung vom Bundesverfassungsgericht für nicht einschlägig erklärt worden[110] und ein Großteil der Literatur folgt bis heute diesem Weg[111].

Deutsche Gerichte behandeln die Vorschrift des Art. 11 EMRK im Zusammenhang mit der Pflichtmitgliedschaft in den Industrie- und Handelskammern immer noch selten und oft nur oberflächlich, zumeist beschränken sie sich auf pauschale Argumentationen und Verweise, um Art. 11 EMRK für nicht maßgeblich zu erklären.[112]

---

110 U.a. BVerfGE 10, 89 (102); BVerfGE 10, 354 (361 f.); BVerfGE 50, 290 (354); BVerfG Beschl. v. 07. 12. 2001, 1 BvR 1806/98, https://www.bundesverfassungsgericht.de/SharedDocs/Entscheidungen/DE/2001/12/rk20011207_1bvr180698.html., Rn. 27 ff.; BVerfG Beschl. v. 13. 12. 2006, 1 BvR 2084/05, https://www.bundesverfassungsgericht.de/SharedDocs/Entscheidungen/DE/2006/12/rk20061213_1bvr208405.html, Rn. 30 f.; BVerfG Beschl. v. 12. 07. 2017, 1 BvR 2222/12, https://www.bundesverfassungsgericht.de/SharedDocs/Entscheidungen/DE/2017/07/rs20170712_1bvr222212.html, Rn. 78 ff.

111 Z.B. *Cornils*, in: Epping/Hillgruber, GG, Art. 9 Rn. 10; *Jarass*, in: Jarass/Pieroth, GG, Art. 9 Rn. 7; *Höfling*, in: Sachs, GG, Art. 9 Rn. 21; dennoch sind auch hier vereinzelt Gegenstimmen erkennbar, siehe die Verweise von *Cornils*, ebd. Rn. 10.1, *Höfling*, ebd. Rn. 22.

112 Zuletzt z.B. VG München v. 09. 10. 2012, Az. M 16 12.2369 Rn. 2; VG Münster v. 05. 04. 2011 Az. 3 K 1672/10 Rn. 27 ff.; VG Oldenburg v. 27. 01. 2011, Az. 12 A 837/09 Rn. 20; Bay VGH v. 22. 07. 2010, Az. 22 ZB 10.1518, Rn. 6.

In den 1990er-Jahren wurde Art. 11 EMRK von der Europäischen Kommission für Menschenrechte zweimal als Maßstab für konkret wirtschaftliche Pflichtmitgliedschaften abgelehnt.[113] Die beiden Fälle unterscheiden sich von dem vorliegenden Untersuchungsgegenstand allerdings in mehreren Punkten, worauf noch einzugehen sein wird. Angesichts der größtenteils oberflächlichen Behandlung auf nationaler Ebene sowie einer – soweit erkennbar – nicht ausreichenden bzw. völlig fehlenden Behandlung durch die Gerichte auf internationaler Ebene, dürfte es lohnend sein, Art. 11 EMRK im Hinblick auf die Pflichtmitgliedschaft in den deutschen Industrie- und Handelskammern einer intensiveren Prüfung zu unterziehen.

I. Schutzbereich

1. Personeller Schutzbereich

Ebenso wie die Eigentumsgarantie erfasst Art. 11 EMRK ratione personae sowohl natürliche als auch juristische Personen.[114] Zwar erfolgt die Regelung hier nicht explizit, doch legt es die Konzeption als Menschenrecht – im Gegensatz zum Bürgerrecht – nahe, auch juristische Personen des Privatrechts in den Schutzbereich einzubeziehen. Bestätigt wird diese Interpretation dadurch, dass auch politische Parteien in den Anwendungsbereich der Vereinigungsfreiheit der EMRK einbezogen werden.[115]

2. Sachlicher Schutzbereich

a. Grundsätzliche Gewährleistungen

Als diskussionsbedürftiger erweist sich hingegen der sachliche Schutzbereich der Vereinigungsfreiheit. Der Wortlaut bestimmt, dass die „freie Vereinigung" (freedom of association/liberté d'association) Inhalt der Gewährleistung ist. Auch insoweit muss eine von den Einzelstaaten losgelöste, autonome Auslegung erfolgen. Erfasst sind grundsätzlich alle auf Dauer angelegten, organisatorisch verfestigten Zusammenschlüsse zu einer Organisation, unabhängig von ihrer Qualifikation als „Verein" nach nationalem Recht.[116] In Abgrenzung zur

113 *Weiss gg. Österreich*, Kommissionsentscheidung v. 10. 07. 1991, Nr. 14596/89; *GRAFORSA gg. Spanien*, Kommissionsentscheidung v. 13. 01. 1997, Nr. 36078/97.

114 *Arndt/Schubert*, in: Karpenstein/Mayer, EMRK, Art. 11 Rn. 5.

115 *Bröhmer*, in: Grote/Marauhn, EMRK/GG, Kap. 19 Rn. 13.

116 *Tomuschat*, Freedom of Association, in: Macdonald/Matscher/Petzold, The European System for the Protection of Human Rights, S. 493.

Versammlung ist also eine gewisse zeitliche wie organisatorische Stabilität gefordert, die bei den Industrie- und Handelskammern fraglos gegeben ist.

Die Frage, ob auch wirtschaftlich orientierte Vereinigungen dem Schutzbereich unterfallen, wird heute zu bejahen sein, da die EMRK – das zeigt bereits die Existenz der zuvor erwähnten Eigentumsgarantie des 1. ZP – nicht nur rein teilhaberechtlich motivierte oder gemeinnützige Rechtsausübungen schützt[117].

b. Öffentlich-rechtliche Vereinigungen

Im Schutzbereich des Art. 11 EMRK stellt sich in Bezug auf die Industrie- und Handelskammern zentral die Frage, ob auch öffentlich-rechtliche Vereinigungen in den Schutzbereich mit einbezogen warden und wo gegebenenfalls die Grenze zwischen öffentlich-rechtlichen und privatrechtlichen Vereinigungen zu ziehen wäre. Häufig resultiert eine Schutzverweigerung durch nationale Gerichte mit Blick auf Art. 11 EMRK hierbei daraus, dass sie die IHKs vorschnell als öffentlich-rechtliche – und damit nicht vom Schutzbereich erfasste – Vereinigungen einstufen.[118] Es wird zu klären sein, ob diese Einstufung korrekt ist.

Generell trifft es zu, dass nach der EGMR-Rechtsprechung öffentlich-rechtliche Vereinigungen außerhalb des Anwendungsbereiches des Art. 11 EMRK stehen.[119] Die Feststellung, wo aus Sicht des EGMR die Grenze zwischen privatrechtlichen und öffentlich-rechtlichen Vereinigungen zu ziehen ist, erlangt damit zentrale Bedeutung.

(1) EGMR-Rechtsprechung

Folgende Urteile könnten Rückschlüsse auf die Frage nach der Vereinbarkeit der IHK-Pflichtmitgliedschaft mit Art. 11 EMRK zulassen.

---

117 So auch *Bröhmer*, in: Grote/Marauhn, EMRK/GG, Kap. 19 Rn. 47; *Grabenwarter/Pabel*, EMRK, § 23 Rn. 84; gleichwohl wird dieses Ergebnis teilweise noch als umstritten angesehen, so *Karpenstein/Mayer*, EMRK, Art. 11, Rn. 27.

118 Z.B. VG Münster v. 05. 04. 2011 Az. 3 K 1672/10 Rn. 29; VG Oldenburg v. 27. 01. 2011, Az. 12 A 837/09 Rn. 20; OVG Münster v. 26. 05. 2010, Az. 17 A 2617/08 Rn. 21 mit Verweis auf VGH Koblenz, Beschluss v. 17. 07. 2007, Az. 6 A 11414/06 Rn. 9; Bay VGH v. 22. 07. 2010, Az. 22 ZB 10.1518, Rn. 6; VG Gießen v. 26. 10. 2005, GewArch 2006, S. 213 ff.

119 U.a. und in diesem Zusammenhang: EGMR (kleine Kammer) v. 20. 01. 2011, *Hermann ./. Deutschland*, Nr. 9300/07 Rn. 76 ff. (zu Jagdvereinigungen); EGMR v. 10. 07. 2007, *Schneider ./. Luxemburg*, Nr. 2113/04 Rn. 69 ff. (zu Jagdvereinigungen); EGMR v. 29. 04. 1999, *Chassagnou u.a. ./. Frankreich*, Nr. 25088/94 u.a., Rn. 99 ff. (zu Jagdvereinigungen); EGMR v. 30. 06. 1996, *Sigurjónsson ./. Island*, Nr. 16130/90, Rn. 31 f.

(a) Urteil Le Compte zur Ärztekammer

Ein frühes und grundsätzliches Urteil in diesem Bereich fiel in der Rechtssache *Le Compte* gegen Belgien.[120] Hier ging es um die Frage, ob die gesetzlich angeordnete Mitgliedschaft der belgischen Ärzte in der Ärztekammer – dem Ordre des Médecins – mit Art. 11 EMRK zu vereinbaren ist. Der Beschwerdeführer und zwei weitere Ärzte machten geltend, dass die Verpflichtung, der Vereinigung beizutreten und sich der Gewalt ihrer Organe zu unterwerfen, der in Art. 11 EMRK niedergelegten Vereinigungsfreiheit widerspreche.[121] Erfasst waren von dieser gesetzlichen Anordnung alle Ärzte, Chirurgen und Geburtshelfer, unabhängig von ihrer Nationalität, sofern sie niedergelassen und in der jeweiligen Provinz dauerhaft sesshaft waren.[122] Die Europäische Menschenrechtskommission stand in ihrem Bericht auf dem Standpunkt, dass Art. 11 EMRK vom Schutzbereich her nicht einschlägig sei, da der Ordre des Médecins aufgrund seiner Rechtsnatur und spezifisch öffentlicher Funktion nicht als Vereinigung i.S.d. Art. 11 EMRK zu qualifizieren sei.[123]

Der Gerichtshof nahm eine Gesamtwürdigung der Umstände vor.[124] Er stellte zunächst fest, dass es sich um eine Einrichtung des öffentlichen Rechts handele, weil sie nicht durch Privatpersonen, sondern durch die Gesetzgebung gegründet wurde und zudem in staatliche Strukturen eingebettet sei. So würden beispielsweise die meisten Richter der Organe durch den König gewählt. Die Aufgabe der Kammer liege im Allgemeininteresse, namentlich dem Schutz der Gesundheit, und die Vereinigung übe unter der entsprechenden Gesetzgebung eine Art öffentliche Kontrolle über die praktizierenden Ärzte aus. In diesem Zusammenhang wurde das verpflichtend zu führende Register aller praktizierenden Ärzte besonders betont. Um die Aufgaben auszuüben, die ihr vom belgischen Staat übertragen wurden, wurde die Vereinigung gesetzlich mit administrativen, rechtssetzenden und disziplinarrechtlichen Kompetenzen ausgestattet, die außerhalb des gewöhnlichen Rechts lägen.[125] Diese Feststellungen führten den

---

120 EGMR v. 23. 06. 1981 *Le Compte u.a. ./. Belgien,* Nr. 6878/75.

121 Ebd. Rn. 21 und 35.

122 Ebd. Rn. 21.

123 Ebd. Rn. 63, 36, „(…) that the Ordre, by virtue of its legal nature and specifically public function, was not an association within the meaning of Article 11 par. 1“

124 Ebd. Rn. 65; so auch *Arndt/Schubert* in: Karpenstein/Mayer, EMRK, Art. 11 Rn. 29.

125 EGMR v. 23. 06. 1981 *Le Compte u.a. ./. Belgien,* Nr. 6878/75 u.a., Rn. 64.

Gerichtshof dazu, die belgische Ärztekammer außerhalb des Anwendungsbereichs des Art. 11 EMRK zu sehen.[126]

Maßgeblich sollten also drei Kriterien sein: Der Ursprung, das Ziel und die Mittel bzw. Handlungsmöglichkeiten der Organisation. Ist sie durch Rechtsnorm geschaffen, verfolgt sie öffentliche Interessen und ist sie mit Hoheitsgewalt ausgestattet, so handelt es sich um eine öffentlich-rechtliche Vereinigung, die nicht dem Schutzbereich des Art. 11 EMRK unterfällt.[127]

(b) Urteil Sigurjónsson zur Taxifahrervereinigung

Aufgegriffen wurde diese Vorgehensweise vom EGMR im Jahr 1993 in der Entscheidung *Sigurjónsson* gegen Island.[128] Gegenstand der Entscheidung war unter anderem, ob die betreffende Vereinigung von Taxifahrern eine Vereinigung i.S.d. Art. 11 EMRK sei. Die „Frami" genannte Organisation stellte sich dem Gerichtshof wie folgt dar[129]: Es handelte sich um eine regionale Taxifahrer-Gewerkschaft, die 1936 von Berufstaxifahrern in Reykjavik gegründet wurde. Die Einführung einer gesetzlichen Begrenzung der Anzahl aktiver Taxifahrer wurde im Jahr 1989 begleitet von einer verpflichtenden Mitgliedschaft in der jeweils regionalen Gewerkschaft. Die Gewerkschaftsmitgliedschaft wurde in demselben Gesetz als Voraussetzung für die Ausstellung der Lizenz zum Taxifahren festgelegt. Die Regelungen von „Frami" konnten von der Organisation selbst verändert werden und unterlagen nicht der Zustimmung der Regierung. Ziele und Aufgaben waren hauptsächlich im Bereich des Schutzes und der Repräsentation der Gewerkschaftsangehörigen zu verorten, zudem nahm die Organisation einige verwaltungsrechtliche Funktionen wahr.[130]

---

126 Zusätzlich stellte der Gerichtshof jedoch eine interessante weitere Voraussetzung auf: Um einen Verstoß gegen Art. 11 EMRK auszuschließen, dürfe die rechtliche Konzeption der Vereinigung durch den Belgischen Staat die praktizierenden Ärzte nicht davon abhalten, anderen berufsständischen Vereinigungen beizutreten oder ebensolche zu gründen, Rn. 65 des Urteils.

127 EGMR v. 23. 06. 1981 *Le Compte u.a. ./. Belgien,* Nr. 6878/75 u.a, Rn. 64; ebenso *Meyer-Ladewig*, EMRK, Art. 11 Rn. 13; *Schnattinger*, Rückwirkung des Europarechts auf das deutsche Gewerberecht, S. 150.

128 EGMR v. 30. 06. 1993, *Sigurjónsson ./. Island*, Nr. 16130/90.

129 EGMR v. 30. 06. 1993, *Sigurjónsson ./. Island*, Nr. 16130/90, Rn. 19 ff.

130 Eine genaue Aufzählung von Zielen, Rechten und Aufgaben findet sich bei der gerichtlichen Darlegung der relevanten Normen, EGMR v. 30. 06. 1993, *Sigurjónsson ./. Island*, Nr. 16130/90, Rn. 22 f.

Die Europäische Menschenrechtkommission stellte eine Verletzung des Art. 11 EMRK fest[131] und bejahte somit auch die Anwendbarkeit von Art. 11 EMRK. Diesem Urteil schloss sich der Gerichtshof an.[132]

Die Regierung hatte sich zunächst darauf berufen, dass es sich bei „Frami" um eine Organisation mit öffentlich-rechtlichem Charakter handele und eine Anwendung von Art. 11 EMRK deshalb ausscheide. Zwar sei sie nicht durch Gesetz gegründet worden, dennoch übe sie Funktionen aus, die gesetzlich begründet seien oder zumindest im Allgemeininteresse lägen. Auch der ebenfalls durch Art. 11 EMRK geschützten Gewerkschaft wollte die Regierung „Frami" nicht zuordnen.[133]

Im Gegensatz dazu hielt der Gerichtshof die Tatsache, dass es sich um eine Organisation handelt, die in erster Linie Interessen von Berufsangehörigen vertritt, jedoch zugleich in öffentlichem Interesse tätig wird, nicht für ausreichend, um den Anwendungsbereich des Art. 11 EMRK auszuschließen.[134] Beachtung finden müsse die Tatsache, dass „Frami" selbst keine Aufsichtsrechte innehabe, privatrechtlich gegründet wurde und eigenständig Ziele, Organisation und Verfahren festlege. Art. 11 EMRK war vom Schutzbereich her somit einschlägig.

(c) Urteile Chassagnou, Schneider, Herrmann zu Jagdvereinigungen

Wenn es um die Frage der Pflichtmitgliedschaft geht, bilden Jagdvereinigungen in der Rechtsprechung des EGMR wohl die prominentesten Beispiele. Zentral sind hier die Urteile *Chassagnou u.a.* gegen Frankreich[135], *Schneider* gegen Luxemburg[136] und *Herrmann* gegen Deutschland[137].

---

131 EGMR v. 30. 06. 1993, *Sigurjónsson ./. Island*, Nr. 16130/90, Rn. 27.

132 EGMR v. 30. 06. 1993, *Sigurjónsson ./. Island*, Nr. 16130/90, Rn. 31 ff.

133 EGMR v. 30. 06. 1993, *Sigurjónsson ./. Island*, Nr. 16130/90, Rn. 30.

134 EGMR v. 30. 06. 1993, *Sigurjónsson ./. Island*, Nr. 16130/90, Rn. 31; ebenso *Meyer-Ladewig*, EMRK, Art. 11 Rn. 13.

135 EGMR v. 29. 04. 1999, *Chassagnou u.a./.Frankreich*, Nr. 25088/94 u.a., NJW 1999, 3695.

136 EGMR v. 10. 07. 2007, *Schneider ./. Luxemburg*, Nr. 2113/04.

137 EGMR (kleine Kammer) v. 20. 01. 2011, *Herrmann v. Deutschland*, Nr. 9300/07. Diesem Urteil folgte am 26. 06. 2012 (ebenso Nr. 9300/07) noch ein Urteil der Großen Kammer, das jedoch zur Frage des Art. 11 EMRK keine Stellung mehr nahm, da die Beschwerde in Bezug auf diese Vorschrift bereits von der Kleinen Kammer für unzulässig erklärt worden war.

(aa) Rechtssache Chassagnou

In der Rechtssache Chassagnou sahen die Beschwerdeführer einen Konventionsverstoß darin, dass sie aufgrund gesetzlicher Anordnung unter bestimmten Voraussetzungen automatisch Mitglied einer Jagdvereinigung wurden, aus der sie nicht austreten konnten. Das sog. „Loi Verdeille"[138] legte im Jahre 1964 erstmalig fest, dass Jagdgebiete zusammengeschlossen und in staatlich anerkannten Jagdvereinigungen organisiert werden sollten. Hierbei handelte es sich um (inter)kommunale Jagdvereinigungen, „Associations (inter)communales de chasse agréées" (ACCAs bzw. AICAs). Das führte dazu, dass das Jagdrecht zwar grundsätzlich weiter dem jeweiligen Eigentümer zustand, die Zusammenfassung der Jagdbezirke aber sämtlichen Mitgliedern der Vereinigung das Recht gab, auf dem gesamten Gebiet jagen zu können. Inhabern eines Jagdscheins im jeweiligen Bezirk sollte es freistehen, der Vereinigung beizutreten, Grundstückseigentümer, die nicht jagten, wurden hingegen automatisch Mitglied der Organisation.[139] Zwar waren diese weder verpflichtet, Beiträge zu leisten, noch hafteten sie für eventuelle Schulden der Vereinigung. Sie wurden jedoch gegen ihren Willen Mitglied und mussten die Jagd der übrigen Mitglieder auf ihren Grundstücken dulden.

Mit Blick auf die tatbestandliche Einschlägigkeit des Art. 11 EMRK in Bezug auf die Jagdvereinigungen standen die Beschwerdeführer auf dem Standpunkt, dass die ACCAs trotz der staatlichen Genehmigung weiterhin rein privatrechtliche Vereinigungen seien. Vorsitzender sei ein Jäger, der wiederum von Jägern gewählt werde. Die Vereinigungen übten weder öffentliche Gewalt aus, noch reichte das offizielle Genehmigungserfordernis, um diese privatrechtliche Organisation zu einer öffentlichen Verwaltungsbehörde zu machen.[140]

Im Gegensatz dazu führte die französische Regierung aus, dass es sich um – vom Anwendungsbereich des Art. 11 EMRK nicht umfasste – öffentlich-rechtliche Vereinigungen handele, die vom Parlament mit öffentlicher Gewalt ausgestattet seien. So bedürfe die Gründung einer ACCA der Genehmigung des Präfekten. Auch habe sie keine freie Hand bei der Aufstellung ihrer internen Regelungen. Überdies habe der Präfekt das Recht, Aufsicht über die ACCA zu führen. Sie könne Sanktionen verhängen und besäße eine eigene Disziplinargewalt.[141]

---

138 Loi n°64–696 du 10 juillet 1964 relative à l'organisation des associations communales et intercommunales de chasse agrées.

139 EGMR v. 29. 04. 1999, *Chassagnou u.a./.Frankreich*, Nr. 25088/94, Rn. 51.

140 EGMR v. 29. 04. 1999, *Chassagnou u.a./.Frankreich*, Nr. 25088/94, Rn. 88.

141 EGMR v. 29. 04. 1999, *Chassagnou u.a./.Frankreich*, Nr. 25088/94, Rn. 98.

Die Regierung räumte ein, dass eine Nähe zu privatrechtlichen Vereinigungen durchaus zu erkennen sei. Die Tatsache, dass die ACCAs gemischten gesetzlichen Regelungen – privatrechtlichen wie öffentlich-rechtlichen – unterliege, müsse jedoch *ratione materiae* zu einem Ausschluss der Anwendbarkeit von Art. 11 EMRK führen.[142]

Der Gerichtshof stellte daraufhin fest, dass die Frage, ob die ACCAs dem Privatrecht oder dem Öffentlichen Recht zuzuordnen seien, in der französischen Rechtsprechung keinesfalls geklärt sei[143] Er betonte jedoch, dass dies gar nicht entscheidend sei, weil die Frage nicht aus nationaler Sicht, sondern vielmehr aus Sicht und mit Blick auf die Ziele der Konvention zu beantworten sei. So könne die Einstufung im nationalen Recht für die autonome Bestimmung des EGMR nicht mehr als ein Indiz darstellen.[144]

Mit diesem Ansatz wollte der EGMR vermeiden, dass die Vertragsstaaten durch die rechtliche Klassifizierung einer Vereinigung den Anwendungsbereich von Art. 11 EMRK unterlaufen.[145] Gelänge man von der nationalen rechtlichen Einstufung als öffentlich-rechtlich automatisch zu einem Ausschluss der Anwendbarkeit, folgte man möglicherweise einem fehlerhaften Rückschluss. Da es in der Kompetenz des Gesetzgebers liegt, die Rechtsnatur einer solchen Vereinigung festzulegen, besäße er auch die Kompetenz, die Reichweite der konventionsrechtlichen Schutzbereiche (mit)zubestimmen. Dies ist mit Blick auf das Verhältnis der nationalen zur konventionsrechtlichen Ebene schlechterdings unhaltbar.[146]

---

142 EGMR v. 29. 04. 1999, *Chassagnou u.a./.Frankreich*, Nr. 25088/94, Rn. 98.

143 Der EGMR verweist hier auf die Rechtsprechung unterschiedlicher französischer Gerichte, die insbesondere darauf abstellten, dass die ACCAs trotz ihrer öffentlich-rechtlichen Vorrechte privatrechtliche Organisationen blieben und so ihre Entscheidungen keiner verwaltungsgerichtlichen Kontrolle unterlägen, vgl. Urteil *Chassagnou* (s.o.) Rn. 99.

144 EGMR v. 29. 04. 1999, *Chassagnou u.a./.Frankreich*, Nr. 25088/94, Rn. 100. „The term ‚association' therefore possesses an autonomous meaning; the classification in national law has only relative value and constitutes no more than a starting-point."

145 So auch der EGMR v. 29. 04. 1999, *Chassagnou u.a./.Frankreich*, Nr. 25088/94, Rn. 100. Er betonte hier zudem, dass diese Vorgehensweise zwingend sei um die konventionsgeschützten Rechte nicht nur in der Theorie sondern effektiv zu bewahren, „(…) to protect rights that are not theoretical or illusory but practical and effective.".

146 Diese Argumentationslinie findet sich auch in der deutschen Literatur mit Blick auf die rein nationale Ebene bei der Frage nach dem grundrechtlichen Maßstab für öffentlich-rechtliche Zwangszusammenschlüsse. Auch *Scholz* plädiert dafür, in Vermeidung des beschriebenen Rückschlusses Art. 9 GG als Maßstab für die Verfassungsmäßigkeit

In der Rechtssache *Chassagnou* stellte der Gerichtshof zu Recht fest, dass die Aufsichtsrechte des Präfekten und die Tatsache, dass die ACCAs ihre Existenz dem Willen des Gesetzgebers verdankten, nicht ausreichten, um sie als öffentlich-rechtlich und in Staatsstrukturen eingebunden zu qualifizieren. Vielmehr blieben sie ein Zusammenschluss von Privatpersonen, und sämtliche Vorrechte hielten sich im Rahmen der allgemeinen Vorschriften (ordinary law).[147] Die ACCAs wurden vom EGMR also als Vereinigungen i.S.d. Art. 11 EMRK eingestuft.

(bb) Rechtssache Schneider

Ein weiteres Urteil betreffend Jagdvereinigungen und Art. 11 EMRK fällte der Gerichtshof im Jahre 2007 in der Rechtssache *Schneider* gegen Luxemburg.[148] Auch hier ging es darum, dass eine Betroffene sich dagegen zur Wehr setzte, dass ihr Grundstück per Gesetz in ein Jagdsyndikat eingeschlossen und sie damit Mitglied dieses Jagdsyndikats wurde. Obwohl die gesetzliche Konzeption der Jagdvereinigungen im Falle *Chassagnou* und *Schneider* in einigen Punkten differierte[149], war die Mitgliedschaft in beiden grundsätzlich zwingend und die konkrete Ausgestaltung, was Rechte und Organisation der Vereinigung betrifft, sehr ähnlich. Die Beschwerdeführerin berief sich deshalb in vielen Punkten auf das erwähnte Urteil *Chassagnou*. So spiele beispielsweise der gesetzliche Ursprung der Vereinigung für die Frage nach der rechtlichen Qualifizierung keine Rolle, und es handele sich um ein System, das die Freizeitbeschäftigung

---

öffentlich-rechtlicher Zwangszusammenschlüsse anzuerkennen, *Scholz*, in: Maunz/Dürig, GG, Art. 9 Rn. 90.

147 EGMR v. 29. 04. 1999, *Chassagnou u.a./.Frankreich*, Nr. 25088/94, Rn. 102.

148 EGMR v. 10. 07. 2007, *Schneider ./. Luxemburg*, Nr. 2113/04; ein zusätzliches Problem war hier wie auch bei Beteiligten in der Rechtssache *Chassagnou*, dass einige Betroffene die Jagd aus ethischen Gründen ablehnten. Diese Verflechtung mit gewissensrechtlichen Erwägungen soll in der vorliegenden Analyse jedoch außer Betracht bleiben.

149 Im Gegensatz zum französischen System sieht das luxemburgische vor, dass sich alle 9 Jahre eine Mehrheit der Eigentümer, die zumindest 2/3 der Fläche vertritt oder aber 2/3 der Beteiligten, die mehr als die Hälfte des Gebietes vertreten, für eine weitere Verpachtung des Gebietes aussprechen kann. In der Theorie bietet das eine Chance, der Verpachtung zu entgehen, vgl. Rn. 12 des Urteils; zudem wird kein Unterscheid je nach Größe des betroffenen Gebietes gemacht, sodass alle Grundstückseigentümer gleich schwer belastet werden, vgl. Rn. 14 des Urteils.

von Privatpersonen regele, die wiederum selber in gewissen Abständen über das weitere Vorgehen entschieden.[150]

Die Regierung hingegen bestand auf der Feststellung, dass es sich bei den luxemburgischen Jagdsyndikaten im Unterschied zur Rechtslage in Frankreich nicht um Vereinigungen im Sinne des luxemburgischen Gesetzes über gemeinnützige Vereinigungen handele. Zudem ähnele das Syndikat eher einer gut organisierten Wählerschaft auf Gemeindeebene als einer Vereinigung von Jägern. Betont wurde überdies die Überwachung durch Aufsichtsbehörde und Innenminister und die konzeptionelle Nähe zu einer Versammlung von Miteigentümern eines Gebäudes, sodass die luxemburgischen Jagdsyndikate als öffentlich-rechtlich aus der Anwendbarkeit des Art. 11 EMRK herausfallen müssten.[151]

Der Gerichtshof wiederholte in seinem Urteil größtenteils die Feststellungen, die er bereits in Bezug auf die französischen Jagdvereinigungen getroffen hatte und bekräftigte damit ihre Bedeutung. Es handele sich auch bei den luxemburgischen Jagdsyndikaten um Vereinigungen von Privatpersonen und die Überwachung durch den Innenminister reiche nicht aus, um sie zu den Strukturen des Staates zu zählen. Auch erkennbare Vorrechte gegenüber den allgemeinen verwaltungsrechtlichen oder disziplinarrechtlichen Vorschriften seien nicht erkennbar. Die luxemburgischen Jagdsyndikate stellten somit ebenfalls Vereinigungen i.S.d. Art. 11 EMRK dar und schieden nicht wegen der luxemburgischen Qualifikation als öffentlich-rechtlich aus dem Schutzbereich aus.[152]

(cc) Rechtssache Herrmann

Das jüngste Urteil bezogen auf Jagdvereinigungen und auch auf den Anwendungsbereich des Art. 11 EMRK bei Pflichtmitgliedschaften fällte der EGMR im Jahre 2011 in der Rechtssache *Herrmann* gegen Deutschland.[153] Gegenstand war eine Individualbeschwerde, mit der sich der Beschwerdeführer unter anderem gegen seine automatische Mitgliedschaft in einer Jagdgenossenschaft wehrte. Nach dem Bundesjagdgesetz war zu diesem Zeitpunkt jeder Grundstückseigentümer, dessen Jagdfläche unter 75 Hektar lag, von Gesetzes wegen Mitglied einer

150 EGMR v. 10. 07.2007, *Schneider ./. Luxemburg*, Nr. 2113/04, Rn 59.

151 EGMR v. 10. 07. 2007, *Schneider ./. Luxemburg*, Nr. 2113/04, Rn. 64.

152 EGMR v. 10. 07. 2007, *Schneider ./. Luxemburg*, Nr. 2113/04, Rn. 69 ff.

153 EGMR v. 20. 01. 1011, *Herrmann ./. Deutschland*, Nr. 9300/07; auf dieses Urteil der Kleinen Kammer folgte am 26. 06. 2012 unter demselben Aktenzeichen das finale Urteil der Großen Kammer, die sich jedoch nicht mehr mit der Frage des Anwendungsbereiches des Art. 11 EMRK beschäftigte, vgl. Rn 4 des Urteils.

Jagdgenossenschaft. Der Beschwerdeführer stand auf dem Standpunkt, dass die Zusammensetzung aus Privatpersonen sowie die Tatsache, dass die Jagdgenossenschaften weder Amtsträger noch Beamte beschäftigten, die in den Bereich des öffentlichen Rechts fallen, für eine Anwendung des Art. 11 EMRK sprächen. Zudem reichten staatliche Aufsicht und Satzungsgewalt nicht aus, um die Vereinigung als öffentlich-rechtlich zu qualifizieren. Auch hätten die Bundesländer die Möglichkeit, Jagdgenossenschaften als private Vereinigungen zu gründen.[154]

Die Regierung wies darauf hin, dass die Jagdgenossenschaften durch die staatliche Aufsicht in Deutschland enger in die staatlichen Strukturen eingegliedert seien als in Frankreich oder Luxemburg. Zudem habe die Jagdbehörde umfangreiche Kontrollbefugnisse. Gemeindeorgane könnten unter gewissen Umständen sogar als Vorstand der Jagdgenossenschaft agieren, und sie hätten konkret öffentlich-rechtliche Befugnisse. Dazu zähle insbesondere die Möglichkeit, sich öffentlich-rechtlicher Handlungsformen zu bedienen. Auf die Vollstreckung von Beschlüssen der Jagdgenossenschaft fänden die öffentlich-rechtlichen Vorschriften Anwendung.[155]

Der EGMR betonte auch hier, dass eine autonome, vom Vertragsstaat losgelöste rechtliche Einstufung der Vereinigung zu erfolgen habe. Nach den im Urteil *Le Compte* postulierten Voraussetzungen, die insbesondere Ursprung, Ziel und Mittel bzw. Handlungsmöglichkeiten der Organisation umfassten, kam der Gerichtshof zu dem Ergebnis, dass die deutschen Jagdgenossenschaften, anders als in den Rechtssachen *Chassagnou* und *Schneider*, hinreichend in staatliche Strukturen integriert seien, um sie als Einrichtungen des öffentlichen Rechts einzustufen. Ausschlaggebende Faktoren seien insoweit die weitreichende staatliche Aufsicht, die Verpflichtung, sich eine eigene Satzung zu geben, sowie die Möglichkeit, durch von staatlichen Behörden vollstreckten Verwaltungsakt Umlagen zu erheben. Ihre Zielsetzung, Jagdrechte zu regeln und die jagdliche Hege sicherzustellen, lägen zudem im Allgemeininteresse, und Anhaltspunkte dafür, dass durch diese Ausgestaltungen der Anwendungsbereich des Art. 11 EMRK bewusst umgangen werden solle, seien nicht erkennbar.[156] Die Einstufung durch das Gericht führte dazu, dass die Rechtssache im Gegensatz zu früheren ähnlichen Entscheidungen *ratione materiae* für unzulässig erklärt wurde.

Der Gerichtshof kam also bei einer auf den ersten Blick ähnlichen Rechtslage zu einem völlig anderen Ergebnis. Daraus ist der Schluss zu ziehen, dass sich

---

154 EGMR v. 20. 01. 1011, *Herrmann ./. Deutschland*, Nr. 9300/07, Rn. 74 f.

155 EGMR v. 20. 01. 1011, *Herrmann ./. Deutschland*, Nr. 9300/07, Rn. 72 f.

156 EGMR v. 20. 01. 2011, *Herrmann ./. Deutschland*, Nr. 9300/07, Rn. 76 ff.

eine pauschale Einordnung von Pflichtmitgliedschaften verbietet, es vielmehr einer aufmerksamen und genauen Beurteilung anhand der durch den EGMR aufgestellten Voraussetzungen bedarf, um den rechtlichen Charakter einer Vereinigung i.S.d. Art. 11 EMRK feststellen zu können.

(d) Menschenrechtskommission: Die Urteile Weiss und GRAFORSA

An dieser Stelle soll noch einmal auf die Urteile des EGMR bzw. der Europäischen Menschenrechtskommission aus den 90er Jahren zurückgekommen werden, die konkret die Pflichtmitgliedschaften zu den Handelskammern in Österreich[157] und Spanien[158] betrafen. In beiden Fällen wurden die Beschwerden *ratione materiae* wegen Unzulässigkeit zurückgewiesen. Eine pauschale Übernahme der damaligen Ergebnisse verbietet sich indes, verlangt wird vielmehr eine sorgfältige und exakte Betrachtung der Inhalte.

In der Rechtssache *Weiss* konstatierte die Kommission, dass Ursprung der Wirtschaftskammern das österreichische Handelskammergesetz[159] sei und sie dort als Körperschaften des öffentlichen Rechts eingestuft seien. Ihre Funktionen umfassten das Verhindern und Vorbeugen unfairer Handelsbräuche und die Förderung beruflicher Weiterbildung und Trainings. Somit übten sie aufgrund der einschlägigen Gesetze in einem Bereich, der im allgemeinen Interesse liegt, eine Art öffentlicher Kontrolle über die Mitglieder aus.[160]

Die Europäische Menschenrechtskommission stellte in den frühen 1990er Jahren somit lediglich auf die rechtliche Natur aus der Sicht des Vertragsstaates und die Vereinigungsfunktionen ab. Sie blieb damit in ihrer Abwägung hinter dem ermittelten Vorgehen des EGMR in jüngerer Zeit zurück. Eine unreflektierte Übernahme dieses Befundes für die deutschen Industrie- und Handelskammern verbietet sich schon deshalb.

Die Rechtssache GRAFORSA[161] betraf die spanischen Handelskammern und deren gesetzlich angeordnete Pflichtmitgliedschaft. Sie wurde ähnlich gehandhabt. Die Kommission erklärte die Beschwerde für unzulässig und begründete

---

157 *Weiss gg. Österreich*, Kommissionsentscheidung v. 10. 07. 1991, Nr. 14596/89.

158 *GRAFORSA gg. Spanien*, Kommissionsentscheidung v. 13. 01. 1997, Nr. 36078/97.

159 Bundesgesetz v. 24. 07. 1946 (BGBZ, 182/1946 v. 10. 10. 1946), die ehemaligen „Handelskammern" werden seit 1993 als „Wirtschaftskammern" bezeichnet; heute ist das maßgebliche Bundesgesetz aus dem Jahre 1998 in der aktuell geltenden Fassung des Jahres 2012, BGBl. I Nr. 103/1998 i.d.F. BGBl. I Nr. 3/2012.

160 *Weiss gg. Österreich*, Kommissionsentscheidung v. 10. 07. 1991, Nr. 14596/89.

161 *GRAFORSA gg. Spanien*, Kommissionsentscheidung v. 13. 01. 1997, Nr. 36078/97.

dies mit dem Status als Körperschaft des öffentlichen Rechts und den oben genannten Funktionen[162], ebenfalls ohne eine konkrete Gesamtabwägung vorzunehmen.

Beide Entscheidungen der Kommission in den 1990er-Jahren können angesichts der erarbeiteten Rechtsprechungslinien des EGMR nicht ohne Weiteres für die deutschen Industrie- und Handelskammern übernommen werden und es muss für die Einordnung der deutschen Industrie- und Handelskammern im Sinne der oben erwähnten Entscheidungen eine konkrete Abwägung der Gesamtumstände erfolgen.

(e) Zusammenfassung der Rechtsprechung: Leitlinien

Zusammenfassend lässt sich sagen, dass sich in der Entwicklung der Rechtsprechung des EGMR Leitlinien für die Einordnung einer (pflichtmitgliedschaftlichen) Vereinigung als öffentlich-rechtlich herauskristallisiert haben. Früh geprägte Grundsätze stellten zentral auf Ursprung, Ziel und Mittel bzw. Handlungsmöglichkeiten der Vereinigung ab. Weiterhin war relevant, ob sie per Gesetz gegründet oder durch Privatpersonen ins Leben gerufen wurden. Zudem orientierte sich die Einordnung daran, ob die Ziele eher im verwaltenden und organisierenden Interesse der Mitglieder lagen, oder das Interesse der Allgemeinheit im Vordergrund stand. Auch war von Bedeutung, ob die Vereinigung die Möglichkeit hatte, sich öffentlich-rechtlicher Handlungsformen zur Durchsetzung ihrer Befugnisse zu bedienen.

Später gewannen dann Fragen nach der Reichweite der staatlichen Aufsicht und nach administrativen und normativen Befugnissen an Bedeutung. Auch wurde die Existenz einer organisationsinternen Disziplinargerichtsbarkeit als prägendes öffentlich-rechtliches Merkmal ausgewiesen. Festgestellt werden muss jedoch, dass weder ein Tätigwerden im öffentlichen Interesse noch die staatliche Aufsicht für sich genommen schon ausreichten, um eine Vereinigung als „öffentlich-rechtlich" i.S.d. Art. 11 EMRK einzustufen. Zeigt eine Vereinigung sowohl privatrechtliche als auch öffentlich-rechtliche Züge, so ist danach zu entscheiden, welche Merkmale überwiegen.[163] Dass dies keine einfache Aufgabe ist, betont *Schöbener*, der in dem Begriff „Vereinigung" (Art. 11 EMRK) einen Typusbegriff sieht, „dessen Inhalt sich im Einzelfall nur anhand einer

162 *GRAFORSA gg. Spanien*, Kommissionsentscheidung v. 13. 01. 1997, Nr. 36078/97, Abschnitt „En droit".

163 EGMR v. 30. 06. 1993, *Sigurjónsson ./. Island*, Nr. 16130/90, Rn. 31; *Arndt/Schubert*, in: Karpenstein/Mayer, EMRK, Art. 11, Rn. 29.

Vielzahl von Einzelkriterien bestimmen lässt, die erst in ihrem Zusammenwirken im Rahmen einer Gesamtbetrachtung eine Zuordnung bzw. Ausgrenzung erlauben".[164]

(2) Anwendung auf die deutschen IHKs

Im Folgenden sollen zunächst die ermittelten Leitlinien auf die rechtlichen Gegebenheiten der IHKs übertragen werden. Sodann sei noch die Bedeutung der Organisationsform „Selbstverwaltung" als IHK-Besonderheit mit in Betracht gezogen, um im Abschluss das gefundene Ergebnis anhand von teleologischen Erwägungen zu überprüfen.

(a) Einordnung der IHKs anhand der Leitlinien der EGMR-Rechtsprechung

(aa) Gesetzliche Vorgaben

Zuerst soll ausgehend von den gesetzlichen Vorgaben des IHK-Gesetzes eine Einordnung nach den Leitlinien der EGMR-Rechtsprechung versucht werden. Insoweit ist zunächst festzuhalten, dass Ursprung und Gründung der IHKs nicht im Bereich der privaten Initiative, sondern vielmehr in einer gesetzlichen Anordnung verortet sind. Zudem stellt § 3 Abs. 1 IHKG fest, dass es sich um eine Körperschaft des öffentlichen Rechts handelt. Diese gesetzlichen Vorgaben reichen allerdings, wie dargestellt, aus Sicht des EGMR noch nicht aus, um die Vereinigung dem öffentlich-rechtlichen Bereich zuzuordnen und sie so dem Anwendungsbereich des Art. 11 Abs. 1 EMRK zu entziehen.

(bb) Ziele und Aufgaben der Vereinigung

Dem EGMR zufolge sind insbesondere die Ziele und die Aufgaben der Vereinigung maßgeblich. § 1 Abs. 1 IHKG nennt unter anderem die Förderung der Wirtschaft und § 1 Abs. 2 IHKG die Begründung, Unterhaltung und Unterstützung von notwendigen Anlagen. Diese Vorgaben lassen sich weder eindeutig öffentlich-rechtlich noch privatrechtlich einordnen, sondern sie stehen gewissermaßen dazwischen.

Im Gegensatz dazu lassen sich folgende Aufgaben als eindeutig öffentlich-rechtlich einstufen: Nach § 1 Abs. 1 a.E. IHKG obliegt es den IHKs, die Behörden zu unterstützen und zu beraten, nach § 1 Abs. Abs. 3 IHKG Ursprungszeugnisse und andere Bescheinigungen für den Wirtschaftsverkehr auszustellen und nach

164 *Schöbener*, Kontinuität und Dynamik im subjektiven Rechtsschutz, S. 52.

§ 1 Abs. 2 a.E. IHKG, Maßnahmen zur Förderung und Durchführung der kaufmännischen und gewerblichen Berufsbildung unter Beachtung insbesondere des Berufsbildungsgesetzes (BBiG) zu treffen. In dieselbe Richtung deuten die administrativen Vorschriften der §§ 3 a und b IHKG, die bestimmen, dass die Länder den IHKs die Aufgaben einer einheitlichen Stelle i.S.d. Verwaltungsverfahrensgesetzes (VwVfG) übertragen können. Zudem verweist das IHKG auf die Anwendung der Haushaltsgrundsätze der Sparsamkeit und Wirtschaftlichkeit in § 3 Abs. 2 und auf die Vorschriften der Abgabenordnung sowie die landesrechtlichen Vorschriften für Gemeindeabgaben. Auch regelt das IHKG die staatliche Aufsicht über die IHKs, die gem. § 11 Abs. 1 IHKG in Form der reinen Rechts- und nicht der Fachaufsicht ausgeübt wird. § 11 Abs. 2, a und b IHKG regeln, welche Beschlüsse der Vollversammlung der Genehmigung durch die Aufsichtsbehörde unterliegen. Die staatliche Aufsicht sowie Genehmigungserfordernisse weisen jedoch – wie vom EGMR in den Rechtssachen *Herrmann*[165] und *Chassagnou*[166] festgestellt – ebensowenig ohne Weiteres auf eine Qualifikation als öffentlich-rechtliche Vereinigung hin.

Demgegenüber zeigen sich an zentralen Stellen des IHKG Ziele bzw. Aufgaben, die in eine nicht öffentlich-rechtliche Richtung deuten. Die zentrale Hauptaufgabe der Industrie- und Handelskammern liegt gem. § 1 Abs. 1 IHKG in der Wahrnehmung des Gesamtinteresses der ihnen zugehörigen Gewerbetreibenden und darin, für die Förderung der Wirtschaft zu wirken und dabei die wirtschaftlichen Interessen einzelner Gewerbezweige oder Betriebe abwägend und ausgleichend zu berücksichtigen. Zudem wird der Großteil der Kammertätigkeit durch die Beschlüsse der Vollversammlung gemäß § 4 IHKG erfüllt. So liegt die Wahlordnung, ein Bereich, der die Arbeit der IHK zentral betrifft, im eigenen Verfügungsbereich der Vollversammlung gem. § 4 Nr. 2 IHKG. Es spricht einiges dafür, einige der oben erwähnten eher peripheren administrativen Vorschriften und Befugnisse im Gegensatz zu den hier aufgezählten zentralen, die Arbeit der Kammern im Wesentlichen ausmachenden Tätigkeiten als eine Art Annex zur Einordnung als Körperschaft des öffentlichen Rechts anzusehen, ohne dass sie diese im Ganzen als öffentlich-rechtlich qualifizierten.

---

165 EGMR v. 20. 01. 1011, *Herrmann ./. Deutschland*, Nr. 9300/07, Rn. 74 f, s.o. in diesem Kapitel B. I. 2. b. (1) (c).

166 EGMR v. 29. 04. 1999, *Chassagnou u.a./.Frankreich*, Nr. 25088/94, Rn. 88, s.o. in diesem Kapitel B. I. 2. b. (1) (c).

(cc) Mittel bzw. Handlungsmöglichkeiten der Vereinigung

Ein weiteres vom EGMR verwendetes Kriterium stellen die Mittel bzw. Handlungsmöglichkeiten der Organisation dar. Die Aktivitäten der Industrie- und Handelskammern, die als hoheitlich[167] oder zumindest öffentlich-rechtlich eingestuft werden könnten, umfassen Eingriffsbefugnisse, wie den Erlass von Beitragsbescheiden, und die entsprechende Vollstreckung. Diese richtet sich allerdings nach den landesrechtlichen Vorschriften und setzt ein Ersuchen der Gemeinde zur Unterstützung voraus[168]. Den IHKs selbst ist eine Vollstreckung weder möglich, noch gesetzlich erlaubt. Die Haupthandlungsform ist auch heute noch der Beschluss der Vollversammlung zur Regelung der Kammertätigkeiten.[169] Auf diesem Wege wird auch die Satzung (§ 4 Abs. 1 Nr. 1 IHKG) beschlossen. Diese wird jedoch, obwohl sie als Rechtsnorm einzustufen ist, im Gegensatz zu einer Rechtsverordnung von einer nicht unmittelbar staatlichen Stelle erlassen und kann deshalb aus Sicht des EGMR nicht per se die Einstufung als „hoheitlich" finden. Die Satzungsautonomie ist Folge der nationalen staatlichen Entscheidung für die öffentlich-rechtliche Organisationsform, nicht jedoch Ausdruck einer Eingliederung in staatliche Strukturen.

(dd) Existenz einer Disziplinargewalt

Im Urteil *Chassagnou* stellte der Gerichtshof zudem auf die Frage nach der Existenz einer Disziplinargewalt bzw. -gerichtsbarkeit ab, um die

Vereinigung als öffentlich-rechtlich qualifizieren zu können. Bei den IHKs ist die Existenz einer solchen Kontrollbefugnis im engeren Sinne[170], also eine Berufsaufsicht, die auf die Einhaltung der jeweiligen Anforderungen an die

167 Zu „hoheitlichen Befugnissen" i.S.d. Art. 33 Abs. 4 GG als Kammeraufgaben allgemein siehe *Kluth*, Funktionale Selbstverwaltung, S. 258 f.

168 Vgl. z.B. § 3 des Gesetzes über die IHK NRW, der bestimmt: „(1) Die Gemeinden sind verpflichtet, auf Ersuchen der Industrie- und Handelskammer Beiträge, Sonderbeiträge und Gebühren (§ 3 Abs. 8 Satz 1 des Bundesgesetzes) gegen eine Vergütung von fünf vom Hundert der zu erhebenden Beträge einzuziehen. (2) Die Gemeinden sind Vollstreckungsbehörden für die Beitreibung rückständiger Beiträge, Sonderbeiträge und Gebühren.".

169 Zur Bedeutung der Vollversammlung in der klassischen Selbstverwaltungseinrichtung IHK: *Will*, Selbstverwaltung der Wirtschaft, S. 521.

170 Die Unterscheidung zwischen Berufs- bzw. Wirtschaftsaufsicht im engeren und im weiteren Sinne macht auch *Kluth*, Funktionale Selbstverwaltung, S. 259 f. Der EGMR hatte bei seinen Urteilen jedoch wohl nur die engere Konzeption vor Augen, da er speziell auf die Disziplinargewalt als das Paradebeispiel der Binnen-Aufsicht abstellt.

Berufsausübung ausgerichtet ist, weder im Bundes-IHKG noch in den landesrechtlichen Ausgestaltungen[171] auffindbar. Die Tätigkeit der IHKs ist vielmehr in erster Linie eine in den politischen Raum hineinwirkende Interessenwahrnehmung[172], und nicht eine im Dienste des Verbrauchers stehende qualitätssichernde oder kontrollierende Tätigkeit. Die IHKs wachen weder über die Ordnungsgemäßheit der Gewerbeausübung, noch lassen sie Gewerbetreibende zum Markt zu, noch haben sie Befugnisse, unzuverlässige Gewerbetreibende vom Markt auszuschließen.

Hier unterscheidet sich die Organisation der Industrie- und Handelskammer wesentlich von den klassischen (ebenfalls verkammerten) und qualitätssichernden berufsständischen Vereinigungen der freien Berufe[173] und von den Handwerkskammern[174]. Diese Kammern erfüllen mit hoheitlichen Instrumenten öffentliche Aufgaben von elementarer Bedeutung. Die IHKs finden ihre Hauptaufgabe demgegenüber in der politischen Willensbildung der Gesellschaft. Auch im Bereich der Handlungsmöglichkeiten spricht somit vieles dafür, die IHKs nicht als öffentlich-rechtliche Vereinigung einzustufen.

---

171 Eine Übersicht über die landesrechtlichen Ausführungsgesetze findet sich unter http://www.kammerrecht.de/kammergesetze/wirtschaftskammern.html#Industrie-und-Handelskammern (zuletzt aufgerufen am 01. 08. 2015); sie beinhalten insbesondere Vorschriften über die zuständige Aufsichtsbehörde (zumeist das Wirtschaftsministerium, vgl. § 2 Ab. 1 IHKG-NRW), die Befugnis, Sachverständige zu bestellen (z.B. § 5 IHKG-NRW) oder die Befugnis, Beamte zu ernennen (z.B. § 5 IHKG-BW). Die Gesetze sind jedoch nur ähnlich, nicht identisch ausgestaltet und beinhalten keine Regelungen zur Disziplinargewalt.

172 Das Bundesverfassungsgericht priorisiert die Interessenwahrnehmung als „wesentliche Zwecksetzung“: „Die wesentliche Zwecksetzung der Industrie- und Handelskammern ergibt sich aus § 1 Abs. 1 IHKG. Danach haben die Kammern ‚das Gesamtinteresse der ihnen zugehörigen Gewerbetreibenden ihres Bezirkes wahrzunehmen, für die Förderung der gewerblichen Wirtschaft zu wirken und dabei die wirtschaftlichen Interessen einzelner Gewerbezweige oder Betriebe abwägend und ausgleichend zu berücksichtigen‘.“ BVerfGE 146, 164 (198).

173 Stellvertretend für andere freie Berufe (z.B. Notare, Architekten und Ärzte) sei hier die das Berufsrecht der Rechtsanwälte regelnde Bundesrechtsanwaltsordnung (BRAO) genannt.

174 Hier ist insbesondere das Führen der Handwerksrolle nach § 7 HWO zu nennen.

(ee) Staatliche Aufsicht

(aaa) Rechtsaufsicht

Schließlich ist noch die staatliche Aufsicht über die IHKs in Augenschein zu nehmen. Die Existenz staatlicher Aufsicht an sich spricht nach der Rechtsprechung des EGMR[175] noch nicht zwingend für eine Einstufung als öffentlich-rechtliche Organisation. Nach § 11 Abs. 1 IHKG handelt es sich um eine reine Rechtsaufsicht, die teils im Bundesrecht und ergänzend im jeweiligen Landesrecht geregelt ist. Im Gegensatz zur Fachaufsicht können staatliche Stellen den Organen der IHKs somit weder Weisungen erteilen, noch fachliche Fehlentscheidungen beanstanden. Dies ist ein weiterer Hinweis darauf, dass die Staatsnähe der IHKs begrenzt ist.

Bundes- und Landesrecht regeln neben der Bestimmung der zuständigen Aufsichtsbehörde auch die Festlegung der Aufsichtsmittel. Neben unterschiedlichen Genehmigungserfordernissen nach § 11 Abs. 2 IHKG[176] sind die Aufsichtsmittel im Landesrecht teils explizit aufgeführt.[177] Hier fällt jedoch auf, dass nur das Thüringer IHKG die Aufsichtsmittel abschließend benennt, die meisten Länder hingegen lediglich die Auflösung der Vollversammlung – als *ultima ratio* – anführen.[178] Dieses Aufsichtsmittel ist neben der selbstverständlichen

---

175 Dazu in diesem Kapitel B. I. 2. b. (1) (e).

176 Bestimmte Beschlüsse der Vollversammlung (§ 11 Abs. 2 Nr. 1–6 IHKG), die Satzung sowie Änderungen der Satzung (§ 11 Abs. 2a), sowie die Aufgabenübertragung durch eine IHK aus einer anderen IHK oder auf öffentlich-rechtliche Zusammenschlüsse mit Sitz in einem anderen Bundesland oder die Beteiligung an solchen Zusammenschlüssen (§ 11 Abs. 2b IHKG) bedürfen der Genehmigung der Aufsichtsbehörde.

177 Z.B. § 2 Abs. 2 IHKG-NRW, der die Auflösung der IHK regelt.

178 Siehe auch *Heusch*, in: Kluth (Hrsg.), Handbuch des Kammerrechts, § 15, Rn. 96; die in § 2 Abs. 2 IHKG-Thü abschließend aufgezählten repressiven Aufsichtsmittel umfassen: Verlangen einer Unterrichtung (Nr. 1), Beanstandung von Beschlüssen der Vollversammlung (Nr. 2), Anordnungen zur Aufhebung beanstandeter Beschlüsse, zur Rückgängigmachung getroffener Maßnahmen sowie zur Veranlassung und Ausführung des zur Wiederherstellung eines rechtmäßigen Zustands Erforderlichen (Nr. 3), Aufhebung von Beschlüssen und Ersatzvornahme (Nr. 4), Auflösung der Vollversammlung sowie Bestellung eines Beauftragten (Nr. 5); Im Gegensatz dazu formuliert z.B. das IHKG-NRW in § 2 Abs. 1 lediglich: „Hält sich eine Industrie- und Handelskammer trotz zweimaliger Aufforderung bei Ausübung ihrer Tätigkeit nicht im Rahmen der für sie geltenden Rechtsvorschriften, so kann ihre Vollversammlung von der Aufsichtsbehörde aufgelöst werden. (…)“.

Bindung an den Verhältnismäßigkeitsgrundsatz jedoch zumeist auch verfahrensrechtlich mit gewissen Voraussetzungen versehen.[179]Die IHKs unterliegen somit nur einer überschaubaren Anzahl von aufsichtsrechtlichen Befugnissen, und auch das klassische Aufsichtsmittel der Auflösung des betreffenden Gremiums ist in Stufen organisiert, sodass für die IHKs eine weitgehende Selbstständigkeit ihrer Tätigkeiten anzunehmen ist. Diese wird nur begrenzt durch die allgemeine Rechtsaufsicht, sodass es durchaus realistisch erscheint, die IHKs dem Anwendungsbereich des Art. 11 EMRK zuzuordnen.

(bbb) Finanzaufsicht durch Landesrechnungshöfe

Ein zusätzliches Argument gegen die Einstufung als öffentlich-rechtlich im Sinne der EMRK liegt darin, dass auch die staatliche Kontrolle über die Verwendung der Mitgliedsbeiträge begrenzt ist. Eine echte Finanzkontrolle der konkreten Verwendung der Mitgliedsbeiträge findet im Rahmen der staatlichen Rechtsaufsicht nicht statt. Insoweit unterscheiden sich die IHKs nicht von den wirtschaftlichen Vereinen, die von Privaten gegründet werden und denen nach § 22 BGB Rechtsfähigkeit verliehen wird. Einer inhaltlichen Einflussnahme durch den Staat sind sie ebenso entzogen wie die IHKs. Diese wirtschaftlichen Vereine sind aber zweifellos Vereinigungen gem. Art. 11 Abs. 1 EMRK.

In diesem Zusammenhang ist die Frage nach der Finanzaufsicht der Landesrechnungshöfe über die IHKs von Interesse. Grundsätzlich existiert neben der staatlichen Rechtsaufsicht bei landesunmittelbaren juristischen Personen des öffentlichen Rechts auch eine in den Landeshaushaltsordnungen festgelegte Wirtschaftlichkeitsprüfung durch die Landesrechnungshöfe, soweit eine solche nicht ausdrücklich ausgeschlossen ist.[180] Obwohl sie des Öfteren infrage steht[181], ist die rechtliche Zulässigkeit dieser Rechnungshofkontrolle in Bezug auf die

179 *Heusch*, in: Kluth (Hrsg.), Handbuch des Kammerrechts, § 15, Rn. 96; § 2 Abs. 2 IHKG-NRW regelt beispielsweise, dass die Auflösung erst stattfinden darf, wenn sich die Vollversammlung nach zweimaliger Aufforderung nicht an die Rechtsvorschriften hält.

180 So geregelt z.B. in § 111 LHO-NRW; gemeinhin lassen die IHKs ihre Wirtschaftlichkeitskontrolle jedoch intern durch eine zentrale Rechnungsprüfstelle des DIHK durchführen.

181 Erst kürzlich zogen die IHKs Erfurt und Südthüringen das Prüfungsrecht des Landesrechnungshofes in Zweifel, s. „Keine Ausnahmeregelung: IHK wehren sich gegen Prüfung durch Rechnungshof“ in: Legal Tribune Online, 04. 09. 2015, http://www.lto.de/persistent/a_id/16814/ (zuletzt abgerufen am 06.06.2021).

IHKs inzwischen gerichtlich bestätigt worden.[182] Problematisch ist jedoch, ob diese Prüfung auch Zweckmäßigkeitserwägungen umfasst und damit im Ergebnis eine nicht vorgesehene Fachaufsicht bedeutet, die in einem deutlichen Spannungsfeld zum Selbstverwaltungsrecht der IHKs stehen dürfte. *Pautsch*[183] löst diesen Konflikt ausgehend vom Selbstverwaltungsrecht der Kammern. So sei zunächst die Kontrolldichte der Landesrechnungshöfe reduziert. Aus der strikten Bindung an die „verfassungsrechtliche Überformung der Rechnungshofkontrolle durch das den Kammern eingeräumte Selbstverwaltungsrecht"[184] und die daraus abgeleiteten Hoheitsrechte der Kammern als Körperschaften des öffentlichen Rechts, die insbesondere auch die Finanzhoheit umfassten, folge eine Beschränkung der Rechnungshofkontrolle auf eine „reine Evidenzkontrolle". Weiterhin schlägt er eine Lösung über die Reduktion des Aufsichtsermessens vor. Das in § 11 IHKG eingeräumte Aufsichtsermessen sei durch das Selbstverwaltungsrecht und durch rechtsstaatliche Grundsätze, wie beispielsweise die selbstverwaltungsfreundliche Aufsicht und das Verhältnismäßigkeitsprinzip, gebunden. Daraus sei zu folgern, dass der Prüfungsmaßstab der Aufsichtsbehörden bei Einbeziehung der Ergebnisse der Rechnungshofprüfungen auf dasjenige beschränkt sei, „was im Rahmen der allgemeinen Rechtskontrolle (als Teil der Rechtsaufsicht) beanstandungsfähig und damit sanktionierbar wäre".[185] Dies bedeutet im Endeffekt eine sehr reduzierte Prüfung, die die Kontrolle durch den Rechnungshof deutlich einschränkt. Andererseits trägt diese Lösung der Bedeutung des Selbstverwaltungsrechts der IHKs Rechnung.

Das Bundesverwaltungsgericht hatte sich in einer jüngeren Entscheidung zur grundsätzlichen Zulässigkeit der Rechnungshofkontrolle nicht mit der Reichweite der Kontrollbefugnisse auseinandergesetzt. Es stellte in Bezug auf das Selbstverwaltungsrecht jedoch fest, dass eine Kontrolle schon deshalb zulässig sein müsse, weil sie nicht in „laufende finanzwirksame Entscheidungsprozesse [eingreife], sondern (...) nur die bereits getroffenen Entscheidungen und ihre

---

182 BVerwG v. 30. 09. 2009, GewArch 2010, 69 mit Besprechung von *Schöbener*, ebd. S. 177–182; VG Leipzig, GewArch 2014, 165, OVG Bautzen, SächsVBl. 2016, 13; schon früher zu den Handwerkskammern BVerwG, GewArch 1995, 377 (379f.).

183 *Pautsch*, Wirtschaftlichkeitsprüfungen, in: Kluth (Hrsg.), Jahrbuch des Kammer- und Berufsrechts 2015, S. 33.

184 Er verweist auf Art. 71 Abs. 1 S. 3 der Landesverfassung-BW und auf das Demokratieprinzip, ebenda S. 33.

185 Ebenda, S. 33.

Folgen aus haushaltsrechtlicher und wirtschaftlicher Sicht [bewerte]".[186] Ob diese Sicht nicht zu kurz greift, weil nachträgliche Bewertungen immer auch Auswirkungen auf zukünftige Entscheidungen haben, sei hier nur angedeutet. Eine klare Lösung vermag wohl nur eine explizite Regelung zur Frage (und Reichweite) einer Rechnungshofkontrolle zu leisten.[187]

Die möglicherweise reduzierte Kontrolldichte aufgrund des Selbstverwaltungsrechts legt ebenso wie die insgesamt beschränkte Staatsaufsicht den Schluss nahe, dass die deutschen IHKs trotz der grundsätzlichen Existenz einer staatlichen Aufsicht und einer Rechnungshofkontrolle nicht als öffentlich-rechtlich i.S.d. Art. 11 EMRK einzustufen sind und somit dessen Schutzbereich unterfallen.

(ff) Zwischenergebnis

Trotz der nationalen gesetzlichen Vorgaben, die die IHKs dem öffentlichen Recht zuordnen, sind sie deshalb nicht vom Schutz des Art. 11 EMRK auszunehmen. Die Ziele und Aufgaben, die das IHKG festlegt, vermitteln ein ambivalentes Bild. Neben eindeutig öffentlichen Aufgaben (z.B. der Erstellung von Ursprungszeugnissen und Bescheinigungen), gibt es solche, die in die Richtung privater Organisationsformen weisen (Wahrnehmung des Gesamtinteresses), großenteils ausgeübt durch Beschlüsse der Vollversammlung. Ähnlich stellt sich die Situation in Bezug auf die Mittel und Handlungsmöglichkeiten der IHKs dar. Stellen sich die Eingriffsbefugnisse eher als hoheitlich dar, weist die Haupthandlungsform – der Beschluss der Vollversammlung – in eine privatrechtliche Richtung, denn dies ist die typische Handlungsform privatrechtlich organisierter Vereine und Kapitalgesellschaften. Eine auf eine öffentlich-rechtliche Einordnung hindeutende Disziplinargerichtsbarkeit ist nicht vorhanden. Und auch die staatliche Aufsicht ist – insbesondere mit Blick auf das Selbstverwaltungsrecht – deutlich zurückgenommen. Somit lässt sich zwar keine eindeutige Einordnung vornehmen, gerade diese Situation spricht jedoch dafür, die IHKs nicht dem

186 BVerwG v. 30. 09. 2009, GewArch 2010, 69 Rn. 36 mit Verweis auf *Löwer*, NWVBl. 2009, 125 (131).

187 Eine solche Regelung könnte gesetzlich vorgenommen werden oder es könnte aufgrund der Regelung in §§ 105 Abs. 2, 111 Abs. 2 BHO durch das zuständige Bundesministerium im Einvernehmen mit dem Ministerium der Finanzen und dem Bundesrechnungshof eine Ausnahme zum Grundsatz der Rechnungshofkontrolle zugelassen werden, unter der Voraussetzung, dass kein erhebliches finanzielles Interesse des Bundes besteht. Dies ist zum Beispiel geschehen in Bezug auf die Rechtsanwalts- und Notarkammern in NRW, vgl. *Wirtz*, Haushaltsrecht der Kammern, S. 66 f.

öffentlich-rechtlichen Bereich zuzuordnen und somit eine Überprüfung anhand der EMRK zuzulassen.

(b) Bedeutung der Organisationsform „Selbstverwaltung" für die Einordnung

Bereits der Abschnitt zur Problematik der Rechnungshofkontrolle offenbarte, dass das Selbstverwaltungsrecht der Wirtschaftskammern bei jeglicher rechtlicher Betrachtung der IHKs eine wesentliche Rolle spielt, speziell mit Blick darauf, ob es sich bei den IHKs, von außen aus der Sicht des EGMR betrachtet, um eine öffentlich-rechtliche Organisation handelt oder nicht. Aus diesem Grund soll hier eine kurze Beschreibung dieser traditionellen Ordnungsform vorgenommen werden.

(aa) Rechtlicher Ursprung und gesetzliche Verankerung

„Selbstverwaltung"[188]ist in Deutschland ein traditionsgeprägter Begriff. Die Ursprünge finden sich Anfang des 19. Jahrhunderts im kommunalen Bereich auf Ortsebene[189] und standen damals für die Abkehr von absolutistisch-zentralen Strukturen. Heute sind Formen der Selbstverwaltung in unterschiedlichsten Ausprägungen über sämtliche gesellschaftliche Strukturen verteilt. Neben der ursprünglich kommunalen ist heute von wirtschaftlicher, berufsständischer, akademischer, studentischer und auch kultureller oder sozialer Selbstverwaltung die Rede.[190] Der vielfach gebrauchte Begriff der „funktionalen Selbstverwaltung" umschreibt dabei als Sammelbegriff alle Formen der Selbstverwaltung außerhalb der kommunalen Ebene.[191] In diese Begrifflichkeiten eingeordnet, muss

---

188 Die vorliegende Arbeit lässt themenbedingt nur ein punktuelles Betrachten des Instituts der Selbstverwaltung zu. Verwiesen sei deshalb für eine vertiefende Lektüre u.a. auf *Hendler*, Selbstverwaltung als Ordnungsprinzip, 1984; *Kluth*, Funktionale Selbstverwaltung; *Will*, Selbstverwaltung der Wirtschaft.

189 *Hendler* spricht aus, dass sich „ohne historische Vereinfachung sagen lässt", dass die im Zuge der Stein-Hardenbergschen Reformen eingeführte Preußische Städteordnung vom 19. 11. 1808 als Beginn der Geschichte der Selbstverwaltung anzusehen ist; *Hendler*, Selbstverwaltung als Ordnungsprinzip, S. 8, mit Verweis auf den Abdruck der Städteordnung bei *Engeli/Haus*, Quellen zum modernen Gemeindeverfassungsrecht in Deutschland, S. 104 ff.

190 *Hendler*, in: Kluth, Handbuch des Kammerrechts, § 2 Rn. 1; *derselbe* analysiert die wichtigsten Selbstverwaltungsbereiche in: Selbstverwaltung als Ordnungsprinzip, S. 191 ff.

191 *Kluth*, Funktionale Selbstverwaltung, S. 12; *Hendler*, in: Kluth, Handbuch des Kammerrechts, § 2 Rn. 1 mit Verweis auf BVerfGE 107, 59 (89).

die Tätigkeit der Industrie- und Handelskammer als wirtschaftliche Selbstverwaltung im Rahmen der funktionalen Selbstverwaltung verortet werden.[192] Im Gegensatz zur kommunalen Selbstverwaltung, die in Art. 28 Abs. 2 GG eine verfassungsrechtliche Garantie findet, und der sog. kulturellen Selbstverwaltung, die mit den Hochschulen und Rundfunkanstalten zumindest in Art. 5 Abs. 3 bzw. 1 GG noch mittelbar erwähnt ist, sind grundgesetzliche Gewährleistungen und damit Vorgaben für die wirtschaftliche Selbstverwaltung nicht auszumachen.

(bb) Selbstverwaltung in den übrigen EU-Mitgliedstaaten

In den übrigen Mitgliedstaaten der EU lassen sich im Verfassungsrecht wenige bis keine Hinweise auf Träger funktionaler Selbstverwaltung im Allgemeinen finden, auf der Ebene des einfachen Rechts weisen sie jedoch zum Teil Ähnlichkeiten mit der funktionalen Selbstverwaltung in Deutschland auf.[193] Daraus lässt sich schließen, dass der Frage nach der europarechtlichen Behandlung der wirtschaftlichen Selbstverwaltung – insbesondere des Kammerwesens – durchaus eine europäische Bedeutung zukommt. Gleichwohl ist in der konventionsrechtlichen Beurteilung von jeder Verallgemeinerung abzusehen und die jeweilige staatliche Rechtslage mit ihrer eigenen Selbstverwaltungsstruktur für sich zu beurteilen. Schon deshalb verbietet sich eine pauschale Übernahme der Entscheidungen der Europäischen Menschenrechtskommission auf die deutschen Industrie und Handelskammern.

(cc) Gegenwartsverständnis der Selbstverwaltung in der deutschen Wirtschaft

Ohne die theoretischen und entwicklungsgeschichtlichen Grundlagen dieser Organisationsform vertieft darlegen zu können[194], soll nun zunächst das Gegenwartsverständnis der deutschen Selbstverwaltung im Bereich der Wirtschaft

---

192 Auf eine zusätzliche Unterscheidung der Begriffe der politischen bzw. juristischen und der formalen bzw. materialen Selbstverwaltung soll hier mit Verweis auf z.B. *Kluth*, Funktionale Selbstverwaltung. S. 19 ff., verzichtet werden.

193 *Kluth/Goltz*, Kammern der berufsständischen Selbstverwaltung in der EU, S. 49.

194 Dies würde den Rahmen dieser Arbeit sprengen, weitreichende Darstellungen dazu finden sich z.B. bei *Hendler*, Selbstverwaltung als Ordnungsprinzip, 1. Teil, S. 7 ff.; *ders.* in: Kluth, Handbuch des Kammerrechts, § 2 Rn. 3 ff; *Will*, Selbstverwaltung der Wirtschaft, beschreibt die historische Entwicklung in einzelnen Selbstverwaltungskörperschaften: IHKs (S. 239 ff.), Handwerk (S. 522 ff.), Landwirtschaftskammern (S. 778 ff.)

aufgezeigt werden, um daran anschließend die für Art. 11 EMRK wesentliche Einordnung innerhalb oder außerhalb staatlicher Strukturen vorzunehmen.

(aaa) Definitionsursprünge

Eine einheitliche aktuelle Definition des Begriffes der „Selbstverwaltung der Wirtschaft" zugrunde zu legen, gestaltet sich nicht einfach. So weist auch *Will* darauf hin, dass die Begrifflichkeit „zu den umstrittensten des Wirtschaftsverwaltungsrechts, ja des gesamten Verwaltungsrechts"[195] gehört. Dabei ist es weniger die Begrifflichkeit, die das Problem bereitet, sondern vielmehr der Inhalt bzw. die Reichweite der inhaltlichen Gewährleistungen. Anfangs herrschten sehr enge Definitionen vor, wie die von *Rudolf von Gneist*, der darunter noch einen besonderen Teil der kommunalen Selbstverwaltung verstand, nämlich bestimmte gewählte Vertretungen, die im Bereich der wirtschaftlichen Geschäfte der Lokalverwaltung tätig wurden.[196] *Ernst Rudolf Huber* trat Mitte des zwanzigsten Jahrhunderts dann für einen sehr weiten Begriff der Selbstverwaltung der Wirtschaft ein, der in seiner Definition nicht mehr auf öffentlich-rechtliche Körperschaften beschränkt ist.[197] In der Folge fanden sich jedoch auch wieder Definitionsversuche, die die Nähe zur kommunalen Selbstverwaltung betonten und das Kammerwesen, das heißt insbesondere IHKs, Handwerkskammern und Handwerksinnungen in den Blick nahmen.[198]

(bbb) Verständnis im Schrifttum und Zuordnungsversuch

Nach dem Zusammenbruch der nationalsozialistischen und damit insgesamt staatlichen Strukturen nach dem Zweiten Weltkrieg, rückte auf der Suche nach einer freiheitlichen Staatskonzeption der klassische Selbstverwaltungsgedanke immer mehr in den Vordergrund. Die Idee der Selbstverwaltung – auch der funktionalen – tragen nach *Hendler* heute drei wesentliche Merkmale: öffentlich-rechtlicher Charakter, Betroffenenmitwirkung und Staatsdistanz.[199] *Hendler* bezeichnet die Selbstverwaltung als einen Teil des Staates, der zwar über relative Unabhängigkeit verfügt, aber aufgrund seiner Zugehörigkeit zum Staatsganzen öffentlich-rechtlichen Charakter trägt.[200] Auch *Kluth* meint, dass

195 *Will*, Selbstverwaltung der Wirtschaft, S. 1.
196 *Von Gneist*, Die preußische Kreis-Ordnung, S. 8 ff.
197 *E.R. Huber*, Selbstverwaltung der Wirtschaft, S. 9.
198 Z.B. *Weber*, Staats- und Selbstverwaltung, S. 155.
199 *Hendler*, in: Kluth, Handbuch des Kammerrechts, § 2 Rn. 41.
200 *Hendler*, in: Kluth, Handbuch des Kammerrechts, § 2 Rn. 41

unausgesprochene Prämisse der definitorischen Festlegung die „Zuordnung einer Organisation zum Bereich des Staates bzw. die Wahrnehmung von aus der staatlichen Kompetenzordnung abgeleiteten Aufgaben“[201] sein müsse.

Auf den ersten Blick stellt sich so der Eindruck ein, dass die funktionale Selbstverwaltung ohne Wenn und Aber dem Staat zuzuordnen sei. Dieser Eindruck könnte noch bestärkt werden durch die uneinheitliche, häufig unscharfe oder gar nicht vorgenommene Abgrenzung vom Begriff der mittelbaren Staatsverwaltung. Während z.B. *Forsthoff* zwischen Selbstverwaltung und mittelbarer Staatsverwaltung nahezu keinen definitorischen Unterschied (an)erkennen wollte[202], strebte *Reuß* nach einer begrifflichen Abkoppelung der Selbstverwaltung von der mittelbaren Staatsverwaltung.[203] *Kluth* hat bereits Probleme zu bestimmen, was genau unter der mittelbaren Staatsverwaltung zu verstehen ist, und kommt lediglich zu der für die vorliegende Frage ergebnislosen Feststellung, dass sich die Diskussion über die Abgrenzung von mittelbarer Staatsverwaltung und Selbstverwaltung im allgemeinen als dogmatisch fruchtlos erwiesen habe.[204]

Die erkennbare Unschärfe des Begriffs der (funktionalen) Selbstverwaltung, lässt es jedoch zu, über eine andere als eine rein „staatliche“ Einordnung dieser Organisationsform nachzudenken. Die weiteste erkennbare Begriffsbestimmung wurde von *Ernst Rudolf Huber* vorgenommen, der zur wirtschaftlichen Selbstverwaltung auch Einrichtungen in privater Rechtsform wie beispielsweise Verbände zählt.[205] Dennoch ordnet er sie sehr wohl noch dem Staatsganzen bzw. der Staatsverfassung zu, weil sie sich nicht im staatsfreien Raum bewegen.[206] Die

---

201 *Kluth*, Funktionale Selbstverwaltung, S. 24, mit Verweis auf *Schmidt-Aßmann*, in: GS Martens (1987), S. 258, der Selbstverwaltung ebenfalls nur dort sieht, wo eine rechtliche „Zuordnung des betreffenden Bereichs zur organisierten Staatlichkeit“ vorgenommen wird.

202 *Forsthoff*, Lehrbuch des Verwaltungsrechts, S. 478.

203 *Reuß*, in: Bettermann/Bachof, Grundrechte Bd. III/1, 1958, S. 103 f. Ebenso der bereits erwähnte *Ernst Rudolf Huber*, der sowohl die körperschaftliche als auch die organschaftliche Selbstverwaltung als völlig eigenständig neben der mittelbaren Staatsverwaltung angesiedelt sieht, *E. R. Huber*, Selbstverwaltung der Wirtschaft, S. 40 f.

204 *Kluth*, Funktionale Selbstverwaltung, S. 27 f., m.w.N. auf S. 28.

205 *E.R. Huber*, Selbstverwaltung der Wirtschaft, S. 43 f., mit einer Übersicht über die Erscheinungsformen der privatrechtlichen und öffentlich-rechtlichen Körperschafts- und Organschaftsverwaltung der Wirtschaft.

206 *E.R. Huber*, Selbstverwaltung der Wirtschaft, S. 9, „ (…) das heißt: nicht unter Abwendung vom Staat, nicht unter Ausschluß des Staates, nicht in Opposition gegen den Staat.“

speziell körperschaftliche Staatsverwaltung sei jedoch keine Staatsverwaltung, sondern die Wahrnehmung eines von der Staatsverwaltung unterschiedenen eigenen Wirkungskreises, verbunden mit der „Fähigkeit und Befugnis zur Selbstgestaltung *eigener Angelegenheiten*, die vom Staat nicht übertragen (‚delegiert'), sondern von ihm nur anerkannt (‚sanktioniert') werden"[207]. Voraussetzung sei, dass der Staat diese Anerkennung erkläre, durch ausdrücklichen Akt oder konkludent. Bei allen folgenden gesetzlich normierten Einwirkungsmöglichkeiten ändere dies jedoch nichts daran, dass doch eigene Angelegenheiten den Gegenstand der körperschaftlichen Selbstverwaltung bildeten.[208] Die Begrifflichkeit der Selbstverwaltung der Wirtschaft mache zudem aus, „dass die Wirtschaftstätigen ihre Angelegenheiten *in öffentlicher Verwaltung* wahrnehmen"[209]. Es dürfe sich also nicht um rein private Interessen handeln, vielmehr müsse es zugleich um die Wahrung öffentlicher Interessen gehen, woraus auch die Notwendigkeit einer Staatsaufsicht folge. Die Tätigkeit in *öffentlicher Verwaltung* sei jedoch nicht begriffsnotwendig *hoheitliches Handeln*.[210]

Daran ist zu erkennen, dass sich schon die Begriffe öffentlich und öffentlich-rechtlich bzw. hoheitlich zwar nahe stehen, jedoch nicht identischen Inhalts sind und eine Differenzierung durchaus angezeigt ist. Die „Öffentlichkeit" macht die Selbstverwaltung bei *Huber* noch nicht zum Staat.[211] Für den EGMR hatte nicht einmal die Qualifikation als öffentlich-rechtliche Körperschaft ausgereicht, um die Vereinigung dem Schutzbereich des Art. 11 EMRK zu entziehen.[212] Die IHKs im Ergebnis nicht dem Staatsgefüge zuzuordnen und so Art. 11 EMRK

207 *E.R. Huber*, Selbstverwaltung der Wirtschaft, S. 40. (Hervorhebung durch den Autor); als über den eigenen Wirkungskreis hinausgehend erwähnt der Autor noch den „übertragenen Wirkungskreis" i.S.e. Auftragsverwaltung.

208 Beispielsweise Einfluss auf Verbands- und Organbestellung, Festlegung der Rechte und Pflichten der Mitglieder, Staatsaufsicht.

209 *E.R. Huber*, Selbstverwaltung der Wirtschaft, S. 15, (Hervorhebung durch den Autor).

210 *E.R. Huber*, Selbstverwaltung der Wirtschaft, S. 15; gleichwohl könnten – wenn auch nicht begriffsnotwendig – auch Selbstverwaltungsträgern hoheitliche Befugnisse zugewiesen werden, in der Praxis sei das sogar häufig geboten, um die Selbstverwaltung in der „Öffentlichkeit ihres Verwaltungshandelns" durch öffentlich-rechtliche Gewalt zu bestärken.

211 Kritisiert wird an Hubers Konzeption der Selbstverwaltung insbesondere, dass die Ausweitung dazu führe, dass der Rechtsbegriff von seiner Zuordnung zur Staatsorganisation abgekoppelt werde, vgl. *Will*, Selbstverwaltung der Wirtschaft, S. 17 m.w.N.

212 So der Gerichtshof im Urteil v. 29. 04. 1999, *Chassagnou u.a./.Frankreich*, Nr. 25088/94, Rn. 100.

zur Anwendung zu bringen, scheint aus diesem Blickwinkel durchaus möglich, wenn nicht sogar geboten.

Eine Zuordnung zum Staat fällt vielen Autoren auch dann nicht leicht, wenn sie in Abgrenzung zur „Gesellschaft" erfolgen soll. *Henke* erkennt Selbstverwaltung als zwischen Staatsverwaltung und gesellschaftlicher Eigenverwaltung angeordnete Erscheinungsform. Sie umfasse einen „breiten Fächer von Möglichkeiten zwischen den beiden Extremen reiner Staatsverwaltung und rein gesellschaftlicher Erfüllung öffentlicher Aufgaben"[213]. Für *Isensee* handelt es sich bei der Selbstverwaltung um einen öffentlich-rechtlich geordneten Bereich zwischen dem Staat und der Sphäre freier Individuen.[214] *Will* beschreibt schon die Vorläufer der IHKs als Einrichtungen, die eine „eigenartige Zwitterstellung der Selbstverwaltungsorganisationen" innehatten, die einerseits – aus der „bottom-up-Perspektive" – Interessenwahrnehmungsorgan gegenüber dem Gemeinwesen, andererseits – aus der „top-down-Perspektive" – ein Organismus des Gemeinwesens zur Regulierung und Integration bestimmter Sozialbereiche waren.[215] Das Konzept der Selbstverwaltung als „gesellschaftliche Selbstverwaltung" erkennt *Salzwedel* an, der in diesem gesellschaftlichen Element den „Kernbereich der Selbstverwaltung"[216] sieht, und diesen Institutionen die „eigenverantwortliche Verwaltung eigener öffentlicher Aufgaben"[217] zuweist.

Auch in der Literatur wird eine Einordnung zum Staat somit nicht zweifelsfrei vorgenommen. Bereits die Probleme bei der Definition der mittelbaren Staatsverwaltung, und dazu die Unschärfen in der Abgrenzung der Selbstverwaltung vom Bereich des Öffentlichen, des Öffentlich-Rechtlichen und des Hoheitlichen lassen Zweifel an der „Staatlichkeit" der Selbstverwaltung aufkommen. Wer die

---

213 *Henke*, Rechtsformen der sozialen Sicherung, in: Das Grundrecht der Gewissensfreiheit, VVDStRL 28 (1970), S. 149 (167), hier am Beispiel der Sozialverwaltung; Kritik erfährt er u.a. von *Hendler*, Selbstverwaltung der Wirtschaft, S. 282 f., der die Gefahr eines rechtlichen Selbstverwaltungsbegriffes ohne Aussage sieht. An einen solchen Begriff müssten jedoch „höhere Anforderungen im Hinblick auf inhaltliche Bestimmtheit und Aussagekraft" gestellt werden. Es bleibt bei dieser Kritik offen, ob nicht eher eine andere Begrifflichkeit vonnöten wäre.

214 *Isensee*, Subsidiaritätsprinzip und Verfassungsrecht, S. 101.

215 *Will*, Selbstverwaltung der Wirtschaft, S. 246.

216 *Salzwedel*, Staatsaufsicht in der Verwaltung, VVDStRL Band 22 (1965), S. 206 (S. 236).

217 *Salzwedel*, Staatsaufsicht in der Verwaltung, VVDStRL Band 22 (1965), S. 206 (S. 223); auch *Kluth* erkennt, dass es bei dieser Konzeption um die materiell-rechtliche Frage geht, ob die Tätigkeiten der Träger funktionaler Selbstverwaltung als „Ausübung von Staatsgewalt oder von autonom gesellschaftlicher Gewalt zu qualifizieren sind". Er beantwortet die Frage jedoch nicht, s. *Kluth*, Funktionale Selbstverwaltung, S. 22.

Selbstverwaltung dazu noch im Zwischenraum von Staat und Gesellschaft ansiedelt, muss zwangsläufig zu dem Schluss kommen, dass sie eben nicht *per se* dem Staatsganzen angehört, und somit der Schutzbereich des Art. 11 EMRK eröffnet ist. Erst recht gilt dies, wenn einer vollständigen Zuordnung zur Sphäre der Gesellschaft gefolgt wird.

(ccc) Telos der Selbstverwaltung

Um die Frage nach der Bedeutung der Organisationsform der Selbstverwaltung für bzw. gegen die Einordnung der IHKs als öffentlich-rechtlich i.S.d. EMRK abschließend beurteilen zu können, sei noch ein kurzer Blick auf die mögliche Zielsetzung der Selbstverwaltung gewagt. Es geht um Betroffenenpartizipation, um Staatsentlastung[218], aber auch um Dezentralisierung und vertikale Gewaltenteilung. Zudem dürfte eine Funktion darin bestehen, den Staatsbürger – wie *Hendler* es beschreibt – „an die Erledigung öffentlicher Aufgaben im mikropolitischen Bereich heranzuführen, und so einem Demokratieverlust durch Komplexität vorzubeugen bzw. entgegenzuwirken".[219] Ob der Einzelne bzw. die Individuen in organisierter Form ausgehend von dieser Prämisse noch eindeutig dem Staat zuzuordnen sind, darf bezweifelt werden. In diese Richtung weist auch eine frühe Entscheidung des Bundesverfassungsgerichts zur Selbstverwaltung, in der es feststellte:

> „Andererseits würden die Prinzipien der Selbstverwaltung und der Autonomie, die ebenfalls im demokratischen Prinzip wurzeln und die dem freiheitlichen Charakter unserer Sozialordnung entsprechen, nicht ernst genug genommen, wenn der Selbstgesetzgebung autonomer Körperschaften so starke Fesseln angelegt würden, dass ihr Grundgedanke, die in den gesellschaftlichen Gruppen lebendigen Kräfte in eigener Verantwortung zur Ordnung der sie besonders berührenden Angelegenheiten heranzuziehen und ihren Sachverstand für die Findung ‚richtigen' Rechts zu nutzen, nicht genügend Spielraum finden."[220]

---

218 Siehe dazu vertiefend *Kluth*, Funktionale Selbstverwaltung, S. 227 f.

219 *Hendler*, Selbstverwaltung der Wirtschaft, S. 347; ein sich eventuell auch wandelndes Verständnis der funktionalen Selbstverwaltung hat wohl auch *Kluth* im Blick, wenn er zu ihrer Rolle im Wandlungsprozess heutiger Staatlichkeit formuliert: „Bei allen Vorbehalten gegen die Fixierung auf die historische Gestalt von staatsrechtlichen Institutionen dürfen die in ihnen gespeicherten Erfahrungswerte nicht leichtfertig preisgegeben werden. Sie sollen vielmehr die Basis für den Dialog mit den neuen Rahmenbedingungen heutiger staatlicher Existenz bilden und damit zugleich ihren eigenen Entstehungsbedingungen Referenz erweisen.", Funktionale Selbstverwaltung, S. 2.

220 BVerfGE, 33, 125 (159), sog. „Facharztbeschluss": Gegenstand waren in diesem Verfahren u.a. die Grenzen der Satzungsgewalt von autonomen Berufsverbänden, konkret von Ärztekammern.

(ddd) Zwischenergebnis

Der Einblick in die Konzeption von Selbstverwaltung verbietet auf nationaler Ebene eine vorbehaltlose Einordnung in die Kategorie „Staat". Die Autonomie der EMRK gegenüber der Rechtsdogmatik der Konventionsstaaten gebietet umgekehrt, bei der Einordnung genau hinzusehen. Es hat sich gezeigt, dass weder aus der Öffentlichkeit noch aus der Öffentlich-Rechtlichkeit auf eine zwingende Zuordnung zum Staatsganzen geschlossen werden muss. Vielmehr tritt die (wirtschaftliche) Selbstverwaltung, ihrer Grundkonzeption folgend, als eine Organisationsform zwischen Staat und Gesellschaft auf, die durchaus im Unterschied zur originären Staatlichkeit gesehen werden muss. Festzustellen bleibt deshalb, dass die wirtschaftliche Selbstverwaltung – in Anerkennung ihrer gewollten Nähe zum Staat – nicht mit demselben verschmolzen und schon gar nicht mit ihm identisch ist. Der sachliche Schutzbereich des Art. 11 EMRK wäre demnach durchaus eröffnet.

(c) Erwägungen zum teleologischen Hintergrund tatbestandlicher Ausgrenzung

Bevor eine endgültige Festlegung stattfindet, soll noch ein weiterer Gedanke eingeführt werden. Will man eine Antwort auf die Frage geben, ob bestimmte Gruppierungen wegen ihres öffentlich-rechtlichen Charakters aus dem Anwendungsbereich des Art. 11 EMRK auszuschließen sind, hilft es möglicherweise weiter, zunächst zu beantworten, welchen Zweck dieser Ausschluss erfüllen soll.

Eine eindeutige Antwort lässt sich hier auf den ersten Blick nicht finden. In Deutschland ist die Begrenzung auf den positiven wie negativen Schutz freiwilliger Vereinigungen historisch bedingt in der Entstehungsgeschichte der Grundrechtsnorm angelegt.[221] Der Ausschluss der öffentlich-rechtlichen Zwangsvereinigungen aus dem Schutzbereich des Art. 9 GG wird damit begründet, dass die Vereinigungsfreiheit dem Einzelnen kein Recht zur Bildung öffentlich-rechtlicher Vereinigungen vermittle, ihn also ebenso wenig vor einem verpflichtenden Zusammenschluss schützen könne.[222]

Unabhängig davon, ob auf staatlicher Ebene dieser Argumentation zu folgen ist, muss auf der Ebene der EMRK schon wegen des divergierenden dogmatischen

---

221 So *Jahn*, Wirtschaftliche und freiberufliche Selbstverwaltung durch Kammern, GewArch 2002, S. 353 ff., der betont, dass für die Vereinigungsfreiheit des Grundgesetzes das Element der Freiwilligkeit konstituierend sei.

222 In diesem Sinne u.a. BVerfGE 10, 89 (102); 38, 281 (297 f.); Kritik an diesem Umkehrschluss findet sich m.w.N. u.a. bei *Höfling*, in: Sachs, GG, Art. 9, Rn. 22.

Fundaments ein anderer Maßstab angelegt werden. Hier steht nicht die Frage, wie weit staatliche Rechte reichen und wo sie auf individuelle Freiheiten treffen, im Zentrum, sondern das Verhältnis zwischen Staat und übergeordnetem, internationalem Verbund[223]. Konkret geht es um die Frage, ob aus Sicht der an der EMRK teilnehmenden Staaten nur eine beschränkte Unterstellung von Politikbereichen unter die Kontrolle des EGMR stattgefunden hat, sodass zu konstatieren wäre, dass die Staaten gewisse Politikbereiche in ihrer eigenen nicht justitiablen Zuständigkeit belassen wollten. Diese Frage wird man verneinen müssen. Mag dies – in Bezug auf die EMRK systembedingt noch weiter als im Bereich der EU – in souveränitätssensiblen Bereichen auch grundsätzlich denkbar sein, so zeigt bereits die Einleitungsformel zum Vertragstext der EMRK auf, dass dieses Argument nur beschränkt zu wirken vermag. Hier wird betont, dass die EMRK bezwecke, die „universelle und wirksame Anerkennung und Einhaltung der in ihr aufgeführten Rechte zu gewährleisten". Ein effektiver Schutz kann jedoch nur dann durchgreifen, wenn Mindeststandards unabhängig von möglichen impliziten Souveränitätsvorbehalten der kontrahierenden Staaten unantastbar sind. Dazu müssen zuerst die in der Konvention verankerten Bestimmungen, so wie sie dort niedergelegt sind, durchsetzbar sein, sonst geriete der Schutz durch die EMRK bzw. den EGMR weitgehend zur Farce.[224]

Weil es sich bei der EMRK um einen Menschenrechtsvertrag handelt, bei dem das Individuum als Berechtigter im Zentrum steht, drängt sich ein Kollusionsargument für die Ausklammerung des öffentlich-rechtlichen Bereiches aus Art. 11 EMRK auf: Es widerspräche der Logik des Menschenrechtsvertrags, dass ein Individuum als berechtigtes Subjekt gleichzeitig als Teil des Staates vertraglich Verpflichteter ist.[225] Somit wird auch hier in Bezug auf die IHK-Selbstverwaltung eine Einordnung in die Kategorien Individuum oder Staat erfolgen, die derjenigen, die mit Blick auf die Positionen Staat–Gesellschaft geführt wurde, sehr

---

223 An dieser Stelle sei das Wort Verbund im abstrakten Sinne von Zusammenschluss gewählt, um zunächst jegliche völkerrechtliche Verbindungen unabhängig von der Existenz möglicher Durchgriffsbefugnisse zu betrachten.

224 Diese Feststellung sagt noch nichts darüber aus, ob aus Sicht des EGMR gewisse Einschränkungen vorgenommen werden (müssen).

225 Ähnlich, wenn auch aus einem anderen Blickwinkel, sieht es *Alkema*, der den Ausschluss des staatlichen Bereichs folgendermaßen begründet: „(…) it is hardly conceivable that public institutions could be entitled to human rights since those rights originally have been granted vis-à-vis the State and its organs themselves"; Freedom of associations and civil society, in: Council of Europe, Freedom of Association, S. 52 (72).

ähneln dürfte. Die Tatsache, dass es sich bei der EMRK um einen Menschenrechtsvertrag handelt, spricht – aufbauend auf der festgestellten tendenziellen Zuordnung zum gesellschaftlichen Bereich – jedenfalls eher dafür, den Bereich der selbstverwaltenden IHKs nicht dem Staat, sondern vielmehr dem berechtigten Individuum zuzuordnen.

Teleologisch könnte die Begrenzung des Schutzbereichs des Art. 11 EMRK auch aus dem Wirkungsbereich des EGMR herrühren. Dieser entwickelte bereits in frühen Jahren[226] eine in diese Richtung zielende Doktrin, die heute unter dem Begriff „margin of appreciation" bekannt ist. Da er sich von der französischen Bezeichnung „marge d'appréciation" ableitet, geht es dabei entgegen der etwas fehlgeleiteten englischen Wortwahl um die Frage nach dem Ermessen. Vereinfacht ausgedrückt handelt es sich um den Spielraum, den die Straßburger Organe den Konventionsstaaten bei der Erfüllung ihrer Verpflichtungen aus der Konvention gewähren.[227] Ohne an dieser Stelle tiefer in die Anwendung dieses dogmatischen Werkzeugs des EGMR einzusteigen, kann festgehalten werden, dass es bei aller thematischen Nähe nicht zur Begrenzung bzw. Bestimmung eines konventionsrechtlichen Schutzbereichs herangezogen werden kann. Bereits die oberflächliche Zuordnung zur Ermessensfrage lässt dogmatisch einzig eine Überprüfung auf der Rechtsfolgenseite zu. Der dahinter stehende Gedanke, dass die Mitgliedstaaten in bestimmten sensiblen Bereichen, die zudem von Staat zu Staat traditionell unterschiedlich gehandhabt werden, ein differierendes Schutzniveau pflegen, ist in einer Gemeinschaft mit begrenzter Integration nachvollziehbar und richtig, kann jedoch die Anwendbarkeit einzelner Konventionsrechte nicht von vornherein, gewissermaßen kategorisch ausschließen.

Die teleologische Betrachtung, die mit Blick auf den möglichen Sinn und Zweck einer Schutzbereichsbegrenzung durch Ausklammerung des öffentlichrechtlichen Bereichs durchgeführt wurde, lässt im Ergebnis nicht den Schluss zu, die deutschen IHKs dem Schutzbereich des Art. 11 EMRK zu entziehen. Eine weitergehende Betrachtung wird auf der Rechtsfolgenseite zu erfolgen haben. Der Schutzbereich ist jedoch *ratione materiae* eröffnet, ein teleologisch begründeter Ausschluss der IHKs vom Anwendungsbereich des Art. 11 EMRK kann nicht erfolgen.

---

226 Zuerst vom Gerichtshof erwähnt wurde dieses dogmatische Konstrukt in der Rechtssache *Handyside ./. United Kingdom*, vom 07. 12. 1976, No. 5493/72, §§ 48 f.

227 *Greer*, Margin of Appreciation, S. 5: „Broadly speaking it refers to the room for manoeuvre the Strasbourg institutions are prepared to accord national authorities in fulfilling their obligations under the European Convention on Human Rights."

(d) Zwischenergebnis zur Anwendung auf die IHKs

Die Grenze zwischen privatrechtlichen und öffentlich-rechtlichen Vereinigungen i.S.d. Art. 11 EMRK zu ziehen ist nicht einfach, es findet sich in diesem Zusammenhang sogar das Attribut „willkürlich“[228]. Der Versuch wurde hier trotzdem unternommen. Eine Einordnung anhand der herausgearbeiteten Rechtsprechungslinien des EGMR zeigte zu Beginn, dass die deutschen Industrie- und Handelskammern über ambivalente Eigenschaften verfügen. Das IHKG spricht auf den ersten Blick dafür, die IHKs als öffentlich-rechtliche staatsnahe Institutionen einzuordnen. Bei genauerer Betrachtung des Konzeptes der Selbstverwaltung und der zentralen Aufgabe der Interessenvertretung erscheint eine Einordnung in der Nähe der gesellschaftlichen Gruppierungen jedoch eher sachgerecht.[229] Berücksichtigt man zudem die Autonomie, deren es bei einer konventionsrechtlichen Analyse bedarf, und die Zufälligkeit[230], die in Deutschland zur Übernahme der öffentlich-rechtlichen Organisationsform führte, so liegt es nahe, die deutschen IHKs nicht aus dem Schutzbereich des Art. 11 EMRK auszuschließen.[231] Erwägungen zum Sinn und Zweck eines Ausschlusses öffentlich-rechtlicher Organisationen aus dem Schutzbereich führen auch nicht zu einer anderen Einschätzung. Damit wird im Folgenden davon auszugehen sein, dass die deutschen IHKs, und damit die Überprüfung der Pflichtmitgliedschaft in den IHKs, nicht wegen Zuordnung zum öffentlich-rechtlichen Staatsganzen vom Schutz des Art. 11 EMRK ausgenommen sind und der Schutzbereich grundsätzlich eröffnet ist.[232]

---

228 So *Alkema*, Freedom of Associations, S. 72: „Still the borderline between private and public in this context is somewhat arbitrary“.

229 Wie von *Alkema* formuliert, sei nämlich eine materielle und nicht rein begriffsorientierte Analyse geboten, vgl. *Alkema*, Freedom of Associations, S. 72.

230 Zu den Hintergründen und den Diskussionen um eine privatrechtliche oder öffentlich-rechtliche Organisation der Handelskammern nach dem Krieg vgl. oben Kapitel I, A. I. a.E.

231 In eine ähnliche Richtung tendierend *Tomuschat*, Freedom of Association, in: Macdonald/Matscher/Petzold, The European System of the Protection of Human Rights, S. 493 (497), der sich dafür ausspricht, in Grenzfällen den Rückgriff auf Artikel 11 EMRK nicht a priori zu sperren.

232 A.A. z.B. *Scheidtmann*, Wirtschafts- und berufsständische Kammern im europäischen Gemeinschaftsrecht, S. 95, der jedoch ohne weitere Analyse zugrunde legt, dass es sich bei den IHKs in Parallele zu den Ärztekammern um öffentlich-rechtliche Körperschaften handelt, die deshalb nicht dem Schutzbereich des Art. 11 EMRK unterlägen.

(e) Negative Vereinigungsfreiheit

Der Wortlaut von Art. 11 Abs. 1 EMRK legt zudem die Frage nahe, ob vom Schutzbereich auch das Recht erfasst ist, einer Vereinigung nicht beizutreten oder aus ihr auszutreten. Nähme man die Vorschrift wörtlich, müsste man diese Frage verneinen, denn sie garantiert explizit nur das Recht, sich „frei zusammenzuschließen". Wie aus dem nationalen Recht bekannt, ist dieser Rückschluss nicht zwingend. So herrscht im deutschen Verfassungsrecht nahezu Einigkeit, dass Art. 9 Abs. 1 GG grundsätzlich neben der positiven Vereinigungsfreiheit auch die korrespondierende negative Seite des Rechts schützt.[233] Eine ähnliche Linie lässt sich auch in der Rechtsprechung des EGMR ausmachen.

Bereits in den 80er Jahren beschäftigte sich der EGMR im Zusammenhang mit der Verpflichtung, einer Haus-Gewerkschaft beizutreten, mit der Frage nach der Existenz des Vereinigungsschutzes in seiner negativen Dimension. In der Rechtssache *Young/James/Webster*[234] hatte die Regierung der Vereinigten Königreichs noch auf dem Standpunkt gestanden, dass sich aus den Travaux Préparatoires der ausdrückliche Verzicht auf ein Recht ergebe, das vor dem Zwang zum Beitritt zu einer Vereinigung schütze.[235] Der Gerichtshof entschied jedoch, dass aus der nicht expliziten Aufnahme einer entsprechenden Vorschrift nicht folge, dass die negative Seite der Vereinigungsfreiheit völlig außerhalb des Anwendungsbereichs des Art. 11 EMRK anzusiedeln sei.[236]

Die Rechtsprechung zum negativen Recht des Art. 11 EMRK wurde fortgeführt in der Rechtssache *Sigurjónsson*[237], die im vorherigen Abschnitt bereits Erwähnung fand und ebenfalls die negative Gewerkschaftsfreiheit zum Gegenstand hatte. Hier bezog sich der Gerichtshof auf seine bisherige Rechtsprechung, konkretisierte sie jedoch hinsichtlich der Reichweite des Rechts. Unter Hinweis

---

233 Statt vieler *Höfling*, in: Sachs, GG, Art. 9, Rn. 21 m.w.N.; BVerfGE 10, 89 (104); BVerfGE (K) NJW 2001, 2617.

234 EGMR v. 13. 08. 1982, *Young, James, Webster ./. United Kingdom*, Nr. 7601/76.

235 EGMR v. 13. 08. 1982, *Young, James, Webster ./. United Kingdom*, Nr. 7601/76, Rn. 51. Ausschlaggebend war: „In Anbetracht der Schwierigkeiten, die sich aus dem ‚Closed-shop-System' in einigen Ländern ergeben, erachtete es die Konferenz in diesem Zusammenhang als nicht wünschenswert, in die Konvention einen Rechtssatz wie in Art. 20 Abs. 2 der Allgemeinen Menschenrechtserklärung der Vereinten Nationen aufzunehmen, demzufolge niemand gezwungen werden darf, einer Vereinigung anzugehören." (Bericht vom 19. 06. 1950 über die Beratung der Leitenden Beamten, Sammelband der „Travaux Préparatoires", Band 4, Seite 262).

236 EGMR v. 13. 08. 1982, *Young, James, Webster ./. United Kingdom*, Nr. 7601/76, Rn. 52.

237 EGMR v. 30 06. 1996, *Sigurjónsson ./. Island*, Nr. 16130/90.

auf internationale Entwicklungen[238] stellte der Gerichtshof fest, dass es trotz der nicht expliziten Erwähnung eine negative Dimension des Rechts auf Vereinigungsfreiheit gibt. Der Gerichtshof legte sich zwar selbst nicht darauf fest, dass diese negative Vereinigungsfreiheit mit derselben Reichweite wie das positive Recht gewährleistet sei, sprach aber auch nicht mehr ausdrücklich von einem beschränkten Anwendungsbereich.[239]

Diese Rechtsprechungslinie wurde im Urteil *Chassagnou* fortgeführt, in dem der EGMR bereits ohne weitere Erläuterungen von der Existenz eines negativen Rechts auf Vereinigungsfreiheit ausging.[240] Die neuere Rechtsprechung des Gerichtshofs bestätigt diese Linie. In der Rechtssache *Sørensen/Rasmussen* geht der EGMR sogar so weit, neben der Anerkennung eines negativen Rechts, die insbesondere auf die Nähe zu Art. 9 und 10 EMRK zurückzuführen ist, nicht auszuschließen, dass positives und negatives Recht dieselbe Reichweite haben können – abhängig von den Umständen des Einzelfalls.[241] Man wird deshalb heute davon ausgehen dürfen, dass der EGMR ein Recht anerkennt, sich Vereinigungen nicht unter Zwang anschließen zu müssen.[242]

Die Pflichtmitgliedschaft in den Industrie- und Handelskammern ist nach dem oben Gesagten deshalb an der Vereinigungsfreiheit des Art. 11 EMRK zu messen.

---

238 Diese betrafen u.a. Art. 20 Abs. 2 Allgemeine Erklärung der Menschenrechte, Art. 11 Abs. 2 Gemeinschaftscharta der sozialen Rechte der Arbeitnehmer und Rechtsakte des Europarates sowie der ILO; genauer dazu vgl. EGMR v. 30 06. 1996, *Sigurjónsson ./. Island*, Nr. 16130/90, Rn. 35.

239 EGMR v. 30 06. 1996, *Sigurjónsson ./. Island*, Nr. 16130/90, Rn. 35; zu diesen Schlüssen führte den EGMR in dynamischer Auslegung der Verweis auf die Konvention als „living instrument".

240 EGMR v. 29. 04. 1999, *Chassagnou u.a. ./. Frankreich*, Nr. 25088/94 u.a., Rn. 103, zum Themenbereich der Jagdvereinigungen.

241 EGMR v. 11. 01. 2006, *Sørensen u. Rasmussen ./. Denmark*, Nr. 52562/99 u. 52620/99, Rn. 54 ff., hier wieder aus dem Bereich der Gewerkschaftsfreiheit als Teilbereich der Vereinigungsfreiheit.

242 I.E. ebenso *Meyer-Ladewig*, HK-EMRK, Art. 11, Rn. 15; *Arndt/Schubert*, in: Karpenstein/Mayer, EMRK, Art. 11, Rn. 32; *Grabenwarter/Pabel*, Europäische Menschenrechtskonvention, § 23 Rn. 87 m.w.N.; *Bröhmer*, in: Grote/Marauhn, EMRK/GG, Kap. 19 Rn 60.

II. Beeinträchtigung

Ein Verstoß der Pflichtmitgliedschaft in den deutschen IHKs gegen Art. 11 EMRK erforderte zudem das Vorliegen eines Eingriffs in die negative Vereinigungsfreiheit.

Dabei ist zu prüfen, ob die Ausübung des betroffenen Rechts beeinträchtigt wurde, also staatliches Verhalten ein konventionsrechtlich geschütztes Verhalten beschränkt oder unmöglich macht.[243] Die denkbaren Eingriffsvarianten sind unvorstellbar vielfältig und deshalb enumerativ nicht zu benennen. Zwangsmitgliedschaften bilden in der Rechtsprechung des EGMR aber eine anerkannte Konstellation, die einen Eingriff in die negative Vereinigungsfreiheit darstellen kann.[244]

In Deutschland gehören gemäß § 2 Abs. 1 IHKG natürliche und juristische Personen *per se*, sofern sie zur Gewerbesteuer veranlagt sind, der jeweiligen regionalen Industrie- und Handelskammer an. Obschon die Absätze 2 bis 5 gewisse Relativierungen vornehmen, greifen diese für das Gros der Betroffenen nicht ein, und von einer Entscheidungs- oder Handlungsfreiheit, dieser Einrichtung nicht beizutreten, kann demnach nicht gesprochen werden. Ein Eingriff in die negative Vereinigungsfreiheit gemäß Art. 11 EMRK durch die Pflichtmitgliedschaft in den deutschen Industrie- und Handelskammern ist mithin festzustellen.

III. Rechtfertigung

Eingriffe in den Schutzbereich konventionsrechtlicher Verbürgungen können unter bestimmten Voraussetzungen gerechtfertigt sein. So legt Art. 11 Abs. 2 EMRK fest, unter welchen Voraussetzungen eine Beschränkung der Vereinigungsfreiheit ausnahmsweise zulässig ist. Ein Eingriff verletzt demnach Art. 11 EMRK, es sei denn, er ist „gesetzlich vorgesehen", verfolgt eines oder mehrere berechtigte Ziele im Sinne des Abs. 2 und ist „in einer demokratischen Gesellschaft notwendig", um dieses Ziel bzw. diese Ziele zu erreichen.[245]

---

243 *Peters/Altwicker*, Europäische Menschenrechtskonvention, § 3 Rn. 3; der EGMR verwendet hier unterschiedliche Begriffe: Eingriff (interference/ingérence), Einschränkungen (restrictions/limitations) oder Entzug (deprived/privé), ebd.

244 EGMR v. 29. 04. 1999, *Chassagnou u.a. ./. Frankreich*, Nr. 25088/94 u.a., Rn. 103; *Grabenwarter/Pabel*, Europäische Menschenrechtskonvention, § 23 Rn. 89.

245 So auch explizit erwähnt in EGMR v. 29. 04. 1999, *Chassagnou u.a. ./. Frankreich*, Nr. 25088/94 u.a., Rn. 104; im Original: „Such interference breaches Article 11 unless it is ‚prescribed by law', is directed towards one or more of the legitimate aims set out in paragraph 2 and is ‚necessary in a democratic society' for the achievement of that aim or aims."

1. Gesetzliche Grundlage

§ 2 Abs. 1 IHKG bestimmt auf eine zugängliche, für den Bürger vorhersehbare Art und Weise, dass bei Vorliegen der Gewerbesteuerpflicht automatisch eine Kammerzugehörigkeit entsteht.[246] Es ist auch nicht ersichtlich, dass die Form des Gesetzes in irgendeiner Weise missbräuchlich gewählt wurde, wie dies bei einem Einzelfallgesetz der Fall sein könnte.

2. Legitimes Ziel

Schwieriger zu beantworten ist die Frage, ob die Anordnung der Pflichtmitgliedschaft in den deutschen IHKs einem der in Art. 11 Abs. 2 EMRK genannten Ziele dient. Diese Aufzählung wird als abschließend betrachtet.[247] Im Schrifttum ist die Auffassung verbreitet, dass die Rechtfertigungsprüfung selten an diesem Prüfungspunkt scheitert.[248] Tatsächlich gibt es in der Rechtsprechung des EGMR wenige Rechtssachen, bei denen die Unzulässigkeit eines Eingriffs bereits mangels legitimen Ziels festgestellt wurde.[249] Dies hängt nicht zuletzt damit zusammen, dass die in Art. 11 Abs. 2 EMRK genannten Begriffe bis heute keine festen Konturen aufweisen.[250]Dennoch erfordern ein rechtsstaatlich orientiertes Vorgehen sowie die Tatsache, dass es sich bei den Vorgaben in Art. 11

---

246 Als rechtsstaatliche Anforderungen verlangt der Gerichtshof in ständiger Rechtsprechung, dass das Gesetz für den Bürger zugänglich und vorhersehbar sein muss und nicht willkürlich sein darf, statt vieler: EGMR v. 20. 05. 1999, *Rekvényi ./. Ungarn*, Nr. 25390/94, Rn. 59, NVwZ 2000, 421; genauer zu diesen Voraussetzungen *Meyer-Ladewig*, HK-EMRK, Art. 8 Rn. 103 ff, sowie *Pätzold*, in: Karpenstein/Mayer, EMRK, Art. 11, Rn. 91 ff.

247 *Uerpmann-Wittzack*, in: Ehlers (Hrsg.), Europäische Grundrechte und Grundfreiheiten, § 3 Rn. 24; *Marauhn/Thorn*, in: Grote/Marauhn, EMRK/GG, Kap. 16 Rn. 89, jeweils zur sehr ähnlichen Bestimmung in Art. 8 Abs. 2 EMRK.

248 So im Zusammenhang mit Art. 8 EMRK z.B. *Mock*, Le droit au respect de la vie privée et familiale, du domicile et de la correspondance (art. 8 CEDH) à l'aube du XXI. siècle, RUDH (10) 1998, S. 237 (244); denselben Eindruck erweckt *Meyer-Ladewig*, HK-EMRK, Art. 8, Rn. 108, der diesen Punkt mit nur 3 Sätzen abhandelt und konstatiert „Die Frage der Ziele ist in der Rechtsprechung nur selten streitig".

249 *Marauhn/Thorn*, in: Grote/Marauhn, EMRK/GG, Kap. 16 Rn. 89 mit Verweis auf EGMR v. 22. 02. 1994, *Burkhartz ./. Switzerland*, Nr. 16213/90, Rn. 28 f.

250 *Uerpmann-Wittzack*, in: Ehlers (Hrsg.), Europäische Grundrechte und Grundfreiheiten, § 3 Rn. 24; von mangelnder präziser Auslegung, Anwendung und Klärung der Begrifflichkeiten sprechen auch *Marauhn/Thorn*, in: Grote/Marauhn, EMRK/GG, Kap. 16 Rn. 89.

Abs. 2 EMRK nicht um einen „Generalvorbehalt“[251] handelt, einen „präziseren Umgang mit den genannten Eingriffszielen“.[252]

a. Relevante Ziele i.S.d. Art. 11 EMRK

Mit Blick auf die Themenstellung dieser Arbeit bedarf es zunächst einer Festlegung auf diejenigen Ziele, die zur Rechtfertigung der Pflichtmitgliedschaft in den IHKs überhaupt infrage kommen, danach kann deren Inhalt erörtert werden.

Der nationalen oder öffentlichen Sicherheit, der Aufrechterhaltung der Ordnung oder der Verhütung von Straftaten dient die zwangsweise Organisation in Industrie- und Handelskammern keinesfalls. Über den Schutz von Gesundheit oder Moral wäre bei der Pflichtmitgliedschaft zu berufsgenössischen Vereinigungen wie einer Ärztekammer, Pflegekammer oder Rechtsanwaltskammer nachzudenken, nicht aber im Zusammenhang mit den deutschen IHKs. Es bleibt allein eine Rechtfertigung des Eingriffs zum Schutz der Rechte und Freiheiten anderer.

b. Konkretisierung des Begriffes „Schutz der Rechte und Freiheiten anderer“

Dieses Ziel hat heute einen weiteren Anwendungsbereich, als es die britischen Vertreter beim Vorschlag zur Aufnahme in den EMRK-Vertragstext vor Augen hatten. Ursprünglich war es lediglich dazu gedacht, die Zugänglichkeit von Dokumenten in Zivilverfahren gegenüber Dritten zu rechtfertigen.[253]Das Beispiel zeigt, dass es unumgänglich ist, dem Begriff Konturen zu geben. Dies soll im Folgenden mit konkretem Bezug zu Art. 11 Abs. 2 EMRK geschehen.

(1) Konkretsierungsansätze in der Literatur und durch den EGMR

Eine Konkretisierung versuchen *Marauhn/Meljnik* mit der Umschreibung einiger klassischer Konstellationen: Der Schutz Minderjähriger im Kontext von Homosexualität oder im Zusammenhang mit Umgangs- und Sorgerechtsentscheidungen sowie der Schutz von im Vertrauen auf Geheimhaltung gegebene

---

251 Einen solchen verneinen zu Recht ebenfalls *Grabenwarter/Pabel*, Europäische Menschrechtskonvention, § 22 Rn. 37 (hier für die ähnlich lautende Bestimmung in Art. 8 Abs. 2 EMRK) sowie *Marauhn/Thorn*, in: Grote/Marauhn, EMRK/GG, Kap. 16 Rn. 89.

252 *Marauhn/Thorn*, in: Grote/Marauhn, EMRK/GG, Kap. 16 Rn. 89.

253 *Marauhn/Thorn*, in: Grote/Marauhn, EMRK/GG, Kap. 16 Rn. 95 mit Verweis auf Council of Europe, Travaux Préparatoires V, S. 66–69.

Informationen.[254] An dieser Interpretationsrichtung orientiert stellt sich die Frage, ob es ähnlich gewichtige Rechte und Freiheiten anderer gibt, die als legitimes Ziel für eine Pflichtmitgliedschaft in den deutschen IHKs infrage kommen.

Der EGMR hat den legitimen Zweck „Schutz der Rechte und Freiheiten anderer" in folgenden Fällen anerkannt: In der Rechtssache *Chassagnou*[255]diente die Jagdgemeinschaft letztlich dem Schutz der Sicherheit der Anderen und deren Eigentum, ähnlich waren in der Rechtssache *Schneider*[256] die Sicherheit der Güter und der Menschen sowie das Unterbinden einer ungeordneten Jagdpraxis als legitimes Ziel i.S.d. Art. 11 Abs. 2 EMRK einzustufen. Ob dies bei der wirtschaftlich ausgerichteten Einrichtung der Industrie- und Handelskammern ebenfalls bejaht werden kann, mag bezweifelt werden.

(2) Anwendung auf die IHKs

Hierbei stellt sich zunächst die Frage, welche Zielsetzungen, Aufgaben und Kompetenzen der IHKs als „legitime Ziele" infrage kommen. Das IHK-Gesetz hat den Industrie- und Handelskammern eine Vielzahl von Aufgaben bzw. Einzelkompetenzen zugewiesen[257], die jedoch im Laufe der Zeit erheblich erweitert wurden.[258] Diese Aufgabenerweiterungen, die allesamt nicht im IHK-Gesetz vorgesehen sind, können die Pflichtmitgliedschaft jedoch von vornherein nicht rechtfertigen. Viele dieser Aufgaben wurden erst lange nach der Gründung der IHKs und lediglich mit Blick auf Effizienz- und Transparenzsteigerungen eingeführt. Sie sind Folgeentwicklungen, aber nicht ursprüngliches gesetzlich vorgesehenes Ziel. Es können also lediglich die in § 1 Abs. 1 und Abs. 2 IHKG

254 *Marauhn/Thorn*, in: Grote/Marauhn, EMRK/GG, Kap. 16 Rn. 95 mit entsprechenden Rechtsprechungsnachweisen; dass der Gerichtshof in vielen Fällen bei diesem Ziel insbesondere das Kindeswohl vor Augen hat, bestätigt auch *Kempees*, „Legitimate aims" in the case-law of the ECHR, in: Mahoney (Hrsg.)/u.a., Protection des droits de l'homme: la perspective européenne, S. 670.

255 EGMR v. 29. 04. 1999, *Chassagnou u.a. ./. Frankreich*, Nr. 25088/94 u.a., Rn. 108.

256 EGMR v. 10. 07. 2007, *Schneider ./. Luxemburg*, Nr. 2113/04 Rn. 76.

257 Siehe dazu oben Kapitel I A. II. „Rechtliche Rahmenbedingungen III: Die Aufgaben".

258 Schon im Jahre 2002 konstatierte die Bundesregierung einen deutlichen Leistungszuwachs der IHKs, der sich beispielsweise auf den Feldern neuer Aufgaben in der Wirtschaftsverwaltung (z.B. im Bereich des Umweltschutzes), neuer Dienstleistungskonzepte (z.B. IHK-Online-Akademie, Recyclingbörse, IHK-24-Konzept) und dem IHK-Management (z.B. Betriebsvergleiche, Wissensmanagement) entfaltet. Vgl. Bericht der Bundesregierung über Beiträge, Aufgaben und Effizienz der Industrie- und Handelskammern, BT-Drs. 14/9175 v. 29. 05. 2002, S. 8 ff.

genannten zentralen und ursprünglichen Aufgaben der Industrie- und Handelskammern herangezogen werden, um als legitimes Ziel im Sinne des Art. 11 Abs. 2 EMRK zu fungieren.

Es lässt sich bereits bezweifeln, dass bei der Wahrnehmung des Gesamtinteresses der Wirtschaft, der Förderung und dem Interessenausgleich der gewerblichen Wirtschaft, der Unterstützung und Beratung der staatlichen Behörden und der Wahrung von Anstand und Sitte des ehrbaren Kaufmanns die Rechte und Freiheiten anderer im Vordergrund stehen. Gleiches gilt für die Frage, ob die partielle Tätigkeit im Bereich der Berufsbildung ausreichen kann, um die verpflichtende Mitgliedschaft als gesetzlich angeordnete Maßnahme zum Schutze der Rechte und Freiheiten Dritter anzusehen.

Die Ziele des IHK-Gesetzes sind in ihrer Bedeutung für die deutsche Wirtschaft nicht zu unterschätzen, können jedoch nicht als essentiell für den Schutz der Rechte und Freiheiten anderer angesehen werden. Die IHKs haben gerade keine qualitätssichernden, sondern lediglich fördernde oder ausgleichende Funktionen. Sie sind keine Verbraucherschutzeinrichtungen, keine Prüfungs- und Zulassungsämter und keine berufsständischen Einrichtungen zur Wahrung gewerberechtlicher Zuverlässigkeit.

Gestützt wird dieser Gedanke durch die Überlegung, dass die Pflichtmitgliedschaft an und für sich – im Vergleich zu einer freiwilligen Mitgliedschaft und losgelöst von den Tätigkeiten der IHKs – zum Schutze der Rechte und Freiheiten anderer konzipiert sein *könnte*. Eine verpflichtende Mitgliedschaft in jedweder Organisation wird jedoch zum Ziel haben, die Vollzähligkeit des jeweiligen Personenverbundes zu gewährleisten. Diese Vollzähligkeit wird angestrebt, um die Funktionen der jeweiligen Organisation effektiv erfüllen zu können. Aber die Effizienz von Aufgabenerfüllung ist gerade kein Rechtfertigungsschutzgut i.S.d. Art. 11 Abs. 2 EMRK.

Weiterhin sieht beispielsweise Art. 8 Abs. 2 EMRK das wirtschaftliche Wohl des Landes explizit als Rechtfertigungstatbestand vor. Im Rückschluss daraus wird zu folgern sein, dass rein wirtschaftliche Erwägungen mangels expliziter Erwähnung im Rahmen des Art. 11 Abs. 2 EMRK nicht als legitimes Ziel einzustufen sind. Dieses Ergebnis wird dadurch bekräftigt, dass die abschließend normierten Ziele in Art. 11 Abs. 2 EMRK nach Ansicht des EGMR eng auszulegen sind.[259]

---

259 Z.B. EGMR v. 10. 07. 1998, *Sidiropoulus u.a./.Griechenland*, Nr. 57/1997/841/1047, Rn. 38.

Die vom Bundesverfassungsgericht durchgeführte Beurteilung der IHK-Aufgaben führt, bezogen auf Art. 2 Abs. 1 GG, zu einem anderen Ergebnis.[260] Das Gericht sieht in den IHK-Aufgaben legitime Zwecke, die es rechtfertigen, die Pflichtmitgliedschaft gesetzlich anzuordnen.[261] Das ist insoweit nicht weiter verwunderlich und auch nicht zu beanstanden, denn grundrechtsdogmatisch reichen für die Rechtfertigung von Eingriffen in die allgemeine Handlungsfreiheit schon alle vernünftigen Allgemeinwohlbelange als legitime Eingriffszwecke aus, sofern der Eingriff nicht im Übrigen unverhältnismäßig, also ungeeignet, nicht erforderlich oder unzumutbar ist.[262] Diese verfassungsrechtliche Dogmatik ist auf Art. 11 Abs. 1 EMRK allerdings nicht übertragbar. Die Rechtfertigung von Eingriffen in die negative Vereinigungsfreiheit der EMRK folgt anderen, in der Judikatur des EGMR ausgearbeiteten Regeln. Die grundrechtsdogmatische Logik des Bundesverfassungsgerichts, die in sich schlüssig und konsistent ist, hilft bei der Rechtfertigung von Eingriffen in Konventionsrechte nicht weiter.

Eine Unvereinbarkeit mit Art. 11 Abs. 1 EMRK muss also bereits mangels eines legitimen, in Art. 11 Abs. 2 EMRK vorgesehenen Ziels auch dann festgestellt werden, wenn die selben Ziele in der Judikatur des Bundesverfassungsgerichts als legitime Zwecksetzungen angesehen werden. Aus konventionsrechtlicher Sicht ist der Eingriff in den Schutzbereich nicht zu rechtfertigen.

3. Verhältnismäßigkeit

Im weiteren soll gewissermaßen hilfsweise überprüft werden, ob – unterstellt, es gebe ein legitimes Ziel der Pflichtmitgliedschaft – die verpflichtende Mitgliedschaft in den IHKs der konventionsrechtlichen Verhältnismäßigkeitsprüfung standhalten würde. Voraussetzung für die Verhältnismäßigkeit eines Eingriffs ist, dass dieser als „in einer demokratischen Gesellschaft notwendig“ betrachtet werden kann. Für den EGMR heißt dies, dass ein „dringendes soziales Bedürfnis“[263] vorliegen muss.

a. „Margin of Appreciation“

Die Prüfung entspricht im Grunde dem dreistufigen Vorgehen bei grundrechtlichen Verhältnismäßigkeitsprüfungen im deutschen Verfassungsrecht, sodass die

260 BVerfGE 146, 164 (198 ff.).

261 BVerfGE 146, 164 (200 ff.).

262 Vgl. nur *Sachs*, in: Sachs (Hrsg.), Grundgesetz Kommentar, Vor Art. 1 Rn. 97, Art. 20 Rn. 149.

263 In den Amtssprachen: „pressing social need“ bzw. „besoin social imperieux“.

Beeinträchtigung im Hinblick auf das verfolgte legitime Ziel geeignet, erforderlich und im engeren Sinne verhältnismäßig, also angemessen, sein muss.[264] Hier spielt der Beurteilungsspielraum[265], den der EGMR den Mitgliedstaaten im Allgemeinen zugesteht, eine wichtige Rolle. Diese Doktrin wurde bereits in frühen Jahren[266] entwickelt und ist heute unter dem Begriff „margin of appreciation" bekannt. Vereinfacht ausgedrückt handelt es sich um den Spielraum, den die Straßburger Organe den Konventionsstaaten bei der Erfüllung ihrer Verpflichtungen aus der Konvention gewähren.[267] Der Beurteilungsspielraum bestimmt, wie intensiv die Prüfung der staatlichen Entscheidung ausfällt, weil grundsätzlich davon auszugehen ist, dass die nationalen Stellen dazu in der Lage sind, die Umstände differenzierter, weil sachnäher und kundiger, zu beurteilen. Die Reichweite dieses Beurteilungs- oder Ermessensspielraums unterscheidet sich jedoch von Fall zu Fall.[268] Für die Vereinigungsfreiheit im Allgemeinen geht der EGMR von einem engen Beurteilungsspielraum der Staaten aus, der eine intensive Überprüfung von Rechtslage und darauf beruhenden Einzelfallentscheidungen mit sich bringt.[269] Einen weiten Spielraum hingegen gesteht der Gerichtshof den Staaten zum Beispiel bei Maßnahmen zu, die der nationalen Sicherheit dienen sollen.[270]

---

264 *Uerpmann-Wittzack*, in: Ehlers (Hrsg.), Europäische Grundrechte und Grundfreiheiten, § 3 Rn. 25.

265 Dieser fand bereits oben in diesem Kapitel kurz Erwähnung, B. I.2.b.(2)(c).

266 Zuerst vom Gerichtshof erwähnt wurde dieses dogmatische Konstrukt in der Rechtssache *Handyside ./. United Kingdom*, vom 07. 12. 1976, No. 5493/72, §§ 48 f.

267 *Greer*, The Margin of Appreciation: Interpretation and Discretion under the European Convention on Human Rights, Council of Europe Publishing, Human rights files No. 17, 2002, S. 5, „Broadly speaking it refers to the room for manoeuvre the Strasbourg institutions are prepared to accord national authorities in fulfilling their obligations under the European Convention on Human Rights", abrufbar unter: http://www.echr.coe.int/LibraryDocs/DG2/HRFILES/DG2-EN-HRFILES-17(2000).pdf (zuletzt aufgerufen am 12. 10. 2018).

268 *Mock*, Le droit au respect de la vie privée et familiale, du domicile et de la correspondance (art. 8 CEDH) à l'aube du XXI. siècle, RUDH (10) 1998, S. 237 (245); *Uerpmann-Wittzack*, in: Ehlers (Hrsg.), Europäische Grundrechte und Grundfreiheiten, § 3 Rn. 25; *Marauhn/Thorn*, in: Grote/Marauhn, EMRK/GG, Kap. 16 Rn. 97, die (Art. 8 EMRK betreffend) von einer „Variation des Beurteilungsspielraums nach Schutzbereich und Eingriffsziel" sprechen.

269 *Grabenwarter/Pabel*, Europäische Menschenrechtskonvention, § 23 Rn. 93 m.w.N.

270 So z.B. in der Rechtssache *Leander*, EGMR v. 26. 03. 1987, *Leander ./. Schweden*, Nr. 9248/81, Rn. 59, bei der es um die Abwägung zwischen den Maßnahmen der nationalen Sicherheit und der Privatsphäre des Antragsstellers ging.

Ausgehend von einem engen Beurteilungsspielraum muss also gefragt werden, ob die Pflichtmitgliedschaft in den Industrie- und Handelskammern zur Zielerreichung geeignet ist, es kein weniger einschneidendes und dabei ebenso effektives Mittel zur Zielerreichung gibt, und die Pflichtmitgliedschaft – als Eingriff in die Vereinigungsfreiheit – überdies einer Abwägung mit den verfolgten Zielen standhalten würde.

b. Geeignetheit

Oberster Zweck der Schaffung der IHKs sind gemäß § 1 Abs. 1 IHKG zunächst Interessenvertretung und Wirtschaftsförderung. Dass die Pflichtmitgliedschaft zur Wirtschaftsförderung von vornherein ungeeignet sein soll, wird man so nicht feststellen können. Es stellt sich jedoch die Frage, ob dies mit Blick auf die Wahrnehmung des Gesamtinteresses der Gewerbetreibenden ebenso angenommen werden kann. Spätestens an dieser Stelle muss Klarheit darüber herrschen, was die abstrakte Umschreibung des „Gesamtinteresses" der Wirtschaft überhaupt bedeutet[271], beziehungsweise was darunter sinnvollerweise verstanden werden könnte. Das IHK-Gesetz enthält insoweit keine Begriffsdefinition.

Erste Interpretationsschwierigkeiten ergeben sich, wenn der Begriff „Gesamtinteresse" zu der im Gesetz genannten Personengruppe („zugehörige Gewerbetreibende ihres Bezirks") in Bezug gesetzt wird. Die Schwierigkeit besteht darin, für einen höchst heterogenen Personenverband wie die Mitglieder einer Industrie- und Handelskammer ein „Gesamtinteresse" zu identifizieren. Die wirtschaftlichen Interessen der Gewerbetreibenden sind unterschiedlich, nicht nur, was die Zugehörigkeit zu verschiedenen Branchen angeht (Banken, Dienstleistungen, Einzelhandel, Medien, Verkehr etc.), sondern auch was die Zugehörigkeit in den einzelnen Branchen angeht. Die Kammerzugehörigen befinden sich in den einzelnen Branchen in einer wettbewerblichen Konkurrenzsituation, die es schwer macht, ohne Weiteres von einem „Gesamtinteresse" zu sprechen.

Allerdings ist zu berücksichtigen, dass diese interpretatorischen Schwierigkeiten nur bei einer abstrakten und statischen Betrachtung auftreten. Der Begriff „Gesamtinteresse" wird einer juristischen Interpretation zugänglich, sobald bewusst ist, dass der Begriff in einer Aufgabennorm verwendet wird und dort eine zuweisende und zugleich Aufgaben limitierende Funktion hat. Mit dem Begriff „Gesamtinteresse" soll ausgeschlossen werden, dass die Industrie- und Handelskammer die wirtschaftlichen Partikularinteressen einiger weniger oder

271 Dazu eingehender *Eisenmenger*, in: Kluth, Handbuch des Kammerrechts, § 8 Rn. 61 ff.

gar eines einzelnen Kammermitglieds wahrnimmt.[272] In dieser Aufgabenlimitierung liegt ein erster Zweck der Gesetzesvorschrift.

Ein weiterer Regelungszweck besteht darin, die Körperschaft überhaupt als eine Einrichtung der Interessenvertretung zu konstituieren.[273] Dieser weit gefasste Regelungszweck legt nahe, von einer abstrakten definitorischen Festlegung des „Gesamtinteresses“ Abstand zu nehmen, und stattdessen einen interpretatorischen Akzent auf die prozedurale, dynamische Ermittlung des Gesamtinteresses zu setzen.

Es kann nicht ausgeschlossen werden, dass in einer konkreten Konstellation bei aller Heterogenität der Mitglieder ein verbindendes Gesamtinteresse besteht.[274] Dies könnte zum Beispiel in einem gemeinsamen Interesse an einem marktfreundlichen Ordnungsrahmen, an adäquaten Wettbewerbsregeln oder an wirtschaftsförderlicher regionaler Infrastruktur liegen. Doch dies mag hier dahinstehen. Entscheidend ist, dass überhaupt ein solches „Gesamtinteresse“ vorstellbar ist, und vor allem, dass die Vorschriften des IHK-Gesetzes über die Binnenstruktur der IHK in prozeduraler Hinsicht erlauben, dieses Gesamtinteresse zu ermitteln und zu operationalisieren.[275] Im geordneten Zusammenwirken von Geschäftsführung und Vollversammlung kann im Einzelfall ein konkretes „Gesamtinteresse“ identifiziert werden, das gegenüber Politik und Gesellschaft „wahrgenommen“ werden kann.

---

272 Ähnlich das Bundesverfassungsgericht, BVerfGE 146, 164 (200): „Die Industrie- und Handelskammern sind nach § 1 Abs. 1 IHKG auf die Vertretung aller im Bezirk vorhandenen wirtschaftspolitischen Perspektiven verpflichtet. Soweit die Beschwerdeführerinnen behaupten, ein Gesamtinteresse lasse sich gar nicht feststellen, da die Unternehmen keine homogene Gruppe seien, liegt dem ein Missverständnis zugrunde. Ziel ist nicht die Artikulation einer einzigen Gesamtauffassung einer homogenen Gruppe. Der Wortlaut des § 1 Abs. 1 IHKG verdeutlicht vielmehr, dass das Gesamtinteresse in diesem Sinne durch Abwägung und Ausgleich auch widerstreitender Interessen ermittelt und weitergegeben werden muss.“

273 Zu diesem Zusammenhang *Eisenmenger*, in: Kluth, Handbuch des Kammerrechts, § 8 Rn. 64 f.

274 A.A. *Kempen, Bernhard,* FS Stern, S. 774: „Tatsächlich ist nicht nachvollziehbar, wie bei den Kammerzugehörigen als einem höchst heterogenen Personenverband von einem ‚Gesamtinteresse‘ die Rede sein kann.“

275 Eine ähnliche Betrachtung findet sich bei *Möllering*, IHK-Gesetz Kommentar, § 1 Rn. 6: „Das Gesamtinteresse ist dabei weder eine Summe oder Potenzierung des Einzelinteresses noch der kleinste gemeinsame Nenner, sondern setzt nach seiner Ermittlung dieser Einzelinteressen deren Abwägung und den Versuch des Ausgleichs voraus.“ Vgl. auch *Eisenmenger,* in: Kluth, Handbuch des Kammerrechts, § 8 Rn. 67.

Bezogen auf das so verstandene „Gesamtinteresse“ ist die gesetzliche Anordnung der Pflichtmitgliedschaft aller im Bezirk tätigen Gewerbetreibenden jedenfalls nicht von vornherein evident ungeeignet, um die Interessenwahrnehmung zu leisten.

Für die übrigen Tätigkeiten der IHKs, die insbesondere im staatsberatenden und administrativen Bereich anzusiedeln sind, gilt, dass eine Förderung dieser Funktionen durch die Pflichtmitgliedschaft nicht ausgeschlossen werden kann, weil die Vollständigkeit der vertretenen Gewerbebereiche und insbesondere die korrespondierende Beitragszahlung diese wohl erleichtert, wenn nicht sogar erst möglich macht.

c. Erforderlichkeit

Zur Geeignetheit des Mittels zur Zielerreichung tritt die Voraussetzung hinzu, dass es kein milderes – d.h. das betroffene Recht weniger belastendes – Mittel geben darf, welches das Ziel ebenso effektiv verwirklicht. Nur dann ist die Maßnahme auch tatsächlich erforderlich.

(1) Freiwillige Mitgliedschaft?

Hier stellt sich die Frage, ob nicht eine Industrie- und Handelskammer mit freiwilliger Mitgliedschaft ebenso – wenn nicht besser – dazu in der Lage wäre, die im IHKG festgeschriebenen Ziele zu erreichen. Vorausgesetzt, man erkennt ein Gesamtinteresse der Wirtschaft an, würde eine freiwillige Mitgliedschaft voraussichtlich zu einer höheren aktiven Beteiligung der Mitglieder führen, die wiederum ein besseres Abbild des Interesses der Wirtschaftstätigen zur Folge hätte. Vor allem aber könnten freiwillige Zusammenschlüsse mit Blick auf ihre Legitimation Vorteile für sich verbuchen. Sie könnten glaubwürdig vortragen, dass die von Ihnen formulierten Positionen dem freien Mehrheitswillen der in ihnen freiwillig zusammengeschlossenen Mitglieder entsprechen, während die IHKs lediglich für sich in Anspruch nehmen können, den Willen notgedrungen zusammengeschlossener Mitglieder zu repräsentieren.

Alternativ wäre auch denkbar, dass die Funktion der Interessenvertretung von der staatlichen Exekutive übernommen wird, die anhand vorhandener Wirtschaftsdaten (z.B. über die Finanzverwaltung) ohnehin über die notwendigen Informationsquellen zur Ermittlung und Verfolgung eines Gesamtinteresses verfügt. Dass dies finanzielle Mehrbelastungen an anderer Stelle bedeuten könnte, soll nicht unerwähnt bleiben, im Zentrum steht hier jedoch die rechtliche Suche nach einem die Vereinigungsfreiheit i.S.d. Art. 11 EMRK weniger beschränkenden Mittel, und so bleibt auch die staatliche Aktivität ein in dieser Hinsicht „milderes Mittel".

Ebenso wenig wird man sagen können, dass die Wirtschaftsförderung als eine der Hauptaufgaben der IHKs nicht auch durch Vereinigungen mit freiwilliger Mitgliedschaft, private Vereinigungen oder staatlichen Einsatz erfüllt werden können. Insbesondere Maßnahmen zur Förderung und Durchführung der kaufmännischen und gewerblichen Berufsbildung gemäß § 1 Abs. 2 IHKG hätte man – mit Blick auf deren Grundrechtsrelevanz – ohnehin eher in den Händen des Staates erwartet.

(2) Externe Einigungsstellen und andere Aufgabenexternalisierungen

Weiterhin bestimmt § 1 Abs. 1 IHKG, dass es zur Aufgabe der IHKs zählt, „für die Wahrung von Anstand und Sitte des ehrbaren Kaufmanns zu wirken". Hinter dieser altertümlich anmutenden Formulierung stehen heute die Einigungsstellen für Wettbewerbsstreitigkeiten, die auf entsprechende landesrechtliche Verordnungen zurückgehen.[276] Diese Stellen sind mit der außergerichtlichen Beilegung von Wettbewerbsstreitigkeiten zwischen den Mitgliedern betraut. Nach § 12 Abs. 1 Einigungsstellen-VO-NRW ist das Verfahren kostenlos. Finanziert wird es aus den Mitteln der IHKs, die sich zum größten Teil aus den Beiträgen der Mitglieder zusammensetzen. Die Aufgaben dieser Wettbewerbsstellen könnten jedoch ebenso gut von externen Einigungsstellen wahrgenommen werden, die dann entweder aus (freiwilligen) Mitgliedsbeiträgen bzw. Gebühren oder staatlichen Mitteln finanziert werden müssten.

Besonders naheliegend ist die Alternative der Organisation auf freiwilliger Basis auch in Bezug auf die administrativen Tätigkeiten, die den Industrie- und Handelskammern übertragen wurden. Das Ausstellen von Ursprungszeugnissen und sonstigen Bescheinigungen gemäß § 1 Abs. 3 IHKG setzt nicht die Existenz einer pflichtmitgliedschaftlichen Organisation voraus, sondern kann ebenso von freiwilligen, privaten oder staatlichen Stellen durchgeführt werden.

(3) Externe Gutachten

Zuletzt sollen die beratenden Tätigkeiten der IHKs Erwähnung finden. Hierbei stehen Vorschläge, Gutachten und Berichte an die Behörden im Vordergrund. Grundlage für diese Informationen ist sicherlich die Einbringung einer Vielzahl

---

276 Z.B. für Nordrhein-Westfalen die „Verordnung über Einigungsstellen zur Beilegung von bürgerlichen Rechtsstreitigkeiten aufgrund des Gesetzes gegen den unlauteren Wettbewerb" (EinigungsstellenVO-NRW) v. 15. 08. 1989, GV NRW S. 460.

an möglichst umfassenden Informationen. Die verpflichtende Mitgliedschaft in den IHKs erleichtert diese Informationsgewinnung. Dies ist jedoch auch auf anderem Wege, beispielsweise durch private Gutachter, denen ein gesetzlicher Anspruch auf Auskunftserteilung eingeräumt werden könnte, zu erreichen und deshalb nicht alternativlos.

(4) Vorausgegangene Initiativen zur Privatisierung der IHKs

Eine Privatisierung der Industrie- und Handelskammern und die Weiterführung als privatrechtliche Vereine hatte bereits einmal sehr konkrete Züge angenommen.[277] Es wurde ein schlüssiges Konzept vorgelegt, das – neben anderen Dingen – sowohl die Kostenfrage[278], als auch Personalfragen[279] oder die Fortführung vorhandener und die Modalitäten künftiger Aufgaben[280] behandelte. Der Gesetzentwurf wirkte keinesfalls prinzipiell kammerfeindlich. Vielmehr wurde betont, dass die Kammern sich durch Fachkunde und Sachnähe auszeichnen und ihre Mitwirkung in vielen Bereichen deshalb erhalten werden sollte. Kritikpunkt an der aktuellen Kammersituation war im Grunde lediglich die Pflichtmitgliedschaft mit Beitragspflicht.[281]

277 Gesetzentwurf der Abgeordneten *Wolf* und der Fraktion BÜNDNIS 90/Die GRÜNEN, Entwurf eines Gesetzes über die Reform des Industrie- und Handelskammerwesens, BT-Drs. 13/6063 v. 8. 11. 1996; dieser wurde jedoch durch Mehrheitsbeschluss im Wirtschaftsausschuss abgelehnt, BT-Drs. 13/9975, v. 24. 02. 1998. Zu vorherigen Reformvorschlägen im Überblick vgl. *Kluth*, Verfassungsfragen der Privatisierung von IHKs, S. 37 f.; *Kluth* unternimmt auch eine verfassungsrechtliche Analyse des Gesetzentwurfs, sieht ihn jedoch als verfassungsrechtlich nicht völlig unproblematisch, ebd. S. 42 ff.

278 § 7 IHK-ReformG statuiert das Modell der Gebührenfinanzierung, mit einem Ausbildungszuschuss zur Sicherung der Berufsausbildungsaufgaben in § 8 IHK-ReformG.

279 § 11 IHK-ReformG befasst sich mit der Frage der Überleitung der Dienstverhältnisse.

280 § 2 IHK-ReformG regelt, dass die bisherigen Kammeraufgaben als staatlich anerkannte Aufgaben durch die privaten Vereine fortgeführt werden, § 3 Abs. 1 IHK-ReformG nennt explizit die Ausstellung von Ursprungszeugnissen und sonstigen Bescheinigungen, § 6 IHK-ReformG die Unterstützung von Behörden. Weitere Aufgaben können nach § 3 Abs. 2 IHK-ReformG den IHK e.V. durch Gesetz oder Rechtsverordnung übertragen werden. Gesamtinteresse und Wirtschaftsförderung werden nicht mehr explizit erwähnt.

281 Der Schwerpunkt der Kritik hat jedoch weniger juristische, sondern vielmehr tatsächliche, politische Dimensionen (BT-Drs. 13/6063 v. 08. 11. 1996). Diese können im Rahmen dieser juristischen Arbeit jedoch – wie geschehen – nur am Rande dargelegt und analysiert werden.

Mit den Unterschieden zwischen Kammerrecht und Vereinsrecht beschäftigte sich auch *Kluth* in einem Vortrag aus dem Jahre 2009.[282] Vorzüge sieht *Kluth* hierbei in der kammerrechtlichen Organisation, die im Gegensatz zu Vereinen auch hoheitliche Aufgaben erfüllen könne. Der Staat und die Politik werden dadurch entlastet, dass der Diskurs in die fachlichen Berufsorganisationen überführt wird. Außerdem bringe die kammerrechtliche Organisation eine Effizienz- und Akzeptanzsteigerung mit sich.[283] *Kluth* verkennt dabei jedoch zum einen die Möglichkeit einer Beleihung der privaten Vereine zur Erfüllung hoheitlicher Aufgaben.[284]

Zum anderen mutet es merkwürdig an, dass eine Politikentlastung durch die Verlagerung des fachlichen Diskurses in die entsprechenden Berufsorganisationen, die wiederum auch die privatrechtlichen Berufsorganisationen umfasse, die vorherige Existenz der Kammer voraussetzen soll. Gäbe man die Diskussion gleich in die Hände privater Organisationen, könnte man sich diesen Umweg sparen. Mit Blick auf die Vermutung der Effizienz- und Akzeptanzsteigerung muss *Kluth* selbst eingestehen, dass es „leider keine gründlichen Untersuchungen [gebe], die dies schlüssig nachweisen".[285] Im Gegenteil sprechen die im ersten Kapitel[286] dargelegten Zahlen zur Wahlbeteiligung eine andere Sprache: Geringer kann die Akzeptanz bei den Kammerzugehörigen kaum noch ausfallen. Die gepriesenen Vorzüge des Kammermodells im Vergleich zum Modell freiwillig organisierter Vereine sind demnach kaum erkennbar. Der Hinweis, dass die Wahrnehmung von Teilen der Aufgaben durch den Staat zur höheren Steuern führen könne, was wiederum aus Sicht der Lastenzuteilungsgerechtigkeit mit Blick auf die Allgemeinheit fragwürdig wäre[287], lässt sich nicht völlig von der Hand weisen. Doch zeigt der oben genannte Gesetzesentwurf, dass beispielsweise in der Kombination aus Gebühren, Ausbildungsabgaben der Mitglieder und staatlichen Zuschüssen ein gerechtes System zu erreichen wäre.

Als Ergebnis lässt sich festhalten, dass die vom IHKG vorgegebenen Funktionen und Aufgaben der Industrie- und Handelskammern nicht dazu in der

---

282 *Kluth*, Unterschiede des Kammerrechts zum Vereinsrecht.

283 *Kluth*, Unterschiede des Kammerrechts zum Vereinsrecht, S. 12 f.

284 Dies sah z.B. der oben erwähnte IHK-ReformG-Entwurf in § 5 vor: „Soweit die Erfüllung der Aufgaben nach § 3 hoheitliche Befugnisse voraussetzt, wird den anerkannten Industrie- und Handelskammern e.V. die Befugnis zu hoheitlichem Tätigwerden, insbesondere zum Erlass von Verwaltungsakten, verliehen".

285 *Kluth*, Unterschiede des Kammerrechts zum Vereinsrecht, S. 13.

286 Siehe oben Kap. I. A. V.

287 *Kluth*, Unterschiede des Kammerrechts zum Vereinsrecht, S. 4.

Lage sind, die Pflichtmitgliedschaft zu rechtfertigen. Es handelt sich dabei schon nicht um das mildeste verfügbare Mittel, da nicht erkennbar ist, dass die heutigen Tätigkeiten der Industrie- und Handelskammern nicht ebenso effektiv von privatrechtlich gegründeten Vereinigungen oder staatlichen Stellen übernommen werden können.[288]

d. Zwischenergebnis

Ausgehend von einer vorhandenen gesetzlichen Grundlage, konnte schon kein legitimes Ziel i.S.d. Art. 11 Abs. 2 EMRK festgestellt werden, das eine Rechtfertigung getragen hätte. Der wissenschaftlichen Vollständigkeit halber wurde trotzdem eine Verhältnismäßigkeitsprüfung unternommen. Scheiterte diese nicht bereits an der Geeignetheit der (erwogenen) Ziele, so musste doch in jedem Fall festgestellt werden, dass die Erfüllung der Aufgaben der Industrie- und Handelskammern ebenso gut, wenn nicht besser durch privatrechtliche Organisationen oder auch die Rückübertragung auf den Staat erfüllt werden könnten.[289] Andere finanzielle wie organisatorische Erschwernisse, die diese Umstrukturierung mit sich brächte, sind nicht auszuschließen. Aus rechtlicher Perspektive ist es jedoch nicht tragbar, einen erkennbaren und auch unverhältnismäßigen Eingriff in die Vereinigungsfreiheit hinzunehmen. Das Ergebnis ist somit, dass die Pflichtmitgliedschaft in den deutschen Industrie- und Handelskammern einen nicht zu rechtfertigenden Eingriff in die Vereinigungsfreiheit nach Art. 11 EMRK darstellt.

---

288 Die Entscheidung zwischen diesen beiden Alternativen erfordert erheblichen Forschungsaufwand und wäre in einer separaten Analyse zu treffen. Dies gilt auch für die Frage nach finanziellen Mehrbelastungen und (wieder) wachsender Staatsnähe. Dies alles führt rechtlich jedoch zu keiner anderen Bewertung der Pflichtmitgliedschaft.

289 Ein letztlich identisches Ergebnis erzielten die spanischen Verfassungsrichter am 16. 06. 1994, STC 179/1994, BOE Nr. 163 v. 09. 07. 1994, S. 57 ff, indem sie die Pflichtmitgliedschaft in den spanischen Handelskammern wegen Unverhältnismäßigkeit für verfassungswidrig erklärten. Dieses Urteil konnte sich inhaltlich jedoch wegen der partiellen Änderung der Rechtsgrundlagen nie wirklich durchsetzen, da es im folgenden nicht mehr als von der Rechtskraft des Urteils umfassten Gegenstand des Verfahrens angesehen wurde. Zudem wurde es überholt von der Entscheidung 107/1996 v. 12. 06. 1996 BOE Nr. 168 v. 12. 07. 1996, S. 44 ff, die die (im Gegensatz zum vorherigen Gesetz inhaltlich unveränderten) gesetzlichen Grundlagen der Pflichtmitgliedschaft zu den Handelskammern als vollständig gerechtfertigt absegnete, bis die Pflichtmitgliedschaft mit dem Real Decreto-Ley 13/2010 v. 03. 12. 2010, BOE Nr. 293 v. 03. 12. 2010 schließlich durch das Parlament abgeschafft wurde.

D. Ergebnis zur Vereinbarkeit mit der EMRK

Die Untersuchung hat ergeben, dass die IHK-Pflichtmitgliedschaft nicht mit Art. 11 Abs. 1 EMRK vereinbar ist, weil es sich um einen unverhältnismäßigen Eingriff in die Vereinigungsfreiheit handelt, der schon kein legitimes Ziel zur Rechtfertigung vorweisen kann (B.). Eine Überprüfung anhand von Art. 1 Abs. 1 1. ZP scheidet schon mangels Einschlägigkeit des Schutzbereiches aus (A.).

Kapitel III Vereinbarkeit der IHK-Pflichtmitgliedschaft mit der EU-Grundrechtecharta

Seit dem Vertrag von Lissabon (VvL)[290], der am 1. Dezember 2009 in Kraft trat, ist auch die Charta der Grundrechte der Europäischen Union (GRCh)[291]ein integraler, rechtsverbindlicher Bestandteil des Unionsrechts[292]. Obwohl die erstmalig am 7. Dezember 2000 proklamierte Charta nicht mehr – wie noch im Falle des niemals in Kraft getretenen Europäischen Verfassungsvertrages – textlicher Bestandteil des Haupttextcorpus des VvL ist, führt Art. 6 Abs. 1 des Vertrages über die Europäische Union (EUV) in seiner aktuellen Fassung dazu, dass die Grundrechte-Charta gleichrangige Verbindlichkeit neben dem übrigen Primärrecht besitzt. Grundsätzlich muss sich die Pflichtmitgliedschaft in den deutschen IHKs auf der Ebene des Unionsrechts auch an den Bestimmungen der Charta-Grundrechte messen lassen, sofern der personelle und sachliche Anwendungsbereich dieser Grundrechtsverbürgungen eröffnet ist.

Auf nationaler Rechtsprechungsebene hat die Frage nach der Vereinbarkeit der IHK-Pflichtmitgliedschaft mit den Bestimmungen der GRCh noch keine Behandlung gefunden. Praktische Bedeutung erlangt diese Rechtsfrage jedoch spätestens dann, wenn der in Art. 6 Abs. 2 EUV avisierte Beitritt der Europäischen Union zur EMRK erfolgt, weil damit zumindest die grundrechtsrelevanten Fragen innerhalb der EU auch Gegenstand von Verfahren vor dem EGMR sein können.[293] Nach dem Gutachten 2/13 des Gerichtshofs der Europäischen Union[294] ist dieser Beitritt trotz der Regelung des Art. 6 Abs. 2 des EUV zunächst aber wieder in weite Ferne gerückt, weil der Übereinkunftsentwurf nach Ansicht des Gerichtshofs in wesentlichen Punkten nicht mit dem Unionsrecht und der Struktur der EU vereinbar ist.[295]

---

290 Vertrag von Lissabon, ABl. C 306 der EU v. 17. 12. 2007.

291 Charta der Grundrechte der EU, ABl. C 326 der EU v. 26. 10. 2012.

292 Der genaue Anwendungsbereich der GRCh die EU und die Mitgliedstaaten betreffend wird im folgenden Kapitel zu klären sein.

293 Zur Verteilung der Kontrollkompetenzen zwischen EuGH und EGMR nach erfolgtem EMRK-Beitritt der Union z.B. *Kingreen*, in: Calliess/Ruffert, EUV-AEUV, Art. 6 Rn. 31 ff.

294 EuGH, Gutachten 2/13 v. 18. 12. 2014, DÖV 2016, 36.

295 Zentral ist in diesem Gutachten die Herausstellung der EU als autonome, mit besonderen Strukturen versehene Rechtsordnung, die sich deutlich von den sonstigen

Verkannt werden sollte aber nicht, dass die Gerichte der Mitgliedstaaten auch schon vor dem Beitritt der Union zur EMRK für die Wahrung der Grundrechte und Grundsätze der GRCh Sorge zu tragen haben und insoweit „funktionale“[296] Unionsgerichte sind.[297] Die GRCh spielt als Maßstab also auch heute schon eine Rolle.

Die Pflichtmitgliedschaft in den IHKs könnte hierbei insbesondere mit Art. 12 GRCh (Vereinigungsfreiheit) und Art. 16 GRCh (Unternehmerische Freiheit) in Konflikt geraten. Vor einer inhaltlichen Prüfung dieser Normen muss zunächst jedoch geklärt werden, ob die aufgeworfene Fragestellung sich überhaupt im Anwendungsbereich der Charta-Grundrechte bewegt.

A. Anwendungsbereich der Charta-Grundrechte

I. Art. 51 Abs. 1 GRCh als Ausgangspunkt

Erste und wesentliche Voraussetzung für die Überprüfung der IHK-Pflichtmitgliedschaft an den Charta-Bestimmungen ist, dass der Anwendungsbereich der GRCh eröffnet ist. Art. 51 Abs. 1 der GRCh legt den Anwendungsbereich in personeller und sachlicher Hinsicht folgendermaßen fest: „Die Charta gilt für die Organe, Einrichtungen und sonstigen Stellen der Union unter Wahrung des Subsidiaritätsprinzips und für die Mitgliedstaaten ausschließlich bei der Durchführung des Rechts der Union.“ Da es sich bei dem System der Industrie- und Handelskammern in Deutschland weder um europarechtlich vorgegebene noch um auf europäischer Ebene vereinheitlichte Grundsätze handelt, vielmehr allein der deutsche Gesetzgeber für den rechtlichen Rahmen der IHKs verantwortlich zeichnet, ist die erste Variante inhaltlich nicht einschlägig. Genauer betrachtet werden muss jedoch, ob die gesetzlichen Vorgaben der IHKs mit Blick auf ein mitgliedstaatliches Handeln „bei der Durchführung des Rechts der Union“ an der GRCh gemessen werden könnten.

Vertragsparteien der EMRK, nämlich Staaten, unterscheidet. Bei Betonung dieser Autonomie befürchtet der EuGH seine eigene Entmachtung und sieht Probleme für das Verhältnis zwischen Union und Mitgliedstaaten sowie zwischen den Mitgliedstaaten untereinander.

296 *Borowsky*, in: Meyer (Hrsg.), GRCh-Kommentar, vor Titel VII Rn. 13.

297 Explizit weist auf diese Tatsache Art. 19 UA 2 EUV in der Fassung seit dem VvL hin.

Zugegebenermaßen spricht auf den ersten Blick der Wortlaut des Art. 51 Abs. 1 GRCh eine deutliche, die Frage verneinende Sprache. Die Aussage, dass die Charta für die Mitgliedsstaaten „ausschließlich" bei der Durchführung des Rechts der Union gilt, deutet darauf hin, dass die Materien, die (bisher) nicht unmittelbar unionsrechtlich geregelt sind, unter Wahrung des Subsidiaritätsprinzips in der Zuständigkeit der Mitgliedstaaten verbleiben und unionsrechtlich nicht am Maßstab der Unionsgrundrechte zu messen sind. Das würde bedeuten, dass der hier zu beurteilende Sachverhalt, die Pflichtmitgliedschaft in den IHKs, von vornherein nicht in den Anwendungsbereich der Charta fällt. Denn wie eben festgestellt steht eine „Durchführung" des Unionsrechts im engeren Sinne bei der gesetzlichen Anordnung der IHK-Mitgliedschaft nicht in Rede.

Der erste Anschein des Wortlauts kann jedoch für eine endgültige Interpretation nicht genügen, deshalb soll im Folgenden mit Blick auf die Entstehungsgeschichte der Charta genauer betrachtet werden, wie weit die Bindung der Mitgliedstaaten an die GRCh reicht. Ebenso werden die Rechtsprechung zum Anwendungsbereich der Grundrechte vor dem Vertrag von Lissabon sowie die Stimmen von Literatur und europäischer Rechtsprechung seit Verbindlichkeit der GRCh helfen, Aufschluss darüber zu geben, wie weit der Anwendungsbereich der Charta-Grundrechte aktuell für die Mitgliedstaaten reicht.

II. Reichweite der Bindung der Mitgliedstaaten an die GRCh

Um eine umfassende Beurteilung vornehmen zu können, wie weit die Bindung der Mitgliedstaaten an die Grundrechtecharta gemäß Art. 51 Abs. 1 S. 1 GRCh reicht, hilft es, sowohl einen Blick auf die Entstehungsgeschichte der Vorschrift als auch auf die Rechtsprechung des EuGH zu diesem Thema[298] sowie auf das diesbezügliche Echo in der Literatur zu werfen.

1. Entstehungsgeschichte der Vorschrift

Jenseits aller grammatikalischen Auslegung ist es lohnenswert, die Entstehungsgeschichte der Vorschrift des Art. 51 Abs. 1 S. 1 GRCh im Grundrechtekonvent

---

298 Einen lesenswerten Beitrag zur Rechtsprechung des EuGH in Menschenrechtsfragen liefern *Coppel/O'Neill*, The European Court of Justice: Taking rights seriously?, CMLR 1992, S. 669 ff. und in Antwort darauf *Weiler/Lockhart*, „Taking rights seriously" seriously: the European Court and it's fundamental rights jurisprudence Part I, CMLR 1995, S. 51 ff.; Part II, CMLR 1995, S. 579.

näher zu betrachten. Bereits bei der ersten Sitzung am 17. Dezember 1999 schien das Ziel eine möglichst umfassende Grundrechtsbindung der EU und gleichzeitig eine geringe Bindung der Mitgliedstaaten zu sein.[299] Der Ursprungsvorschlag für die Bestimmung des Anwendungsbereichs der GRCh lautete:

> „Die nachfolgenden Bestimmungen richten sich an die Organe und Einrichtungen der Europäischen Union bei der Wahrnehmung der ihnen von den Verträgen zugewiesenen Zuständigkeiten und Aufgaben. Sie sind für die Mitgliedstaaten nur bei der Umsetzung und Anwendung des Unionsrechts verbindlich."[300]

Ein weiterer Präsidiumsvorschlag vom 18. April 2000 fügte eine zusätzliche Restriktion hinzu, sodass der Anwendungsbereich der Charta folgendermaßen umschrieben war:

> „Diese Charta findet Anwendung auf die Einrichtungen und Organe der Union bei der Wahrnehmung der ihnen durch die Verträge übertragenen Befugnisse sowie auf die Mitgliedstaaten ausschließlich bei der Anwendung des Gemeinschaftsrechts."[301]

In einem Präsidiumsvorschlag vom 16. Mai 2000 wurde wieder eine Ausweitung des Anwendungsbereichs für die Mitgliedstaaten vorgenommen, der nun nicht mehr von einer „Anwendung" bzw. „Durchführung" des Gemeinschafts- bzw. Unionsrecht sprach, sondern vom „Geltungsbereich des Rechts der Union".[302] Hiergegen regte sich nicht unerheblicher Widerstand[303], sodass man letztlich zur engeren Formulierung zurückkehrte. Am 28. Juli 2000 lautete der Text des den Anwendungsbereich bestimmenden Artikels:

---

299 *Bernsdorff/Borowsky*, Die Charta der Grundrechte der Europäischen Union – Handreichungen und Sitzungsprotokolle, S. 110 ff.

300 Dokument CHARTE 4123/1/00 REV 1 CONVENT 5 v. 15. 02. 2000, in: *Bernsdorff/Borowsky*, Die Charta der Grundrechte der Europäischen Union – Handreichungen und Sitzungsprotokolle, S. 110 ff.

301 Dokument CHARTE 4235/00 CONVENT 27 v. 18. 04. 2000, in: *Bernsdorff/Borowsky*, Die Charta der Grundrechte der Europäischen Union – Handreichungen und Sitzungsprotokolle, S. 169 ff.; *Borowsky*, in: Meyer (Hrsg.), GRCh-Kommentar, Art. 51 Rn. 4.

302 Dokument CHARTE 4316/00 CONVENT 34 v. 16. 05. 2000, in: *Bernsdorff/Borowsky*, Die Charta der Grundrechte der Europäischen Union – Handreichungen und Sitzungsprotokolle, S. 231 ff.; *Borowsky*, in: Meyer (Hrsg.), GRCh-Kommentar, Art. 51 Rn. 5.

303 Eine detaillierte Beschreibung dieser Vorgänge findet sich bei *Borowsky*, in: Meyer (Hrsg.), GRCh-Kommentar, Art. 51 Rn. 6.

> „Diese Charta gilt für die Organe und Einrichtungen der Union unter Einhaltung des Subsidiaritätsprinzips und für die Mitgliedstaaten ausschließlich bei der Durchführung des Rechts der Union."[304]

Dennoch blieben die Stimmen nicht aus, die diese Formulierung mit Blick auf einen effektiven europäischen Grundrechtsschutz als zu eng betrachteten. So forderten die Delegierten des österreichischen Nationalrates, dass mit Blick auf einen einheitlichen und effektiven Grundrechtsschutz auf EU-Ebene neben der EU auch die Mitgliedstaaten – und zwar immer – im Anwendungsbereich des Rechts der EU an die Charta gebunden sein müssten.[305] Obwohl auch die Rechtswissenschaft europaweit die deutliche Restriktion des Anwendungsbereiches diskutierte, wurde das Entwurfsdokument nicht mehr abgeändert.[306]

Der kurze Überblick über den Ursprung der Anwendungsbereichsbestimmung offenbart, dass uneingeschränkte Einigkeit über die Reichweite der Bindung der Mitgliedstaaten von Anfang an nicht bestand. Vieles scheint darauf hinzudeuten, dass der Anwendungsbereich der Charta-Bestimmungen mit Blick auf die Mitgliedstaaten letztlich bewusst restriktiv gehandhabt wurde, sodass man vermuten müsste, dass die nationalen Vorschriften zur IHK-Pflichtmitgliedschaft nicht im Anwendungsbereich der GRCh liegen. Daran kommen jedoch erste Zweifel auf, wenn man sich vor Augen hält, dass die im Rahmen der Neuverkündung der Charta im Jahr 2007 überarbeitete Fassung der Konventserläuterungen[307] direkten Bezug auf die vorangegangene extensive Rechtsprechung des EuGH zur Bindung der Mitgliedstaaten nahm und hier eine mitgliedstaatliche Bindung immer dann bejaht wurde, „wenn sie das Unionsrecht anwenden".[308] Deshalb sollen nun die Entwicklungen und Inhalte dieser Rechtsprechung kurz aufgezeigt werden, um ihre heutige Bedeutung und Übertragbarkeit auf die Zeit nach Inkrafttreten des Lissabon-Vertrages zu untersuchen und einen Versuch zu wagen, darauf aufbauend die Reichweite der mitgliedstaatlichen Bindung an die Grundrechtecharta zu bestimmen.

---

304 Dokument CHARTE 4422/00 CONVENT 45 v. 28. 07. 2000, in: *Bernsdorff/Borowsky*, Die Charta der Grundrechte der Europäischen Union – Handreichungen und Sitzungsprotokolle, S. 231 ff.

305 Dies ergibt sich aus einer amtlich nicht veröffentlichten Broschüre zu dem abschließenden Gesamtentwurf, abgedruckt bei *Bernsdorff/Borowsky*, Der Grundrechtekonvent: unveröffentlichte Arbeitsdokumente, Band II, S. 1565 ff., 1688 f.

306 *Borowsky*, in: Meyer (Hrsg.), GRCh-Kommentar, Art. 51 Rn. 9a.

307 ABl. C-303/32 der EU v. 14. 12. 2007.

308 *Streinz/Michl*, in: Streinz, EUV/AEUV, GR-Charta Art. 51 Rn. 14.

2. *Rechtsprechung des EuGH zur mitgliedstaatlichen Bindung vor dem VvL*

a. *Allgemeines*

Der EuGH steht traditionell auf dem Standpunkt, dass eine nationale Maßnahme an den europäischen Grundrechten[309] zu messen ist, wenn sie in den „Anwendungsbereich des Vertrages“ fällt.[310] Dies deutet bereits auf eine von dem Wortlaut des Art. 51 Abs. 1 S. 1 GRCh abweichende Handhabung hin.

Klassischerweise lässt sich die Rechtsprechung des EuGH in zwei Fallgruppen unterteilen. Einerseits finden sich Urteile zur Fallgruppe der direkten Ausführung bzw. Umsetzung des Unionsrechts.[311] Paradebeispiele sind hier die Umsetzung von Richtlinien[312] und der Vollzug von Verordnungen durch nationale Verwaltungsbehörden[313]. Diese Konstellationen stehen hier jedoch gerade nicht in Rede. Bedeutender ist die zweite Fallgruppe, die zumeist mit „Beeinträchtigung bzw. Beschränkung der Grundfreiheiten“ überschrieben wird, sog. „Einschränkungskonstellationen“[314]. Diese bedarf mit Blick auf die Themenstellung einer genaueren Betrachtung.

b. *„Einschränkungskonstellationen“ im Besonderen*

Zentral war hier die Entscheidung des EuGH in der Rechtssache *ERT*[315]. Der Gerichtshof urteilte dort, dass die Mitgliedstaaten bei Beschränkungen der

---

309 Früher: „den Gemeinschaftsgrundrechten als allgemeinen Rechtsgrundsätzen“, vgl. z.B. EuGH v. 18. 06. 1991 Rs. C-260/89, *ERT*, Slg. 1991, I-2925 Rn. 41 f..

310 EuGH u.a. v. 11. 07. 1985, Rs. 60 u. 61/84, *Cinéthèque*, Slg. 1985, 2605 Rn. 26; EuGH v. 18. 06. 1991 Rs. C-260/89, *ERT*, Slg. 1991, I-2925 Rn. 42 und aktueller EuGH v. 19. 01. 2010, Rs. C-555/07, *Kücükdeveci*, Slg 2010, I-365 Rn. 23 mit der Formulierung „Anwendungsbereich des Unionsrechts“.

311 Die Bezeichnungen variieren sowohl in der Rechtsprechung als auch in der Literatur. Bei Betrachtung der englischen Urteile bzw. englischer Literatur finden sich sowohl die Ausdrücke „implement“ als auch „apply“. Eine einheitliche Linie ist nicht auszumachen.

312 U.a. EuGH v. 12. 12. 1996, Rs. C-74/95 u. C-129/95, *Strafverfahren gg. X*, Slg. 1996, I-6609; EuGH v. 06. 11. 2003, C-101/01, *Lindqvist*, Slg. 2003, I-12971.

313 U.a. EuGH v. 13. 07. 1989, Rs. 5/88, *Wachauf*, Slg. 1989, 2609; EuGH v. 24. 03. 1994, Rs. C-2/92, *Bostock*, Slg. 1994, I-955.

314 Diese Konstellation ist im Folgenden schon deswegen intensiv in den Blick zu nehmen, weil und soweit unterstellt wird, dass die IHK-Pflichtmitgliedschaft in den Anwendungsbereich der Niederlassungs- und der Dienstleistungsfreiheit fallen wird.

315 EuGH v. 18. 06. 1991, Rs. C-260/89, *ERT*, Slg. 1991, I-2925; es ging um die Einführung eines Fernsehmonopols zugunsten der griechischen Rundfunk- und Fernsehanstalt Elliniki Radiofonia Tileorasi Anonymi Etairia (ERT).

Grundfreiheiten unter Berufung auf entsprechende Rechtfertigungsgründe die Situation auch unter Beachtung der Grundrechte, im konkreten Fall des allgemeinen Grundsatzes der in Art. 10 EMRK verbürgten Meinungsfreiheit, zu beurteilen hätten.[316] Zudem sah er sich als zuständig an, eine nationale Regelung auf entsprechende Konformität hin zu prüfen, soweit sie in den „Anwendungsbereich des Gemeinschaftsrechts" falle.[317]

Weitere richtungsweisende Urteile in diesem Zusammenhang fällte der Gerichtshof in den Rechtssachen *Familiapress*[318] und *Schmidberger*[319].

In der Rechtssache *Familiapress* wurde im Zusammenhang mit der grundrechtlich verbürgten Meinungsfreiheit und einem Verkaufsverbot von Zeitungen entschieden, dass ein Mitgliedstaat, der sich auf zwingende Erfordernisse beruft, um eine Regelung zu rechtfertigen, die geeignet ist, den freien Warenverkehr zu behindern, diese Rechtfertigung im Übrigen im Lichte der allgemeinen Rechtsgrundsätze und insbesondere der Grundrechte auszulegen habe.[320]

In der Rechtssache *Schmidberger* wurde hingegen die Frage aufgeworfen, wie die Erfordernisse des Grundrechtsschutzes in der Gemeinschaft mit den im Vertrag verankerten Grundfreiheiten in Einklang gebracht werden könnten und welche Rolle und Bedeutung die Gewährleistungen jeweils besäßen.[321] Das Ergebnis war, dass zugunsten eines Spediteurs, der Leidtragender einer politisch motivierten Verkehrsblockade war, nicht ohne Weiteres eine Schutzpflicht des Staates aufgrund der Warenverkehrsfreiheit aktiviert werden kann, ohne die Grundrechte der Meinungsäußerungs- und Versammlungsfreiheit der Blockierer-Seite angemessen zu berücksichtigen.[322]

Seit der Rechtssache *ERT* stand damit in ständiger Rechtsprechung fest, dass die europäischen Grundrechte als Begrenzung für die Einschränkungsmöglichkeiten, als sog. Schranken-Schranken, der Grundfreiheiten dienen konnten und insoweit der „Anwendungsbereich des Vertrages" neben den offensichtlichen „Durchführungsfällen" erheblich erweitert wurde. Das geht so weit, dass heute für den Gerichtshof bisweilen schon die Eröffnung des Anwendungsbereichs

---

316 EuGH v. 18. 06. 1991, Rs. C-260/89, *ERT*, Slg. 1991, I-2925 Rn. 45.

317 EuGH v. 18. 06. 1991, Rs. C-260/89, *ERT*, Slg. 1991, I-2925 Rn. 42.

318 EuGH v. 26. 06. 1997, Rs. C-368/95, *Familiapress*, Slg. 1997, I-3689.

319 EuGH v. 12. 06. 2003, Rs. C-112/00, *Schmidberger*, Slg. 2003, I-5659.

320 EuGH v. 26. 06. 1997, Rs. C-368/95, *Familiapress*, Slg. 1997, I-3689 Rn. 24 f.

321 EuGH v. 12. 06. 2003, Rs. C-112/00, *Schmidberger*, Slg. 2003, I-5659 Rn. 77.

322 EuGH v. 12. 06. 2003, Rs. C-112/00, *Schmidberger*, Slg. 2003, I-5659 Rn. 77–81; *Hatje*, in: Schwarze (Hrsg.)/Becker/Hatje/Schoo, EU-Kommentar, GRC Art. 51 Rn. 16.

einer Grundfreiheit auszureichen scheint, um in der Folge eine Grundrechtsprüfung vorzunehmen.[323]

c. Zwischenergebnis

Im Gegensatz zu der oben[324] erörterten Entstehungsgeschichte des Art. 51 Abs. 1 Abs. 1 GRCh spricht die Rechtsprechung des EuGH aus der Zeit vor dem Vertrag von Lissabon für einen deutlich erweiterten Anwendungsbereich der Chartabestimmungen. In Parallele zum heute weiten Schutzbereichsverständnis der Grundfreiheiten, die sich vom reinen Diskriminierungs- zum Beschränkungsverbot entwickelt haben[325], wäre somit nach dem Stand der EuGH-Rechtsprechung vor Lissabon in der überwiegenden Mehrzahl der Situationen von einer Anwendbarkeit der Grundrechte auszugehen. Wie die Situation nach der verbindlichen Bezugnahme auf die GRCh im Vertrag von Lissabon beurteilt wird bzw. beurteilt werden muss, soll im Folgenden betrachtet werden.

3. Reichweite der mitgliedstaatlichen Bindung seit Lissabon

a. Rechtsprechungsentwicklung seit Lissabon

Bereits im Übergang zur Verbindlichkeit der Chartabestimmungen[326] vor dem Vertrag von Lissabon setzte der Gerichtshof die *ERT*-Rechtsprechungslinie fort.[327] Den EuGH scheint die auf den ersten Blick restriktivere Formulierung des Art. 51 Abs. 1 S. 1 GRCh nicht von seiner Rechtsprechungslinie abzubringen. Noch immer ist für ihn für die Anwendbarkeit der Chartagrundrechte der „Anwendungsbereich des Unionsrechts“ ausschlaggebend.[328] Interessant

---

323 Hierauf deuten insbesondere die folgenden Urteile hin, die bereits zu Zeiten der Existenz der GRCh ergingen: EuGH v. 25. 03. 2004, Rs. C-71/02, *Karner*, Slg. 2004, I-3025 v.a. Rn. 49; EuGH v. 11. 06. 2002, Rs. C-60/00, *Carpenter*, Slg. 2002, I-6279, v.a. Rn. 28 u. 40.; kritisch dazu *Streinz/Michl*, in: Streinz (Hrsg.), EUV/AEUV, Art. 51 GRCh, Rn. 13.

324 In diesem Kapitel A. II. 1.

325 Näher dazu beispielsweise *Streinz*, Europarecht, Rn. 804 ff.

326 Es handelt sich um den Zeitraum zwischen der feierlichen Proklamation der GRCh im Jahre 2000 und ihrer Verbindlichkeit mit dem Vertrag von Lissabon im Jahre 2009, in dem die Charta als sog. „soft law“-Wirkung entfaltete.

327 Z.B. EuGH v. 11. 12. 2007, Rs. C-438/05, *Viking Line*, Slg 2007, I-10779, Rn. 45 ff.; EuGH v. 18. 12. 2007, Rs. C-341/05, *Laval un Partneri*, Slg. 2007, I-11767, Rn. 93 ff. (Rn. 95: „Anwendungsbereich des Gemeinschaftsrechts“).

328 EuGH, Beschluss v. 12. 11. 2010, Rs. C-339/10, *Asparuhov Estov u.a.*, Slg. 2010, I-11465, Rn. 13 („Anwendung des Unionsrechts“); EuGH v. 07. 06. 2012, Rs. C-27/11, *Vinkov*, Rn. 58 (Slg. 2012, 326).

ist in diesem Zusammenhang die Entscheidung des EuGH in der Rechtssache *Dereci*[329]. Hier nahm der Gerichtshof Stellung zum Verhältnis der Gewährleistungen der EMRK und den in der GRCh verankerten Rechten. Trotz der Feststellung, dass Art. 7 der GRCh und Art 8 Abs. 1 EMRK dieselbe Bedeutung und Tragweite hätten, kam der EuGH nicht umhin festzustellen, dass Art. 51 Abs. 1 GRCh den Anwendungsbereich der Charta beschränke und deshalb eine Abgrenzung der jeweils anwendbaren Prüfungsmaßstäbe vorzunehmen sei. Für den Fall, dass die zu überprüfende Situation „unter das Unionsrecht"[330] falle, sei Art. 7 GRCh zu prüfen, im gegenteiligen Fall Art. 8 Abs. 1 EMRK. Dass der Gerichtshof im vorangegangen Absatz zwar auf „die Grenzen der Zuständigkeiten der Union" hinweist, aber trotzdem letztlich das „Unionsrecht" im Ganzen als maßgeblich sieht, dürfte dafür sprechen, dass im Einklang mit der bisherigen Rechtsprechung der Anwendungsbereich der Charta eher weit zu verstehen und nicht nur im Rahmen von Durchführungsmaßnahmen, wie beispielsweise einer Richtlinienumsetzung, anzunehmen ist.

Ein weiteres Urteil, das in diese Richtung deutet, fällte der EuGH 2013 in der Rechtssache *Åkerberg Fransson*[331]. Er nahm dort explizit Bezug auf seine bisherige Rechtsprechung zum Anwendungsbereich der unionalen Grundrechte und bekräftigte, dass eine Überprüfung anhand der GRCh angezeigt sei, sobald sich die Situation im „Geltungsbereich des Unionsrechts" befinde.[332] Diese Formulierung wählte er, nachdem er zuvor darauf hingewiesen hatte, dass Art. 51 Abs. 1 S. 1 GRCh den Anwendungsbereich der GRCh auf die „Durchführung des Rechts der Union" beschränke. Auch daraus ist zu folgern, dass der EuGH seine bisherige extensive Rechtsprechung zum Anwendungsbereich der früheren Gemeinschaftsgrundrechte nicht durch die restriktiv anmutende Formulierung in Art. 51 Abs. 1 S. 1 GRCh überholt sieht. Dies erscheint umso zwingender, wenn man den Schlussantrag des Generalanwalts zur Rechtssache

---

329 EuGH v. 15. 11. 2011, Rs. 256/11, *Dereci u.a.*, Slg. 2011, I-11315, 70 ff.

330 EuGH v. 15. 11. 2011, Rs. 256/11, *Dereci u.a.*, Slg. 2011, I-11315, 72.

331 EuGH v. 26. 02. 2013, Rs. 617/10, *Åkerberg Fransson*, veröffentlicht in: http://curia.europa.eu/juris/document/document.jsf;jsessionid=39F861266E549D6CD71E6FFE6122169E?text=&docid=134202&pageIndex=0&doclang=DE&mode=lst&dir=&occ=first&part=1&cid=10199680 (zuletzt abgefragt am 26. 08. 2019); Die Bedeutung des Urteils zeigt sich auch darin, dass selbst die nationale Presse sich mit der Reichweite der EuGH-Zuständigkeit auseinandersetzte: *Cremer*, Europa-Richter messen auch nationales Recht an EU-Grundrechten, FAZ vom 06. 03. 2013, S. 19.

332 EuGH v. 26. 02. 2013, Rs. 617/10, *Åkerberg Fransson*, Rn. 19.

Åkerberg Fransson einbezieht. Dieser schlug dem Gerichtshof vor, sich in der Rechtssache für unzuständig zu erklären, weil kein Fall der „Durchführung des Unionsrechts" i.S.d. Art. 51 Abs. 1 S. 1 GRCh vorliege.[333] Sehr ausführlich setzte er sich mit der Frage nach der Zuständigkeit des Gerichtshofs auseinander, beschrieb das (vermeintliche) Spannungsverhältnis zwischen der bisherigen Rechtsprechung und der Formulierung in Art. 51 Abs. 1 GRCh und forderte als Lösungsansatz ein „spezifisches Interesse der Union"[334] als Basis für eine „Verlagerung der Gewährleistung der Grundrechte von den Staaten auf die EU"[335]. Nichts davon übernahm der EuGH in sein Urteil. Er entschied sich vielmehr mit dem erwähnten Verweis auf die bisherige Rechtsprechung für die Bejahung der eigenen Zuständigkeit.

So wird man auch in Zukunft davon ausgehen dürfen, dass für den EuGH, aufbauend auf seiner bisherigen Rechtsprechung, maßgeblich ist, dass sich der entscheidungserhebliche Sachverhalt im „Anwendungsbereich des Unionsrechts" befindet.[336]

b. Uneinheitliche Beurteilung in der Literatur

Die Beurteilung in der Literatur ist im Gegensatz dazu nicht ganz einheitlich. So wurde bereits vor der Verbindlichkeit der GRCh die EuGH-Rechtsprechung nicht nur mit Zustimmung bedacht. Auch heute – bei rechtlicher Verbindlichkeit der EU-Grundrechtecharta – zeigt sich das Schrifttum zur Frage der Reichweite des Anwendungsbereichs der GRCh auf mitgliedstaatliche Handlungen gespalten. Herrscht bezogen auf die erwähnten Durchführungskonstellationen im engeren Sinne noch weitgehend Einigkeit, was das Bestehen einer mitgliedstaatlichen Bindung betrifft, so schwindet diese, wenn es um die Frage geht, ob entsprechend der oben beschriebenen Rechtsprechung des EuGH auch die „Einschränkungskonstellationen" (Einschränkung der unionsrechtlich

333 Schlussanträge des Generalanwalts Cruz Villalón v. 12. 06. 2010 in der Rs. C-617/10, *Åkerberg Fransson*, Rn. 64.

334 Schlussanträge des Generalanwalts Cruz Villalón v. 12. 06. 2010 in der Rs. C-617/10, *Åkerberg Fransson*, Rn. 40 f .

335 Schlussanträge des Generalanwalts Cruz Villalón v. 12. 06. 2010 in der Rs. C-617/10, *Åkerberg Fransson*, Rn. 46.

336 So auch *Kraus*, in: Grote/Marauhn, EMRK/GG, Kap. 3 Rn. 90; eine reine Berufung auf Chartabestimmungen reicht zur Zuständigkeitsbegründung des Gerichtshofs hingegen richtigerweise nicht aus, ebd. mit Verweis auf EuGH, Beschluss v. 12. 07. 2012, Rs. C-466/11, *Currà u.a.*, ECLI:EU:C:2012:465, Rn. 26.

gewährleisteten Grundfreiheiten durch die Mitgliedstaaten) vom Anwendungsbereich des Art. 51 Abs. 1 S. 1 GRCh und damit der Chartagrundrechte erfasst sind.

(1) Gegenstimmen

Die Gegner der EuGH-Rechtsprechung zur Einbeziehung der Durchführungskonstellationen verweisen vor allem auf den Wortlaut der Vorschrift des Art. 51 GRCh. So seien mitgliedstaatliche Maßnahmen im Bereich der Einschränkung von Grundfreiheiten wohl nicht mehr unter den Begriff der „Durchführung" des Art. 51 GRCH zu fassen.[337] Insbesondere der Wortlaut der Vorschrift des Art. 51 GRCH (damals noch Art. II-51 I 1 des Vertrages über eine Verfassung für Europa) ist es, der auch *Cremer* dazu veranlasst, sich gegen die Einstufung der die Grundfreiheiten einschränkenden Situationen als „Durchführung des Unionsrechts" zu verstehen, da die „Berufung auf die Rechtfertigungsgründe der Grundfreiheiten (...) keine Durchführung von Unionsrecht [sei], sondern ganz im Gegenteil unter Rekurs auf primärrechtlich anerkannte Entscheidungsspielräume der Mitgliedstaaten [erfolge]."[338] Gleichzeitig erkennen jedoch auch die Verfechter des Wortlautarguments die Unstimmigkeiten an, die erkennbar werden, wenn man der Einbeziehung der EuGH-Rechtsprechung in den Präsidiumserläuterungen zur GRCh die notwendige Beachtung schenkt.[339]

Einen anderen Akzent setzt *Ladenburger*. Neben dem Wortlautargument erfordere auch ein Blick auf die Entstehungsgeschichte der Vorschrift, dass eine Einschränkung des Anwendungsbereichs der GRCh gegenüber der EuGH-Rechtsprechung erfolgen müsse.[340]

Die Einbeziehung der Einschränkungskonstellationen in den Anwendungsbereich des Art. 51 GRCh könnten Lindner zufolge[341] kompetenzrechtliche Probleme mit sich bringen. Er befürchtete bereits vor dem Inkrafttreten des VvL, dass die Rechtsprechung zu einem „EGC-Konformitätsvorbehalt" (sic) für die gesamte mitgliedstaatliche Rechtsordnung führe, der „europapolitisch wohl kaum gewollt" sein könne.

---

337 *Borowsky*, in: Meyer (Hrsg.), GRCh-Kommentar, Art. 51 Rn. 29; *Kingreen*, in: Calliess/Ruffert, EUV/AEUV, Art. 51 GRC Rn. 16 f., der überdies auf das Wort „ausschließlich" verweist.

338 *Cremer*, Der programmierte Verfassungskonflikt, NVwZ 2003, S. 1452, 1455.

339 *Borowsky*, in: Meyer (Hrsg.), GRCh-Kommentar, Art. 51 Rn. 30a f.

340 *Ladenburger*, in: Stern/Sachs, GRCH Kommentar, Art. 51 Rn. 24.

341 *Lindner*, Zur grundsätzlichen Bedeutung des Protokolls über die Anwendung der GRCH auf Polen und das Vereinigte Königreich, EuR 2008, S. 786, 791.

Andere Autoren greifen zu noch grundsätzlicheren Argumenten. *Borowski* meint, im Bereich mitgliedstaatlichen Handelns sollten die Wertvorstellungen der „identitätsstiftenden Verfassungsgerichte“ [und eben nicht des EuGH, Anm. d. Verf.] ausschlaggebend sein, um Wertekonflikten von vornherein vorzubeugen.[342] Nach Auffassung von *Kingreen* befänden sich die Mitgliedstaaten, so sie denn Grundfreiheiten beschränkten, in einem „nicht mehr von der Gemeinschaft determinierten Bereich“[343] und es bestünde die Notwendigkeit, „(…)die funktionalen Unterschiede zwischen Grundfreiheiten und Grundrechten stärker als bislang [zu profilieren] (…).“[344]In Folge dieser Kompetenzverschiebung bestehe zudem die Gefahr einer zu weitreichende Bindung der Mitgliedstaaten über die Brücke der Ausweitung des Rechtsschutzes im Rahmen der heute freiheitsrechtlich interpretierten Grundfreiheiten sowie das Risiko einer Verdrängung der nationalen Grundrechte.[345]

(2) Befürworter

Eine Vielzahl der Autoren[346] favorisiert trotz des Wortlauts des Art. 51 Abs. 1 S. 1 GRCh auch nach Inkrafttreten des VvL die Einbeziehung der durch den EuGH entwickelten Fallgruppen, also auch die „Einschränkungskonstellationen“.

Die Befürworter der Linie des EuGH verweisen zunächst darauf, dass der Wortlaut des Art. 51 GRCh die erweiternde Auslegung des Begriffs „Durchführung“ nicht zwingend ausschließe.[347] Dies erkannte schon *Scheuing*[348] für die Formulierung des damaligen Art. II-111 Abs. 1 Verfassungsvertrag[349], als er mit Blick auf die Erwähnung der Rechtsprechung des EuGH in den

---

342 *Borowsky*, in: Meyer (Hrsg.), GRCh-Kommentar, Art. 51 Rn. 30.

343 *Kingreen*, in: Calliess/Ruffert, EUV/AEUV, Art. 51 GRC Rn. 16 f.

344 *Kingreen*, in: Calliess/Ruffert, EUV/AEUV, Art. 51 GRC Rn. 19.

345 *Kingreen*, in: Calliess/Ruffert, EUV/AEUV, Art. 51 GRC Rn. 19.

346 Nach *Kingreen* handelt es sich sogar um die herrschende Meinung, *Kingreen*, in: Calliess/Ruffert, EUV/AEUV, Art. 51 GRC Rn. 15.

347 *Ehlers*, in: Ehlers (Hrsg.), Europäische Grundrechte und Grundfreiheiten, § 14 Rn. 53.

348 *Scheuing*, Zur Grundrechtsbindung der EU-Mitgliedstaaten, EuR 2005, S. 162, 186; der Autor unternimmt zudem eine Analyse jüngerer Rechtsprechung zu möglicherweise neu auftretenden Bindungskonstellationen (S. 165 ff.). Da diese jedoch nur am Rande die hier zentralen Einschränkungskonstellationen betreffen, braucht auf sie nicht näher eingegangen zu werden.

349 Hierbei handelt es sich um die zu Art. 51 Abs. 1 S. 1 GRC korrespondierende Vorschrift des nie in Kraft getretenen Verfassungsvertrages, die sich mit identischem Wortlaut

Präsidiumserläuterungen[350] eine erweiternde Auslegung des Begriffs „Durchführung" anregte. Die Einbeziehung der Erläuterungsbezugnahme auf die *ERT*-Rechtsprechung des EuGH führe dazu, dass die bereits anerkannte Bindung der Mitgliedstaaten in den sog. Einschränkungskonstellationen bei Verbindlichkeit der Charta weiterhin bestehe.[351] Auch *Jarass*[352] weist auf die Bezugnahme auf die EuGH-Rechtsprechung in den Präsidiumserläuterungen zur Charta hin, um die Anwendbarkeit der Chartagrundrechte bei Einschränkung der EU-Grundfreiheiten zu begründen. In diesen Fällen stehe die Durchführung von Unionsrecht i.w.S. in Rede, denn der Schutzbereich sei eröffnet und somit „eine generelle Grundaussage getroffen", es gehe nur „um die Reichweite der Einschränkungsmöglichkeiten".[353] *Hatje* geht so weit, sich für eine Relevanz der Chartagrundrechte in sämtlichen Fällen der nur „‚schlichten' Anwendung des Unionsrechts durch innerstaatliche Stellen" auszusprechen.[354]

Auch sei der Entstehungsgeschichte von Art. 51 GRCh keine Absicht zur Korrektur der EuGH-Rechtsprechung zu entnehmen, sodass man davon ausgehen könne, dass sich am Anwendungsbereich der Chartagrundrechte für die Mitgliedstaaten im Vergleich zu früher nichts geändert habe.[355] Vielmehr spreche die explizite Erwähnung der EuGH-Rechtsprechung auch in den Chartaerläuterungen von 2007[356] dafür, die Einschränkungskonstellationen

---

ebenfalls mit dem Anwendungsbereich der Grundrechtecharta befasste: „Diese Charta gilt für die Organe, Einrichtungen und sonstigen Stellen der Union unter Wahrung des Subsidiaritätsprinzips und für die Mitgliedstaaten ausschließlich bei der Durchführung des Rechts der Union."

350 ABl. C-303/02 der EU v. 14. 12. 2007 S. 32, aktualisierte Form der Erläuterungen des Präsidiums zu Art. 51 der Grundrechtecharta der Europäischen Union.

351 *Scheuing*, Zur Grundrechtsbindung der EU-Mitgliedstaaten, EuR 2005, S. 162, 187.

352 *Jarass*, Kommentar EU-GRCH, Art. 51 Rn. 17 mit Verweis auf das Urteil des EuGH v. 01. 03. 2011 in der Rs. 457/09, *Chartry*, Slg. 2011 I-819 Rn. 23 f.; ebenso *Grabenwarter*, Auf dem Weg in die Grundrechtegemeinschaft?, EuGRZ 2004, S. 563, 565.

353 *Jarass*, Kommentar EU-GRCH, Art. 51 Rn. 24 m.w.N. zu Literatur und Rechtsprechung.

354 *Hatje*, in: Schwarze (Hrsg.)/Becker/Hatje/Schoo, EU-Kommentar, Art. 51 GRCh Rn. 19.

355 *Ehlers*, in: Ehlers (Hrsg.), Europäische Grundrechte und Grundfreiheiten, § 14 Rn. 53.

356 Diese wurden wie erwähnt (Fn. 289) im Jahre 2007 noch einmal abgeändert. Es hätte angesichts der bereits existenten Diskussion die Möglichkeit einer Klarstellung durch Entfernen des Verweises auf die Rechtsprechung des EuGH bestanden. Eben dies ist jedoch nicht geschehen.

einzubeziehen.[357]Manche Autoren gehen sogar so weit, die Unstimmigkeiten zwischen den textlichen Fassungen der Charta in Art. 51 GRCh und den dazugehörigen Konventserläuterungen auf bereits im Jahre 2000 bei Ausarbeitung der Charta niedergelegte Entwurfsmängel in der Formulierung zurückzuführen.[358]

Systematisch betrachtet könne zudem das Inkrafttreten der Grundrechtecharta nicht zu einem veränderten Anwendungsbereich der Grundrechte geführt haben.[359] Außerdem wird angeführt, dass gegen ein enges Verständnis des Begriffs „Durchführung" i.S.d. Art. 51 Abs. 1 S. 1 sonst „(…) bei den Diskriminierungsverboten [entstehende] systematische Brüche im europäischen Grundrechtsschutz" sprächen: Während in den Verträgen niedergelegte Diskriminierungsverbote wie Art. 18 AEUV gemäß der Rechtsprechung des EuGH schon in einer „gemeinschaftsrechtlich geregelten Situation" Anwendung fänden, wären die Diskriminierungsverbote der GRCh (z.B. Artt. 20, 21, 23 GRCH) nur bei dem konkreten Vollzug bzw. der Umsetzung des Unionsrechts zu beachten.[360]

Mit Blick auf Lücken im Rechtsschutz müsse zudem festgestellt werden, dass der praktisch sehr bedeutsame Fall der Konkretisierung des Unionsrechts durch die Gerichte weder vom Begriff der Umsetzung noch dem des bloßen Vollzugs erfasst sei, zum anderen nur schwer erkennbar sei, wo die Trennlinie zwischen der „‚bloßen' Anwendung" und dem „Vollzug des Unionsrechts" gezogen werden müsse.[361]

(3) Zusammenfassung

Zusammenfassend lässt sich zu diesem Überblick über die Meinungsvielfalt in der Literatur sagen, dass keinesfalls Einstimmigkeit herrscht. Beiden Lagern ist

---

357 *Streinz/Michl*, in: Streinz (Hrsg.), EUV/AEUV-Kommentar, Art. 51 GRCh Rn. 14.

358 Z.B. *Dougan*, The Treaty of Lisbon, CMLR 2008, S. 617, 663, der dort das auf den ersten Blick widersprüchliche Verhältnis zwischen Art. 51 Abs. 1 GRCH (der schon im Jahre 2000 so abgefasst wurde) und der ständigen EuGH-Rechtsprechung als eine der „drafting deficiencies (…) deriving from the original 2000 version of the text" beschreibt.

359 *Jarass*, Kommentar EU-GRCH, Art. 51 Rn. 17 mit Verweis auf das Urteil des EuGH v. 01. 03. 2011 in der Rs. 457/09, *Chartry*, Slg. 2011 I-819 Rn. 23 f.; ebenso *Grabenwarter*, Auf dem Weg in die Grundrechtegemeinschaft?, EuGRZ 2004, S. 563, 565.

360 *Hatje*, in: Schwarze (Hrsg.)/Becker/Hatje/Schoo, EU-Kommentar, Art. 51 GRCh Rn. 18

361 *Hatje*, in: Schwarze (Hrsg.)/Becker/Hatje/Schoo, EU-Kommentar, Art. 51 GRCh Rn. 17 ff. m.w.N.

im Ergebnis jedoch an einer Begrenzung der mitgliedstaatlichen Bindung gelegen, und es ist der Wille erkennbar, die EU-Grundrechte – in Parallele zur weiterhin fehlenden staatlichen Struktur der EU und der korrespondierend weiter bestehenden Souveränität der Einzelstaaten – nicht auf sämtliche innerstaatlichen Vorgänge zu erstrecken. Dass dies nicht zwingend durch ein enges, die „Einschränkungskonstellationen" ausklammerndes Verständnis erreicht werden muss, zeigen wachsende Tendenzen in der Literatur, die ein zusätzliches Begrenzungskriterium auf andere Weise zu finden suchen.

c. Versuche eines Begrenzungskriteriums in der Literatur

(1) Kriterium des Beruhens

Einen sehr weitreichenden Beschränkungsvorschlag macht *Nusser*[362], der zunächst eine Unionsrechtsbeeinträchtigung durch ein mitgliedstaatliches Handeln mit unionsrechtlicher Prägung fordert, und schließlich voraussetzt, dass die Unionsgrundrechtsbeeinträchtigung auf dieser mitgliedstaatlichen Ausübung unionaler Hoheitsgewalt „beruht". Detailliert analysiert *Nusser* die Vorbedingungen, die mitgliedstaatliches Handeln erfüllen muss, um als Ausübung von Unionsgewalt mit unionsrechtlicher Prägung einer Überprüfung zugänglich zu sein. Er kommt zu dem Ergebnis, dass schon die Betroffenheit der unionalen Grundfreiheiten dazu geeignet ist, die nationale Maßnahme unionsrechtlich zu prägen.[363] Bis hierhin könnte man also davon ausgehen, dass die o.g. Einschränkungskonstellationen im Bereich der Grundfreiheiten auch diesem Beschränkungskriterium standhalten würden. Überdies fordert *Nusser* jedoch, dass die mitgliedstaatliche Unionsgrundrechtsbeeinträchtigung auf der Ausübung unionaler Hoheitsgewalt „beruhen" muss. Der Hintergrund ist hier, in einer wertenden Einzelfallbetrachtung auszuschließen, dass mitgliedstaatliches Handeln „auf einem eigenständigen mitgliedstaatlichen Entschluss" beruht, und herauszuarbeiten, „wie intensiv eine unionsrechtliche Bestimmung eine mitgliedstaatliche Handlung prägt".[364]

Die Voraussetzung der Beeinträchtigung eines EU-Grundrechts wirft tatbestandlich und definitorisch wesentlich geringere Schwierigkeiten auf als die Frage, wie genau das „Beruhen" zu bestimmen ist. Der Autor identifiziert die Problematik als eine Zurechnungsfrage und versucht sich in der Folge in einer

362 *Nusser*, Die Bindung der Mitgliedstaaten an die Unionsgrundrechte, S. 95 ff.
363 *Nusser*, Die Bindung der Mitgliedstaaten an die Unionsgrundrechte, S. 113 f.
364 *Nusser*, Die Bindung der Mitgliedstaaten an die Unionsgrundrechte, S. 124.

Übertragung von Zurechnungskriterien aus dem Völkerrecht, dem Polizei- und Ordnungsrecht sowie dem Strafrecht.[365] Im Ergebnis sollen folgende objektive Kriterien ausschlaggebend sein, die ggf. kumulativ heranzuziehen wären:

> „die unionsrechtliche Steuerung der mitgliedstaatlichen Handlung in Richtung auf eine Unionsgrundrechtsbeeinträchtigung, die Unionsgrundrechtsbeeinträchtigung als typische Folge der unionsrechtlichen Vorgabe, die Herrschaft der Union über die mitgliedstaatliche Unionsgrundrechtsbeeinträchtigung, die inhaltliche Unmittelbarkeit, die Vorhersehbarkeit der mitgliedstaatlichen Unionsgrundrechtsbeeinträchtigung.“[366]

Diese Kriterien erlauben – entgegen der Intention des Autors – bei der Frage nach der Bindung der Mitgliedstaaten an die EU-Grundrechte nicht viel Wertungsspielraum, sondern geben einen strengen Prüfungsrahmen vor. Ob die rein nationalen bzw. rein zwischenstaatlichen Zurechnungskriterien tauglich sind, auf das Sonderkonstrukt der Europäischen Union übertragen zu werden, darf zudem bezweifelt werden. Insgesamt kommt *Nusser* zu einem sehr stark einschränkenden Ergebnis. Mit Blick auf den Bereich der Grundfreiheiten nimmt er trotz festgestellter unionsrechtlicher Prägung an, dass eine Bindung der Mitgliedstaaten „nur für den seltenen Fall in Betracht kommt, dass die unionalen Grundfreiheiten die Mitgliedstaaten zu einer Beeinträchtigung von Grundrechten anhalten“.[367]Das würde weder im Falle der IHK-Pflichtmitgliedschaft noch in vielen der bereits erwähnten vom EuGH entschiedenen Fälle einschlägig sein.

Insgesamt handelt es sich hier zwar um einen grundsätzlich durchdachten und rechtstheoretisch fundierten Begrenzungsvorschlag. Zum einen ist allerdings fraglich, ob die theoretischen Übertragungserwägungen zur Zurechnung diese weitreichenden Einschränkungen rechtfertigen, zum anderen stellt sich die Frage, ob ein insgesamt so deutlich von der früheren und auch der aktuellen Rechtsprechung des EuGH abweichendes Konzept der praktischen Wirklichkeit des Staatenverbundes EU gerecht werden kann. Aus diesen Gründen wird das Kriterium des „Beruhens“ als Begrenzungskriterium für die mitgliedstaatliche Bindung an die GRCh hier abgelehnt.

---

365 *Nusser*, Die Bindung der Mitgliedstaaten an die Unionsgrundrechte, S. 130 ff.

366 *Nusser*, Die Bindung der Mitgliedstaaten an die Unionsgrundrechte, S. 146.

367 *Nusser*, Die Bindung der Mitgliedstaaten an die Unionsgrundrechte, S. 199.

(2) Betroffenheit einer weiteren EU-Rechtsnorm

Der Rechtsprechung des EuGH näher und dennoch um Begrenzung bemüht, präsentiert sich ein Eingrenzungskriterium, das verschiedene Autoren in unterschiedlichen Nuancen und mit unterschiedlichen Bezeichnungen vertreten. Diese sind sich letztlich darüber einig, dass die Betroffenheit einer weiteren Rechtsnorm des Primärrechts ausschlaggebend ist, um den Anwendungsbereich des EU-Rechts und damit den Anwendungsbereich der Grundrechtecharta bejahen zu können. Die einen nennen es noch sehr abstrakt eine „Anknüpfung an Unionsrecht“[368], andere hingegen fordern bereits, dass „eine konkrete Vorschrift oder Handlungsanforderung des Unionsrechts betroffen ist, damit (…) Unionsrecht zum Kontrollmaßstab für mitgliedstaatliches Handeln [werde]“.[369]

Eine ausgefeilte Theorie hierzu präsentierte *Rosas*, Richter am EuGH, der vorschlägt, eine „Durchführung“ i.S.d. Art. 51 Abs. 1 GRCh in den Fällen anzunehmen, in denen nicht nur eine Vorschrift der Grundrechtecharta, sondern auch eine andere Bestimmung des primären oder sekundären EU-Rechts konkret betroffen ist.[370] Kein ausreichender Bezug zum EU-Recht in diesem Sinne sei beispielsweise hergestellt, wenn ein auf nationaler Ebene verurteilter Strafgefangener sich auf sein Freizügigkeitsrecht nach Art. 21 AEUV berufen möchte, weil ihn das Strafurteil übermäßig in seinen EU-basierten Freizügigkeitsrechten beschränke.[371] Vielmehr stelle die „rein hypothetische Aussicht auf die Ausübung dieses [Freizügigkeits-]Rechts keinen Bezug zum Gemeinschaftsrecht her, der eng genug wäre, um die Anwendung der Gemeinschaftsbestimmungen zu rechtfertigen.“[372]

Dieses Beispiel zeigt, dass dem Kriterium durchaus eine eingrenzende Wirkung beigemessen werden kann, da gerade in typisch mitgliedstaatlich-hoheitlichen Bereichen die nationale Souveränität respektiert wird.

Die europäische GRCh soll immer dann Anwendung finden, wenn „die rechtliche Beurteilung des maßgeblichen Sachverhalts durch eine Norm geprägt wird,

---

368 *Jarass*, Kommentar EU-GRCH, Art. 51 Rn. 17 mit Verweis auf das Urteil des EuGH v. 01. 03. 2011 in der Rs. 457/09, *Chartry*, Slg. 2011 I-819 Rn. 25.

369 *Kraus*, in: Grote/Marauhn, EMRK/GG, Kap. 3 Rn. 91.

370 *Rosas*, When is the EU-Charta of fundamental rights applicable at national level?, Jurisprudencija/Jurisprudence 2012, Volume 19, No. 4, S. 1277 f.

371 *Rosas*, ebd. mit Verweis auf die Rechtssache *Kremzow*, EuGH v. 29. 05. 1997, Rs. C-299/95; Slg. I-2629, Rn. 16.

372 EuGH v. 29. 05. 1997, *Kremzow*, Rs. C-299/95; Slg. I-2629, Rn. 16 m.w.N.

die dem primären oder sekundären Unionsrecht angehört."[373] Folgt man diesem nachvollziehbar begründeten Kriterium der Beschränkung der mitgliedstaatlichen Grundrechtsgebundenheit, so wird man davon ausgehen müssen, dass bei tatbestandlicher Einschlägigkeit einer Grundfreiheit als europäischem Primärrecht par excellence auch die europäischen Grundrechte als Kontrollmaßstab fungieren Im Ergebnis ähnelt dieses Begrenzungskriterium den oben genannten Rechtsprechungsentwicklungen des EuGH, der inzwischen Tendenzen erkennen lässt, die Einschlägigkeit des grundfreiheitlichen Schutzbereichs ausreichen zu lassen, um auch eine Anwendbarkeit der Grundrechte anzunehmen.[374] Das Kriterium erscheint aufgrund seiner Fassbarkeit – ob eine weitere Norm des Primär- bzw. Sekundärrechts einschlägig ist, lässt sich wesentlich leichter ausmachen als die Beantwortung der abstrakten Frage nach einer „Durchführungskonstellation" – und seiner dogmatischen Nachvollziehbarkeit tauglich, der Gefahr einer zu ausufernden EuGH-Rechtsprechung zur mitgliedstaatlichen Grundrechtsbindung zu begegnen und auf pragmatische Art und Weise eine Überprüfung der entsprechenden Fälle zu erlauben.

Diese Betrachtungsweise der Bindung der Mitgliedstaaten wurde in jüngster Zeit auch von der Rechtsprechung des EuGH bestätigt.[375] Für die vorliegende Frage nach der Überprüfbarkeit der IHK-Pflichtmitgliedschaft an europäischen Grundrechten hinge somit viel von der Frage ab, ob auch eine europäische Grundfreiheit vom Schutzbereich her einschlägig ist.

---

373 So auch *Hatje*, in: Schwarze(Hrsg.)/Becker/Hatje/Schoo, EU-Kommentar, GRC Art. 51 Rn. 16.

374 Das stellt *Kingreen*, in: Calliess/Ruffert, EUV/AEUV, Art. 51 GRC Rn. 15 fest, m.w.N.; vgl. auch mit kritischem Unterton *Streinz/Michl*, in: Streinz (Hrsg.), EUV/AEUV, Art. 51 GRCh Rn. 13, sowie oben Kapitel III A. 3. a. a.E.

375 EuGH, Beschluss v. 12. 11. 2010, Rs. 339/10, *Aparuhov Estov*, Slg. 2010 I-11465, Rn. 13 f..: maßgeblich sei, dass die Maßnahme zur Durchführung von Unionsrecht diene oder es „andere Anknüpfungspunkte an das Unionsrecht" gebe; EuGH, Beschluss v. 01. 03. 2011, Rs. 457/09, *Chartry*, Slg. 2011 I-819, Rn. 25, hier wurde eine Zuständigkeit des Gerichtshofs verneint, weil der Gegenstand des Ausgangsrechtsstreits keinerlei „Anknüpfungspunkte an das Unionsrecht" aufweise. Im Zentrum stand dabei die Frage, ob es einen Bezug gebe zu „einem der durch die Bestimmungen des EG-Vertrags über die Freizügigkeit, den freien Dienstleistungs- oder Kapitalverkehr geregelten Sachverhalte."

d. Stellungnahme

Die Ansichten über die Auslegung des Art. 51 Abs. 1 GRCh gehen weit auseinander. Doch ist es unumgänglich, nach der Darlegung der textlichen Entwicklungsgeschichte sowie der EuGH-Rechtsprechung zum Thema „mitgliedstaatliche Bindung an die GRCh“[376] – insbesondere in den sog. Einschränkungskonstellationen – und einer Betrachtung des entsprechenden Echos in der Literatur die nötige Schlussfolgerung zu ziehen.

(1) Wortlaut

Tatsächlich sprechen die textliche Fassung sowie die nicht erfolgte Aufnahme der inhaltlich weiter reichenden Formulierung auf den ersten Blick gegen die Einbeziehung der Durchführungskonstellationen. Art. 6 Abs. 1 EU verweist jedoch explizit auf die Bedeutung der Erläuterungen des Konvents[377] zu Art. 51 Abs. 1 GRCH und bestimmt in seinem dritten Unterabsatz:

> „Die in der Charta niedergelegten Rechte, Freiheiten und Grundsätze werden gemäß den allgemeinen Bestimmungen des Titels VII der Charta, der ihre Auslegung und Anwendung regelt, und unter gebührender Berücksichtigung der in der Charta angeführten Erläuterungen, in denen die Quellen dieser Bestimmungen angegeben sind, ausgelegt.“

Die korrespondierende Vorschrift im Bereich der Grundrechtecharta findet sich in Art. 52 Abs. 7 GRCh, der bestimmt: „Die Erläuterungen, die als Anleitung für die Auslegung dieser Charta verfasst wurden, sind von den Gerichten der Union und der Mitgliedstaaten gebührend zu berücksichtigen.“ Angeordnet ist also keine strikte rechtliche Bindung, aber eine „(gebührende)

---

376 Hierzu lassen sich vertiefend eine Vielzahl von Monographien finden, die sich der Thematik umfassender, da weniger fallbezogen widmen, u.a.: *Brosius-Gersdorf*, Bindung der Mitgliedstaaten an die Gemeinschaftsgrundrechte; *Große-Wentrup*, Die GRCh im Spannungsfeld der Kompetenzverteilung zwischen EU und Mitgliedstaaten; *Wallrab*, Die Verpflichteten der Gemeinschaftsgrundrechte.

377 Dabei handelt es sich um Erläuterungen, die auf die Arbeit des Präsidiums des Grundrechtekonvents zurückgehen und heute in aktualisierter Form maßgeblich sind (ABl. v. 14. 12. 2007 Nr. C-303/17) und die einer – vor allem von irischen und britischen Konventsmitgliedern gefürchteten – ausufernden Interpretation der Grundrechtecharta vorbeugen sollten, *Knecht*, in: Schwarze(Hrsg.)/Becker/Hatje/Schoo, EU-Kommentar, GRC Präambel Rn 27; vertiefend zur Entstehungsgeschichte, *Borowsky*, in: (Hrsg.), GRCh-Kommentar, Art. 52 Rn. 47a.

Berücksichtigung".[378] Heute gelten die Chartaerläuterungen weithin als verbindliche Auslegungshilfe.[379]

Ein Hinweis, dass Art. 6 Abs. 1 UAbs. 3 EUV nur auf die Auslegung der „Rechte, Freiheiten und Grundsätze" verweist, mithin nicht auf die Auslegung gerade der allgemeinen Bestimmungen, zu denen auch Art. 51 GRCh gehört, verfängt nicht, da bereits Art. 52 Abs. 7 GRCh wieder allgemein von der „Auslegung der Charta" (im Ganzen) spricht. Somit soll hier – auch mit Hinweis auf die bereits erläuterte Kritik aus der Literatur – für die textliche Fassung des Art. 51 Abs. 1 S. 1 GRCh gefolgert werden, dass die Begriffe „Durchführung" und „ausschließlich" nicht ausreichen, um die Rechtsprechung des EuGH zum Anwendungsbereich der europäischen Grundrechte(charta) obsolet zu machen. Vom Wortlaut her wäre also auch eine typische, die Grundfreiheiten einschränkende Situation vom Anwendungsbereich der Grundrechtecharta erfasst.

(2) Dogmatik

Dogmatisch betrachtet sind insbesondere folgende Erwägungen von Bedeutung. Eine Vielzahl der Autoren steht auf dem Standpunkt, dass die Mitgliedstaaten sich in den typischen Einschränkungskonstellationen, das heißt, wenn sie Grundfreiheiten einschränken, nicht mehr im Anwendungsbereich des Unionsrechts, sondern sozusagen in ihrer eigenen Sphäre, in einem ihnen zugestandenen Freiraum befinden, und somit die Grundrechte hier nicht anwendbar seien. Dem kann nicht gefolgt werden.

Zunächst ist der Unterschied von Tatbestandsbeschränkung und Rechtfertigungsmöglichkeiten zu beachten. Tatbestandsbeschränkungen, wie sie beispielsweise Art. 51 AEUV zugunsten der Ausübung öffentlicher Gewalt[380] vorsieht, nehmen die betreffenden nationalen Maßnahmen von vornherein aus dem Anwendungsbereich der entsprechenden unionsrechtlichen Vorschrift, schließen also bereits die grundsätzliche Anwendbarkeit der Norm aus.

---

378 Im Ergebnis ist man sich einig über die fehlende Rechtsverbindlichkeit, die bereits im Vorspann zu den Erläuterungen sichtbar wird („als solche keinen rechtlichen Status"), *Borowsky*, in: Meyer (Hrsg.), GRCh-Kommentar, Art. 52 Rn. 47b mit weiteren Nachweisen zum genauen, im Einzelnen umstrittenen rechtlichen Status der Erläuterungen.

379 *Streinz/Michl*, in: Streinz (Hrsg.), EUV/AEUV, GR-Charta Art. 52 Rn. 32; *Streinz*, in: Streinz (Hrsg.), EUV/AEUV, GR-Charta, Vor Rn. 9.

380 Art. 51 Abs. 1 AEUV: „Auf Tätigkeiten, die in einem Mitgliedstaat dauernd oder zeitweise mit der Ausübung öffentlicher Gewalt verbunden sind, findet dieses Kapitel in dem betreffenden Mitgliedstaat keine Anwendung."

Rechtfertigungsmöglichkeiten hingegen erlauben dem Mitgliedstaat zwar, aus bestimmten Gründen in eine Grundfreiheit einzugreifen, aber selbst die Inanspruchnahme dieser Möglichkeiten führt nicht dazu, dass der Mitgliedstaat sich dabei außerhalb des Unionsrechts befindet. Konsequenterweise sind in genau diesem Zusammenhang auch die europäischen Grundrechte und sonstigen Rechtsvorgaben zu beachten, die Mitgliedstaaten im Bereich des Unionsrechts binden.[381] Dass es sich dabei um den Mitgliedstaaten belassene „Gestaltungsspielräume“[382] oder „Entscheidungsspielräume“[383] handeln soll, die von anderen unionsrechtlichen Vorschriften nicht tangiert werden, ist dogmatisch nicht nachvollziehbar. Es wird durch die Ausnahmemöglichkeiten keine *domaine réservé* für die Mitgliedstaaten geschaffen. Das zeigt sich nicht zuletzt daran, dass die in den Ausnahmeklauseln verwendeten Begriffe wie „öffentliche Sicherheit“ oder „öffentliche Ordnung“ nicht auf nationale Auslegungsinhalte zurückgreifen dürfen, sondern einer eigenständigen unionsrechtlichen Bestimmung unterliegen.[384] Selbst ein – durch die subsidiäre unionsrechtliche Struktur bedingtes – Zugeständnis von gewissen Ermessenspielräumen an die Mitgliedstaaten führt nicht *per se* zu einem Ausschluss der Korrektur nationaler Maßnahmen durch die Grundrechte.[385]

Bei der (zusätzlichen) Bindung der Mitgliedstaaten an die Grundrechtecharta handelt es sich indes auch nicht um eine übermäßige Beschränkung ihrer Handlungsfreiheiten. Es ergibt sich aus der konzeptionell gewollten Bindung der Mitgliedstaaten an die Grundrechte, dass in Bereichen, die ein bestimmtes Maß an Unionsrechtsbezug aufweisen, eine Bindung eintritt. Dass es sich dabei um ein methodisch nachvollziehbares Konstrukt handelt, hat der Vergleich

---

381 A.A. z.B. *Kingreen*, in: Calliess/Ruffert, EUV/AEUV, Art. 51 GRC Rn. 17, der ohne Erwähnung der Alternative der Tatbestandsbeschränkung von Folgendem ausgeht: „Wenn ein Mitgliedstaat von den Ausnahmeklauseln Gebrauch macht und deren Voraussetzungen vorliegen, nimmt das Gemeinschaftsrecht gerade uneinheitliche Regelungen hin“, es handele sich deshalb um einen „nicht mehr von der Gemeinschaft determinierten Bereich“.

382 *Kingreen*, in: Calliess/Ruffert, EUV/AEUV, Art. 51 GRC Rn. 17.

383 *Cremer*, Der programmierte Verfassungskonflikt, NVwZ 2003, S. 1542, 1455.

384 *Müller-Graff*, in: Streinz, EUV/AEUV, Art. 51 AEUV, Rn. 4 zum Begriff der „Ausübung öffentlicher Gewalt“; ebenso *Große-Wentrup*, Die GRCh im Spannungsfeld der Kompetenzverteilung zwischen EU und Mitgliedstaaten, S. 61 mit Verweis auf *Emmert*, Europarecht, § 32 Rn. 4 ff.

385 So auch *Rosas*, When is the EU-Charta of fundamental rights applicable at national level?, Jurisprudencija/Jurisprudence 2012, Volume 19, No. 4, S. 1279.

von Tatbestandsbeschränkung und Rechtfertigungsmöglichkeit gezeigt. Überdies ist es ein Folgephänomen der Union als Rechtsgemeinschaft, dass sowohl mitgliedstaatliches als auch unionsrechtliches Handeln bei Eröffnung des unionsrechtlichen Anwendungsbereichs vollständig der Kontrolle des EuGH anhand der europäischen Grundrechte unterfällt.[386] Im Rahmen dieser legitimen Kontrolle laufen die Mitgliedstaaten auch nicht Gefahr, zu sehr in ihren nationalen Entscheidungsspielräumen begrenzt zu werden, da es sich bei den Unionsgrundrechten, jedenfalls in Einschränkungskonstellationen, lediglich um Mindestgarantien handelt, die einen weiter reichenden Schutz durch die Mitgliedstaaten nicht verbieten, und der EuGH grundrechtliche Spielräume der Mitgliedstaaten grundsätzlich berücksichtigt.[387]

Argumentativ lässt sich dieses Ergebnis zusätzlich noch mit folgendem Gedanken untermauern: Auch die Grundsätze der einheitlichen Anwendung des Unionsrechts und des *effet utile*, die beide in eine ähnliche, das Unionsrecht in seiner Wirksamkeit stützende Richtung zielen, sprechen dafür, bei einmal bejahter (tatbestandlicher) Einschlägigkeit der Unionsrechts auch die primärrechtlich verankerten und damit gleichrangigen Grundrechte als Kontrollmaßstab zuzulassen.[388]

Damit muss auch aus dogmatischer Sicht festgestellt werden, dass die Rechtsprechung des EuGH zur Reichweite der mitgliedstaatlichen Bindung bei Beschränkung der Grundfreiheiten nicht beiseitegelassen werden kann und als grundsätzlich methodisch fundiert einzustufen ist. Deshalb bestehen auch dogmatisch keine durchgreifenden Bedenken gegen die weitere Anwendung der Grundsätze des EuGH.

(3) Rechtsschutzgedanke

Die Problematik der grundrechtlichen Bindung der Mitgliedstaaten berührt einige grundsätzliche Rechtsschutzaspekte, die im Folgenden angesprochen werden sollen.

---

386 So auch *Wallrab*, Die Verpflichteten der Gemeinschaftsgrundrechte, S. 95.

387 *Scheuing*, Zur Grundrechtsbindung der EU-Mitgliedstaaten, EuR 2005, S. 162, 181 m.w.N.

388 Ähnlich *Große-Wentrup*, Die GRCh im Spannungsfeld der Kompetenzverteilung zwischen EU und Mitgliedstaaten, S. 59 f.; *Wallrab*, Die Verpflichteten der Gemeinschaftsgrundrechte, S. 91.

(a) Parallelität von Grundrechten und Grundfreiheiten

Überleitend von rein dogmatischen Erwägungen sei auf die übergeordnete Ebene des Verhältnismäßigkeitsprinzips hingewiesen. In dieses primärrechtlich verankerte Rechtsprinzip, das dem Ausgleich betroffener Interessen dienen soll, werden gemeinhin grundrechtlich geschützte Interessen einbezogen. Verneint man die Anwendbarkeit der Grundrechte, so kommt in der Folge nur ein Teil des gleichrangigen Primärrechts – nämlich die nicht grundrechtlich, sondern objektivrechtlich geschützten Interessen – zur Anwendung. Für diese Ausklammerung eines Teils des Primärrechts (innerhalb des Anwendungsbereichs des Unionsrechts) sind jedoch keine zwingenden Gründe erkennbar.[389]

In diesem Zusammenhang ist darauf hinzuweisen, dass derselbe Gedanke auch bei Einschlägigkeit einer Grundfreiheit, aber gleichzeitiger Ablehnung einer Grundrechtsprüfung anzuführen wäre. Mit Blick auf die Parallelität von Grundfreiheiten und Grundrechten stellt sich die Frage, wieso bei gleichzeitiger stetiger Ausdehnung des Rechtsschutzes im Rahmen der Grundfreiheiten eine Restriktion im Bereich der Grundrechte zu befürworten sein sollte.

(b) Rechtsschutzverschränkung mit der EMRK

Auf der Ebene der EU greifen in Fragen des Menschenrechts- und Grundrechtsschutzes die nationalen Mechanismen der Mitgliedstaaten und die der EU und der EMRK ineinander. Der EuGH hat gemäß Art. 19 Abs. 1 EUV die Aufgabe, das Recht bei Auslegung und Anwendung der Verträge zu wahren. Dazu gehören grundsätzlich nach Art. 6 Abs. 1 EUV auch die GRCh sowie nach Art. 6 Abs. 3 EUV die Grundrechte der EMRK als allgemeine Grundsätze des EU-Rechts. Eine zusätzliche Verstärkung wird diese Rechtsschutzverschränkung erfahren, wenn der in Art. 6 Abs. 2 EUV angeordnete Beitritt der EU zur EMRK stattgefunden hat. Nicht zuletzt wegen dieser sehr deutlich intendierten grundrechtlichen „Verdichtung“ scheint es wenig plausibel, den Anwendungsbereich der EU-Grundrechtecharta restriktiv zu handhaben.

(c) Zwischenergebnis

Die genannten Vorschriften zeigen, dass eine isolierte Beurteilung der rechtlich geschützten Bereiche nicht angezeigt ist und auf längere Sicht auch kaum mehr

389 Siehe auch *Große-Wentrup*, Die GRCh im Spannungsfeld der Kompetenzverteilung zwischen EU und Mitgliedstaaten, S. 59.

möglich sein wird. *Grabenwarter*[390] formulierte bereits im Jahre 2004, dass sich die EU „auf dem Weg in die Grundrechtsgemeinschaft" befände. Die verbindliche Einbeziehung der Grundrechtecharta dürfte die EU diesem Zustand noch ein Stück näher gebracht haben. Nicht jedoch wird sie dazu geführt haben, dass der Rechtsschutz gegenüber der vorherigen Situation verkürzt worden ist. Aus diesen Gründen ist die Ausklammerung der „Einschränkungskonstellationen" aus dem Anwendungsbereich der GRCh abzulehnen. So forderte Generalanwalt *Jacobs* bereits 1993 in einer typischen Einschränkungskonstellation, dass ein EU-Bürger davon ausgehen können müsse, dass er

> „wohin er sich in der Europäischen Gemeinschaft zu Erwerbszwecken auch begibt, stets im Einklang mit einer gemeinsamen Ordnung von Grundwerten behandelt wird, insbesondere denen, die in der Europäischen Menschenrechtskonvention niedergelegt sind. Mit anderen Worten ist er berechtigt, zu sagen ‚civis europaeus sum' und sich auf diesen Status zu berufen, um sich jeder Verletzung seiner Grundrechte zu widersetzen."[391]

Auch der Rechtsschutzaspekt gebietet es also, die EU-Grundrechte als Kontrollmaßstab bei der Überprüfung einer nationalen, die Grundfreiheiten einschränkenden Maßnahme anzulegen. Alles andere würde einem effektiven (Grund-) Rechtsschutz widersprechen.

(4) Fazit

Der Wortlaut des Art. 51 Abs. 1 GRCh stellt wie dargelegt keine Hürde bei der Einbeziehung der „Einschränkungskonstellationen" dar. Auch dogmatisch lassen sich keine durchgreifenden Einwände finden, die gegen die Übernahme der früheren EuGH-Rechtsprechung sprächen. Vielmehr wird sie durch Rechtsschutzaspekte noch gestützt. Im Ergebnis läuft die Entwicklung der EuGH-Rechtsprechung für den vorliegenden Fall auf das hinaus, was die Befürworter der Einschränkungstheorie über die Betroffenheit einer weiteren EU-Rechtsnorm zu erreichen suchen. Die Frage „Ist eine weitere Norm des europäischen Primär- bzw. Sekundärrechts einschlägig?" ist letztlich gleichbedeutend mit der Frage, ob parallel der Anwendungsbereich einer Grundfreiheit eröffnet ist.[392]

---

390 *Grabenwarter*, Auf dem Weg in die Grundrechtsgemeinschaft?, EuGRZ 2004, S. 563, 570.

391 Schlussanträge des GA *Jacobs* v. 09. 12. 1992 in der Rs. 168/91, *Konstantinides*, Slg. 1993, I- 1191, Rn. 46.

392 Zur konkreten Einschlägigkeit eines Grundfreiheitsschutzbereichs in Bezug auf die IHK-Pflichtmitgliedschaft unten Kapitel IV.

Rechtfertigungserwägungen spielen an diesem Punkt noch keine Rolle, bieten auf Ebene der Rechtfertigung jedoch korrigierende Einschränkungsmöglichkeiten.

4. *Zwischenergebnis*

Als Zwischenergebnis ist festzuhalten, dass die Bindung der Mitgliedstaaten an die EU-Grundrechte über Art. 51 Abs. 1 GRCh auch die Sachverhalte erfasst, in denen eine Einschränkung bzw. bereits die Einschlägigkeit einer Grundfreiheit zu bejahen ist. Dies setzt im vorliegenden Fall für die Anwendbarkeit der Chartagrundrechte voraus, dass die Schutzbereichsbetroffenheit einer der EU-Grundfreiheiten zu bejahen ist. Dies soll für die nun anstehende Überprüfung der IHK-Mitgliedschaft am Maßstab des Art. 12 Abs. 1 GRCh einstweilen unterstellt und erst später umfassend untersucht bzw. nachgewiesen werden.[393]

B. Vereinigungsfreiheit, Art. 12 Abs. 1 GRCh

I. Verhältnis zu Art. 11 EMRK

Bevor sich die Frage nach einer Vereinbarkeit mit Art. 12 GRCh stellt, gilt es zunächst, das Verhältnis zu den bereits behandelten Gewährleistungen des Art. 11 Abs. 1 EMRK zu klären.

1. *„Tragweite und Auslegung" nach Art. 52 GRCh – Systematik*

Zum Verständnis soll zunächst die Systematik der Gesamtvorschrift in den Blick genommen werden, bevor der für den vorliegenden Fall relevante Absatz dieser bedeutsamen Vorschrift ausgemacht wird. Zusammengenommen stellen die Absätze 1 bis 7 ein „lückenloses Schrankensystem und einen nahezu vollständigen Interpretationsrahmen"[394] dar. Es handelt sich um eine Norm, die Vorgaben zu Schranken- und Schutzbereichsfragen macht, sowie Auslegungsregeln festlegt. Die insbesondere für die (EU-)Gerichte bedeutsamen Auslegungsregeln finden sich in den Absätzen 4 bis 7 und sollen hier nur der Vollständigkeit halber erwähnt sein. Wesentlicher für die Frage nach dem Verhältnis zwischen EMRK- und GRCh-Vorschriften sind die Absätze 1 bis 3. Art. 52 Abs. 1 GRCh regelt dabei als einzige Bestimmung explizit Schranken- und

---

393 Siehe zur Einschlägigkeit eines Grundfreiheitsschutzbereiches in Bezug auf die IHK-Pflichtmitgliedschaft unten Kapitel IV.

394 *Borowsky*, in: Meyer (Hrsg.), GRCh-Kommentar, Art. 52 Rn. 1; zu den Diskussionen im Grundrechtekonvent auf dem Weg zur heutigen Vorschrift siehe ebd. Rn. 2 ff.

Schranken-Schranken-Voraussetzungen.[395] Der Absatz kommt jedoch nur als Auffangvorschrift zum Einsatz, wenn nicht Grundrechte betroffen sind, die entweder ihre Grundlage in den europäischen Verträgen (Abs. 2) oder in der EMRK (Abs. 3) haben.

Bei Art. 52 Abs. 2 GRCh handelt es sich um eine Rechtsgrundverweisung[396]. Er ist in seiner Konzeption darauf angelegt, eine „strenge Akzessorietät zwischen Charta und [europäischem] Vertragswerk" herzustellen, um die „Kohärenz des Unionsrechts (…)" zu gewährleisten.[397] In Art. 52 Abs. 3 GRCh geht es schließlich um das konkrete Verhältnis zwischen der Grundrechtecharta und der EMRK.

2. *Rechtsnatur und Inhalt des Art. 52 Abs. 3 S. 1 GRCh*

a. *Rechtsnatur*

Im rechtlichen Rahmen der Union ist die EMRK als Rechtserkenntnisquelle bekannt. Eine dogmatische Verankerung findet sich beispielsweise in Art. 6 Abs. 3 EUV. Spätestens der in Art. 6 Abs. 2 EUV angeordnete Beitritt der EU zur EMRK wird dieses Verhältnis qualitativ beeinflussen, doch auch heute besteht schon Streit darüber, ob die Inkorporationsvorschrift des Art. 52 Abs. 3 GRCh an dieser Einstufung zumindest partiell etwas geändert hat. Dies zu klären ist wichtig, um später einordnen zu können, wie weit der Schutz der in Art. 52 Abs. 3 GRCh erwähnten Rechte im Vergleich zu den korrespondierenden EMRK-Vorschriften schon vor einem Beitritt der EU zur EMRK reicht.

Teile der Literatur stehen auf dem Standpunkt, dass – selbst bei Einstufung als Transferklausel – der reine Rechtserkenntnisquellencharakter der Vorschrift erhalten bliebe.[398] Die Mehrheit geht jedoch – zu Recht – davon aus, dass es sich um eine Transferklausel handelt, die dazu führt, dass die Gewährleistungen der EMRK grundsätzlich *in toto* in die Chartarechte hineingelesen werden, folglich Art. 52 Abs. 3 S. 1 GRCh zu einer inhaltlichen Identität der Rechte führt.[399]

---

395 Ausführliche Kommentierung zu den Voraussetzungen dieser allgemeinen Schrankenklausel siehe *Borowsky*, in: Meyer (Hrsg.), GRCh-Kommentar, Art. 52 Rn. 18 ff.

396 *Ziegenhorn*, Der Einfluss der EMRK, S. 164.

397 *Borowsky*, in: Meyer (Hrsg.), GRCh-Kommentar, Art. 52 Rn. 26.

398 So z.B. *Kingreen*, in: Calliess/Ruffert, EUV/AEUV, Art. 52 GRC Rn. 19 ff.

399 Im Ergebnis ebenso *Ehlers*, in: Ehlers (Hrsg.), Europäische Grundrechte und Grundfreiheiten, § 14 Rn. 15; *Streinz/Michl*, in: Streinz (Hrsg.), EUV/AEUV, Art. 52 GRCh, Rn. 1 f.; *Borowsky*, in: Meyer (Hrsg.), GRCh-Kommentar, Art. 52 Rn. 30; *Ziegenhorn*, Einfluss der EMRK, S. 145, der ablehnt, eine grundsätzliche Transfer- bzw. Identitätsklausel anzunehmen (S. 122). Im Zentrum stehe der Transfer des materiellen

b. *Inhaltliche Abgrenzung: Bedeutung – Tragweite*

Die Präsidiumserläuterungen unterteilen die EMRK-Rechte in zwei Gruppen: Artikel, die dieselbe Bedeutung und Tragweite haben wie die entsprechenden Artikel der EMRK, und Artikel, die dieselbe Bedeutung haben, deren Tragweite aber umfassender ist.[400] Problematisch ist jedoch, was mit den vermutlich bewusst unterschiedlich gewählten Begriffen „Bedeutung" und „Tragweite" gemeint ist.

(1) Grundsätzliche Abgrenzung

„Bedeutung" als Schutzbereich und „Tragweite" als Voraussetzungen der Rechtfertigungsebene zu verstehen[401], wirkt allzu sehr von dem Bemühen getrieben, Elemente deutscher Grundrechtsdogmatik zu übertragen. Nur die Schutzbereiche von „Bedeutung und Tragweite" erfasst zu sehen[402], überzeugt allerdings ebenfalls nicht, da es nicht nur der Schutzbereich ist, der für den Grundrechtsschutz ausschlaggebend ist. Die Systematik von Art. 52 GRCh impliziert, dass über Art. 52 Abs. 2 und 3 GRCh besondere Schrankenregelungen vorhanden sein müssen, mit denen die Anwendbarkeit der allgemeinen Schranken aus Art. 52 Abs. 1 GRCh ausgeschlossen ist.

Mitunter wird auch eine Abgrenzung der Begriffe gänzlich vermieden.[403] Sich dieser Entscheidung völlig zu entziehen, ist jedoch schon mit Blick auf die Konvents-Unterteilung in verschiedene Gruppen, die sich mit Blick auf die Tragweite, nicht aber die Bedeutung unterscheiden, schwer haltbar.

Ausgangspunkt aller Auslegungsbemühungen muss die Herstellung einer Kohärenz zwischen Charta und EMRK sein.[404] Deshalb soll hier im Ergebnis die

---

Grundrechtsschutzes; zudem beschreibt Ziegenhorn anschaulich und ausführlich das „Spektrum der Lesarten" des Art. 52 Abs. 3 S. 1 GRCh, zu dem neben den erwähnten auch die reine Schrankenklausel oder Auslegungsklausel zu zählen seien, dazu ebd. S. 29 ff. m.w.N.

400 ABl. C-303/02 der EU v. 14. 12. 2007, S. 34, aktualisierte Form der Erläuterungen des Präsidiums zu Art. 52 der Grundrechtecharta der Europäischen Union.

401 So aber *Eisner*, Die Schrankenregelung der EU-Grundrechtecharta, S. 124 m.w.N.

402 *Philippi*, Charta der Grundrechte der EU, S. 44.

403 *Borowsky*, in: Meyer (Hrsg.), GRCh-Kommentar, Art. 52 Rn. 30 a, m.w.N.

404 So im Ergebnis auch *Ziegenhorn*, Einfluss der EMRK, S. 134 ff., v.a. 136 ff. im Rahmen seiner teleologischen Auslegung; der Autor unternimmt zudem eine interessante Auslegung des Begriffspaares in semantischer und systematischer Hinsicht, sowie anhand eventuell überkommener Begriffsverständnisse auf europäischer Ebene, die jedoch mangels handfesten weiterführenden Ergebnisses hier nicht dargelegt werden, ebd. S. 123 ff.

Auffassung *Ziegenhorns* vertreten werden, der das Begriffspaar stellvertretend für den Versuch der Herstellung umfassender Kohärenz in der Übernahme des materiellen Grundrechtsschutzes durch die GRCh sieht. Während er den Begriff der „Tragweite" bildlich gesprochen als „den Gewährleistungsumfang ‚von außen' betrachtet" versteht, beschreibt die „Bedeutung" das „Innere", also die „dogmatischen Elemente des Grundrechtsschutzes, die einzelnen Voraussetzungen für das den Gewährleistungsumfang ausmachende Rechtsanwendungsergebnis".[405]

(2) Konkreter Inhalt

Doch damit ist noch nicht gesagt, was diese abstrakt benannten Erwägungen konkret bedeuten. Zur hier möglicherweise betroffenen Vorschrift des Art. 12 GRCh formulieren die Erläuterungen: „Art. 12 Abs. 1 GRCh entspricht Art. 11 EMRK, aber sein Anwendungsbereich ist auf die Ebene der Union ausgedehnt worden". Mangels ausdrücklicher und belastbarer Kommentierungen dazu, was genau mit der „Ebene der Union" gemeint ist, soll davon ausgegangen werden, dass es sich dabei nicht um eine rein territoriale – selbstverständliche – Erstreckung, sondern vielmehr um eine Ausweitung auf Geschehnisse, die Aktivitäten im lokalen (z.B. EU-Gebäuden), personalen (z.B. EU-Personal) oder sachlichen (hier z.B. Teilnahme an einer europäischen Vereinigung) EU-Bereich betreffen.

Bedeutung erlangt diese Frage vor allem mit Blick auf die anwendbare Schrankenregelung und damit die Reichweite des Grundrechtsschutzes im Vergleich zu Art. 11 EMRK. Befindet sich die entsprechende Maßnahme im Überschneidungsbereich von Art. 12 Abs. 1 GRCH und Art. 11 EMRK, gilt die spezielle Schrankenregelung des Art. 52 Abs. 3 S. 1 GRCh (und damit die Schrankenregelung der EMRK), befindet sie sich hingegen im „überschießenden" Teil, wäre die allgemeine Schrankenregelung des Art. 52 Abs. 1 GRCH maßgeblich.[406] Die Erläuterungen des Präsidiums helfen bei der genauen Bedeutungsbestimmung nicht weiter.[407] Aufschluss könnte eventuell ein Vergleich mit der Erläuterung zu Art. 50 GRCh geben, die besagt: „Artikel 50 entspricht Artikel 4 des Protokolls Nr. 7 zur EMRK, aber seine Tragweite ist auf die Ebene der Europäischen Union ausgedehnt worden und er gilt zwischen den Gerichten der Mitgliedstaaten". Der Zusatz, dass eine Geltung neben der EU-Ebene auch zwischen den Gerichten der Mitgliedstaaten gilt, lässt den Schluss zu, dass damit jeweils gerade die Ebenen

---

405 *Ziegenhorn*, Einfluss der EMRK, S. 143 f.

406 *Bernsdorff*, in: Meyer (Hrsg.), GRCh-Kommentar, Art. 12, Rn. 19.

407 Sogar als „missverständlich" beschreibt sie *Bernsdorff*, in: Meyer (Hrsg.), GRCh-Kommentar, Art. 12, Rn. 19 Fn. 12.

gemeint sind, die bei den bisherigen schlicht nationalen oder zwischenstaatlichen Beziehungen nicht erfasst waren. Dies deutet auf die oben genannte Auslegung hin. Dennoch bleiben die Erläuterungen des Präsidiums ungenau und mehrdeutig.

3. *Bedeutung für den Rechtsschutz durch Art. 12 Abs. 1 GRCh*

Zusammenfassend bedeutet dies für die Reichweite des Grundrechtsschutzes nach Art. 12 GRCh im Vergleich zum bereits analysierten Art. 11 EMRK[408] Folgendes: Über Art. 52 Abs. 3 S. 1 GRCh wird die Vorschrift des Art. 11 EMRK in ihrer Auslegung durch den EGMR vollständig als eine Art Mindestschutz auf die Ebene der Grundrechtecharta übernommen.[409] Art. 52 Abs. 3 S. 2 GRCh stellt jedoch klar, dass es der Europäischen Union unbenommen bleibt, einen weitergehenden Schutz zu gewährleisten. Grundsätzlich ist deshalb festzustellen, dass zumindest der Schutz, wie er durch die EMRK gewährleistet wird, parallel durch die Grundrechtecharta besteht. Schutzbereichsbestimmung, Eingriffsvoraussetzungen sowie Rechtfertigungsbedingen richten sich demnach zunächst nach den Vorschriften der EMRK. Ob darüber hinaus chartarechtliche Besonderheiten zu berücksichtigen sind, wird gegebenenfalls im entsprechenden Prüfungsabschnitt zu analysieren sein.

Ergänzend sei erwähnt, dass bereits dieser durch Art. 52 Abs. 3 GRCh bewirkte „materielle' Beitritt der Union zur EMRK“[410] den Grundrechtsschutz innerhalb der EU erheblich an den EMRK-Standard angenähert hat. Weiter wird die Bindung noch gehen, wenn der in Art. 6 Abs. 2 EUV angeordnete Beitritt der EU zur EMRK erfolgt ist. Die dann eintretenden Änderungen beziehen sich allerdings größtenteils auf die prozessuale Ebene. Ausschlaggebend für Qualität und Umfang des dann herrschenden Grundrechtsschutzes wird das Verhältnis zwischen EuGH und EGMR sein. Diese interessante, aus heutiger Sicht freilich auch spekulative Frage kann hier nicht vertieft werden. Sie hat in der Literatur bereits ausführliche Beachtung gefunden.[411]

---

408 Kapitel II B.

409 Zu noch offenen Fragen zur Reichweite des EMRK-Verweises siehe *Grabenwarter*, Charta der Grundrecht für die EU, DVBl. 2001, S. 2 f.

410 *Borowsky*, in: Meyer (Hrsg.), GRCh-Kommentar, Art. 52 Rn. 34.

411 Siehe dazu u.a. die ausführlichen Analysen von.: *Spiekermann*, Die Folgen den Beitritts der EU zur EMRK für das Verhältnis des EuGH und EGMR (2013); *Heer-Reißmann*, Die Letztentscheidungskompetenz des EGMR (2008); *Wiethoff*, Das konzeptionelle Verhältnis von EuGH und EGMR (2008); mit interessanten allgemeinen Ausführungen

II. Schutzbereich und Beeinträchtigung

1. Parallelität zu Art. 11 EMRK

Da wie festgestellt der Grundrechtsschutz des Art. 12 Abs. 1 GRCh auf Art. 11 EMRK gründet, kann die Prüfung von Schutzbereich, Beeinträchtigung und Rechtfertigung betreffend auf diese Ausführungen verwiesen werden.[412] Im Ergebnis ist dort eine Verletzung des Art. 11 Abs. 1 EMRK zu bejahen.

2. Existenz chartarechtlicher Besonderheiten

Bevor man dieses Ergebnis im Rahmen des Art. 12 GRCh übernehmen kann, muss freilich die bereits angedeutete Frage nach der Existenz chartarechtlicher Besonderheiten gestellt werden.

In der Literatur wird in Anlehnung an Art. 11 Abs. 1 EMRK und die Rechtsprechung des EGMR vertreten, dass nach Art. 12 Abs. 1 GRCh nur freiwillige private, nicht aber öffentlich-rechtliche Zusammenschlüsse unter den Vereinigungsbegriff fielen.[413] Dem ist grundsätzlich, ebenso wie in Bezug auf Art. 11 EMRK, zuzustimmen. Wichtig ist jedoch zunächst festzustellen, ob es sich um eine wirkliche öffentlich-rechtliche Vereinigung handelt, oder ob nur formal die Bezeichnung eines öffentlich-rechtlichen Verbandes gewählt wurde, obwohl es sich materiell um eine Vereinigung Privater handelt.[414] So wurde bereits oben im Rahmen der Schutzbereichsprüfung von Art. 11 EMRK die pauschale internationalrechtliche Einordnung der IHKs als öffentlich-rechtliche Vereinigungen abgelehnt und festgestellt, dass sie nicht dem typisch öffentlich-rechtlichen Bereich, der dem Schutz durch Art. 11 EMRK entzogen ist, zuzuordnen sind.[415] Genau so wäre es auch im Zusammenhang des Art. 12 Abs. 1 GRCh als verfehlt einzustufen, nur freiwillige Vereinigungen dem Schutzbereich zu unterstellen.[416]

---

zum Verhältnis zwischen internationalen Gerichten nach dem Völkerrecht: *Lock*, Das Verhältnis zwischen dem EuGH und internationalen Gerichten (2010).

412 Siehe Kapitel II B.

413 Z.B. *Bernsdorff*, in: Meyer (Hrsg.), GRCh-Kommentar, Art. 12, Rn. 15.

414 Das fordert auch *Jarass*, GR-Charta, Art. 12 Rn. 27.

415 Siehe Kapitel II. B. I. (2).

416 So jedoch *Bernsdorff*, in: Meyer (Hrsg.), GRCh-Kommentar, Art. 12, Rn. 15, für den Freiwilligkeit und Zuordnung zum privaten Bereich untrennbar zusammenzugehören scheinen; gegen die Einbeziehung von „Zwangszusammenschlüssen“ zudem: *Jarass*, GR-Charta, Art. 12 Rn. 27; *Knecht*, in: Schwarze (Hrsg.)/Becker/Hatje/Schoo, EU-Kommentar, GRC Art. 12 Rn. 3; *Ruffert*, in: Calliess/Ruffert, EUV/AEUV, Art. 12 Rn. 11.

Vorschnelle Rückschlüsse und eine pauschale Betrachtung sind allerdings unangebracht. Vielmehr ist eine Betrachtung des Einzelfalls geboten. Weder spricht die Freiwilligkeit zwingend für eine private Organisationsform, noch spricht die öffentlich-rechtliche Form *per se* gegen oder für eine Zwangsvereinigung. Dass der Schutz der *freien* Vereinigung dazu führen sollte, dass nur freiwillige Zusammenschlüsse geschützt sind, ergibt keinen Sinn, wenn man bedenkt, dass auch bei Art. 12 Abs. 1 GRCh Einigkeit darüber besteht, dass ebenso die negative Seite der jeweiligen Freiheiten geschützt wird[417]. Das Adjektiv „frei" beschreibt keine Voraussetzung, die auf der Tatbestandsseite vom Berechtigten erfüllt werden muss, sondern vielmehr das Ergebnis, das er auf der Rechtsfolgenseite in Anspruch nehmen kann.[418] Dass „regulären Zwangsverbänden"[419] somit nicht der Schutz des Art. 12 Abs. 1 GRCh zu Teil werden soll, mutet auch mit Blick darauf befremdlich an, dass auf der anderen Seite gemahnt wird, nur formal öffentlich-rechtliche Vereinigungen von solchen zu unterscheiden, die sich materiell als Vereinigung Privater darstellen.[420] Somit kann einem generellen Ausschluss von Zwangszusammenschlüssen aus dem Schutzbereich nicht gefolgt werden.

Es ist deshalb in Parallele zu Art. 11 EMRK davon auszugehen, dass eine öffentlich-rechtlich verfasste Organisation nicht zwingend aus dem Schutzbereich des Art. 12 Abs. 1 GRCH auszuschließen ist, sondern Ursprung, Ziel und Mittel entscheidend sind, um einordnen zu können, ob die Vereinigung dem Schutz der unionsrechtlich garantierten Vereinigungsfreiheit unterliegt.[421] Letztlich lässt sich demnach mit Blick auf die IHKs[422] kein Unterschied zu dem

---

417 *Bernsdorff*, in: Meyer (Hrsg.), GRCh-Kommentar, Art. 12, Rn. 18; *Jarass*, GR-Charta, Art. 12 Rn. 25; *Rixen*, in: Tettinger/Stern, Kommentar EU-GRCh, Art. 12 Rn. 4; *Streinz*, in: Streinz (Hrsg.), EUV/AEUV, Art. 12 GRCh Rn. 8.

418 Eine ähnliche Einstufung klingt auch bei *Rixen* an, der für die ebenfalls in Art. 12 GRCh normierte Versammlungsfreiheit davon ausgeht, dass eine Versammlung „frei" ist, wenn kein Grundrechtsverpflichteter den Grundrechtsinhaber darin hindere, sich in bestimmter Weise zusammenzufinden, in: Tettinger/Stern, Kommentar EU-GRCh, Art. 12 Rn. 4.

419 So *Jarass*, GR-Charta, Art. 12 Rn. 27, Fn. 96; zu diesen zählt er ohne weitere Ausführungen auch die deutschen IHKs, vgl. ebd. Rn. 22.

420 Genau das fordert nämlich auch *Jarass*, GR-Charta, Art. 12 Rn. 27.

421 Vgl. z.B. *Rixen*, in: Tettinger/Stern, Kommentar EU-GRCh, Art. 12 Rn. 11; ausführlich zu dieser Thematik die Erörterungen zu Art. 11 Abs. 11 EMRK oben in Kapitel II B. I. 2.

422 Unterschiede hätten sich aufgrund des Mindestschutzniveaus, das die Übernahme der EMRK-Vorschriften gewährleisten soll, ohnehin nur im Bereich eines

Ergebnis feststellen, das bereits für Art. 11 EMRK gefunden wurde, und es wird insoweit auf die detaillierte obige Analyse verwiesen.[423]

Da die Pflichtmitgliedschaft in den IHKs die Freiheit, einer IHK fernzubleiben, unmöglich macht, ist eine Beeinträchtigung des Grundrechts des Art. 12 Abs. 1 GRCh anzunehmen. Insoweit ergeben sich keine chartarechtlichen Besonderheiten.

III. Rechtfertigung

Aufgrund von Art. 52 Abs. 3 GRCh, der wie dargelegt auch die Schranken der EMRK-Grundrechte übernimmt, müssen die Einschränkungen der auf den ersten Blick vorbehaltlos gewährleisteten Vereinigungsfreiheit nach Art. 12 Abs. 1 GRCh den Schranken des Art. 11 Abs. 2 EMRK entsprechen. Auch insoweit sei auf die Ausführungen zu Art. 11 Abs. 1 i.V.m. Art. 11 Abs. 2 EMRK verwiesen, die zu dem Ergebnis kommen, dass bei unproblematischer Annahme einer ausreichenden gesetzlichen Grundlage weder die Existenz eines der aufgezählten legitimen Ziele noch die Verhältnismäßigkeit der Maßnahme bejaht werden kann.[424] Auch hier lassen sich keinerlei den Schutz des Art. 11 Abs. 1 EMRK i.V.m. Art. 11 Abs. 2 EMRK unterschreitende Rechtfertigungsmöglichkeiten finden.[425]

IV. Ergebnis zu Art. 12 GRCh

Zusammenfassend lässt sich feststellen, dass der Schutz von Art. 12 Abs. 1 GRCh vor einer Pflichtmitgliedschaft in nationalen Industrie- und Handelskammern zumindest in dem Maß gewährleistet wird, wie ihn Art. 11 EMRK vorsieht.

---

weiterreichenden Schutzes durch die Charta zeigen können, wie beispielsweise der Schutz von originär europäischen Vereinigungen o.ä.

423 Siehe oben Kapitel II B. I. und II., Schutzbereich und Beeinträchtigung Vereinigungsfreiheit nach Art. 11 Abs. 1 EMRK.

424 Siehe oben Kapitel II. B. III., Rechtfertigung Art, 11 Abs. 1 EMRK i.V.m. Art. 11 Abs. 2 EMRK.

425 Ein – hier nicht relevanter – Unterscheid zu den Schranken in Art. 11 Abs. 2 EMRK findet sich nur insoweit, als die Schranken der EMRK sich mangels Staatsqualität der EU nicht ohne weiteres auf die Unionsebene übertragen lassen; daraus könnte sich z.B. mit Blick auf die Einschränkungsmöglichkeiten gegenüber staatlichen Bediensteten gemäß Art. 11 Abs. 2 S. 2 EMRK die Notwendigkeit einer teleologischen Auslegung der Schranken ergeben, so z.B. *Bernsdorff*, in: Meyer (Hrsg.), GRCh-Kommentar, Art. 12, Rn. 19; *Rixen*, in: Tettinger/Stern, Kommentar EU-GRCh, Art. 12 Rn. 15.

Demnach ist die verpflichtende Zugehörigkeit der Gewerbetreibenden zu den deutschen IHKs auch mit Art. 12 GRCh nicht zu vereinbaren.

C. Unternehmerische Freiheit, Art. 16 GRCh

Art. 16 GRCh, der die „Unternehmerische Freiheit" schützt, ist neben der Berufsfreiheit in Art. 15 GRCh und der Eigentumsfreiheit in Art. 17 GRCh Ausprägung des auch wirtschaftsverfassungsrechtlichen Charakters der Grundrechtecharta.[426] Er besagt: „Die unternehmerische Freiheit wird nach dem Unionsrecht und den einzelstaatlichen Rechtsvorschriften und Gepflogenheiten anerkannt." Das Grundrecht könnte ebenso wie Art. 12 Abs. 1 GRCh eine Grenze für die Pflichtmitgliedschaft in den deutschen Industrie- und Handelskammern darstellen. Dafür ist es zunächst notwendig, den Schutzbereich des Art. 16 GRCh zu bestimmen und sodann gegebenenfalls die vorhandenen Rechtfertigungsmöglichkeiten für einen Eingriff zu untersuchen. Eine korrespondierende Vorschrift im Recht der EMRK findet der insofern neuartige Art. 16 GRCh nicht.

I. Schutzbereich

1. Personeller Schutzbereich

Zunächst stellt sich die Frage nach dem personellen Anwendungsbereich des Art. 16 GRCh. Der Wortlaut ist insoweit nicht ergiebig, obwohl die Aufnahme einer dem Art. 19 Abs. 3 GG[427] ähnlichen Vorschrift mehrfach gefordert wurde.[428] Dennoch spricht die Tatsache, dass es sich bei den wirtschaftsverfassungsrechtlichen Gewährleistungen naturgemäß um Vorschriften handelt, die nicht nur die Privatperson, sondern insbesondere den unternehmerisch oder gewerblich aktiven Bürger im Blick haben, dafür, auch juristische Personen zu den Berechtigten dieser Normen zu zählen. Außerdem kann hier die Rechtsprechung des

---

426 Grundlegend zur Entwicklung Wirtschaftsverfassung der EU: *Busch*, Zur Wirtschaftsverfassung der EU, 2008; *Badura*, Wandlungen der europäischen Wirtschaftsverfassung, in: EuR 2000 (Beiheft 1), S. 45 ff.; zur Theorie der Wirtschaftsverfassung allgemein: *Zacher*, Aufgaben einer Theorie der Wirtschaftsverfassung, in: FS Böhm, 1965, S. 63 ff.

427 Dieser besagt: „Die Grundrechte gelten auch für inländische juristische Personen, soweit sie ihrem Wesen nach auf diese anwendbar sind."

428 *Bernsdorff/Borowsky*, Die Charta der Grundrechte der Europäischen Union – Handreichungen und Sitzungsprotokolle, S. 303, 358 ff.

EuGH[429] erwähnt werden, der bereits früh den Schutz auch auf Unternehmen ausgedehnt hat.[430] Auch weil die Schaffung der Charta ausweislich ihrer Präambel[431] darauf abzielte, den zu diesem Zeitpunkt aktuellen Grundrechtsstandard sichtbar zu machen[432], ist die – zusätzlich mögliche Weiterentwicklungen aufzeigende – Rechtsprechung des EuGH mit einzubeziehen.

Problematisch ist dann lediglich die Frage, inwieweit juristische Personen des öffentlichen Rechts ebenfalls diesen Schutz genießen.[433] Es finden sich jedoch vermehrt Stimmen, die fordern, dass auch diese in den Genuss der wirtschaftsverfassungsrechtlichen Gewährleistungen kommen müssen.[434] Dies erscheint nicht zuletzt mit Blick auf die Schutzrichtung der Vorschrift konsequent, soweit die öffentlich-rechtlichen juristischen Personen der Hoheitsgewalt in gleichem Maße ausgesetzt sind wie private Unternehmen.[435] Damit lässt sich schlussfolgern, dass sämtliche in § 2 Abs. 1 IHKG erwähnten Wirtschaftseinheiten[436] vom personellen Anwendungsbereich her dem Schutz des Art. 16 GRCh unterliegen.

---

429 Schon vor der Existenz der GRCh erkennbar zum Beispiel in der Entscheidung EuGH v. 21. 02. 1991, Rs. C-143/88, Zuckerfabrik Süderdithmarschen, Slg. 1991, I-415, Rn. 76.

430 *Schwarze*, Der Grundrechtsschutz für Unternehmen in der EU-GRCh, in: EuZW 2001, S. 517 (518) mit Verweis auf weiterführende Literatur.

431 Vgl. der gezählte Abs. 4 der Präambel der GRCh: „Zu diesem Zweck ist es notwendig, angesichts der Weiterentwicklung der Gesellschaft, des sozialen Fortschritts und der wissenschaftlichen und technologischen Entwicklungen den Schutz der Grundrechte zu stärken, indem sie in einer Charta sichtbarer gemacht werden."

432 Dieser Auftrag wird erkennbar in den Schlussfolgerungen des Vorsitzes des Europäischen Rates von Köln (Anhang IV), in Teilen abgedruckt in: Fischer, Der Vertrag von Nizza, S. 264 f.

433 Darauf weist auch *Streinz* hin, in: Streinz (Hrsg.), AEUV/EUV, Art. 16 GRCh, Rn. 7.

434 Z.B. *Bernsdorff*, in: Meyer (Hrsg.), GRCh-Kommentar, Art. 16, Rn. 16 sowie *Wunderlich*, Berufsfreiheit im Europäischen Gemeinschaftsrecht, S. 120 ff. (zur Berufsfreiheit); ablehnend u.a. *Blanke*; in: Tettinger/Stern, Kommentar EU-GRCh, Art. 16 Rn. 16; *Ruffert*, in: Calliess/Ruffert, EUV/AEUV, Art. 16 GRC Rn. 3.

435 Dies fordern u.a. auch *Bernsdorff*, in: Meyer (Hrsg.), GRCh-Kommentar, Art. 16, Rn. 16; *Rengeling*, Die wirtschaftsbezogenen Grundrechte in der EU-GRCh, DVBl. 2004, S. 453 ff. (455) sowie *Schwier*, Der Schutz der „Unternehmerischen Freiheit" nach Art. 16 GRCh, S. 210.

436 Hierbei handelt es sich um „(…) natürliche Personen, Handelsgesellschaften, andere Personenmehrheiten und juristische Personen des privaten und öffentlichen Rechts (…)".

2. *Sachlicher Schutzbereich*

a. *Nationaler und internationaler Ursprung und Rahmen*

Facettenreicher und schwieriger gestaltet sich die Frage nach dem sachlichen Anwendungsbereich von Art. 16 GRCh. Der Artikel selbst gibt seinem Wortlaut nach zu erkennen, dass sich die Gewährleistung der unternehmerischen Freiheit unter anderem aus den vorhandenen einzelstaatlichen Rechtsvorschriften speist. In vielen Mitgliedstaaten der EU gibt es Verfassungsbestimmungen, die die unternehmerische Freiheit schützen[437] oder aber das nationale Verfassungsgericht sichert sie durch seine Rechtsprechung[438].

Daneben bestimmen die Erwägung Nr. 5 der Charta-Präambel[439] sowie Art. 53 GRCh[440], dass auch internationale Abkommen die Reichweite des Schutzbereichs mitbestimmen können. Die ausdrücklich in Bezug genommene EMRK enthält zwar keine Vorschrift explizit zum Schutz der unternehmerischen Freiheit, doch geht der EGMR inzwischen davon aus, dass der Eigentumsschutz

---

437 Explizit finden sich Bestimmungen in den Verfassungen Bulgariens, Estlands, Griechenlands, Irlands, Italiens, Luxemburgs, Österreichs, Polens, Portugals, der Slowakei und Spaniens; abgeleitet aus ähnlichen Vorschriften der Verfassung findet sich die unternehmerische Freiheit in Schweden, Finnland, Slowenien oder Ungarn, vgl. *Bernsdorff*, in: Meyer (Hrsg.), GRCh-Kommentar, Art. 16, Rn. 2; ausführlicher zu den jeweiligen Normen *Schwier*, Der Schutz der „Unternehmerischen Freiheit" nach Art. 16 GRCh (mit leichten Abweichungen zur Frage, wo der Ursprung der jeweiligen Vorschrift zu verorten ist). Ob aus einer teilweise geringen Schutzintensität auf mitgliedstaatlicher Ebene auf einen beschränkten Schutzbereich bzw. erhöhte Einschränkungsmöglichkeiten geschlossen werden muss, ist angesichts der noch folgenden Erwägungen allerdings fraglich, dies andeutend jedoch *Schöbener*, Die unternehmerische Freiheit in der EU-GRCh, in: GS Tettinger, S. 159 (164 f.).

438 So zum Beispiel das Bundesverfassungsgericht, das trotz Schweigens des Grundgesetzes die unternehmerische Freiheit unter bestimmten Bedingungen unter die Berufsfreiheit des Art. 12 GG subsumiert, dazu BVerfGE 50, 290 (363 f.).

439 Diese verweist auf die „gemeinsamen internationalen Verpflichtungen der Mitgliedstaaten" sowie explizit die EMRK und die von EU und Europarat beschlossenen Sozialchartas.

440 „Keine Bestimmung dieser Charta ist als eine Einschränkung oder Verletzung der Menschenrechte oder Grundfreiheiten auszulegen, die in dem jeweiligen Anwendungsbereich durch das Recht der Union und das Völkerrecht sowie durch die internationalen Übereinkünfte, bei denen die Union oder alle Mitgliedstaaten Vertragsparteien sind, darunter insbesondere die Europäische Konvention zum Schutz der Menschenrechte und Grundfreiheiten, sowie durch die Verfassungen der Mitgliedstaaten anerkannt werden."

des Art. 1 1. ZP EMRK auch das Recht umfasst, Verträge zu schließen, und – bei Erfüllung bestimmter Voraussetzungen – das Recht, ein Unternehmen zu betreiben.[441] Das Recht, Verträge zu schließen, ist durch die Beeinträchtigung, die die Pflichtmitgliedschaft in den IHKs mit sich bringt, erkennbar nicht betroffen. Auch wird man bei allen rechtlichen wie tatsächlichen Belastungen nicht davon ausgehen können, dass sie die Unternehmer vollständig davon abhielte, ein Unternehmen zu betreiben. Somit ist dieses Konventionsrecht mit Blick auf die rechtliche Analyse der Pflichtmitgliedschaft wenig ergiebig.

Hinweise auf das Schutzniveau gibt auch Art. 6 Abs. 1 des IPwskR, der das Recht auf Bestreiten des Lebensunterhalts durch frei gewählte Arbeit schützt und somit trotz seines Charakters als nicht einklagbare Zielnorm gewisse Schutzbereichstendenzen erkennen lässt. Ein scharf konturiertes „Recht der unternehmerischen Freiheit" ist dem Völkerrecht jedoch unbekannt.

Freilich spielen aufgrund des Verweises in den Konventserläuterungen[442] die Rechtsprechung des EuGH und bestimmte Wettbewerbsvorschriften aus dem AEUV eine große Rolle bei der Auslegung der Reichweite der Vorschrift zur unternehmerischen Freiheit. Zunächst fällte der EuGH in diesem Zusammenhang grundlegende Urteile, in denen er die Freiheit der Ausübung einer Wirtschafts- und Geschäftstätigkeit anerkannte[443], später folgte die Bestätigung der Vertragsfreiheit als Teil der unternehmerischen Freiheit[444].

Obwohl die in den Erläuterungen ebenfalls in Bezug genommene Wettbewerbsfreiheit als Teil der unternehmerischen Freiheit in der Rechtsprechung des EuGH erwähnt wird[445], ist bisher nicht geklärt, ob sich aus ihr auch ein subjektives Recht ableitet.[446] Der Dreiklang dieser Ausprägungen scheint jedoch

---

441 Dazu *Bernsdorff*, in: Meyer (Hrsg.), GRCh-Kommentar, Art. 16, Rn. 3, mit Hinweis auf das Urteil des EGMR v. 25. 03. 1999, *Iatridis ./. Griechenland*, Nr. 31107/96, RJD 1999-II, S. 75; weiter zum Schutz der unternehmerischen Freiheit durch die EMRK auch *Schwier*, Der Schutz der „Unternehmerischen Freiheit" nach Art. 16 GRCh, S. 124 ff.

442 ABl. C-303/02 der EU v. 14. 12. 2007 S. 23, Erläuterungen des Präsidiums zu Art. 16 GRCh.

443 Siehe dazu Urteil v. 14. 05. 1974, Rs. 4/73, *Nold*, Slg. 1974, 491, v.a. Rn. 14; Urteil v. 27. 09. 1979, Rs. 230/78, *SpA Eridania u.a.*, Slg. 1979, 2749, insb. Rn. 20 und 31.

444 Siehe u. a. Urteil v. 16. 01. 1979, Rs. 151/78, *Sukkerfabriken Nykoebing* Slg. 1979, 1, Rn. 19; Urteil v. 5. 10. 1999, Rs. C-240/97, *Spanien/Kommission*, Slg. 1999, I-6571, Rn. 99.

445 Z.B. EuGH v. 05. 10. 1994, Rs. C-280/93, *Deutschland/Rat*, Slg. 1994 I-4973 Rn. 62.

446 *Bernsdorff*, in: Meyer (Hrsg.), GRCh-Kommentar, Art. 16, Rn. 14; *Streinz*, in: Streinz (Hrsg.), AEUV/EUV, Art. 16 GRCh, Rn. 5.

grundsätzlich den inhaltlichen Rahmen vorzugeben. Bei allen Unklarheiten, was den genauen materiellen Gehalt des Art. 16 GRCh betrifft[447], hat der EuGH sich in Bezug auf die Grenzen des Schutzes der Wirtschafts- und Geschäftstätigkeit dahin gehend festgelegt, dass der Schutz „keinesfalls auf bloße kaufmännische Interessen oder Aussichten ausgedehnt werden [kann], deren Ungewissheit zum Wesen wirtschaftlicher Tätigkeit gehört."[448] Die typischen Risiken wirtschaftlicher Betätigung verbleiben also beim Unternehmer. Der Konventsverweis auf Art. 119 AEUV legt zudem nahe, den Begriff des „Unternehmerischen" in Anlehnung an unionsrechtliche Wettbewerbsvorschriften zu verstehen und somit jede selbstständige, wirtschaftliche Betätigung mit Gewinnerzielungsabsicht, ohne Rücksicht auf Art und Umfang, Rechtsform und Finanzierung sowie Erlaubtheit der Betätigung, ausreichen zu lassen.[449] Insgesamt ergibt sich durch diese Zusammenschau ein recht weites Bild des sachlichen Schutzbereiches der unternehmerischen Freiheit.

b. Abgrenzung zu Art. 15 GRCh und Art. 17 GRCh

Die Reichweite des materiellen Gehalts des Art. 16 GRCH könnte klarere Konturen in der Abgrenzung zu den übrigen wirtschaftsverfassungsrechtlichen Gewährleistungen der Grundrechtecharta erhalten. Dabei handelt es sich auf der einen Seite um das in Art. 15 GRCh verankerte Recht der Berufsfreiheit, auf der anderen um die Eigentumsgarantie gemäß Art. 17 GRCh.

(1) Allgemeine Abgrenzungserwägungen

Ähnlich wie im deutschen Verfassungsrecht wird man mit einiger Vereinfachung davon ausgehen dürfen, dass das Eigentum nach Art. 17 GRCh grundsätzlich das „Erworbene" umfasst, während die Berufsfreiheit die Betätigung selbst, also den „Erwerb" schützt.[450] Genauer betrachtet ergeben sich bei dem Versuch einer

447 Zu den Unschärfen der Begriffsbestimmung sowie die Begriffstrennung in Bezug auf die in der GRCh verankerten Wirtschaftsgrundrechte siehe *Nowak*, Wirtschaftsgrundrechte und Wirtschaftsverfassung in Deutschland und in der EU, in: Bruha/Nowak/Petzold (Hrsg.), Grundrechtsschutz für Unternehmen im europäischen Binnenmarkt, S. 45 ff. (64 ff.).

448 Urteil d. EuGH v. 14. 05. 1974, Rs. 4/73, *Nold*, Slg. 1974, 491, Rn. 14 a.E.

449 So *Bernsdorff*, in: Meyer (Hrsg.), GRCh-Kommentar, Art. 16, Rn. 10 a.

450 Diese Zweiteilung beschreibt auch *Streinz*, in: Streinz (Hrsg.), EUV/AEUV, Art. 17 GRCh Rn. 8;

exakten Abgrenzung der jeweiligen Schutzbereiche zu Art. 15 GRCh jedoch nicht unerhebliche Schwierigkeiten.

Während die Problematik bei Art. 15 GRCh in der unscharfen Ausdifferenzierung des Verhältnisses von Berufsfreiheit und unternehmerischer Freiheit zu verorten ist[451], liegt sie bei Art. 17 GRCh darin begründet, dass sowohl der EuGH als auch der EGMR den Eigentumsbegriff des Art. 17 GRCh mit ihrer Rechtsprechung prägen[452].

Zur Abgrenzung bieten sich danach primär die Kriterien des Schwerpunkts sowie der Persönlichkeitsgebundenheit der Maßnahme an: Über die Einschlägigkeit von Art. 16 GRCh oder Art. 17 GRCh entscheidet die Frage, ob im Schwerpunkt ein Vorgang der unternehmerischen Initiative als solcher oder das Ergebnis des Vorgangs, mithin der vermögensrechtliche Bestand des jeweiligen Grundrechtsträgers, betroffen ist.[453] Für eine Anwendbarkeit des Art. 15 GRCh im Vergleich zu Art. 16 GRCh ist ebenfalls auf das o.g. Schwerpunktkriterium abzustellen oder darauf, ob im Schwerpunkt die Berufswahl oder Berufsausübung betroffen ist.[454] Oder man betrachtet das Merkmal der Persönlichkeitsgebundenheit, um die sachlichen Schutzbereiche voneinander abzugrenzen: Wird das Kriterium der Persönlichkeitsentfaltung durch den wirtschaftlichen und unternehmerischen Gesamtkontext weitgehend in den Hintergrund gedrängt, spricht das für die Einschlägigkeit von Art. 16 GRCh.[455] Auch wird vorgeschlagen, die Abgrenzung an der Person des (potentiell) Grundrechtsberechtigten, also im personellen Schutzbereich, festzumachen, da es der unternehmerischen

---

451 Dazu *Schwier*, Der Schutz der „Unternehmerischen Freiheit“ nach Art. 16 GRCh, S. 140 ff; deutlich wird das auch in den Schlussanträgen von Generalanwalt *Wahl* in der Rs C- 101/12 v. 29. 05. 2013, *Schaible* (bisher nicht veröffentlicht), Rn. 22 ff., der letztlich von einer (durch den Gerichtshof vorgezeichneten) großteiligen Überschneidung der Schutzbereiche ausgeht und deshalb die Notwendigkeit einer Abgrenzung der Anwendungsbereiche verneint, weil bei beiden das „Recht der Unionsbürger auf ungehinderte Wahrnehmung und Ausübung einer Wirtschaftstätigkeit“ im Vordergrund stünde.

452 Dazu *Schwier*, Der Schutz der „Unternehmerischen Freiheit“ nach Art. 16 GRCh, S. 157 ff.

453 *Schwier*, Der Schutz der „Unternehmerischen Freiheit“ nach Art. 16 GRCh, S. 163.

454 So *Große-Wentrup*, Die GRCh im Spannungsfeld der Kompetenzverteilung zwischen EU und Mitgliedstaaten, S. 84 f.

455 *Schwier*, Der Schutz der „Unternehmerischen Freiheit“ nach Art. 16 GRCh, S. 144 ff., der die Anwendung des Schwerpunktarguments mit einer Zirkelschlussproblematik verneint.

Freiheit „wesensimmanent [sei], dass sich nur ein ‚Unternehmen' auf dieses Grundrecht berufen [könne]".[456]

Diese auf das bislang nur begrenzt vorhandene Schrifttum aufbauende, überblicksartige Betrachtung zeigt, dass eine eindeutige Trennung nur schwer vorzunehmen ist. Eine für die Ausgangsfrage nach dem materiellen Gehalt der unternehmerischen Freiheit in Art. 16 GRCh wesentliche Aussage lässt sich allerdings herausdestillieren: Befindet sich die zu untersuchende Maßnahme im wirtschaftlichen und unternehmerischen Zusammenhang und betrifft sie weder den berufsbezogenen Ausdruck der Persönlichkeitsentfaltung noch den vermögensrechtlichen Bestand des Grundrechtsinhabers im Kern, spricht viel dafür, sie dem sachlichen Anwendungsbereich des Art. 16 GRCh zuzuordnen.

Auch wenn eine Nähe zu Art. 15 GRCh und Art. 17 GRCH keineswegs zu verkennen ist, spricht letztlich die Existenz einer eigenen Vorschrift zum Schutze der unternehmerischen Freiheit in Art. 16 GRCh dafür, hier einen eigenen originären Schutzbereich zuzulassen. Dies steht auch im Einklang mit der erwähnten – wenn auch bisher recht kargen – Rechtsprechung des EuGH zu dem Thema. Nicht vom Schutz umfasst bleiben die Marktrisiken, die der Unternehmer im Rahmen seiner wirtschaftlichen Betätigung naturgemäß selbst zu tragen hat. Zu diesen Risiken ist die verpflichtende und damit rechtsverkürzende Mitgliedschaft in den deutschen Industrie- und Handelskammern mit der ihr nachfolgenden Beitragspflicht aber nicht zu zählen. Selbst wenn man davon ausgeht, dass dem Unternehmer aufgrund der langen Tradition der IHKs in Deutschland bei Beginn seiner Tätigkeit bewusst gewesen sein dürfte, welche Rechtsbeschränkung und finanzielle Verpflichtung auf ihn zukommt, ist dies kein Argument dafür, ein typisches unternehmerisches Risiko anzunehmen.

(2) Abgrenzung im Fall der IHK-Pflichtmitgliedschaft

Die Pflichtmitgliedschaft in den deutschen Industrie- und Handelskammern, die neben der abstrakten Rechtsverkürzung eine Beitragspflicht zur Folge hat, beschränkt gerade die unternehmerische Initiative des Gewerbetreibenden, ohne dass sie damit der beruflichen Persönlichkeitsentfaltung hinderlich wäre oder bereits den vermögensrechtlichen Kernbestand der wirtschaftlichen Existenz berühren würde. Somit ist sie dem Schutzbereich der unternehmerischen Freiheit gemäß Art. 16 GRCH in der Ausprägung der Wirtschafts- und Geschäftstätigkeit zuzuordnen. Diese Feststellung deckt sich mit der Schutzbereichsdefinition

---

456 *Schöbener*, Die unternehmerische Freiheit in der EU-GRCh, in: GS Tettinger, S. 159 (166).

Schwiers, der konstatiert, dass die unternehmerische Freiheit „den Vorgang (und nicht das Ergebnis) der unternehmerischen Initiative [umfasse], der sich, aufgrund der Eingebundenheit in einen wirtschaftlichen Gesamtkontext, nicht schwerpunktmäßig als Ausformung der persönlichen Freiheit (...), sondern als Verwirklichung seiner unternehmerspezifischen Freiheitsaspekte darstellt."[457]

c. *Wettbewerbsfreiheit als besondere Ausprägung*

Abgesehen von den oben erläuterten materiellen Inhalten des Art. 16 GRCh, wird noch eine spezielle Ausprägung des Schutzes durch Art. 16 GRCh diskutiert, die im Falle der Pflichtmitgliedschaft in den deutschen IHKs besonderes Interesse weckt: die Wettbewerbsfreiheit. Oft ist im Zusammenhang mit der Pflichtmitgliedschaft die Klage zu hören, dass die IHKs wettbewerbsrechtlich in Konkurrenz zu ihren eigenen Kammerangehörigen träten[458], beispielsweise bei der aktiven Beteiligung an der Berufsausbildung und bei der Vielzahl an Weiterbildungsangeboten. Die IHKs genießen in diesem Wettbewerb unübersehbar den Vorteil, dass sie nicht in gleichem Maße dem Wettbewerb ausgesetzt sind wie ihre Kammerzugehörigen, und dass sie insbesondere über die IHK-Finanzierung strukturell uneinholbar bevorteilt sind. Wie weit der wettbewerbsrechtliche Schutz des Art. 16 GRCh reicht, sollte deshalb genauer betrachtet werden.

In den Präsidiumserläuterungen des Grundrechtekonvents zu Art. 16 GRCh wird durch einen Verweis ins Primärrecht Bezug auf die Wettbewerbsfreiheit genommen. Handelte es sich bei dem Verweis in den ersten Erläuterungen noch um Art. 4 Abs. 1 und 2 EGV (in der Fassung des Vertrages von Nizza), in dem es um die Wirtschafts- und Währungsunion ging, so werden in den aktualisierten Erläuterungen Art. 119 Abs. 1 und 3 AEUV in Bezug genommen.[459] Die auch hier beschriebenen Grundsätze der Wirtschafts- und Währungsunion – mit expliziter Erwähnung des freien Wettbewerbs – sind indes grundsätzlich nur als objektive Leitlinien ausgestaltet. Ob sich Art. 16 GRCh auch subjektiv-rechtlich

---

457 *Schwier*, Der Schutz der „Unternehmerischen Freiheit" nach Art. 16 GRCh, S. 164.

458 Die Frage des Rechtsschutzes gegen die wirtschaftliche Tätigkeit der Kammern im nationalen Recht behandelt ausführlich *Schöbener*, in: Handbuch des Kammerrechts, § 14 Rn. 34 ff.; interessant sind hier insbesondere die verwaltungsrechtliche Mitgliederklage auf Einhaltung der gesetzlich zugewiesenen Aufgaben (Rn. 40, 95 ff.) und die lauterkeits- und kartellrechtlichen Unterlassungs- und Schadensersatzansprüche gem. § 3 ff. UWG (Rn. 158 ff.) und § 33 GWB (Rn. 179).

459 ABl. C-303/02 der EU v. 14. 12. 2007 S. 23.

ein einklagbarer wettbewerbsrechtlicher Gehalt entnehmen lässt, ist bis heute nicht eindeutig geklärt.[460] Die bisherige Rechtsprechung des EuGH deutet jedenfalls nicht zwingend in diese Richtung. In zwei Entscheidungen[461], die jeweils die Wettbewerbsfreiheit im Zusammenhang mit der unternehmerischen Freiheit erwähnten, sprach sich der Gerichtshof weder für noch gegen eine solche subjektiv-rechtliche Unterlegung aus[462]. Doch auf die Rechtsprechung des EuGH verweisen die Konventserläuterungen auch gar nicht, sodass angenommen werden darf, dass eine über den objektiven Wortlaut hinausgehende subjektive Auslegung nicht den aktuellen Grundrechtsstandard widerspiegelt.

Allerdings ist die objektive Formulierung allein noch nicht Grund genug, im Gegensatz zu Art. 15 GRCh ein individual-rechtliches Verständnis auszuschließen. Die objektiv-rechtliche Verengung würde Art. 16 GRCh mit einem vergleichsweise geringeren Schutzniveau ausstatten. Dabei ist jedoch zu berücksichtigen, dass die Berufsfreiheit in Art. 15 GRCh explizit subjektiv-rechtlich ausgestaltet ist und nicht den (im Übrigen lediglich Selbstverständliches wiederholenden[463]) Hinweis auf Einschränkungsmöglichkeiten enthält.[464] Insgesamt ist bisher anzunehmen, dass eine eigenständige subjektiv-rechtliche Relevanz der Wettbewerbsfreiheit zum heutigen Zeitpunkt (noch) nicht festzustellen ist.[465] Eine schrittweise – insbesondere durch Rechtsprechung des EuGH

---

460 Die Problematik benennen u.a. auch *Bernsdorff*, in: Meyer (Hrsg.), GRCh-Kommentar, Art. 16, Rn. 14; *Mayer*, in: Grabitz/Hilf/Nettesheim (Hrsg.), Das Recht der EU, nach Art. 6 EUV, Rn. 196; *Streinz*, in: Streinz (Hrsg.), EUV/AEUV, Art. 16, Rn. 5 f.; für eine subjektiv-rechtliche Dimension *Frenz*, Handbuch Europarecht, Band 4, S. 2716 f., ebenso *Blanke*, in: Tettinger/Stern, Kommentar EU-GRCh, Art. 16 Rn. 11.

461 Urteil d. EuGH v. 21. 05. 1987, Rs. 133–136/85, *Walter Rau Lebensmittelwerke u.a.*, Slg. 1987, 2298 sowie Urteil d. EuGH v. 05. 10. 1994, Rs. C-280/93, *Deutschland ./.Rat*, Slg. 1994 I-4973.

462 Genauer dazu z.B. *Wunderlich*, Berufsfreiheit im Europäischen Gemeinschaftsrecht, S. 108 ff.

463 Letztlich ist diese „doppelte Schranke“ als redundanter Ausdruck des ohnehin geltenden Subsidiaritätsprinzips zu verstehen.

464 Dieser Gedanke klingt an bei *Schwarze*, Der Grundrechtsschutz für Unternehmen in der EU-GRCH, EuZW 2001, S. 521. *Schwarze* weist jedoch auch darauf hin, dass der EuGH die Unternehmerfreiheit im Laufe ihrer Entwicklungsgeschichte (als Teil der Berufsfreiheit) stets als vom Schutzniveau her gleichwertig eingestuft hat, siehe dort m.w.N.

465 Im Ergebnis infrage gestellt ebenso von *Nikolaysen*, Entwicklungslinien und Perspektiven des Grundrechtsschutzes in der EU, in: Bruha/Nowak/Petzold (Hrsg.), Grundrechtsschutz für Unternehmen im europäischen Binnenmarkt, S. 15 ff. (17); *Rengeling*, Die wirtschaftsbezogenen Grundrechte in der EU-GRCh, DVBl. 2004, S. 453 ff. (459);

geprägte – zukünftige Entwicklung in diese Richtung ist allerdings keinesfalls ausgeschlossen.[466]

d. Zwischenergebnis sachlicher Schutzbereich

Eine die subjektive Wettbewerbsfreiheit eigens schützende Bedeutung kann der Vorschrift des Art. 16 GRCh bisher aus den beschriebenen Gründen nicht entnommen werden.[467] Die Abgrenzung des sachlichen Anwendungsbereichs zum Eigentumsschutz nach Art. 17 GRCh und zur Berufsfreiheit nach Art. 15 GRCh kann nach einer überblicksartigen Analyse anhand von verschiedenen Kriterien vorgenommen werden. So sprechen vornehmlich die beschränkte Persönlichkeitsgebundenheit sowie der Schwerpunkt der Maßnahme im Bereich der unternehmerischen Initiative gegen die Anwendung von Art. 15 GRCh und 17 GRCh. Versucht man die gesetzlich angeordnete, obligatorische Mitgliedschaft mit Beitragspflicht den wirtschaftsverfassungsrechtlichen Vorschriften der Grundrechtecharta zuzuordnen, ist deshalb letztlich Art. 16 GRCh – und nicht Art. 15 oder Art. 17 GRCh – als Maßstab zu wählen.

Somit ist festzustellen, dass die IHK-Pflichtmitgliedschaft mit Beitragspflicht in den ermittelten sachlichen Anwendungsbereich der unternehmerischen Freiheit nach Art. 16 GRCh fällt.

3. Zwischenergebnis

Obwohl eine explizite Erwähnung juristischer Personen nicht stattfindet, ist zumindest davon auszugehen, dass sämtliche juristische Personen des Privatrechts – und damit der Großteil der Unternehmen – in den personellen Anwendungsbereich des Art. 16 GRCh fallen. Ein Erfassen auch öffentlich-rechtlicher Personen ist zumindest nicht ausgeschlossen. In sachlicher Hinsicht wurde festgestellt, dass eine ausreichende subjektive Ausprägung des Bereichs der Wettbewerbsfreiheit durch Art. 16 GRCh bisher nicht gewährleistet ist. Dennoch kann

---

zum Themenbereich der „Versubjektivierung" der Wettbewerbsfreiheit siehe auch *Nowak*, in: Heselhaus/Nowak (Hrsg.), Handbuch der europäischen Grundrechte, § 31 Rn. 27, 34 f.

466 So auch *Rengeling/Szczekalla*, Grundrechte in der EU, § 20 Rn. 802.

467 Auf eine bereits bestehende „quasi subjektiv-rechtliche Wirkung" der objektivrechtlichen Vorschriften zur Wettbewerbsfreiheit im Gemeinschaftsrecht (sic) verweist hingegen *Schwier*, Der Schutz der „Unternehmerischen Freiheit" nach Art. 16 GRCh, S. 123, der diese Entwicklung mit der Verdichtung zu einer der grundgesetzlichen Institutsgarantie ähnlichen Gewährleistung begründet, ebd. S. 121 ff.

die Pflichtmitgliedschaft in den deutschen IHKs an Art. 16 GRCh gemessen werden. Maßgeblich ist in sachlicher Hinsicht der originär die unternehmerische Freiheit im Sinne einer freien Wirtschafts- und Geschäftstätigkeit schützende Grundrechtsgehalt.

II. Beeinträchtigung

Art. 16 GRCH regelt nicht ausdrücklich, welche Eingriffe sich als rechtfertigungsbedürftig erweisen. Geschützt werden die Berechtigten der Vorschriften in Anlehnung an die übrige europäische Eingriffsdogmatik zumindest vor unmittelbaren und gezielten Rechtsverkürzungen.[468] Steht eine mittelbare Auswirkung von Rechtsakten in Rede, wird zumindest unter der Voraussetzung der ausreichenden Adressierung an den Betroffenen, also einer Zurechenbarkeit in Abgrenzung zur allgemeinen Betroffenheit, ein Eingriff zu bejahen sein.[469]

Dem durch Art. 16 GRCh geschützten Unternehmer wird durch die IHK-Pflichtmitgliedschaft unmittelbar und gezielt die Möglichkeit genommen, dieser Organisation fernzubleiben. Ein Eingriff in den Schutzbereich des Art. 16 GRCH ist deshalb zu bejahen.[470]

III. Rechtfertigung

1. *Bedeutung der wortlautimmanenten Einschränkungen des Art. 16 GRCh*

Dieser Eingriff könnte jedoch nach den für Art. 16 GRCh maßgeblichen Vorschriften gerechtfertigt sein. Hierbei stellt sich zunächst die Frage, welchen Voraussetzungen eine solche Rechtfertigung genügen muss. Grundsätzlich ist, wie oben festgestellt[471], bei einer Vorschrift wie Art. 16 GRCh, die nicht zugleich in den europäischen Verträgen und in der EMRK gewährleistet ist, Art. 52 Abs. 1

---

468 *Jarass*, Kommentar EU-GRCh, Art. 16 Rn. 12.

469 *Jarass*, Kommentar EU-GRCh, Art. 16 Rn. 12, ohne Prüfung besonderer Voraussetzungen auch *Schwarze*, in: Schwarze (Hrsg.)/Becker/Hatje/Schoo, Art. 15 Rn. 5 (mit den Argument der Gewährleistung effektiven Rechtsschutzes); ebenso Ruffert, in: Calliess/Ruffert, EUV/AEUV, Art. 15 GRCH, Rn. 10f.

470 Gelegentlich wird bereits dies in Zweifel gezogen mit Verweis auf das Nichterreichen der Bagatellgrenze oder auf eine vermeintliche Aufhebung der Beeinträchtigung aufgrund gleichzeitigen Rechtsgewinns, näher dazu in Kapitel IV. bei der Problematik der Vereinbarkeit mit den EU-Grundfreiheiten, da diese Argumente primär in diesem Zusammenhang vorgebracht werden.

471 Siehe dazu Kapitel II B. I. 1. „Tragweite und Auslegung nach Art. 52 GRCh – Systematik".

GRCh als allgemeine Schranke maßgeblich. Art. 16 GRCh enthält zudem einen expliziten Verweis auf die Maßgeblichkeit des Unionsrechts sowie der einzelstaatlichen Rechtsvorschriften und Gepflogenheiten, der bisweilen als sog. „doppelte Schranke“[472] bezeichnet wird. Da die Beschränkungen nach Unionsrecht und nationalem Recht jedoch wiederum die Vorgaben des Art. 52 Abs. 1 GRCh beachten müssen, können sie die unternehmerischen Freiheit nicht selbstständig beschränken.[473] Damit betont die Klausel letztlich Selbstverständliches – nämlich das Subsidiaritätsprinzip und den Vorrang des Unionsrechts – und es bleibt bei der Maßgeblichkeit von Art. 52 Abs. 1 GRCh für die Rechtfertigung von Eingriffen in die unternehmerische Freiheit nach Art. 16 GRCh.[474] *Schöbener* spricht sich gar dafür aus, die „Vertikalklausel gänzlich auszublenden“.[475]

Eine andere Ansicht plädiert dafür, den in Art. 16 GRCh erwähnten Verweis als Hinweis auf die Möglichkeit der Schutzbereichsgestaltung durch die Union bzw. die Mitgliedstaaten zu verstehen.[476] Dies wird u.a. mit einem Verweis auf Art. 9 GRCh[477] begründet, der ähnlich formuliert sei und dessen normgeprägter Schutzbereich ebenso einer Ausgestaltung und Konkretisierung durch Rechtsvorschriften bedürfe.[478]

---

472 So z.B. *Grabenwarter*, DVBl. 2001, S. 5; *Blanke*, in: Tettinger/Stern, Kommentar EU-GRCh, Art. 16. Rn. 13 hält den Begriff hingegen für entbehrlich.

473 *Bernsdorff*, in: Meyer (Hrsg.), GRCh-Kommentar, Art. 16, Rn. 14; *Rengeling/Szczekalla*, Grundrechte in der EU, § 20 Rn. 797.

474 Ähnlich *Schwier*, Der Schutz der „Unternehmerischen Freiheit“ nach Art. 16 GRCh, S. 258, der den immanenten Verweis auf Unionsrecht und nationales Recht als Schranke und Art. 52 Abs. 1 GRCh als Schranken-Schranke darstellt; auch *Große-Wentrup*, Die GRCh im Spannungsfeld der Kompetenzverteilung zwischen EU und Mitgliedstaaten, S. 100 geht davon aus, dass „die praktische Bedeutung dieser Konstruktion (Anm.: der „Vorbehaltsklausel“) – insbesondere im Verhältnis zu Art. 52 Abs. 1 EuGRC – relativ gering sein wird.“

475 *Schöbener*, Die unternehmerische Freiheit in der EU-GRCh, in: GS Tettinger, S. 159 (175 f.). Dafür kämen zwei Wege in Betracht: eine teleologische Reduktion, die angesichts des eindeutigen Wortlauts jedoch schwer haltbar wäre und – vorzugsweise – das Verständnis als „Kompetenzwahrungsklausel mit Klarstellungsfunktion“.

476 Zum Beispiel *Große-Wentrup*, Die GRCh im Spannungsfeld der Kompetenzverteilung zwischen EU und Mitgliedstaaten, S. 90 ff., v.a. S. 100; *Blanke*, in: Tettinger/Stern, Kommentar EU-GRCh, Art. 16. Rn. 13.

477 Im deutschen Wortlaut: „Das Recht, eine Ehe einzugehen, und das Recht, eine Familie zu gründen, werden nach den einzelstaatlichen Gesetzen gewährleistet, welche die Ausübung dieser Rechte regeln“.

478 *Große-Wentrup*, Die GRCh im Spannungsfeld der Kompetenzverteilung zwischen EU und Mitgliedstaaten, S. 91 mit Verweis auf *Pieroth/Schlink*, Rn. 209, 635, 647.

Dieser Vergleich geht indes aus unterschiedlichen Gründen fehl. Bereits der Wortlautvergleich beider Vorschriften zeigt, dass Art. 9 GRCh einen expliziten Hinweis auf die inhaltliche Gestaltung des Rechts durch den nationalen Gesetzgeber enthält. Art. 16 GRCh dagegen verweist lediglich darauf, dass die unternehmerische Freiheit „nach dem Unionsrecht und den einzelstaatlichen Rechtsvorschriften anerkannt" werde. Zudem sind zweierlei kompetenzrechtliche Argumente zu nennen. Erstens strebte der Konvent lediglich an – und war auch nur soweit zuständig –, den grundrechtlichen Rechtszustand in der Charta zu fixieren. Da die unternehmerische Freiheit bis zu diesem Zeitpunkt jedoch zumeist als Unterfall der klassisch abwehrrechtlichen Berufsfreiheit gesehen wurde, die keiner gesetzgeberischen Ausgestaltung bedurfte, ist der Vergleich mit dem normgeprägten Art. 9 GRCh eher fernliegend.[479] Zweitens spricht gegen die Parallelität von Art. 9 GRCh und Art. 16 GRCh zudem die Zuständigkeitsverteilung zwischen den Mitgliedstaaten und der EU. Während die unternehmerische Freiheit als unionales Grundrecht der Kompetenz des Unionsrechtsgebers zuzuschreiben ist, sind für das sachliche Substrat des Grundrechts mangels EU-Kompetenz die nationalen Regelungen maßgeblich.[480] Es kann daher der Ansicht, die der Formulierung in Art. 16 GRCh schutzbereichsgestaltenden Charakter zuweist, nicht gefolgt werden.[481] Maßgeblich bleibt für die Frage nach der Rechtfertigung des Eingriffs in die unternehmerische Freiheit nach Art. 16 GRCh somit die Vorschrift des Art. 52 Abs. 1 GRCh.[482] Art. 52 Abs. 4 GRCh sowie Art. 52 Abs. 6 GRCh sind in diesem Zusammenhang ohne Bedeutung, da

479 *Schwier*, Der Schutz der „Unternehmerischen Freiheit" nach Art. 16 GRCh, S. 261.

480 Darauf verweist zu Recht *Schöbener*, Die unternehmerische Freiheit in der EU-GRCh, in: GS Tettinger, S. 159 (174).

481 Auch diese Literaturansicht kommt jedoch an den Punkt, an dem sich die Frage stellt, wann im Rahmen der Schutzbereichsausgestaltung die Schwelle zu einem allein nach Art. 52 Abs. 1 GRCh zu rechtfertigenden Eingriff überschritten ist (s. *Große-Wentrup*, Die GRCh im Spannungsfeld der Kompetenzverteilung zwischen EU und Mitgliedstaaten, S. 96), sodass letztendlich auch dort Maßstab der Rechtfertigung die allgemeine Schranke nach Art. 52 Abs. 1 GRCh ist.

482 Zu diesem Ergebnis kommt nach einer kritischen Analyse mit allgemeinem Hinweis auf den Entstehungshintergrund immanenter Schranken in der GRCh auch *Schwier*, Der Schutz der „Unternehmerischen Freiheit" nach Art. 16 GRCh, S. 262 ff., der den Verweis als „wenig konsistente Klarstellungsformel, von der faktisch nicht viel übrig bleibt" bezeichnet, ebd. S. 270; ebenso *Rengeling/Szczekalla*, Grundrechte in der EU, § 20 Rn. 796 sowie *Streinz*, in: Streinz (Hrsg.), EUV/AEUV, Art. 16, Rn. 9; a.A. wohl *Grabenwarter*, Charta der Grundrechte der EU, S. 3, 5.

es keinen (subjektiv-rechtlichen) Bezugspunkt für die unternehmerische Freiheit in den Verträgen gibt.[483]

2. *Rechtfertigung gemäß Art. 52 Abs. 1 GRCh*

Somit stellt sich die Frage, welche Rechtfertigungsmöglichkeiten Art. 52 Abs. 1 GRCh erlaubt und ob die deutsche IHK-Pflichtmitgliedschaft diesen genügt. Der Wortlaut des Art. 52 Abs. 1 GRCh bestimmt, dass eine Rechtfertigung nur unter Erfüllung der folgenden Voraussetzungen möglich ist: Der Vorbehalt des Gesetzes, die Wesensgehaltsgarantie und die Verhältnismäßigkeit müssen gewahrt werden.

a. Vorbehalt des Gesetzes und Wesensgehaltsgarantie

Dem Vorbehalt des Gesetzes ist Genüge getan, wenn die den Eingriff anordnende Regelung den Anforderungen an eine abstrakt-generelle Regelung genügt und für den Bürger hinreichend zugänglich, bestimmt und vorhersehbar ist.[484] Bei einer Einschränkung durch Parlamentsgesetz, wie im Falle des § 2 Abs. 1 IHKG, wird an der Erfüllung dieser Voraussetzung nicht zu zweifeln sein.[485]

Die Achtung des Wesensgehalts, der gelegentlich auch als Teilbereich des Verhältnismäßigkeitsgrundsatzes angesehen wird[486], hat in der Rechtsprechung des EuGH bereits vor Existenz der Grundrechtecharta im Bereich der Grundfreiheiten Bedeutung erlangt.[487] Ohne auf den schwer zu bestimmenden exakten Inhalt dieser Garantie eingehen zu müssen, kann mit Blick auf die IHK-Pflichtmitgliedschaft in Deutschland festgestellt werden, dass ihre Anordnung sowie die folgende Beitragspflicht nicht den Kern des Rechts auf wirtschaftliche Betätigung tangieren[488] und somit eine Rechtfertigung auch mit Blick auf diese Voraussetzung nicht ausgeschlossen werden kann.

---

483 *Bernsdorff*, in: Meyer (Hrsg.), GRCh-Kommentar, Art. 16, Rn. 15.

484 *Von Danwitz*, in: Tettinger/Stern, Kommentar EU-GRCh, Art. 52 Rn. 34.

485 Zur – hier nicht einschlägigen – Problematik der Einordnung sekundärrechtlicher unionaler Handlungsformen in den Gesetzesbegriff siehe *Borowsky*, in: Meyer (Hrsg.), GRCh-Kommentar, Art. 52 Rn. 20a.

486 Vertiefend dazu *Bühler*, Einschränkung von Grundrechten nach der EU-GRCh, S. 259 ff.

487 So z.B. in der bereits erwähnten Wachauf-Rechtsprechung, EuGH v. 13. 07. 1989, Rs. 5/88, *Wachauf*, Slg. 1989, 2609, Rn. 18.

488 Dies gilt insbesondere, da § 3 Abs. 3 IHKG unter bestimmten Voraussetzungen Staffelungen und Freistellungen in Bezug auf die Beitragshöhe vorsieht.

b. Verhältnismäßigkeitsgrundsatz

Problematisch bleibt jedoch auch im Bereich der unternehmerischen Freiheit nach Art. 16 GRCh die Frage nach der Verhältnismäßigkeit.[489] Der EuGH verlangt für eine verhältnismäßige Regelung, dass sie

> „(…) nicht die Grenzen dessen überschreiten dürfe, was zur Erreichung der mit der fraglichen Regelung zulässigerweise verfolgten Ziele geeignet und erforderlich ist, wobei, wenn mehrere geeignete Maßnahmen zur Auswahl stehen, die am wenigstens belastende zu wählen ist und die verursachten Nachteile nicht außer Verhältnis zu den angestrebten Zielen stehen dürfen."[490]

Ebenso wie bei der deutschen Grundrechtsprüfung und der Vorgehensweise des EGMR[491] stehen also die Frage nach dem legitimen Ziel, der Geeignetheit, der Erforderlichkeit und der Angemessenheit i.e.S. im Mittelpunkt. Machte der EuGH bisher eher mit dem Vorwurf einer oberflächlichen und unsystematischen Prüfung der Erfüllung des Verhältnismäßigkeitsgrundsatzes von sich reden, scheint sich dieses Bild mit der neueren Rechtsprechung zu wandeln.[492] Somit ist es erst recht angezeigt, die obige Systematik für eine Überprüfung zu übernehmen. Auch geht mit der Aussicht eines EMRK-Beitrittes der EU die Vermutung einher, dass die Prüfungsmuster sich annähern werden.

(1) Legitimes Ziel

Im Vergleich zu der Prüfung in Art. 11 Abs. 1 EMRK ist jedoch zunächst festzustellen, dass es im Bereich des Art. 16 GRCh keinen abschließend umrissenen Bereich legitimer Ziele gibt, wie es bei Art. 11 Abs. 2 EMRK der Fall ist. Art. 52 Abs. 1 GRCh bestimmt, dass die Ziele den „ (…) von der Union anerkannten dem Gemeinwohl dienenden Zielsetzungen oder den Erfordernissen des Schutzes der Rechte und Freiheiten anderer tatsächlich entsprechen (…)" müssen.[493]

---

489 Siehe zu diesem Prüfungspunkt im Rahmen des Art. 11 Abs. 1 EMRK bereits oben Kapitel II B. III. 3.

490 Urteil d. EuGH v. 07. 09. 2006, Rs. C-310/04, *Spanien/Rat*, Slg. 2006, I-7285, Rn. 97 mit weiteren Rechtsprechungsnachweisen.

491 Genauer dazu oben Kapitel II B. III. 3.

492 *Streinz/Michl*, in: Streinz (Hrsg.), EUV/AEUV, Art. 52 GRCh Rn. 30 mit Verweis auf EuGH v. 09. 11. 2010, Rs. C-92/09 – C-93/09, *Volker und Markus Schecke und Eifert*, Slg. 2010, I-11063, Rn. 65 ff.

493 Ausführlich dazu *Kämer*, in: Stern/Sachs, Europäische GRCh, Art. 52 Rn. 46 f., der bei näherer Betrachtung zu einer – hier ohne Auswirkungen bleibenden – Einteilung der legitimen Ziele in eine „dreigliedrige Skalierung nach dem Grad der Individualität des Belangs" kommt.

Ausweislich der Erläuterungen des Präsidiums zur Grundrechtecharta stehen hierbei neben dem Gemeinwohl nicht nur sämtliche in Art. 3 EUV genannten Ziele der Union, sondern auch andere Interessen, die durch besondere Bestimmungen der Verträge geschützt werden, zur Verfügung.[494]

Die Rechte und Freiheiten anderer kommen in Parallele zu den Ausführungen zu Art. 11 Abs. 1 EMRK[495] als Rechtfertigungsgründe für die IHK-Pflichtmitgliedschaft nicht in Betracht. Damit stellt sich die Frage, wie weit die von der Union anerkannten, dem Gemeinwohl dienenden Zielsetzungen auszulegen sind, und ob die Beweggründe zur Einführung der IHK-Pflichtmitgliedschaft darunter gefasst werden können. Nachdem die ursprünglich geplante Formulierung „von der Union verfolgten Zielsetzungen" jedoch durch „von der Union anerkannten, dem Gemeinwohl dienenden Zielsetzungen" ersetzt wurde, sind auch „genuin mitgliedstaatliche Interessen", die die EU mangels Zuständigkeit nicht verfolgen dürfte, vom Bereich der legitimen Ziele umfasst.[496] Trotzdem bleibt Voraussetzung, dass die Ziele im primärrechtlichen Unionsrecht zumindest anerkannt sind.[497] An diesem Erfordernis dürfte auch der (nachträglich hinzugefügte) Art. 52 Abs. 4 GRCh, der mit Blick auf die Auslegung der einzelnen Rechte die gemeinsame Verfassungstradition der Mitgliedstaaten betont, nichts ändern.[498] Insgesamt stellt sich somit der Bereich der legitimen Ziele gemäß Art. 52 Abs. 1 GRCh weiter dar als die Formulierung in Art. 11 Abs. 2 EMRK.

Aufgrund des wirtschaftlichen Ursprungs der Union kommen hier auch insbesondere wirtschaftliche Erwägungen in Betracht, um die IHK-Pflichtmitgliedschaft rechtfertigen zu können. Diese spielten im Bereich der EMRK-Prüfung keine Rolle. Die EU erkennt in Art. 3 Abs. 3 EUV den Binnenmarkt und die Wettbewerbsfreiheit sowie flankierende Ausprägungen einer

---

494 ABl. C-303/02 der EU v. 14. 12. 2007 S. 32, aktualisierte Form der Erläuterungen des Präsidiums zu Art. 52 Abs. 1 der Grundrechtecharta der Europäischen Union; hier werden exemplarisch die Bestimmungen Art. 4 Abs. 1 EUV sowie Art. 35 Abs. 3, 36 und 346 AEUV erwähnt.

495 Kapitel II. B. II. 3.

496 *Borowsky*, in: Meyer (Hrsg.), GRCh-Kommentar, Art. 52 Rn. 21.

497 *Bühler*, Einschränkung von Grundrechten nach der EU-GRCh, S. 239; *Kämer*, in: Stern/Sachs, Europäische GRCh, Art. 52 Rn. 47.

498 *Borowsky*, in: Meyer (Hrsg.), GRCh-Kommentar, Art. 52 Rn. 21; die Tatsache, dass wie im Eingangskapitel dargelegt, die meisten EU-Mitgliedstaaten entweder nie eine Pflichtmitgliedschaft in Handelskammern kannten oder sie inzwischen abgeschafft haben, weist jedoch darauf hin, dass die mitgliedstaatlichen Verfassungsüberlieferungen nicht viel zur Rechtfertigungsmöglichkeit dieses Eingriffes beitragen könnten.

Wirtschaftsgemeinschaft als zentrale Ziele an. Hintergrund der Schaffung der deutschen IHKs – und damit der Pflichtmitgliedschaft – war neben der vollständigen Interessensvertretung insbesondere die Förderung der gewerblichen Wirtschaft. Die Förderung der Wirtschaft an sich ist zweifelsohne auch Hauptaufgabe der EU und könnte insofern unter die legitimen Ziele im Sinne des Art. 52 Abs. 1 GRCh zu fassen sein. Allerdings darf nicht außer Acht gelassen werden, dass es bei der Zielsetzung der EU nicht um eine regional begrenzte, sondern vielmehr gerade um eine grenzüberschreitende Wirtschaftsförderung gehen muss.

Zu einer die deutschen Grenzen überschreitenden Wirtschaftsförderung schweigt das IHKG, es schließt sie jedoch auch nicht aus. Mag es diese reflexhaft möglicherweise auch begünstigen, so gehört die internationale Wirtschaftsförderung jedoch gewiss nicht zu den originären Zielen der Industrie- und Handelskammern. Dafür spricht auch, dass der handelskammerrechtliche Bereich bis heute nicht harmonisiert ist, das heißt, dass keinerlei direkt maßgebliche unionsrechtliche Regelungen existieren. Es handelte sich mithin bei der in § 1 Abs. 1 IHKG genannten Wirtschaftsförderung – und den flankierenden Aufgabenzuweisungen – um ein nach „innen" (Mitgliedstaat) gerichtetes Ausgleichs- und Förderungsinstrument, das nach „außen" (EU) bei seiner Schaffung im Jahre 1956 und bis heute keinerlei direkte Wirkung entfalten sollte.

Die textliche Grundlage der Ziele und Kompetenzen der IHKs ist seitdem nicht an die Internationalisierung der Handelsbeziehungen angepasst worden. In der Praxis hingegen haben die deutschen IHKs neben ihrer wirtschaftsfördernden Standortpolitik auch den Themenbereich „Internationales" in ihr Repertoire aufgenommen. So weist die IHK Köln beispielsweise in ihrem Internetauftritt u.a. auf „Außenwirtschaftsveranstaltungen" sowie wirtschaftsrelevante Informationen die EU betreffend hin und bietet internationalen Investoren eine Informationsbroschüre zur Unternehmensgründung im Rheinland an.[499] Grenzüberschreitendes Denken und Handeln ist somit in der Praxis durchaus im Tätigkeitsbereich der deutschen IHKs zu finden. Liest man das in die Zielbeschreibung des IHKG hinein, könnte die Wirtschaftsförderung als ein legitimes Ziel i.S.d. Art. 16 GRCh in Betracht kommen.

Dieses Ergebnis bleibt Zweifeln ausgesetzt und ist keinesfalls zwingend. Denn bei aller Internationalität geht es den IHKs im Kern immer um die Förderung der Wirtschaftstätigkeit „ihrer" Kammerzugehörigen. Gleichwohl soll dieses Zwischenergebnis hier zugrunde gelegt werden, um im Folgenden zu überprüfen,

---

499 http://www.ihk-koeln.de/International2.AxCMS?ActiveID=1213 (zuletzt aufgerufen am 10. 04. 2016).

ob die Pflichtmitgliedschaft in den deutschen Industrie- und Handelskammern auch den übrigen Verhältnismäßigkeitsanforderungen genügen würde.

(2) Geeignetheit

Geeignet ist eine Maßnahme dann, wenn sie der Zielerreichung förderlich beziehungsweise nicht offensichtlich ungeeignet ist. Für den Bereich der Interessenförderung und die Frage nach dem Gesamtinteresse gilt das oben Gesagte.[500] Im Schwerpunkt stellt sich hier jedoch die Frage, ob die gesetzliche Anordnung einer Pflichtmitgliedschaft in den IHKs geeignet ist, das EU-Ziel „Binnenmarkt" zu fördern. Bei den deutschen IHKs handelt es sich um nationale Gruppierungen, denen jedenfalls nicht primär an der Förderung des grenzüberschreitenden Wirtschaftsverkehrs gelegen ist[501]. Die Organisation der IHKs und ihre Parzellierung in 80 regionale Vertretungen schreibt eine innerdeutsche Aufteilung in kleinteilige regionale Interessengruppen fort und negiert strukturell die Gegebenheiten eines territorial ausgedehnten europäischen Binnenmarktes. Die Pflichtmitgliedschaft in den Kammern mit einem regionalen Wirkungskreis ist wohl eher als das Gegenteil der Förderung des europäischen Binnenmarktes zu beschreiben. Die Tatsache, dass den Mitgliedern auch internationale bzw. EU-relevante Informationen zur Verfügung gestellt werden, kann noch nicht dazu führen, die deutschen IHKs und die damit verbundene Pflichtmitgliedschaft als für den Binnenmarkt förderlich einzustufen.

Hier sei als Zusatz angemerkt, dass die sogenannten Auslandshandelskammern (oft als AHKs bezeichnet) organisatorisch in keinem direkten Zusammenhang zu den deutschen IHKs stehen. Sie kooperieren auf gewissen Feldern miteinander, sind aber gründungsrechtlich voneinander losgelöste Entitäten.[502] Es handelt sich in der Regel um bilaterale Außenhandelskammern oder als Vorstufe um Delegationen oder Repräsentanzen der deutschen Wirtschaft, deren Aufgabe es ist, die deutsche Wirtschaft im Ausland zu vertreten.[503]Hinzu kommt eine weitreichende Dienstleistungsaktivität für die angehörigen Unternehmen.

---

500 Dazu Kapitel II B. III. 3. a. (Geeignetheit einer Maßnahme bei der Rechtfertigung eines Eingriffes in die Vereinigungsfreiheit nach Art. 11 EMRK).

501 Zur partiellen internationalen Orientierung der IHK-Tätigkeiten siehe die vorherige Beschreibung der Tätigkeiten der IHK Köln.

502 Oft sind inländische IHKs allerdings Mitglieder in deutschen AHKs.

503 Genauere Informationen zu Aufgaben und Organisation der Außenhandelskammern zu finden unter http://ahk.de/ueber-ahk/ueber-ahk/ (zuletzt aufgerufen am 14. 04. 2016).

Koordiniert und entwickelt wird das Netz der Auslandshandelskammern durch den DIHK. Die Mitgliedschaft in den AHKs ist jedoch im Gegensatz zu der in den IHKs freiwillig und sie sind nach dem Recht des entsprechenden Gastlandes privatrechtlich organisiert.[504] Auch wenn es zwischen den Organisationen Berührungspunkte gibt, können die Tätigkeiten der AHKs nicht dafür herhalten, die durch die Pflichtmitgliedschaft entstehenden Rechtsverkürzungen zu rechtfertigen.

In diesem Zusammenhang ist ferner „Eurochambres"[505] zu erwähnen, der Verband der europäischen Industrie- und Handelskammern. Mitglieder in diesem Kammerdachverband sind die europäischen (Industrie- und) Handelskammern. Sein Ziel ist es, sich für gesamteuropäische Wirtschaftsbelange starkzumachen. Auch hier ist die Mitgliedschaft freiwillig. Sucht man nach einer Organisation mit dem Ziel der Förderung des Europäischen Binnenmarktes, so ist man mit dieser Vereinigung der Antwort ein deutliches Stück näher als bei Betrachtung der deutschen IHKs.

Grenzüberschreitende Wirtschaftsförderung findet mit anderen Worten nicht im Bereich der IHKs, sondern in freiwillig organisierten internationalen Verbänden statt. Deren Mitglied sind zwar viele IHKs, durch diese freiwillige Mitgliedschaft aber können sie nicht umgekehrt zu einer Rechtfertigung der Pflichtmitgliedschaft in ihrer eigenen Organisation beitragen.

War es schon schwierig, ein i.S.d. Art. 16 GRCh legitimes Ziel auszumachen, so erweist sich die IHK-Pflichtmitgliedschaft jedenfalls als ungeeignet, das Ziel der Wirtschaftsförderung zu erreichen.[506]

(3) Zwischenergebnis

Nach einer ansatzweisen Festlegung des Gewährleistungsbereichs wurde die Einschlägigkeit des Schutzbereichs des Art. 16 GRCh bejaht. Art. 52 Abs. 1 GRCh bleibt als allgemeine Schranke trotz der wortlautimmanenten Beschränkung allein maßgeblich für die Rechtfertigungsvoraussetzungen eines Eingriffs. Ebenso wie bei Art. 11 EMRK und Art. 12 GRCh sind jedoch auch diese Voraussetzungen nicht erfüllt. Bereits das Auffinden eines legitimen Ziels i.S.d. Art. 16

---

504 *Möllering*, in: Frenzel/Jäkel/Junge, IHKG, Einf. Rn 20.

505 Weiterführende Informationen unter http://www.eurochambres.eu/Content/default.asp?pagename=WhoWeAre (zuletzt aufgerufen am 26. 07. 2018).

506 Die Frage der Erforderlichkeit stellt sich hier also nicht. Sinngemäß würde für sie aber gelten, was im Rahmen des Art. 11 EMRK zu diesem Prüfungspunkt ausgeführt wurde, siehe oben Kapitel II. B. III. b.

GRCh ist schwierig, zudem wäre die Maßnahme zu einer (eventuellen) Zielerreichung als nicht geeignet einzustufen. Die Pflichtmitgliedschaft in den deutschen IHKs ist somit, auch an den Gewährleistungen der unternehmerischen Freiheit in Art. 16 GRCh gemessen, rechtswidrig, weil sie nicht den Anforderungen an die Verhältnismäßigkeit entspricht.

D. Ergebnis zur Vereinbarkeit mit der EU-Grundrechtecharta

Die EU-Grundrechtecharta bietet, obgleich dies bisher in der Literatur kaum Raum eingenommen hat, einige interessante Ansatzpunkte für die Überprüfung der IHK-Pflichtmitgliedschaft.

Die Zusammenschau von Entstehungsgeschichte, EuGH-Rechtsprechung und Literatur führte zu dem Ergebnis, dass eine Überprüfung anhand der Chartagrundrechte dann vorgenommen werden kann und muss, wenn sachlich die Einschlägigkeit einer EU-Grundfreiheit anzunehmen ist.[507] Nach Darlegung des Verhältnisses zwischen Art. 11 EMRK und der entsprechenden chartarechtlichen Vorschrift zur Vereinigungsfreiheit in Art. 12 GRCh, konnte zunächst die Schutzbereichsbetroffenheit bejaht werden. In Parallele zu Art. 11 EMRK, der als Vorbild für Art. 12 GRCh fungierte, wurde eine Rechtfertigung nach den Voraussetzungen des Art. 52 Abs. 3 S. 1 GRCh jedoch verneint.

Bei Art. 16 GRCh, der die unternehmerische Freiheit schützt und keine vollständige Entsprechung in der EMRK findet, handelt es sich noch um unionales Neuland. Darauf deuten auch eine nur spärliche Rechtsprechung und ein überschaubarer Literaturbestand hin. Die Bestimmung des sachlichen Schutzbereiches gestaltete sich dementsprechend schwierig, eine Betroffenheit durch die IHK-Pflichtmitgliedschaft ist jedoch zu bejahen. Maßgeblich für die Rechtfertigung war im Gegensatz zu Art. 12 GRCh die allgemeine Schrankenvorschrift des Art. 52 Abs. 1 GRCh. Auch hier scheiterte die Rechtfertigung im Rahmen der Verhältnismäßigkeitsprüfung.

Nach den Vorschriften der EMRK bietet somit auch die EU-Grundrechtecharta einen Rechtsmaßstab, dem die deutsche IHK-Pflichtmitgliedschaft nicht genügt.

---

507 Eine vertiefte Untersuchung zur hier angenommenen Einschlägigkeit der grundfreiheitlichen Schutzbereiche findet unten in Kapitel IV statt.

Kapitel IV Vereinbarkeit der IHK-Pflichtmitgliedschaft mit den EU-Grundfreiheiten

Deutsche Verwaltungsgerichte streiften schon öfter die Frage nach der Vereinbarkeit der IHK-Pflichtmitgliedschaft mit den Grundfreiheiten des AEUV.[508] Auch wenn diese Frage oft als geklärt angesehen wird, ist festzustellen, dass der EuGH nie über die Pflichtmitgliedschaft in den deutschen Industrie- und Handelskammern zu befinden hatte. Aus vermeintlich ähnlich gelagerten Fällen, die der EuGH entschieden hat, auf die deutsche Problematik zu schließen, könnte sich als Trugschluss erweisen.[509]

A. Anwendungsvoraussetzungen

Läge dem Obersten Gerichtshof der EU die Frage nach der Vereinbarkeit der Pflichtmitgliedschaft in den deutschen IHKs vor, so müssten vor der Prüfung allgemeiner materieller Rechtmäßigkeitserwägungen anhand europäischer Rechtsnormen zunächst spezifische europarechtliche Anwendungsvoraussetzungen geklärt werden. Dazu zählen zum Beispiel die fehlende Existenz einer sekundärrechtlichen Regelung in der Sache und das Vorliegen[510] eines grenzüberschreitenden Sachverhaltes.

---

508 Einen Überblick zu der Beantwortung der Frage durch deutsche Verwaltungsgerichte liefert *Schöbener*, in: Kluth, Handbuch des Kammerrechts, § 14 Rn. 63; auf Zustimmung oder Kritik zu nationalen Urteilen sowohl im Bereich der Verwaltungs- als auch Verfassungsgerichtsbarkeit wird bei dem jeweiligen Prüfungspunkt eingegangen.

509 Z.B. das Urteil des EuGH v. 11. 06. 1996 Rs. C-2/94 zur Zulässigkeit der niederländischen Abgabe an die ansässige IHK, bei dem jedoch lediglich die Vereinbarkeit dieser Abgabe (die jährlich bei der Eintragung des Unternehmens in das örtliche Handelsregister zu entrichten war) mit der RL 69/335/EWG des Rates überprüft wurde und die Frage nach der (allgemeinen) Rechtmäßigkeit einer Pflichtmitgliedschaft gar keine Beachtung fand. Die interessante zweite Frage danach, ob die Abgabe als „Abgabe mit Gebührencharakter" i.S.d. Richtlinie einzustufen ist, war vom Gerichtshof leider nicht mehr zu klären.

510 Bzw. die Notwendigkeit des Vorliegens, denn es ist keineswegs ausgemacht, dass bei jeder Grundfreiheit in jeder Eingriffs- oder Beschränkungskonstellation ein grenzüberschreitender Sachverhalt vorliegen muss; s. dazu unten Kap. IV. A. II.

I. Kein vorrangiges Sekundärrecht

Die IHKs sind aus nationaler Sicht als Selbstverwaltungseinrichtungen Teil der mittelbaren Staatsverwaltung. Den Mitgliedstaaten bleibt nach dem Prinzip der institutionellen (und verfahrensmäßigen) Autonomie primärrechtlich die Organisation der Verwaltung selbst überlassen.[511] Eine allgemeine harmonisierende Regelung der Handelskammerfragen ist bisher im Sekundärrecht nicht auszumachen. Verschiedentlich finden jedoch die EU-Dienstleistungsrichtlinie[512], die EU-Berufsanerkennungsrichtlinie[513] und die EU-Gesellschaftssteuerrichtlinie[514] im Zusammenhang mit der deutschen IHK-Pflichtmitgliedschaft als möglicherweise vorrangiges Sekundärrecht Erwähnung.

1. Berufsanerkennungsrichtlinie 2005/36/EG

Die Berufsanerkennungsrichtlinie erfasst nach Art. 2 Abs. 1 sachlich alle reglementierten Berufe, also solche, bei denen Rechts- oder Verwaltungsvorschriften Vorgaben für die Aufnahme oder Ausübung im Hinblick auf bestimmte

---

511 *Kluth*, in: Kluth, Handbuch des Kammerrechts, § 5 Rn. 214; *Ohler*, in: Streinz (Hrsg.), EUV/AEUV-Kommentar, Art. 197 AEUV Rn. 6, der darauf verweist, dass Art. 197 AEUV, der die Verwaltungszusammenarbeit zwischen der EU und den Mitgliedstaaten thematisiert, Ausdruck dieses Grundsatzes ist.

512 Richtlinie 2006/123/EG des Europäischen Parlaments und des Rates vom 12. 12. 2006, ABl. Nr. L-376/36 v. 17. 12. 2006.

513 Richtlinie 2005/36/EG des Europäischen Parlaments und des Rates vom 07. 09. 2005 über die Anerkennung von Berufsqualifikationen, ABl. L-255/22 v. 30. 09. 2005 (aktuelle Fassung: Richtlinie 2013/55/EU des Europäischen Parlaments und des Rates vom 20. 11. 2013 zur Änderung der Richtlinie 2005/36/EG über die Anerkennung von Berufsqualifikationen und der Verordnung (EU) Nr. 1024/2012 über die Verwaltungszusammenarbeit mithilfe des Binnenmarkt-Informationssystems („IMI-Verordnung"), ABl. Nr. L-345/132 v. 28. 12. 2013.); eine ausführliche Darlegung der letzten Änderungen findet sich bei: *Stork*, Die Änderung der Richtlinie 2005/36/EG, GewArch 2013, S. 338 ff.

514 Richtlinie 69/335/EWG des Rates vom 17. 07. 1969 betreffend die indirekten Steuern auf die Ansammlung von Kapital, ABl. Nr. L-249/25 v. 03. 10. 1969 (aktuelle Fassung: Richtlinie 2008/7/EG des Rates vom 12. 02. 2008 betreffend die indirekten Steuern auf die Ansammlung von Kapital, ABl. Nr. L-46/11 v. 21. 02. 2008, Neufassung der Richtlinie 69/335/EWG zur Herstellung von Klarheit nach diversen Änderungen, Übersicht ebd. Anhang II Teil A.).

erforderliche Berufsqualifikationen machen.[515] Sie befasst sich im Schwerpunkt mit Regelungen des Marktzugangs zu diesen Berufen, jedoch auch mit den Anforderungen an das Marktverhalten nach erfolgtem Zugang.[516] Während für den Marktzugang das Prinzip der gegenseitigen Anerkennung von Berufsqualifikationen gilt, ist für das darauffolgende Marktverhalten das Bestimmungslandprinzip, mithin das Gebot der Inländergleichbehandlung, ausschlaggebend.[517] So spricht Art. 4 Abs. 1 der Berufsanerkennungsrichtlinie auch in der aktuellen Fassung davon, dass die begünstigten Personen „unter denselben Voraussetzungen wie Inländer" ihren Beruf ausüben können.

Es stellt sich jedoch mit Blick auf den Anwendungsbereich der Richtlinie die Frage, ob die IHK-Pflichtmitgliedschaft unter diese Marktausübungsvoraussetzungen fallen kann.[518] Ein Umkehrschluss aus Art. 6 lit. a[519], der in bestimmten Fällen entweder eine vorübergehende Eintragung oder eine Pro-Forma-Mitgliedschaft vorsieht, spricht *Kluth* zufolge dafür, auch die

---

515 *Kluth/Rieger*, Die neue EU-Berufsanerkennungsrichtlinie, EuZW 2005, S. 486, 487; zur Entwicklung von der Planung in den frühen 1960er Jahren bis zur Verabschiedung 2005 ebd. S. 486.

516 Die Richtlinie selbst trennt die Fälle, in denen es um den Marktzugang und das Marktkverhalten mittels der Inanspruchnahme der Dienstleistungsfreiheit (Titel II) und der Niederlassungsfreiheit (Titel III) geht. Für die folgende Frage, ob die IHK-Pflichtmitgliedschaft überhaupt in den Anwendungsbereich der Richtlinie fällt, muss die Trennung jedoch nicht vollständig nachvollzogen werden.

517 Auf diese zwei herrschenden Prinzipien weisen auch *Kluth/Rieger*, Die neue EU-Berufsanerkennungsrichtlinie, EuZW 2005, S. 486 (487) hin.

518 Dass die IHK-Pflichtmitgliedschaft bereits im Rahmen des Marktzugangs eine Rolle spielen sollte, kann mit einiger Sicherheit ausgeschlossen werden, da schon im nationalen Recht eine Mitgliedschaft zwar automatisch bei Gewerbeausübung erfolgt, dennoch nicht deren Voraussetzung ist. So ist wohl auch der Hinweis von *Kluth/Rieger*, Die neue EU-Berufsanerkennungsrichtlinie, EuZW 2005, S. 487, auf die Relevanz der „Pflichtmitgliedschaft in einer Berufsorganisation, z.B. einer Kammer" nicht so zu verstehen, als sei damit die sich selbstverwaltende, interessenvertretende IHK-Wirtschaftskammer gemeint.

519 Im Wortlaut wird der Dienstleister befreit von: „Zulassung, Eintragung oder Mitgliedschaft bei einer Berufsorganisation. Um die Anwendung der in ihrem Hoheitsgebiet geltenden Disziplinarbestimmungen gemäß Artikel 5 Absatz 3 zu erleichtern, können die Mitgliedstaaten entweder eine automatische vorübergehende Eintragung oder eine Pro-Forma-Mitgliedschaft bei einer solchen Berufsorganisation vorsehen, sofern diese Eintragung oder Mitgliedschaft die Erbringung der Dienstleistungen in keiner Weise verzögert oder erschwert und für den Dienstleister keine zusätzlichen Kosten verursacht. (…)."

Kammermitgliedschaft zu den üblichen inländischen Voraussetzungen zu zählen und sie somit als legitim im Sinne der Berufsanerkennungsrichtlinie zu verstehen.[520] Er geht also davon aus, dass die IHK-Pflichtmitgliedschaft sich im Anwendungsbereich der Richtlinie befindet.

Dasselbe Verständnis zeigt sich, wenn – ohne weitere Begründung – festgestellt wird, dass von den Regelungen zum Marktverhalten „grundsätzlich auch die Mitgliedschaft in den Trägern der freiberuflichen und wirtschaftlichen Selbstverwaltung" betroffen sei.[521] Diese Feststellungen müssen jedoch anhand von Sinn und Zweck der Richtlinie noch einmal überdacht werden. Im Mittelpunkt des Regelungswerkes stehen Berufsqualifikationen. Es soll sichergestellt werden, dass inländisches Berufsrecht gilt und auch eventuelle Aufsichtsrechte ausgeübt werden können[522], dass in den Worten der Richtlinie „der öffentlichen Gesundheit und Sicherheit sowie dem Verbraucherschutz unbedingt Rechnung (…)"[523] getragen wird. Der Anwendungsbereich muss dementsprechend auf Organisationen beschränkt werden, die Berufsrechte sichern und überwachen sollen. Dass darunter auch die deutschen IHKs zu fassen sind, kann nicht angenommen werden, handelt es sich doch gerade nicht um eine typisch berufsständische Organisation mit qualitätssichernden Funktionen.[524] Abgesehen davon kann die berufsübergreifende Organisation in den IHKs schon gar nicht auf sichernde Aufgaben angelegt sein, da dies bereits aufgrund der unterschiedlichen Inhalte der Berufsrechte ausgeschlossen ist. Demnach tangiert die Berufsanerkennungsrichtlinie bereits keinen Gegenstand der Kammer(mitgliedschafts)materie. Die Richtlinie sperrt folglich auch nicht die Anwendung des allgemeinen Primärrechts.

---

520 So *Kluth*, in: Kluth, Handbuch des Kammerrechts, § 5 Rn. 216 (hier fällt der Begriff „Kammer" ohne jedoch zwischen unterschiedlichen Kammertypen zu differenzieren); ebenso i. E. *Scheidtmann*, Wirtschafts- und berufsständische Kammern im europäischen Gemeinschaftsrecht, S. 117 f.

521 *Kluth/Rieger*, Die neue EU-Berufsanerkennungsrichtlinie, EuZW 2005, S. 486, 489.

522 So auch *Kluth*, in: Kluth, Handbuch des Kammerrechts, § 5 Rn. 218.

523 Richtlinie 2005/36/EG des Europäischen Parlaments und des Rates vom 07. 09. 2005 über die Anerkennung von Berufsqualifikationen, ABl. L-255/22 v. 30. 09. 2005, Erwägungsgrund 6.

524 Vgl. dazu die Erläuterung zur Anwendung der Grundsätze der EGMR-Rechtsprechung auf die deutschen IHKs und deren Einordnung in die existente Rechtsprechung, Kapitel II B. 2. b. (2) (a).

2. *Gesellschaftssteuerrichtlinie 69/335/EWG*

Ebenso problematisch ist, ob die Gesellschaftssteuerrichtlinie vom Anwendungsbereich her einschlägig ist. In Betracht käme lediglich eine Unzulässigkeit des aufgrund der IHK-Mitgliedschaft erhobenen Beitrags.[525] Art. 5 Abs. 1 c. der Neufassung der Richtlinie von 2008 bestimmt unter dem Titel „keine indirekten Steuern unterliegende Vorgänge“:

> (1) Die Mitgliedstaaten erheben von Kapitalgesellschaften keinerlei indirekte Steuern auf
> (...)
> c) die der Ausübung einer Tätigkeit vorangehende Eintragung oder sonstige Formalität, der eine Kapitalgesellschaft auf Grund ihrer Rechtsform unterworfen werden kann;
> (...)

Der IHK-Beitrag ist im Gegensatz zu den hier geregelten Zahlungen jedoch weder von der Rechtsform der Betroffenen abhängig, noch stellen die Zahlung des Beitrags sowie die Kammermitgliedschaft eine Bedingung für die Ausübung oder Fortführung einer Gesellschaft dar.[526] Die Pflichtmitgliedschaft ist somit keine Formalität i.S.d. Art. 5 der Richtlinie. Demnach fällt der IHK-Beitrag nicht in den Anwendungsbereich der Gesellschaftssteuerrichtlinie[527] und eine sekundärrechtliche Regelung der IHK-Materie ist auch hier nicht zu erkennen.

3. *Sonderproblem: „Doppelverkammerung“ und Dienstleistungsrichtlinie 2006/123/EG*

Auch bei der bereits erwähnten Dienstleistungsrichtlinie (DLRL) handelt es sich nur um eine punktuelle Berührung mit der Frage der Pflichtmitgliedschaft in den deutschen IHKs, da nur der Bereich der Dienstleistungserbringer betroffen

---

525 Nach der aktuellen Rechtslage sind diese beiden Faktoren untrennbar miteinander verbunden und sollen deshalb als Einheit behandelt werden. Ein anderes Ergebnis könnte sich ergeben, wenn die IHK-Mitgliedschaft beitragsfrei ausgestaltet wäre.

526 Das hatte der EuGH u.a. in seinem Urteil v. 28. 06. 2007, Rs. C-466/03, *Albert Reiss Beteiligungsgesellschaft*, Slg. 2007 I-05357 im Rahmen einer weiten Auslegung in den Anwendungsbereich mit einbezogen.

527 Ebenso *Schöbener*, in: Kluth, Handbuch des Kammerrechts, § 14 Fn. 63 mit Verweis auf einen Beschluss des OVG Münster v. 06. 06. 2008, Az. 17 A 1506/05 und weiterführende EuGH-Rechtsprechung.

ist. Von einer sekundärrechtlichen Regelung mit genereller Sperrfunktion ist in diesem Fall somit ebenso wenig auszugehen.[528]

4. *Zwischenergebnis*

Die IHK-Pflichtmitgliedschaft wird nicht von vorrangigem EU-Sekundärrecht erfasst. Ihre unionsrechtliche Beurteilung kann folglich, wenn überhaupt, nur am Maßstab der EU-Grundfreiheiten erfolgen.

II. Grenzüberschreitender Sachverhalt

Zweifellos ist der Anwendungsbereich der Grundfreiheiten in solchen Situationen eröffnet, bei denen ein grenzüberschreitendes Element gegeben ist.[529] Diese klassische Sachverhaltskonstellation offenbart beispielsweise Art. 49 Abs. 1 AEUV, der den Anwendungsbereich der Niederlassungsfreiheit im Falle der „freie[n] Niederlassung von Staatsangehörigen eines Mitgliedstaats im Hoheitsgebiet eines anderen Mitgliedstaats" eröffnet. Werden Unternehmer aus dem EU-Ausland also in Deutschland als Dienstleister tätig oder gründen sie eine weitere Niederlassung in Deutschland, ist das grenzüberschreitende Element zweifelsohne gegeben und die entsprechende Grundfreiheit anwendbar. Im Rückschluss daraus ergibt sich, dass die Grundfreiheiten keine Anwendung finden, wenn ein rein interner – also nationaler – Vorgang vorliegt.

1. *Problem der Inländerdiskriminierung*

Konkret ist zu fragen, wie es sich verhält, wenn ein deutsches Kammermitglied sich gegen die deutsche IHK-Pflichtmitgliedschaft wendet. Hierbei handelt es sich um einen auf den ersten Blick rein internen Sachverhalt.[530] Problematisch

---

528 Neben der Frage nach einer generellen Sperrfunktion, spielt auch das Problem der in Art. 14 Ziff. 2 DLRL untersagten Doppelverkammerung eine Rolle, dies ist als Exkurs im Rahmen der Überprüfung der Vereinbarkeit mit der Dienstleistungsfreiheit genauer zu betrachten.

529 Davon ging der EuGH selbst von Anbeginn an aus, vgl. stellvertretend für die Arbeitnehmerfreizügigkeit: EuGH v. 08. 03. 1979, Rs. *Saunders*, Slg. 1979, 1129; EuGH v. 11. 05. 1994, Rs. *Peralta*, Slg. 1994, I-3453, Rn. 27; für die Niederlassungsfreiheit: EuGH v. 08. 12. 1987, Rs. 20/87, *Gauchard*, Slg. 1987, 4879; EuGH v. 09. 01. 1997, verb. Rs. C-225–227/95, *Kapasakalis*, Slg. 1998, I-4239; für die Dienstleistungsfreiheit: EuGH v. 15. 01. 1991, Rs. C-41/90, *Höfner und Elser*, Slg. 1991, I-1979; EuGH. v. 13. 07. 1995, Rs. C-17/94, *Gervais*, Slg. 1995, I-4353.

530 Keine rein internen Sachverhalte in diesem Sinne sind die sogenannten „Wegzugsfälle" und „Rückkehrerfälle", die – auch nach der Überzeugung des EuGH – dem

sind solche rein innerstaatlichen Sachverhalte, bei denen sich Beschränkungen für Inländer im Vergleich zu EU-Bürgern anderer Länder nachteilig auswirken (sog. Inländerdiskriminierung)[531]. Dies kann daher rühren, dass ein Mitgliedstaat rein innerstaatliche Sachverhalte stärker reguliert und dadurch EU-Ausländer gegenüber Inländern Vorteile erlangen, weil ihnen diese nationalen regulierenden Vorschriften nicht entgegengehalten werden dürfen.[532] Kann sich beispielsweise der spanische dienstleistende oder sich niederlassende Unternehmer in Deutschland bei Vorliegen der übrigen Voraussetzungen auf die jeweilige Grundfreiheit berufen, könnte dem deutschen Unternehmer mangels grenzüberschreitenden Elements dieses Recht verwehrt sein.

a) Notwendigkeit eines „grenzüberschreitenden Sachverhalts"?

Es stellt sich allerdings zuvor schon die Frage, ob an dem Erfordernis eines grenzüberschreitenden Elements überhaupt immer und notwendig festzuhalten ist, wenn die Grundfreiheiten zur Rechtsverteidigung geltend gemacht werden sollen. Ein ausdrücklicher Ausschluss nationalinterner Sachverhalte ist den europäischen Verträgen auch in der aktuellen Fassung nicht zu entnehmen.[533] Dass pauschale Aussagen angesichts erkennbarer Uneinigkeiten in dieser Sache zu hinterfragen sind, zeigen die folgenden Ausführungen.

(1) Standpunkt des EuGH

Der EuGH fordert zwar grundsätzlich das Vorliegen eines grenzüberschreitenden Sachverhaltes, hat selbst bisher jedoch nicht immer eine klare Linie bei der Beantwortung der Frage nach dessen Vorliegen verfolgt. Einerseits finden sich Entscheidungen, die besagen, dass der Anwendungsbereich der Grundfreiheiten grundsätzlich einen Sachverhalt mit grenzüberschreitendem Auslandsbezug

---

Schutz der Grundfreiheiten unterliegen, obwohl sich der Rechtsschutz hier gegen den Herkunftsstaat richtet, vgl. *Tietje*, in: Ehlers (Hrsg.), Europäische Grundrechte und Grundfreiheiten, § 10 Rn. 39 mit weiteren Nachweisen zur EuGH-Rechtsprechung.

531 Gegen diesen Begriff und für die Verwendung der Formulierung „umgekehrte Diskriminierung" spricht sich *Epiney*, in: Calliess/Ruffert, EUV/AEUV, Art. 18 AEUV Rn. 28 aus, da sich „sowohl bei an die Warenherkunft als auch an die Staatsangehörigkeit (im materiellen Sinn) anknüpfenden Regelungen parallele Fragestellungen" ergäben. Hier soll dennoch der gebräuchlichere Begriff der Inländerdiskriminierung verwendet werden.

532 *Streinz*, in: Streinz, EUV/AEUV, Art. 18 AEUV Rn. 62.

533 So damals noch zur Vertragsversion von Maastricht auch *Epiney*, Umgekehrte Diskriminierungen, S. 202.

voraussetze.[534] Andererseits gibt es auch vereinzelte Urteile und Beschlüsse des Gerichtshofs, in denen rein innerstaatliche Sachverhalte den Anwendungsbereich der Grundfreiheiten eröffnen[535], ebenso wie Entscheidungen, in denen nur ein entfernter Auslandsbezug als schutzbereichseröffnend angesehen wird.[536]

(2) Uneinheitliche Literatur

Die wenig konsistente Rechtsprechung wird im rechtswissenschaftlichen Schrifttum widergespiegelt, das in dieser Frage keine einheitliche Auffassung erkennen lässt.

Oft werden rein innerstaatliche Sachverhalte aus dem Anwendungsbereich der Grundfreiheiten pauschal und ohne nähere Begründung ausgeschlossen.[537]Mangels Möglichkeit, gemeinschaftsrechtlich gegen die Schlechterstellung vorzugehen, bliebe dem Betroffenen dann nur die Geltendmachung der Verletzung des nationalen Gleichheitssatzes vor den staatlichen Verfassungsgerichten.[538] Hingewiesen wird zudem auf die Gefahr, dass bei einem völligen Verzicht auf das grenzüberschreitende Moment die Unterscheidung zwischen

534 Dies sind insbesondere die frühen Entscheidungen: z.B. EuGH v. 08. 12. 1987, Rs. C-20/87, *Gauchard*, Slg. 1987, 4879 Rn. 10 ff.; EuGH v. 16. 02. 1995, Rs. C-29/94–35/94, *Aubertin u.a.*, Slg. 1995, I-301 Rn. 9; EuGH v. 02. 07. 1998, verb. Rs. C-225–227/95, *Kapasakalis*, Slg. 1998, I-4239, Rn. 22; m.w.N. auf frühe Rechtsprechung so auch Lackhoff, Die Niederlassungsfreiheit des EGV, S. 55 Fn. 167.

535 Z.B. EuGH Beschluss v. 17. 02. 2005, Rs. C-250/03, *Mauri*, Slg. 2005, I-1267 Rn. 21; EuGH v. 21. 07. 2005, Rs. C-231/03, *Coname*, Slg. 2005, I-7287 Rn. 17; EuGH v. 21. 04. 2005, Rs. C-140/03, *Kommission/Griechenland*, Slg. 2006, I-3177 Rn. 28 f.; EuGH v. 13. 10. 2005, Rs. C-458/03, *Parking Brixen*, Slg 2005, I-8585 Rn. 46 ff. EuGH v. 30. 03. 2006, Rs. C-451/03, *Servici Ausiliari*, Slg. 2006, I-2941 Rn. 29; EuGH v. 06. 04. 2006, Rs. 410/04, *ANAV*, Slg. 2006, I-3303 Rn. 19 ff.

536 Z.B. EuGH v. 27. 06. 1996, Rs. C-107/94, *Asscher*, Slg. 1996, I-3089 Rn. 32 m.w.N.; EuGH v. 17. 10. 2002, Rs. C-79/01, *Payroll Data Services*, Slg. 2002, I-8923 Rn. 27; EuGH v. 07. 09. 2006, Rs. C-470/04, *N*, Slg. 2006, I-7409 Rn. 28.

537 So z.B. *Bröhmer*, in: Calliess/Ruffert, EUV/AEUV, Art. 49 AEUV, Rn. 6, der auf die „ständige Rechtsprechung" des EuGH Bezug nimmt; *Schnattinger*, Die Rückwirkung des Europarechts auf das deutsche Gewerberecht, S. 150, die darauf verweist, dass selbst eine Europarechtswidrigkeit der Pflichtmitgliedschaft, den „Kammerverweigerern nicht helfen (würde), da in diesen Verhältnissen das grenzüberschreitende Element fehlt"; den Betroffenen bleibt die Möglichkeit den Schutz durch das nationales Verfassungsrecht.

538 Ausführlich zur Frage nach der Einschlägigkeit von Art. 3 GG, *Hammerl*, Inländerdiskriminierung 1997.

der (gewollten) Liberalisierung des Marktzuganges und einer (nicht gewollten) generellen Liberalisierung zu verschwimmen drohe.[539] *Bröhmer*[540] sieht sogar eine Gefahr für das Subsidiaritätsprinzip an sich, da bei europarechtlicher Justiziabilität der Inländerdiskriminierungen das „mitgliedstaatliche Recht letztlich immer dem Gemeinschaftsrecht folgen (müsse), um solche Schlechterstellungen zu vermeiden."

Daneben gibt es auch differenzierende Stimmen, wie die von *Kingreen*[541], der bei Grundfreiheiten, die sich als Gleichheitsrechte darstellen, einen grenzüberschreitenden Bezug fordert – das ist seiner Meinung nach die Mehrzahl –, bei rein freiheitssichernden Grundfreiheiten jedoch auf diesen Bezug verzichten will.

Immer häufiger ist allerdings die Überzeugung anzutreffen, dass die europäischen Grundfreiheiten auch bei Inlandssachverhalten berührt sein können. So verlangt *Epiney*[542], dass auch sog. umgekehrte Diskriminierungen – den Begriff der Inländerdiskriminierung betrachtet sie als zu eng[543] – im Bereich einer nationalen Rechtsordnung eine Überprüfung an den Grundfreiheiten finden sollten. Der Tatsache, dass es sich zumindest primär um einen nationalen Sachverhalt handelt, müsse dadurch Rechnung getragen werden, dass den Mitgliedstaaten im Rahmen der Rechtfertigung besondere „berechtigte Interessen" zugestanden werden müssten.[544]

Ausführlich mit der Problematik befasst sich auch *Lackhoff*[545]. Für die Frage, ob die Grundfreiheiten auch rein mitgliedstaatlichen Maßnahmen Grenzen setzen, sei es entscheidend, ob die Grundfreiheiten – so wohl die Überzeugung der Rechtsprechung – nur die Funktion der Marktöffnung erfüllten, auf die Schaffung identischer Wettbewerbsbedingungen – also die Marktgleichheit – oder sogar auf die „Beseitigung aller ungerechtfertigten Beeinträchtigungen

539 *Roth*, in: Dauses, EU-Wirtschaftsrecht, E. I. Rn. 79 mit Hinweis auf die diesbezügliche Argumentation von GA *Tesauro* und GA *Tizzano*.

540 *Bröhmer*, in: Calliess/Ruffert, EUV/AEUV, Art. 49 AEUV Rn. 6.

541 Beispielsweise *Kingreen*, Die Struktur der Grundfreiheiten, S. 84 ff., 115, der bei Grundfreiheiten, die sich als Gleichheitsrechte darstellen, einen grenzüberschreitenden Bezug fordert – das ist seiner Meinung nach die Mehrzahl – bei rein freiheitssichernden Grundfreiheiten jedoch auf diesen Bezug verzichten will.

542 *Epiney*, Umgekehrte Diskriminierungen, S. 200 ff., v.a. 257 f.

543 *Epiney*, Umgekehrte Diskriminierungen, S. 33.

544 Ebd. S. 257.

545 *Lackhoff*, Die Niederlassungsfreiheit des EGV, S. 67 ff.

der wirtschaftlichen Tätigkeit" abzielten.[546] Methodisch klärt *Lackhoff*, dass der Wortlaut der Grundfreiheiten – am Beispiel der Niederlassungsfreiheit – den Einbezug rein interner Sachverhalte nicht ausschließe und die bisherige Rechtsprechung des EuGH durchaus für eine Rechtsfortbildung offen sei.[547] Zentraler Punkt sei dabei die Erfüllung der Voraussetzungen einer Rechtsfortbildung, also das Vorliegen einer planwidrigen Regelungslücke.[548] Besonderes Augenmerk müsse bei der Analyse der Frage zukommen, ob die Auslegung der Vertragsziele die Anwendung der Grundfreiheiten stützt oder diese vielmehr dagegen sprechen.[549] Letztlich sprechen nach Ansicht *Lackhoffs* insbesondere die Zielbestimmungen in Art. 2 EGV (heute Art. 3 EUV) dafür, auch nationale Sachverhalte in den Anwendungsbereich der Grundfreiheiten mit einzubeziehen.[550] Der Binnenmarkt sei auf Marktfreiheit und -gleichheit, und nicht lediglich auf eine reine Marktöffnung ausgelegt.[551] Da eine solche Einbeziehung bis heute nicht stattgefunden habe, liege eine Lücke vor. Die Ungewolltheit dieser Lücke ergäbe sich zum einen aus dem aus den Zielen erkennbaren „Plan des EGV" und andererseits daraus, dass sich mutmaßlich „die Vertragsväter nicht vorstellen konnten, dass ein Mitgliedstaat für seine Angehörigen ungünstigere Regelungen als für EG-Ausländer aufrechterhalten oder erlassen werde"[552]. Dieser Meinung und Argumentation folgt auch *Tietje*[553], mit der Feststellung, dass es konsequent für den EuGH wäre, den Schritt zur „erweiterten, nicht mehr auf den grenzüberschreitenden Bezug abstellenden Interpretation" der Grundfreiheiten zu wagen.

---

546 *Lackhoff*, Die Niederlassungsfreiheit des EGV, S. 68 f.; mit besonderem Verweis auf eine ähnliche Problematik, die sich zu dem Zeitpunkt in den USA im Verhältnis Bundesverfassung und Regelungen der Bundesstaaten stellte.

547 *Lackhoff*, Die Niederlassungsfreiheit des EGV, S. 71 ff.

548 Weiterführend dazu: *Larenz/Canaris*, Methoden der Rechtswissenschaft, S. 192 ff.

549 *Lackhoff*, Die Niederlassungsfreiheit des EGV, S. 82 ff.; der Autor selbst analysiert zwar speziell den Fall der Niederlassungsfreiheit, ein Unterschied zur im vorliegenden Fall möglicherweise ebenso einschlägigen Dienstleistungsfreiheit lässt sich jedoch nicht ausmachen.

550 Sehr ausführlich zur Begründung *Lackhoff*, Die Niederlassungsfreiheit des EGV, S. 82 ff.

551 *Lackhoff*, Die Niederlassungsfreiheit des EGV, S. 98.

552 *Lackhoff*, Die Niederlassungsfreiheit des EGV, S. 103; wieso es sich um eine zulässige gesetzesimmanente Rechtsfortbildung, die auch für die Bundesrepublik Deutschland verbindlich wäre, handeln würde, zeigt der Autor sehr anschaulich ebd. S. 108 ff.

553 *Tietje*, in: Ehlers (Hrsg.), Europäische Grundrechte und Grundfreiheiten, § 10 Rn. 40.

(3) Weiterführende Erwägungen

Auch in der Literatur mehren sich also die Stimmen, die ein Abrücken vom Erfordernis des grenzüberschreitenden Bezuges für möglich halten, wenn nicht gar fordern. Dies lässt sich sowohl aus teleologischer als auch aus struktureller Sicht stützen.

(a) Teleologische Erwägungen

Die richtige Interpretation der Grundfreiheiten und damit auch der Frage nach der Notwendigkeit des Vorliegens eines grenzüberschreitenden Elements erschließt sich – wie in der Literatur angedeutet – erst mit Blick auf Sinn und Zweck der Grundfreiheiten. So ist es beispielsweise telos der Niederlassungsfreiheit, den Marktbürgern eine allein auf wirtschaftliche Rationalitätserwägungen begründete Entscheidung über den Ort ihrer gewerblichen Betätigung zu ermöglichen.[554] Mit dieser Zwecksetzung verbunden ist die Vorstellung, dass nur eine solche, ausschließlich ökonomischen Gesichtspunkten verpflichtete Standortwahl einen freien, die Binnengrenzen überwindenden Wettbewerb zur Folge hat.[555] Dabei geht es erkennbar nicht um die vollständige Aufhebung aller Unterschiede in den Rechtsordnungen der Mitgliedstaaten, denn so ist die EU rechtlich (noch) nicht konzipiert.[556] Die Grundfreiheiten beinhalten keinen Auftrag zur Vollharmonisierung der mitgliedstaatlichen Rechtsordnungen, aber sie lassen Beschränkungen, gleich an welchem Ort sie eintreten, vor den normativen Vorgaben des unionalen Primärrechts als rechtfertigungsbedürftig erscheinen. Daraus folgt jedoch, dass die Geltendmachung dieser fundamentalen Rechte aller EU-Bürger nicht bereits im Bereich der allgemeinen Tatbestandsvoraussetzungen scheitern darf. Vorzugswürdig ist vielmehr eine Beachtung dieses Umstandes zum Beispiel im Bereich der Verhältnismäßigkeitsprüfung, wie von *Epiney*[557] vorgeschlagen.

Im Interesse einer optimalen Ressourcenallokation für den Begünstigten liegt es zudem, die Grundfreiheiten, hier speziell die Niederlassungs- und Dienstleistungsfreiheit, möglichst frei von mitgliedstaatlichen Einflüssen zu halten. Allein diese Sichtweise entspricht dem in Art. 26 Abs. 1 AEUV verankerten

---

554 So z.B. *Roth*, in: Dauses, EU-Wirtschaftsrecht, E. I, Rn. 78.

555 Dieser Gedankengang fügt sich ein in die Erwägungen *Lackhoffs* zu den EU-Zielen „Binnenmarkt“ und „Gemeinsamer Markt“.

556 Die rechtliche Konzeption, die maßgeblich durch das Subsidiaritätsprinzip geprägt wird, kommt insbesondere in den Art. 4 f. EUV sowie Art. 2 ff. AEUV zum Ausdruck.

557 S.o. Fn. 541.

Binnenmarktziel und dem in Art. 3 Abs. 3 EUV verankerten Verwirklichungsauftrag, der besagt: „Sie (die EU, Anm. d. Verf.) wirkt auf (…) eine in hohem Maße wettbewerbsfähige soziale Marktwirtschaft (…) hin". Dieser Auftrag ist nur zu erfüllen, wenn Beschränkungen und Behinderungen von Niederlassungen oder Dienstleistungen auch in rein innerstaatlichen Sachverhaltskonstellationen möglichst unterbleiben und sie nicht nur der mitgliedstaatlichen Kontrolle überantwortet, sondern darüber hinaus dem Maßstab der europäischen Grundfreiheiten unterstellt werden.

(b) Strukturelle Erwägungen

Strukturell gibt es mehrere Unterscheidungen, die bei der Frage nach der Notwendigkeit eines grenzüberschreitenden Bezuges argumentativ eine Rolle spielen können.

Ein Unterscheiden zwischen Grundfreiheiten mit Gleichheitscharakter und Grundfreiheiten mit Freiheitscharakter[558] ist dabei insbesondere mit Blick auf die Warenverkehrs-, Niederlassungs- und Dienstleistungsfreiheit nicht zielführend und deshalb abzulehnen. In Zeiten, in denen sich die EuGH-Rechtsprechung zur Weiterentwicklung der Grundfreiheiten von reinen Diskriminierungsverboten zu allgemeinen Beschränkungsverboten auf breiter Front durchgesetzt hat[559], kann einer Rückführung dieser Rechte auf ihren Anti-Diskriminierungsgehalt nicht gefolgt werden. Die logische Folge dieser schon früh einsetzenden Rechtsprechungsentwicklung wäre es vielmehr, erst recht in Anbetracht der oben formulierten Erwägungen, auch den Schritt des Verzichts auf die Notwendigkeit des grenzüberschreitenden Elements zu gehen.

Auch das strukturelle Argument, der grenzüberschreitende Bezug müsse beibehalten werden, weil sich durch dieses Merkmal die Grundfreiheiten wesentlich von den Grundrechten des Gemeinschaftsrechts unterscheiden[560] und diese Unterscheidung sonst verschwimme, vermag aus Sicht des Rechtsschutzsuchenden mit Blick auf effektiven Rechtsschutz schwer zu überzeugen. So stellte auch *Kluth* schon früh fest, dass die (heute selbstverständliche) Entwicklung der Grundfreiheiten von reinen Diskriminierungsverboten zu Beschränkungsverboten dazu diente, für eine „größtmögliche Effektivität" (der Grundfreiheiten)

---

558 So aber *Kingreen*, siehe oben Kapitel IV A. III. 3.

559 Genauer dazu im Rahmen der Tatbestandsvoraussetzungen der Niederlassungsfreiheit.

560 *Roth*, in: Dauses, EU-Wirtschaftsrecht, E.I. Rn. 31.

zu sorgen und „sie in Richtung von Grundrechten zu entwickeln"[561]. Er bestätigt so einen engen Zusammenhang beider Rechtsinstrumentarien.

Eine Gefährdung des Subsidiaritätsprinzips durch den Verzicht auf das grenzüberschreitende Moment ist unwahrscheinlich. Die rechtliche Verzahnung der unionalen und mitgliedstaatlichen Rechtsordnungen ist auch mit Blick auf die Kammern im vorhandenen Unionsrechtsraum längst gegeben,[562] und die Verträge sichern verbindlich und einklagbar, dass weiterhin eine Kompetenzabgrenzung stattfindet.

b) Fazit

Einigkeit in Bezug auf die Frage nach der Erforderlichkeit des grenz- überschreitenden Sachverhaltes besteht nicht. Folgt man den aufgezeigten systematischen und teleologischen Überlegungen, erscheint das Vorliegen eines grenzüberschreitenden Bezuges verzichtbar, und es könnten sich also auch auf den ersten Blick rein innerstaatlich betroffene Verpflichtete der IHK-Mitgliedschaft auf die Grundfreiheiten berufen. Viele Mitglieder der IHKs sind indes in ihren wirtschaftlichen Geschäftsabläufen grenzüberschreitend aktiv und können sich somit aufgrund tatsächlich vorhandener grenzüberschreitender Momente in anderen Zusammenhängen auf die Grundfreiheiten des EU-Vertrages berufen. Dieser rechtlichen Erkenntnis könnte in nicht allzu ferner Zukunft in der Realität der nächste Schritt folgen, der erkennt, dass es in wirtschaftlichen Wettbewerbsbelangen keine rein internen Sachverhalte mehr gibt. Die EU sollte als originär wirtschaftliche Vereinigung dabei den Schritt einer umfassenden Rechtsgewährleistung gehen.[563]

---

561 *Kluth*, Funktionale Selbstverwaltung, S. 336, explizit zur Thematik der Vereinbarkeit von IHK-Pflichtmitgliedschaft und Niederlassungsfreiheit.

562 Ausführlich dazu *Kluth*, in: Handbuch des Kammerrechts, § 5 Rn. 219.

563 Dabei würde es sich um eine auch in der Literatur bereits erwogene Lösung des Problems der Inländerdiskriminierung „auf gemeinschaftsrechtlicher Ebene" handeln. Dazu *Kingreen*, Die Struktur der Grundfreiheiten, S. 147 f m.w.N. Die dort dargelegte Argumentation, dass gerade die – vom EuGH regelmäßig bestätigte – Weiterentwicklung der Grundfreiheiten die Inländerdiskriminierung provoziere und deshalb erst recht am grenzüberschreitenden Bezug festzuhalten und das Problem mittels der nationalen Grundrechte zu lösen sei, erscheint in diesem Zusammenhang rückschrittlich. Als Zirkelschluss erweist sich außerdem die Forderung, die Grundfreiheiten deshalb als reine Gleichheitsrechte anzusehen, weil eine unverhältnismäßige Maßnahme ja alle Bürger in der gleichen Situation beträfe und alle betroffenen Bürger wieder in den Genuss dieser Freiheit kommen müssten, die Grundfreiheiten als Freiheitsrechte jedoch aktuell dazu führten, dass eben nur partielle Freiheit gewährt wird. Viel

III. Zwischenergebnis

Es wurde festgestellt, dass ein vorrangiges, die Anwendung der Grundfreiheiten ausschließendes Sekundärrecht zur Problematik der Pflichtmitgliedschaft in den IHKs nicht existiert.

Die Frage nach der Notwendigkeit eines grenzüberschreitenden Elements in der Grundfreiheitsprüfung kann nach Analyse von EuGH-Rechtsprechung, Literatur und teleologischen Erwägungen als zumindest zweifelhaft beantwortet werden. Es käme somit durchaus in Betracht, auch die Überprüfung eines rein innerstaatlichen Sachverhalts – beispielsweise das Auflehnen eines deutschen Pflichtmitglieds in einer deutschen IHK – vorzunehmen. Selbstverständlich würde diese Untersuchung erst recht stattfinden, wenn ein grenzüberschreitender Bezug – beispielsweise das Auflehnen eines Österreichers gegen die deutsche Pflichtmitgliedschaft – gegeben ist. Denn es steht außer Streit, dass ein klassisch-grenzüberschreitender Sachverhalt – ein österreichischer Unternehmer lässt sich in Deutschland nieder und wird kraft Gesetzes IHK-Mitglied – in den Anwendungsbereich der EU-Grundfreiheiten fällt.

B. Niederlassungsfreiheit, Art. 49 AEUV

Da die automatische Pflichtmitgliedschaft in den deutschen IHKs primär an die Unterhaltung einer Betriebsstätte anknüpft, liegt es nach der Überprüfung der allgemeinen Voraussetzungen nahe, zunächst die Vereinbarkeit mit der Niederlassungsfreiheit des Art. 49 Abs. 1 AEUV zu überprüfen.

I. Schutzbereich

1. Personeller Schutzbereich

Die Niederlassungsfreiheit erfasst *ratione personae* natürliche Personen und Gesellschaften. Notwendig ist, dass die Gesellschaften nach den Rechtsvorschriften eines Mitgliedstaates gegründet sind und ihren satzungsmäßigen Sitz, ihre Hauptverwaltung oder ihre Hauptniederlassung in der EU haben (Art. 54 AEUV).[564] Für natürliche Personen werden Staatsangehörigkeit und Ansässigkeit in einem EU-Mitgliedstaat vorausgesetzt (Art. 49 UA 2 AEUV).

---

konsequenter wäre es, einfach auf das grenzüberschreitende Element zu verzichten und damit die freiheitsrechtlichen Grundfreiheiten für alle tatsächlich Betroffenen anwendbar zu machen.

564 *Schlag*, in: Schwarze (Hrsg.)/Becker/Hatje/Schoo, EU-Kommentar, Art. 49 Rn. 31.

Diese recht weiten personellen Voraussetzungen werden Gewerbetreibende in der Regel problemlos erfüllen. Genauer betrachtet werden sollte indes die Frage nach dem sachlichen Schutzbereich.[565]

2. Sachlicher Schutzbereich

Der Begriff der „Niederlassung" wird im Unionsrecht nicht definiert. Der Europäische Gerichtshof versteht darunter in ständiger Rechtsprechung „die tatsächliche Ausübung einer wirtschaftlichen Tätigkeit mittels einer festen Einrichtung auf unbestimmte Zeit".[566] Bei diesem weiten Begriffsverständnis kommt es – in Abgrenzung zur Dienstleistungsfreiheit – entscheidend darauf an, ob die infrage stehende wirtschaftliche Tätigkeit in einer „festen Einrichtung" ausgeübt wird und ob diese Tätigkeit auf unbestimmte Dauer angelegt ist. Während bei der Dienstleistungsfreiheit der Dienstleistungserbringer grundsätzlich in seinem Herkunftsstaat angesiedelt bleibt und sich – bei der sog. aktiven Dienstleistungsfreiheit – nur vorübergehend in einen anderen EU-Mitgliedstaat begibt, integriert sich der Niederlassungswillige vollständig in die Wirtschaftsordnung eines Mitgliedstaates.[567] Wie Art. 49 Abs. 2 AEU ergänzend klarstellt, umfasst die Niederlassungsfreiheit dabei „die Aufnahme und Ausübung selbständiger Erwerbstätigkeiten".

Bezogen auf die Pflichtmitgliedschaft in den IHKs bedeutet dies, dass die Niederlassungsfreiheit in beiden Erscheinungsformen thematisch berührt ist. Die Entscheidung eines Gewerbetreibenden, in Deutschland ein Gewerbe zu beginnen, die nach der Gewerbeordnung obligatorische Anzeige des Gewerbebeginns (§ 14 GewO) bzw. das Einholen bestimmter gewerberechtlicher Erlaubnisse oder Genehmigungen sowie die tatsächlichen Maßnahmen wirtschaftlicher Art, die der Gewerbetreibende vor der Aufnahme des Geschäftsbetriebs vornimmt, fallen unter das Sachverhaltsmerkmal „Aufnahme selbstständiger Erwerbstätigkeiten". Die IHK-Pflichtmitgliedschaft knüpft automatisch an die Anmeldung des Gewerbes und die Veranlagung zur Gewerbesteuer an, also an einen Sachverhalt, der als „Aufnahme selbstständiger Erwerbstätigkeit" zu qualifizieren ist.

---

565 Zur vertiefenden Unterscheidung zwischen primärer und sekundärer Niederlassungsfreiheit im Rahmen des persönlichen Anwendungsbereichs siehe *Müller-Graff*, in: Streinz (Hrsg.), EUV/AEUV, Art. 49 R. 26 ff.; *Schlag*, in: Schwarze (Hrsg.)/Becker/Hatje/Schoo, EU-Kommentar, Art. 49 Rn. 29.

566 EuGH Rs. C-221/89, *Factortame* I, Slg. 1991, I-3905 Rn 20.

567 Vgl. *Rafii*, Niederlassungsfreiheit, in: Schöbener (Hrsg.), Europarecht, Rn. 2227.

Zugleich entstehen für die Kammerzugehörigen aufgrund der andauernden, unkündbaren und beitragspflichtigen Pflichtmitgliedschaft Rechtsfolgen aufgrund der „Ausübung selbstständiger Erwerbstätigkeit". Auch diese Variante der Niederlassungsfreiheit ist mithin thematisch berührt.

II. Beeinträchtigung

Die IHK-Pflichtmitgliedschaft könnte eine Beschränkung der Niederlassungsfreiheit darstellen. Zunächst soll zur Klärung dieser Frage dargelegt werden, wie weit der Schutzgehalt von Art. 49 AEUV grundsätzlich reicht. Im Anschluss daran werden regelmäßig auftretende, rechtliche Problemschwerpunkte der deutschen IHK-Pflichtmitgliedschaft aufgezeigt und analysiert.

1. Gewährleistungsinhalt

a. Diskriminierungsverbot

Zum Gewährleistungsinhalt der Niederlassungsfreiheit gehört zunächst ein Diskriminierungsverbot.[568]Den Mitgliedstaaten ist es verboten, fremde Staatsangehörige bei der Niederlassung schlechter zu behandeln als eigene Staatsangehörige. Eine solche Diskriminierung wegen der Staatsangehörigkeit ist bei der IHK-Pflichtmitgliedschaft nicht zu besorgen, weil die Pflichtmitgliedschaft unterschiedslos für deutsche wie ausländische Gewerbetreibende gilt.[569] Jenseits der Staatsangehörigkeit erfolgt gemäß § 2 Abs. 1 IHKG eine Anknüpfung an sachliche Merkmale, nämlich das Unterhalten einer Betriebsstätte im betreffenden Bezirk bei gleichzeitiger Veranlagung zur Gewerbesteuer. Mit Blick auf das in Art. 49 AEUV enthaltene Diskriminierungsverbot ergeben sich mithin keinerlei Probleme.

b. Beschränkungsverbot

Allerdings erschöpft sich der Gewährleistungsinhalt der Niederlassungsfreiheit nicht (mehr) in dem Gebot der Inländergleichbehandlung.[570]

---

568 *Streinz*, Europarecht, Rn. 810 mit Verweis auf *Roth*, in: Dauses, Handbuch des EU-Wirtschaftsrechts, E.I. Rn. 77 u.a. zur Entstehungsgeschichte als stützendes Argument.

569 So auch *Kluth*, Funktionale Selbstverwaltung, S. 334; *Schnattinger*, Die Rückwirkung des Europarechts auf das deutsche Gewerberecht, S. 146.

570 Anders noch, aber nicht (mehr) überzeugend z.B. VG Berlin v. 11. 03. 2005, GewArch 2005, 213.

Anfang der 1980er Jahre hat sich durch die Rechtsprechung des Europäischen Gerichtshofs eine Erweiterung des Schutzbereichs der Niederlassungsfreiheit auf solche Konstellationen vollzogen, bei denen nicht mehr eine Diskriminierung wegen der Staatsangehörigkeit, sondern lediglich eine allgemeine Beschränkung der Niederlassungsfreiheit zu beobachten war. Die Schutzbereichserweiterung hin zu einem allgemeinen Beschränkungsverbot setzte im Jahr 1984 in der Rechtssache *Klopp* ein,[571] verfestigte sich später in den Rechtssachen *Kraus*[572] und *Gebhard*[573] und darf seitdem als ständige Rechtsprechung angesehen werden.[574] Das rechtswissenschaftliche Schrifttum hat diese Entwicklung zustimmend zur Kenntnis genommen.[575]

Seit der Rechtssache *Gebhard* gilt die Formel, dass „nationale Maßnahmen, die die Ausübung der durch den Vertrag garantierten grundlegenden Freiheiten behindern oder weniger attraktiv machen können", grundsätzlich unzulässige Beschränkungen der Niederlassungsfreiheit sind, die nur unter ganz bestimmten Voraussetzungen gerechtfertigt sein können.[576]

Als Beschränkungen hat der Europäische Gerichtshof unter anderem angesehen: Das Erfordernis der Eintragung in bestimmte berufsständische Listen, um Datenverarbeitungsdienste anbieten zu können[577], die Regelung, wonach die Steuerberatung juristischen Personen vorbehalten sein soll, die besonderen

571 EuGH Rs. 107/83, Slg. 1984, 2971.

572 EuGH Rs. C-19/92, Slg. 1993, I-1663 Rn. 32 m.w.N.

573 EuGH Rs. C-55/94, Slg. 1995, I-4165.

574 Vgl. aus jüngerer Zeit EuGH Rs. C-424/97, *Haim*, Slg. 2000, I-5123 Rn. 57; Rs. C-439/99, *Kommission/Italien*, Slg. 2002, I-305 Rn. 22; Rs. C-442/02, *CaixaBank France*, Slg. 2004, I-8961 Rn. 11.

575 *Bröhmer*, in: Calliess/Ruffert, EUV/EGV Kommentar, Art. 43 EGV Rn. 30 f.; *Everling*, Das Niederlassungsrecht in der EG als Beschränkungsverbot – Tragweite und Grenzen, in: GS Knobbe-Keuk, S. 607 (608); *Frenz*, Handbuch Europarecht, Band I Europäische Grundfreiheiten, Rn. 434; *Müller-Graff*, in: Streinz (Hrsg.), EUV/EGV Kommentar, Art. 43 EGV Rn. 57 ff.; *Randelzhofer/Forsthoff*, in: Grabitz/Hilf, Das Recht der Europäischen Union – Kommentar, Bd. 2, Art. 43 Rn. 64 f.; *Schlag*, in: Schwarze (Hrsg.), EU-Kommentar, Art. 43 EGV Rn. 45 ff.; *Steiner/Woods/Twigg-Flesner*, EU Law, p. 454 ff.; *Tiedje/Troberg*, in: von der Groeben/Schwarze (Hrsg.), Vertrag über die Europäische Union und Vertrag zur Gründung der Europäischen Gemeinschaft, Art. 43 EG Rn. 87.

576 EuGH Rs. C-55/94, *Gebhard*, Slg. 1995, I-4165, 4197 Rn. 37; *Streinz*, Europarecht, Rn. 811 spricht von einem „vierstufigen Rechtfertigungsstandard".

577 EuGH Rs. C-79/01, *Payroll Data Services*, Slg. 2002, I-8923.

Anforderungen entsprechen müssen[578], das Verbot, als natürliche Person mehr als ein Optikergeschäft zu betreiben[579], das strafbewehrte Verbot des Anbietens von Sportwetten[580], die Verwaltungspraxis eines Mitgliedstaates über die Nichtanerkennung von Hochschuldiplomen, die an der Zweigniederlassung einer privaten Hochschule in diesem Staat erworben wurden[581] und das österreichische Verbot, den Beruf des Heilpraktikers auszuüben.[582]

Die IHK-Pflichtmitgliedschaft und die mit ihr einhergehende Beitragspflicht stellt sich angesichts der vom Europäischen Gerichtshof geübten Rechtsprechungspraxis auf den ersten Blick als Beschränkung der Niederlassungsfreiheit dar, denn sie macht die Niederlassung in Deutschland „unattraktiv". Denn die Pflichtmitgliedschaft und die korrespondierende Beitragspflicht führen zu einer mindestens weniger attraktiven Niederlassung, als sie es ohne die Pflichtmitgliedschaft wäre[583].

In den letzten Jahren bildeten sich in der Diskussion um den Beschränkungscharakter der IHK-Pflichtmitgliedschaft jedoch relativierende Argumentationsgänge heraus, die auf den zweiten Blick eine andere Deutung erforderlich machen könnten.

2. *Problemschwerpunkte in Bezug auf die IHKs*

a. *Reiner Bagatellcharakter*

Die Einstufung der Pflichtmitgliedschaft als „reine Bagatelle" im rechtlichen Sinne könnte dazu führen, dass trotz grundsätzlichen Beschränkungscharakters nicht von einer Rechtsverkürzung auszugehen ist. So konstatierten deutsche Gerichte beispielsweise, dass „die Freiheit der Standortwahl durch die Mitgliedschaftsbeiträge einer berufsständischen Vereinigung nicht angetastet (werde)"[584]

---

578 EuGH Rs. C-451/03, *Servizi Ausiliari*, Slg. 2006, I-2941 Rn. 34 ff.

579 EuGH Rs. C-140/03, *Kommission/Griechenland*, Slg. 2005, I-3177 Rn. 28 f.

580 EuGH Rs. C-243/01, *Gambelli*, Slg. 2003, I-13031 Rn. 44 ff.

581 EuGH Rs. C-153/02, *Neri*, Slg. 2003, I-13555 Rn. 40 ff.

582 EuGH Rs. C-294/00, *Gräbner*, Slg. 2002, I-6515 Rn. 40.

583 Diese unionsrechtliche Beurteilung weist eine Parallele in der deutschen Grundrechtsdogmatik auf. Das Bundesverfassungsgericht hat entschieden, BVerfGE 146, 164 (196): „Sowohl die Beitragserhebung nach § 3 Abs. 2 und 3 IHKG als auch die Pflichtmitgliedschaft nach § 2 Abs. 1 IHKG sind Eingriffe in die nach Art. 2 Abs. 1 GG grundrechtlich geschützte Freiheit. Bereits die Pflichtmitgliedschaft als solche ist nicht lediglich rechtlich vorteilhaft oder eingriffsneutral." Anders noch *Kluth,* Funktionale Selbstverwaltung, S. 306 f.

584 VG Koblenz v. 11. 01. 1996, 3 K 2856/95, GewArch. 1996, 283.

und dass „ein Eingriff in die Niederlassungsfreiheit nur dann vor(liege), wenn die betreffende Maßnahme den Marktzugang effektiv behindert oder weniger attraktiv macht, d.h. eine Marginalitätsschwelle überschreitet“[585]. Explizit entschied auch das VG Darmstadt, dass „die mit der Pflichtmitgliedschaft einhergehende Belastung in Form der Beitragserhebung so geringfügig (sei), dass mit ihr keine Erschwerung der Niederlassungsfreiheit (einhergehe)“[586].

Diese Beschreibungen verkennen jedoch zweierlei: Einerseits ist nicht erst die Beitragspflicht als Anknüpfungspunkt für eine Beschränkung auszumachen, sondern bereits die Verkürzung des Freiheitsrechts an sich durch die automatische, verpflichtende Mitgliedschaft nach § 2 Abs. 1 IHKG.[587] Zudem kann aus ökonomischer Sicht jede – noch so vermeintlich geringe – staatliche Belastung negative Auswirkungen für die Niederlassung haben. Zu Recht ist deshalb auch in der Rechtsprechung des EuGH anerkannt, dass es „allein auf das Vorliegen einer Erschwerung für den Marktzugang, nicht aber auf deren Spürbarkeit (ankomme)“.[588]

Auch in der Literatur[589] und der nationalen Rechtsprechung[590] ist diese Überzeugung inzwischen verbreitet. Schon wegen der Gefahr, dass Marginalisierungen von Eingriffen, die zudem in jedem Mitgliedstaat unterschiedlich ausfallen könnten, zu einer Aushöhlung der intendierten Marktfreiheiten führen, ist der

---

585 OVG Lüneburg v. 16. 01. 2009, GewArch 2009, 370 f.; ähnlich VG München v. 09. 10. 2012, das selbst in Mitgliedschaft und Zahlungsverpflichtung keine Beschränkung sehen will, weil es sich in Parallele zur „unbestritten europarechtskonformen Gewerbesteuer“ um eine „für alle entsprechenden Wirtschaftssubjekte geltende (Beitrags-)Verpflichtung“ handele und „darüber hinaus keine beschränkende Wirkung entfalte bzw. die bloße Beitragspflicht als solche zu unspezifisch sei“, ebd. Rn. 30.

586 VG Darmstadt v. 07. 11. 2006, ZIP 2006, 2273; auf die geringe Beitragshöhe weist auch *Gornig* hin, Pflichtmitgliedschaft in der Industrie- und Handelskammer – verfassungsrechtliche und europarechtliche Aspekte, WiVerw 1998, 158 (180).

587 Siehe oben b) mit Hinweis auf die parallele Wertung in BVerfGE 146, 164 (196).

588 So bereits früh EuGH v. 28. 01. 1986, Rs. C-270/83 Kommission/Frankreich, Slg. 1986, 273 Rn. 21; EuGH v. 15. 02. 2000, Rs. C-34/98 Kommission/Frankreich, Slg. 2000, I-995 Rn. 49; zentral insoweit EuGH v. 11. 03. 2004, Rs. C-9/02, *Lasteryie du Saillant*, Slg 2004, I- 2409 Rn 43, wo festgestellt wurde, dass auch „geringfügige oder unbedeutende“ Beschränkungen (hier in Form von steuerrechtlichen Regelungen mit „abschreckender Wirkung“ für die Niederlassungsfreiheit) ausreichten.

589 Z.B. *Schlag*, in: Schwarze (Hrsg.)/Becker/Hatje/Schoo, EU-Kommentar, Art. 49 AEUV Rn. 49; *Roth*, in: Dauses, EU-Wirtschaftsrecht, E.I. Rn. 87.

590 Z.B. VG Oldenburg v. 27. 01. 2011, Rn. 20 sowie OVG Lüneburg, Beschluss v. 16. 01. 2009, 8 ME 123/08, Rn. 7.

Beschränkungscharakter der IHK-Pflichtmitgliedschaft aufgrund eines vermeintlichen Bagatellcharakters zu verneinen.

b. Schutzbereichsbegrenzung i.S.d. Keck-Rechtsprechung

Teilweise wird das Vorliegen einer Rechtsbeschränkung durch die IHK-Pflichtmitgliedschaft auch mit einem Verweis auf die Einschlägigkeit der Schutzbereichsbegrenzung i.S.d. Keck-Rechtsprechung ausgeschlossen. Dies würde dazu führen, dass eine subjektiv bestehende Rechtsverletzung nicht an der Niederlassungsfreiheit zu messen wäre.

Dazu soll zunächst geklärt werden, worum es sich bei dieser Rechtsfigur des EuGH handelt und inwiefern sie im Rahmen der Niederlassungsfreiheit eine Rolle spielen könnte.

(1) Keck-Rechtsprechung des EuGH

(a) Ursprung in der Warenverkehrsfreiheit

Erstmalig durch den EuGH angewandt wurde diese Art der Tatbestandsbeschränkung im sog. Keck-Urteil[591] aus dem Jahre 1993. Inhaltlich ging es in der Rechtssache darum, dass sich die Kläger Keck und Mithouard gegen das französische Verkaufsverbot ihrer Waren unter Einkaufspreis zur Wehr setzten. Das zuständige Gericht legte die Sache dem EuGH vor mit der Frage, ob das Verbot, die Waren – wie in anderen europäischen Ländern möglich – unter Einkaufspreis zu verkaufen, mit der Warenverkehrsfreiheit des EG-Vertrages vereinbar sei. In seinem Urteil schränkte der Gerichtshof die geltende, weitreichende Dassonville-Formel[592] dahin gehend ein, dass bestimmte Verkaufsmodalitäten nicht vom Schutzbereich der Warenverkehrsfreiheit nach Art. 34 AEUV (ex. Art. 28 EGV) erfasst sind, wenn sie

> „für alle betroffenen Wirtschaftsteilnehmer gelten, die ihre Tätigkeit im Inland ausüben, und sofern sie den Absatz der inländischen Erzeugnisse und der Erzeugnisse aus anderen Mitgliedstaaten rechtlich wie tatsächlich in der gleichen Weise berühren.“[593]

---

591 EuGH v. 24. 11. 1993, Rs. C-267/91 u. C-268/91, *Keck* und *Mithouard*, Slg. 1993, S. I-6097 ff.

592 Hierbei handelt es sich um die vom EuGH festgelegte Definition der in Art. 34 AEUV erwähnten „Maßnahme gleicher Wirkung“, die seit 1974 definiert wird als „jede Handelsregelung der Mitgliedstaaten, die geeignet ist, den innergemeinschaftlichen Handel unmittelbar oder mittelbar, tatsächlich oder potentiell zu behindern“, vgl. EuGH v. 11. 07. 1974, Rs. 8/74, *Dassonville*, Slg. 1974, 837 Rn. 5.

593 Ebd. Rn. 16.

Vom Schutzbereich des Art. 34 AEUV sind demnach nur „bestimmte Verkaufsmodalitäten" ausgeschlossen, die kumulativ beide Voraussetzungen erfüllen. Hintergrund dieser Begrenzung ist die Tatsache, dass es nicht Ziel der Grundfreiheiten ist, in allen Staaten identische Standortbedingungen zu schaffen, sondern nur dann regulierend einzugreifen, wenn Einschränkungen in konkret die grenzüberschreitende Wirtschaftstätigkeit betreffender Weise erfolgen.[594]

(b) Übertragbarkeit auf andere Grundfreiheiten

Es stellt sich jedoch die Frage, ob die ursprünglich im Rahmen der Warenverkehrsfreiheit entwickelte Keck-Formel überhaupt auf die übrigen Grundfreiheiten und damit auch auf die Niederlassungsfreiheit übertragen werden kann.

(aa) Dienstleistungsfreiheit, Artt. 56 ff. AEUV

Die Dienstleistungsfreiheit weist auf den ersten Blick die deutlichsten Parallelen zur Warenverkehrsfreiheit auf. Zusammen bilden die beiden Grundfreiheiten die Gruppe der „Produktverkehrsfreiheiten".[595] Zudem fand das Keck-Urteil bereits in einigen Urteilen des EuGH die Dienstleistungsfreiheit betreffend Erwähnung.[596] Während im Urteil *Alpine Investments* eine „Nichtanwendung von Keck im konkreten Fall"[597] erfolgte, ließ der Gerichtshof in *Canal Satélite Digital* die Anwendbarkeit möglich erscheinen, ohne jedoch eine vertiefte Prüfung der Voraussetzungen vorzunehmen oder gar explizit zu dieser Frage Stellung zu

594 Vgl. *Streinz*, Europarecht, § 11 Rn. 815; es geht also um die „Liberalisierung der grenzüberschreitenden Standortwahl, nicht um die Liberalisierung an sich", so *Roth*, in: GS Knob-be-Keuk, S. 729 (737) zur hier betroffenen Niederlassungsfreiheit.

595 Z.B. *Streinz*, Europarecht, § 11 Rn. 784; *Randelzhofer/Forsthoff*, in: Grabitz/Hilf/Nettesheim, Das Recht der EU, Art. 56 AEUV Rn. 4 (die allerdings auch die Nähe zur Personenfreiheit betonen, ebd. Rn. 5); *Tiedje*, in: von der Groeben/Schwarze/Hatje, Europäisches Unionsrecht, Art. 56 Rn. 3.

596 *Steinke*, Die Übertragbarkeit der Keck-Rechtsprechung auf die NLF, S. 181 mit Verweis auf die Urteile *Alpine Investments* (EuGH, Rs. C-384/93, Alpine Investments, Slg. 1995, I- 1141) und *Canal Satélite Digital* (EuGH, Rs. C-384/99, *Canal Satélite Digital*, Slg. 2002, I-607); eine Übersicht über die Rechtsprechung zur Dienstleistungsfreiheit, die die Frage nach der Anwendung der Keck-Grundsätze betreffen könnte, liefert zudem *Randelzhofer/Forsthoff*, in: Grabitz/Hilf/Nettesheim, Das Recht der EU, Art. 56 AEUV Rn. 104.

597 *Steinke*, Die Übertragbarkeit der Keck-Rechtsprechung auf die NLF, S. 182, die darauf hinweist, dass die Nichtanwendung der Keck-Grundsätze in diesem konkreten Fall nicht als allgemeine Absage an eine Anwendbarkeit gedeutet werden kann.

beziehen.[598] Allerdings gibt die jüngere Rechtsprechung wiederum Anlass, von einer Nichtanwendbarkeit der Keck-Formel auszugehen. Im Urteil zur Rechtssache *Laserdrome*[599] erwähnte der EuGH trotz ausführlicher Diskussion durch die Generalanwältin die Frage nach der Anwendung der Keck-Rechtsprechung auf die Dienstleistungsfreiheit nicht.[600]

In der Literatur gehen einige Autoren – auch in Berufung auf die erwähnte EuGH-Rechtsprechung – von einer analogen Anwendbarkeit der Keck-Rechtsprechung auf die Dienstleistungsfreiheit aus.[601] Es mehren sich jedoch die Stimmen, die einer (analogen) Anwendung auf die Dienstleistungsfreiheit widersprechen.[602] Bereits formal stelle sich die Frage, ob angesichts der fehlenden Körperlichkeit der Dienstleistung und den daraus resultierenden erkennbaren Unterschieden der Inhalte der beiden Freiheiten eine Übertragung erfolgen kann.[603] Spätestens seit dem *DocMorris*-Urteil[604] befindet sich zudem der EuGH in Bezug auf die tatbestandliche Eingrenzung schon die Warenverkehrsfreiheit betreffend auf dem Rückzug. Er stellt weniger die Frage nach dem Vorliegen der Keck-Kriterien, sondern sieht vielmehr die Beeinträchtigung des

---

598 *Steinke*, Die Übertragbarkeit der Keck-Rechtsprechung auf die NLF, S. 181 ff.

599 EuGH v. 14. 10. 2004, Rs. C-36/02, *Laserdrome*, Slg. 2004, I-9609.

600 *Steinke*, Die Übertragbarkeit der Keck-Rechtsprechung auf die NLF, S. 186 f., die jedoch feststellt, dass diese Nichterwähnung unterschiedlich gedeutet werden kann: als Ablehnung der Übertragbarkeit oder als grundsätzlich mögliche Übertragbarkeit, die im konkreten Fall wiederum ausscheidet.

601 Z.B. *Feiden*, Bedeutung der Keck-Rechtsprechung, S. 147; *Frenz*, Europäische Grundfreiheiten, S. 961 f. Rn. 2559 f.; *Kingreen*, Struktur der Grundfreiheiten, S. 61 f.; *Croon*, Keck und die Konvergenz der Grundfreiheiten, BLJ 2008, S. 120; vgl. dazu auch *Steinke*, Die Übertragbarkeit der Keck-Rechtsprechung auf die NLF, S. 187 f. mit weiteren Nachweisen.

602 Z.B. *Müller-Graff*, in: Streinz (Hrsg.), EUV/AEUV-Kommentar, Art. 56 AEUV Rn. 88 mit Hinweis auf das Fehlen eines zwingenden Grundes; *Pache*, in: Ehlers, Europäische Grundrechte und Grundfreiheiten, § 11 Rn. 63, der davon ausgeht, dass aufgrund der Korrekturmöglichkeit durch „legitime Interessen der Mitgliedstaaten auf Rechtfertigungsebene" das praktischen Bedürfnis für eine Eingrenzung fehlt; *Randelzhofer/Forsthoff*, in: Grabitz/Hilf/Nettesheim, Das Recht der EU, Art. 56 AEUV Rn. 106 ff.; *Steinke*, Die Übertragbarkeit der Keck-Rechtsprechung auf die NLF, S. 190; *Tiedje*, in: von der Groeben/Schwarze/Hatje, Europäisches Unionsrecht, Art. 56 AEUV, Rn. 99.

603 Auf dieses Problem weist auch GA *Stix-Hackl* in ihren Schlussanträgen zur Rechtssache *Omega* hin, *Stix-Hackl*, Rs. C-36/02, Slg. 2004, I-9609, Rn. 36.

604 EuGH. v. 11. 12. 2003, Rs. C-322/01, *DocMorris*, Slg. 2003, I-14887.

„Marktzugangs“ im Vordergrund.[605] Schon deshalb wird man nur schwer von einer Übertragung der Keck-Rechtsprechung auf die Dienstleistungsfreiheit ausgehen können. Steht die (Reichweite der) Rechtsprechung an sich infrage, ist von einer (analogen) Anwendung auf die strukturell ähnliche Dienstleistungsfreiheit erst recht abzusehen. Ob die sich wandelnde Rechtsprechung zu einer grundsätzlichen Abkehr von den formalen Keck-Kriterien hin zu einer gänzlich materiellen Prüfung führt, und somit die Frage nach der Übertragbarkeit letztendlich zu verneinen ist, kann zu diesem Zeitpunkt nicht abschließend beurteilt werden. Keine Abkehr, sondern lediglich im neuen Gewand sieht zum Beispiel *Brigola* die Keck-Rechtsprechung.[606] Insgesamt deutet sich allerdings eine Verschiebung der Kriterien hin zu einer materiellen Prüfung an, um den Schutzbereich der Grundfreiheiten genauer zu konturieren. Aus heutiger Sicht muss aber jedenfalls eine Übertragbarkeit der hergebrachten Grundsätze der Keck-Rechtsprechung auf die Dienstleistungsfreiheit verneint werden.

(bb) Zusammenfassung

Die Betrachtung der Frage nach der Übertragbarkeit der schutzbereichsbegrenzenden Keck-Rechtsprechung auf die Dienstleistungsfreiheit hat gezeigt, dass nach dem derzeitigen Stand der Rechtsprechungsentwicklung des EuGH die Übertragbarkeit eher zu verneinen sein dürfte.

(c) Übertragbarkeit auf die Niederlassungsfreiheit, Art. 49 AEUV

Damit ist aber noch nicht gesagt, ob und inwiefern die schutzbereichsbegrenzende Keck-Rechtsprechung im Rahmen des Gewährleistungsinhaltes der Niederlassungsfreiheit nach Art. 49 AEUV eine Rolle spielt. Man könnte in Erwägung ziehen, die Anordnung der Pflichtmitgliedschaft in Parallele zu den „Verkaufsmodalitäten“ im Bereich des freien Warenverkehrs als reine „Ausübungsmodalität“ einzuordnen, die sodann dem Maßstab der Niederlassungsfreiheit entzogen

---

605 *Randelzhofer/Forsthoff*, in: Grabitz/Hilf/Nettesheim, Das Recht der EU, Art. 57 AEUV, Rn. 105; *Steinke*, Die Übertragbarkeit der Keck-Rechtsprechung auf die NLF, S. 88 ff. mit ausführlicher Rechtsprechungsanalyse; eine ausführliche Analyse des „Marktzugangskriteriums“ nehmen *Dietz/Streinz* in *Dietz/Streinz*, Das Marktzugangskriterium in der Dogmatik der Grundfreiheiten, EuR 2015, S. 50 ff. vor.

606 Er spricht von einer „Metamorphose“ in drei Schritten, deren Ergebnis eine „3-Stufen-Theorie“ ist, die wiederum das Marktzugangskriterium beinhaltet, vgl. *Brigola*, Die Metamorphose der Keck-Formel, EuZW 2012, S. 248 (253).

wäre. Dies erfordert jedoch wiederum, dass eine Übertragbarkeit der Grundsätze der Keck-Rechtsprechung zu bejahen ist.

Auf den ersten Blick scheint in Anlehnung an die „produktbezogenen Regelungen“ und „Verkaufsmodalitäten“ im Bereich des Warenverkehrs eine Unterteilung in entsprechende „Aufnahme- und Ausübungsmodalitäten“ naheliegend.

(aa) Ansichten in Literatur und Rechtsprechung

In der Literatur war die Forderung nach einer Übertragung auf die Niederlassungsfreiheit insbesondere in den Jahren nach dem Keck-Urteil vermehrt anzutreffen.[607] Auch heute finden sich noch Stimmen, die fordern, der Tätigkeitsaufnahme nachfolgende Regelungen zur Ausübung generell dem Schutzbereich des Art. 49 AEUV zu entziehen. Das ergebe sich daraus, dass die rechtlichen Rahmenbedingungen als Teil der Standortbedingungen grundsätzlich nicht an der Niederlassungsfreiheit zu messen seien.[608] Die Freiheit der Niederlassung habe lediglich den Zweck, eine freie Wahl des Standortes zu ermöglichen und nicht „Standortbedingungen, die für die Standortwahl den Bezugspunkt bildeten, nachträglich zu modifizieren“[609]. Dies würde bedeuten, dass die schutzbereichsbegrenzende Wirkung der Keck-Rechtsprechung grundsätzlich Anwendung finden müsste. *Forsthoff* relativiert diese klare Einordnung jedoch an dem Punkt, an dem der Marktzugang insofern betroffen ist, als die Vorschriften zu einer Doppelbelastung des Betroffenen führen[610], und nähert sich somit der Rechtsprechung des EuGH zur Übertragbarkeit der Keck-Kriterien im Rahmen der übrigen Grundfreiheiten.

Andererseits wird vertreten, dass bereits der Wortlaut des Art. 49 AEUV kaum Möglichkeiten für Interpretationen lasse: Während Art. 34 AEUV neben mengenmäßigen Einfuhrbeschränkungen von „Maßnahmen gleicher Wirkung“

---

607 *Everling*, Das Niederlassungsrecht der EG als Beschränkungsverbot, in: Schön/Flume u.a. (Hrsg.), GS Knobbe Keuk, S. 607 (621); *Eberhartinger*, Konvergenz und Neustrukturierung der Grundfreiheiten, S. 43 (49).

608 *Forsthoff*, in: Grabitz/Hilf/Nettesheim (Hrsg.), Das Recht der EU, Art 49 AEUV, Rn. 112; *Bröhmer*, in: Calliess/Ruffert, EUV/AEUV, Art. 49 AEUV, Rn. 33.

609 *Forsthoff*, in: Grabitz/Hilf/Nettesheim (Hrsg.), Das Recht der EU, Art 49 AEUV, Rn. 112, der diese Vorschriften als „allgemeines Verkehrsrecht“ und zu erbringende „Integrationslast“ beschreibt; ähnlich *Eidenmüller/Rehm*, ZGR 2004, S. 159 (167 f.), die davon sprechen, dass dies gerade für die Niederlassung gelten müsse, da sie mit einer „viel intensiveren Integration in die Volkswirtschaft“ des Staates einhergeht.

610 *Forsthoff*, in: Grabitz/Hilf/Nettesheim (Hrsg.), Das Recht der EU, Art 49 AEUV, Rn. 112.

spricht, erlaube Art. 49 AEUV mit der Wendung „die Aufnahme und Ausübung selbstständiger Erwerbstätigkeiten“ wenig Spielraum für eine differenzierende Auslegung.[611] Auch sei der Vorgang der Niederlassung im Vergleich zur schlichten „Ware“ deutlich komplexer und entziehe sich daher bereits „vom Ansatz her einer Unterscheidung zwischen Produktions- und Vermarktungsstufen“.[612] Auch die freiheitssichernde Funktion der Grundfreiheiten spreche dagegen, eine Beschränkung des Schutzbereiches vorzunehmen.[613] Dem Staat müsse im Interesse einer unbeeinflussten Marktregulation auferlegt werden, die Notwendigkeit der Steuerung des Marktes bei jeder Maßnahme aufzuzeigen und eine Einengung des Schutzbereiches würde diese „prinzipielle Rechtfertigungsnotwendigkeit“ unterlaufen.[614]

Der EuGH selbst hat sich bisher im Rahmen seiner Rechtsprechung zur Frage nach der Übertragung der Keck-Rechtsprechung auf die Niederlassungsfreiheit nicht explizit geäußert. Erkennen lässt sich jedoch die bereits dargelegte Konzentration auf die Betroffenheit des Marktzugangs. Im Zuge dessen übernahm der Gerichtshof auch kürzlich die daran orientierte Definition des Beschränkungsbegriffs bei der Dienstleistungsfreiheit für die Niederlassungsfreiheit.[615] Dennoch wurde die Möglichkeit nicht genutzt, der Forderung des Generalanwalts folgend den Schutzbereich des Art. 49 AEUV zu beschränken.[616]

---

611 *Tietje*, in: von der Groeben/Schwarze/Hatje, Europäisches Unionsrecht, Art. 49 AEUV, Rn. 111; *Fischer*, in: Lenz/Borchardt, EU-Verträge, Art. 49 AEUV Rn. 9; *Schlag*, in: Schwarze/Becker/Hatje/Schoo (Hrsg.), EU-Kommentar, Art. 49 Rn. 56.

612 *Tietje*, in: von der Groeben/Schwarze/Hatje, Europäisches Unionsrecht, Art. 49 AEUV, Rn. 111.

613 *Tietje*, in: Ehlers (Hrsg.), Europäische Grundrechte und Grundfreiheiten, § 10 Rn. 55.

614 *Tietje*, in: Ehlers (Hrsg.), Europäische Grundrechte und Grundfreiheiten, § 10 Rn. 55, der eine Anwendungsmöglichkeit der Keck-Rechtsprechung – wenn überhaupt – im Waren- und im Dienstleistungsverkehr sieht, die – im Gegensatz zur Niederlassungsfreiheit – auf einen grenzüberschreitenden Sachverhalt angelegt seien.

615 EuGH v. 07. 03. 2013, Rs. C-577/11, *DKV Belgium*, Slg. 2013, 146 Rn. 31 ff.; vgl. auch *Dietz/Streinz*, , Das Marktzugangskriterium in der Dogmatik der Grundfreiheiten EuR 2015, S. 50 (55).

616 So *Tietje*, in: Ehlers (Hrsg.), Europäische Grundrechte und Grundfreiheiten, § 10 Rn. 55, mit Verweis auf z.B. die Schlussanträge des GA Mischo in der Rechtssache C-255/97, *Pfeiffer*, Slg. 1999, I-2835, Rn. 58 m.w.N.

(bb) Stellungnahme

Eine Übernahme der Keck-Rechtsprechung erscheint angesichts der erfolgten Darlegungen zwar möglich, aber nicht zwingend.

Bereits der Wortlaut bildet eine argumentativ schwer zu überwindende Interpretationsschranke. Zu Recht wird darauf hingewiesen, dass Art. 49 AEUV eben keine den in Art. 34 AEUV erwähnten „Maßnahmen gleicher Wirkung" entsprechende Formulierung enthält, die eine korrespondierende Einschränkung notwendig machen würde. Die Ablehnung der Übertragbarkeit würde zudem nicht bedeuten, dass wie befürchtet sämtliche (rechtliche) Bedingungen der wirtschaftlichen Tätigkeit einer Überprüfung zugeführt werden könnten. Es ergäbe sich daraus keine „Generalüberprüfung der nationalen Rechtsordnung eines EU-Mitgliedstaats"[617]. Diese Gegenansicht verkennt, dass einem weiten Schutzbereichsverständnis kein Gewährleistungsautomatismus folgt, sondern daran anschließend die Rechtfertigungsebene genügend Spielraum zur weiteren Überprüfung der Maßnahme belässt.[618]

Zudem dürfen auch die Unterschiede in der Konzeption zwischen Warenverkehrsfreiheit und Niederlassungsfreiheit nicht verkannt werden: Während die Warenverkehrsfreiheit darauf abzielt, die möglichst weite und unbeschränkte Umlauffähigkeit eines Produktes zu gewährleisten, zielt die Niederlassungsfreiheit nicht vorrangig auf eine hohe Zahl von Niederlassungen, sondern darauf ab, den konkreten Akt der Niederlassung möglichst frei von marktfremden Einflussnahmen zu halten. Auch wenn Parallelen zwischen den unterschiedlichen Grundfreiheiten zu erkennen sind, reicht die erstrebte „Kohärenz der Grundfreiheiten" nicht aus, ein dogmatisches Rechtsprechungskonstrukt von einer Grundfreiheit auf eine andere Grundfreiheit zu übertragen.

Letztlich darf auch nicht unberücksichtigt bleiben, dass die Keck-Rechtsprechung in den letzten Jahren deutliche Änderungen erfahren hat.[619]

---

617 So befürchtet von *Eidenmüller*, in: Eidenmüller (Hrsg.), Ausländische Kapitalgesellschaften, § 3 Rn. 16.

618 Diese dogmatische Situation erkennt auch *Tietje*, in: Ehlers (Hrsg.), Europäische Grundrechte und Grundfreiheiten, § 10 Rn. 56, der betont, dass es keine Ablösung des mitgliedstaatlichen Ordnungsrahmens gebe, sondern sich lediglich „der Rechtfertigungsdruck, der den Mitgliedstaaten mit Blick auf die Steuerung des [mitgliedstaatlichen] Marktes auferlegt wird", ändere.

619 S.o. zur fortschreitenden Konzentration auf das materielle Marktzugangskriterium, dazu vertiefend: *Dietz/Streinz*, Das Marktzugangskriterium in der Dogmatik der Grundfreiheiten, EuR 2015, S. 50 ff., die sogar den „Abschied von der Keck-Formel" prophezeien und in der jüngsten Rechtsprechung des EuGH die Entwicklung eines

Eine sich im Wandel befindende Rechtsprechung in freiheitsverkürzender Weise und auf wackligen Beinen auf eine andere als die Ursprungsnorm zu übertragen, ist nach alledem nicht zu befürworten. Die Entwicklung der Rechtsprechung bleibt zunächst abzuwarten. Die Keck-Formel ist nicht auf die Niederlassungsfreiheit zu übertragen, eine entsprechenden Schutzbereichsbegrenzung findet nicht statt.

(2) Ergebnis

Nach Darlegung des Ursprungs und Inhaltes der sog. Keck-Rechtsprechung wurde die Übertragbarkeit auf die Grundfreiheiten jenseits der Warenverkehrsfreiheit, im speziellen auf die Dienstleistungsfreiheit, geprüft. Ist sie schon für die Dienstleistungsfreiheit nach dem derzeitigen Stand der Rechtsprechung des EuGH wohl eher abzulehnen, zeigte die genaue Betrachtung der hier betroffenen Niederlassungsfreiheit, dass aus semantischen, strukturellen und dogmatischen Gründen eine Übertragung des Konstrukts auf die Niederlassungsfreiheit gemäß Art. 49 AEUV abzulehnen ist. Eine Schutzbereichsbegrenzung nach den Grundsätzen der Keck-Rechtsprechung ist somit nicht vorzunehmen.

c. Keine Voraussetzung, sondern Folge

Diskutiert wird oft auch die Frage, ob der Beschränkungscharakter der Pflichtmitgliedschaft deshalb zu verneinen ist, weil es sich dabei nicht um eine Voraussetzung der Ausübung handele, sondern vielmehr um die Folge einer stattgefundenen Niederlassung.

So könnte man einen Verstoß gegen die Niederlassungsfreiheit gem. Art. 49 AEUV schlicht deshalb verneinen, weil „das IHKG nicht die Niederlassung ausländischer Unternehmen beschränkt oder erschwert, sondern nur an die erfolgte Niederlassung organisationsrechtliche Konsequenzen knüpft.“[620] Dieser Auffassung scheinen sich auch deutsche Gerichte bei der Frage nach der Beeinträchtigung der Niederlassungsfreiheit durch die deutsche IHK-Pflichtmitgliedschaft anzuschließen. Sie argumentieren, dass nicht von einer Beschränkung auszugehen sei, weil „es sich bei ihr [d. IHK-Pflichtmitgliedschaft, Anm. d.V.] nicht um eine Voraussetzung, sondern um eine Folge der Ausübung einer niedergelassenen

---

alternativen „Drei-Stufen-Tests“ sehen wollen, ebd. S. 69/52; als „zwei Seiten ein und derselben Medaille“ sieht hingegen *Brigola* die Keck-Formel und den „Drei-Stufen-Test“, *Brigola*, Die Metamorphose der Keck-Formel, EuZW 2012, 248 (253).

620 *Jahn*, in: Frenzel/Jäkel/Junge, IHKG, § 2 Rn. 7.

gewerblichen Tätigkeit handelt“[621], die sich deshalb lediglich als „Ausübungsmodalität darstellt, die die gewerbliche Tätigkeit aber weder behindert noch weniger attraktiv macht“.[622]

Die Frage nach der Einstufung als Voraussetzung oder Folge der Niederlassung kann jedoch nicht entscheidend dafür sein, ob eine Beschränkung der Niederlassungsfreiheit anzunehmen ist. Zunächst wirkt die Unterscheidung angesichts des Automatismus der Mitgliedschaft in der Sekunde des Gewerbebeginns realitätsfern konstruiert, da es eben keiner weiteren Entscheidung des Unternehmers bedarf, um eine Pflichtmitgliedschaft gemäß § 2 Abs. 1 IHKG auszulösen. Weiterhin macht es aus ökonomischer Sicht keinen Unterschied, ob sich die Entscheidung für oder gegen eine Niederlassung darauf gründet, dass bestimmte Hürden vor einer Niederlassung zu überwinden sind, oder aber erst als belastende Rechtsfolge auftreten.[623] Auch die Rechtsprechung des EuGH stützt diese These. So geht der Gerichtshof in ständiger Rechtsprechung im Rahmen der von ihm entwickelten *Gebhard*-Formel davon aus, dass Beschränkungen der Niederlassungsfreiheit auch und gerade in den Fällen vorliegen, in denen zwingende belastende Rechtsfolgen die Niederlassung unattraktiv machen.[624]

d. Folge unterschiedlich ausgestalteter Rechtsordnungen

Argumentativ oft gemeinsam mit dem vorherigen Punkt erwähnt, aber eigentlich inhaltlich davon zu trennen, ist die Frage, ob es sich bei der Benachteiligung aufgrund der Pflichtmitgliedschaft lediglich um eine Folge[625] der unterschiedlich ausgestalteten Rechtsordnungen der Mitgliedstaaten handele, die vergleichbar mit Wettbewerbsnachteilen aufgrund von unterschiedlich hohen steuerlichen Belastungen seien und deshalb von den Betroffenen hinzunehmen wären.[626] Daraus könnte sich ebenso ein Ausschluss des Beschränkungscharakters ergeben.

---

621 VG Greifswald v. 05. 12. 2006, GewArch 2007, 287; VG Darmstadt v. 07. 11. 2006, GewArch 2007, 85; VG Ansbach v. 04. 02. 2010, GewArch 2010, 301.

622 Z.B. VG Darmstadt v. 07. 11. 2006, GewArch 2007, 85 (86).

623 So auch *Diefenbach*, Einwirkungen des EU-Rechts, GewArch 2006, 217 (219).

624 EuGH, Rs. C-55/94, *Gebhard*, Slg. 1995, I-4165, Rn. 37; EuGH Rs. C-42/07, *Liga Portugesa*, Slg. 2009, I-7633, Rn. 74; EuGH verb. Rs. C-316/07, *Stoß*, Slg. 2010, I-8069, Rn. 79.

625 Im Gegensatz zum zuletzt erwähnten Punkt geht es bei dem Begriff „Folge“ hier allerdings nicht um eine zeitliche Reihenfolge sondern einen Ursachenzusammenhang.

626 So z.B. das OVG Koblenz v. 20. 09. 2010, Az. 6 A 10282/10, abrufbar über juris, Entscheidungsgründe V., Rn. 45 ff.

Das OVG Koblenz stützt seine Argumentation auf „Art 63 Satz 3 AEUV", der „lediglich die Niederlassung in einem anderen Mitgliedstaat nach den für seine eigenen Angehörigen geltenden Bestimmungen" garantiere.[627] Die betroffenen Unternehmen würden durch die verpflichtende Mitgliedschaft „lediglich inländischen Unternehmen gleichgestellt, sodass die gemeinschaftsrechtliche Niederlassungsfreiheit grundsätzlich nicht beeinträchtigt" werde.[628] Nachdem weder Art. 63 Satz 3 AEUV noch Art. 63 Abs. 3 AEUV im Vertragstext existent sind, kann aufgrund textlicher Ähnlichkeit nur vermutet werden, dass das Gericht Art. 49 Abs. 2 AEUV vor Augen hatte. Dieser bestimmt:

> „Vorbehaltlich des Kapitels über den Kapitalverkehr umfasst die Niederlassungsfreiheit die Aufnahme und Ausübung selbständiger Erwerbstätigkeiten sowie die Gründung und Leitung von Unternehmen, insbesondere von Gesellschaften im Sinne des Artikels 54 Absatz 2, nach den Bestimmungen des Aufnahmestaats für seine eigenen Angehörigen."

Das Gericht scheint diese Vorschrift in der Art und Weise gedeutet zu haben, dass die Bestimmungen sozusagen die Reichweite der Rechte vorgeben sollen, die neben den Inländern eben auch den „Ausländern" zukommen sollen. Ebenso wie die Inländer müssten deshalb auch die „Ausländer" diese (den Steuern vergleichbare) Belastung hinnehmen. Die Niederlassungswilligen dürften demnach nicht mehr Rechte innehaben als die Inländer.

Der Wortlaut der Vorschrift lässt jedoch auch die Deutung zu, dass es dabei nicht abstrakt um die Reichweite von Rechten, sondern vielmehr um Pflichten geht, die vor der Niederlassung zu erfüllen sind. Darunter könnten Qualifikationsnachweise oder verfahrensrechtliche Vorschriften fallen. Diese Deutung bestätigt auch die Rechtsprechung des EuGH, der in seinem grundlegenden *Gebhard*-Urteil formuliert: „Nach Art. 52 Abs. 2 EGV [Anm. d. Verf.: wortlautidentische Vorgängernorm des heutigen Art. 49 Abs. 2 AEUV] wird die Niederlassungsfreiheit nach den Bestimmungen des Niederlassungsstaats für seine eigenen Angehörigen ausgeübt."[629] Direkt anschließend fährt er fort:

> „Unterliegen die fraglichen spezifischen Tätigkeiten im Aufnahmestaat keiner Regelung, sodass ein Angehöriger dieses Mitgliedstaats für ihre Ausübung keine besondere Qualifikation aufweisen muss, so haben die Angehörigen jedes anderen Mitgliedstaates das Recht, sich im Hoheitsgebiet des erstgenannten Staates niederzulassen und dort diese Tätigkeiten auszuüben."[630]

---

627 OVG Koblenz v. 20. 09. 2010, Az. 6 A 10282/10, abrufbar über juris, V. 1. c. Rn. 51.

628 OVG Koblenz v. 20. 09. 2010, V. 1. b Rn. 48 ff.

629 EuGH v. 30. 11. 1995, Rs. C-55/94, *Gebhard*, Slg. 1995 I-04165, Rn. 33.

630 EuGH v. 30. 11. 1995, Rs. C-55/94, *Gebhard*, Slg. 1995 I-04165, Rn. 34.

Der Gerichtshof scheint also davon auszugehen, dass die genannten „Bestimmungen“ organisatorischer Natur sind und nicht die Rechte des Niederlassungswilligen begrenzen sollen.

Auch die Literatur sieht in Art. 49 Abs. 2 AEUV lediglich eine Vorschrift, die die Anwendbarkeit der Niederlassungsfreiheit unter den Vorbehalt der Vorschriften über die Kapitalverkehrsfreiheit stellt bzw. das Verhältnis der Vorschriften zueinander behandelt.[631] Überdies findet Art. 49 Abs. 2 AEUV in der Kommentarliteratur kaum Erwähnung, sodass ausgeschossen werden kann, dass damit bezweckt wurde, die Rechte des sich Niederlassenden auf die der Inländer zu beschränken.

Dieses Ergebnis entspricht zudem dem System des Europarechts. Die Reichweite der Rechte desjenigen, der die Niederlassungsfreiheit in Anspruch nimmt, wird mittels des Vorrangs des Europarechts in dem Umfang durchgesetzt, den die Verträge vorgeben, und entspricht nicht zwingend der Reichweite der Rechte, die die Inländer innehaben.[632] Damit liegt es zu Recht nicht in der Macht der Mitgliedstaaten, die Reichweite der europäischen Rechte zu bestimmen.[633]

Somit muss festgestellt werden, dass die durch die IHK-Pflichtmitgliedschaft entstehende Benachteiligung nicht deshalb rechtlich unbedeutend ist, weil sie lediglich hinzunehmende Folge der unterschiedlich ausgestalteten Rechtsordnungen der Mitgliedstaaten ist. Der Beschränkungscharakter bleibt somit bestehen.

e. Eröffnung von Partizipationsmöglichkeiten

Ein weiterer Punkt, der zu bedenken sein könnte, ist, ob der Charakter einer Rechtsverkürzung deshalb zu verneinen ist, weil dem Betroffenen gleichzeitig die Partizipationsrechte in einer Selbstverwaltungskörperschaft eingeräumt werden.

---

631 *Schlag*, in: Schwarze/Becker/Hatje/Schoo (Hrsg.)/EU-Kommentar, Art. 49 Rn. 10; so auch *Korte*, in: Calliess/Ruffert, EUV/AEUV, Art. 49 AEUV, Rn. 35; sowie *Forsthoff*, in: Grabitz/Hilf/Nettesheim (Hrsg.), Das Recht der EU, Art. 49 Rn. 129.

632 Hier sei – in anderer Richtung – zum Beispiel hingewiesen auf das mögliche Problem der Inländerdiskriminierung, bei der die Rechte der Inländer letztlich hinter denen aus anderen EU-Mitgliedstaaten zurückstehen müssen.

633 Dass es Bereiche gibt, die allein den Mitgliedstaaten vorbehalten und nicht europarechtlich vorgegeben sind, versteht sich von selbst.

So wird vertreten, dass die Pflichtmitgliedschaft den Unternehmer nicht belaste, sondern vielmehr aufgrund der Zuweisung von Partizipationsrechten begünstige.[634]

Dieser Ansicht kann jedoch nicht gefolgt werden. Auf nationaler Ebene ist bereits höchstrichterlich entschieden, dass die Einbeziehung einer Person in eine Körperschaft gegen ihren Willen als Eingriff in die grundrechtlich geschützte Handlungsfreiheit gewertet werden muss.[635] So bestimmt das Bundesverwaltungsgericht zum Beispiel, dass das Grundrecht der allgemeinen Handlungsfreiheit aus Art. 2 Abs. 1 GG davor schütze „durch Zwangsmitgliedschaft in ‚unnötigen' Körperschaften in Anspruch genommen zu werden"[636]. Das Bundesverfassungsgericht hat insoweit entschieden:

> „Sowohl die Beitragserhebung nach § 3 Abs. 2 und 3 IHKG als auch die Pflichtmitgliedschaft nach § 2 Abs. 1 IHKG sind Eingriffe in die nach Art. 2 Abs. 1 GG grundrechtlich geschützte Freiheit. Bereits die Pflichtmitgliedschaft als solche ist nicht lediglich rechtlich vorteilhaft oder eingriffsneutral."[637]

Selbst eine beitragsfrei gestellte Pflichtmitgliedschaft müsste demnach als Freiheitsbeschränkung aufgefasst werden. Die tatsächliche Notwendigkeit, d.h. Rechtmäßigkeit einer Körperschaft muss sodann auf einer weiteren Stufe – der Rechtfertigung – noch überprüft werden. Diese dogmatische Trennung verbietet es deshalb auch, davon auszugehen, dass eine eingetretene Rechtsverkürzung durch die Gewährung von Vorteilen wieder aufgewogen werden könnte oder eine Art „Aufrechnung" vorgenommen werden könnte. Ist eine Freiheitsverkürzung einmal eingetreten, kann nur noch eine Rechtfertigung stattfinden, aber kein Aufwiegen der Nachteile durch erworbene Vorteile. Die

---

634 *Kluth*, Funktionale Selbstverwaltung, S. 306, der den Vergleich zum Bürgerstatus zieht, der beispielsweise mit der (aus seiner Sicht vergleichbaren) Steuerlast belegt sei, wegen der überwiegenden Begünstigungen (v.a. Zuweisung politischer Rechte) aber nicht als „überwiegend belastend" einzustufen sei.

635 Dazu z.B. Beschluss des BVerfG vom. 07. 12. 2001, 1 BvR 1806/98 Rn. 35; BVerwG v. 21. 07. 1998, 1 C 32.97, NJW 1998, 3510; BVerwG v. 17. 12. 1998, 1 C 7.98, NJW 1999, 2292 und zuletzt BVerfGE 146, 164 (196).

636 BVerwG v. 21. 07. 1998, NJW 1998, 3510 konkret zu den IHKs mit Verweis auf eine Entscheidung des Bundesverfassungsgerichts zu den Arbeitnehmerkammern BVerfGE 38, 281, Beschluss v. 18. 12. 1974, NJW 1975, 1265.

637 BVerfGE 146, 164 (196).

Rechtfertigungsbedürftigkeit setzt somit nicht erst bei aus der Mitgliedschaft resultierenden Pflichten ein.[638]

Es ist naheliegend, dieses Ergebnis auch auf die unionale Ebene zu übertragen. Der EuGH und das Bundesverfassungsgericht befinden sich zum heutigen Zeitpunkt in Grundrechtsfragen in einem Kooperationsverhältnis[639] und gewährleisten so einen ähnlichen Grundrechtsstandard. Von einer deutlich abweichenden Bewertung bei einer eventuellen Entscheidung des EuGH in Sachen IHK-Pflichtmitgliedschaft ist deshalb nicht auszugehen. Jedenfalls gibt es keinerlei Anhaltspunkt dafür und ist nicht damit zu rechnen, dass der EuGH sich einer eher fernliegenden Aufrechnung von Freiheitsbeschränkungen anschließen wird.

Die Tatsache, dass dem Betroffenen der Pflichtmitgliedschaft gleichzeitig Partizipationsrechte zugewiesen werden, vermag deshalb nicht über die gleichzeitig weiter bestehende Rechtsverkürzung hinwegzuhelfen.

3. Beschränkung der Niederlassungsfreiheit durch die Pflichtmitgliedschaft

Nach dem bis hierhin Gesagten ist herauszustellen, dass der Schutzbereich der Niederlassungsfreiheit durch die gesetzliche Anordnung der IHK-Pflichtmitgliedschaft beschränkt wird.[640] Weder die Geringfügigkeit oder die Gewährung von aus der Pflichtmitgliedschaft resultierenden Partizipationsrechten noch sonstige Schutzbereichsbegrenzungen vermögen die sich ergebende Freiheitsbeschränkung zu revidieren. Nachteile, die sich aus der Rechtsverkürzung an sich und der daraus resultierenden Beitragspflicht ergeben, sind dazu in

---

638 A.A. *Kluth,* der erst „(…), die an die Mitgliedschaft anknüpfenden Pflichten und Belastungen, insbesondere und wesentlich die Beitragspflicht" als rechtfertigungsbedürftig ansieht: *Kluth*, Funktionale Selbstverwaltung, S. 307.

639 Statt vieler vgl. *Heintschel v. Heinegg*, in: Epping/Hillgruber, GG-Kommentar, Art. 23 GG, Rn. 18 zur Entwicklung des Verhältnisses der Gerichte von der Solange-I-Entscheidung (BVerfGE 37, 271 ff.) bis zum jüngsten OMT-Urteil (Beschluss des BVerfG v. 07. 02. 2014, 2 BvR 1390/12, der nach einem Vorabentscheidungsverfahren gem. Art. 267 AEUV zum entsprechenden Urteil des EuGH führte, EuGH v. 16. 06. 2015, Rs. C-62/14, *Gauweiler* aus dem Jahr 2008 u.a., veröffentlicht in der digitalen Sammlung).

640 Den Beschränkungscharakter erkennt auch das BVerfG in seinem Beschluss vom 12. Juli 2017 – 1 BvR 2222/12 u. 1 BvR 106/13 -, in dem es feststellt, dass bereits die Pflichtmitgliedschaft als solche „nicht lediglich rechtlich vorteilhaft oder eingriffsneutral" ist, ebd. Rn. 82.

der Lage, eine Niederlassung in Deutschland im Vorhinein, vor allem im Vergleich zu anderen europäischen Staaten, weniger attraktiv zu machen.[641]

III. Rechtfertigung

1. Subsidiarität geschriebener und ungeschriebener Rechtfertigungsgründe des Primärrechts

Beeinträchtigungen der Niederlassungsfreiheit durch mitgliedstaatliches Handeln können grundsätzlich nur so lange gerechtfertigt werden, wie dies nicht durch entgegenstehendes Sekundärrecht ausgeschlossen ist. Wenn ein Sekundärrechtsakt den Anwendungsbereich der Niederlassungsfreiheit so konturiert, dass bestimmte mitgliedstaatliche Maßnahmen gänzlich verboten sein sollen, dann bleibt den Mitgliedstaaten zur Rechtfertigung gleichwohl ergriffener Maßnahmen der Rückgriff auf geschriebene oder ungeschriebene Rechtfertigungsgründe verwehrt.[642] Im sekundärrechtlichen Normenbestand der Europäischen Union ist kein Rechtsakt ersichtlich, der es den Mitgliedstaaten ausdrücklich verbietet, eine Einrichtung wie die deutsche Industrie- und Handelskammer mit gesetzlicher Pflichtmitgliedschaft beizubehalten oder neu zu errichten. Deswegen ist danach zu fragen, ob geschriebene oder ungeschriebene Rechtsfertigungsgründe des Primärrechts die festgestellte Beeinträchtigung der Niederlassungsfreiheit rechtfertigen.

2. Geschriebene Rechtfertigungsgründe des Art. 52 Abs. 1 AEUV

In Art. 52 Abs. 1 AEUV ist geregelt, unter welchen Voraussetzungen die in Art. 49 Abs. 2 AEUV verankerte Garantie der Inländergleichbehandlung durch die Mitgliedstaaten eingeschränkt werden darf. Gerechtfertigt sind danach „Sonderregelungen für Ausländer", die aus Gründen der öffentlichen Ordnung, Sicherheit oder Gesundheit statuiert werden.

a. „Sonderregelungen für Ausländer"

Die im IHK-Gesetz vorgesehene Pflichtmitgliedschaft begründet kein Sonderrecht für Ausländer. Sie betrifft unter den im IHK-Gesetz genannten weiteren

---

641 In diesem Sinne auch *Schnattinger*, Die Rückwirkung des Europarechts auf das deutsche Gewerberecht, S. 148.

642 *Korte*, in: Calliess/Ruffert (Hrsg.), EUV/AEUV Kommentar, 5. Aufl. 2016, Art. 49 Rdnr. 59.

Voraussetzungen die Gewerbetreibenden eines Kammerbezirks ganz unabhängig von ihrer Staatsangehörigkeit.

Auf den ersten Blick scheint damit die Rechtsfertigungsvorschrift des Art. 52 Abs. 1 AEUV nicht einschlägig zu sein. Sie bezieht sich ihrem Wortlaut nach nur auf offen diskriminierende mitgliedstaatliche Vorschriften und bildet damit das gedankliche Gegenstück zu der in Art. 49 Abs. 2 AEUV garantierten Inländergleichbehandlung.

Bei genauerem Hinsehen müssen sich indes Zweifel einstellen, die aus einem naheliegenden Erst-Recht-Schluss resultieren. Wenn unter bestimmten Voraussetzungen schon diskriminierende Sonderregelungen gerechtfertigt werden können, dann müssen unter den selben Voraussetzungen erst recht unterschiedslos anwendbare Beschränkungen gerechtfertigt sein.[643]

So wenig die Logik dieses Erst-Recht-Schlusses zu bestreiten ist, so wenig besteht allerdings dogmatische Klarheit über die präzise dogmatische Verortung der Konsequenzen, die sich ergeben. Insoweit sind zwei Möglichkeiten in Betracht zu ziehen: Erstens, dass Art. 52 Abs. 1 AEUV entsprechend extensiv auch auf nicht-diskriminierende Maßnahmen zum Schutz von öffentlicher Ordnung, Sicherheit oder Gesundheit erstreckt wird, oder zweitens, dass die genannten Schutzgüter jedenfalls zwingende Gründe des Allgemeininteresses darstellen, auf die sich die Mitgliedstaaten als ungeschriebene Rechtfertigungsgründe berufen.[644] Im hier interessierenden Zusammenhang mag die exakte dogmatische Einordnung dahinstehen, wenn sich herausstellt, dass die in Art. 52 Abs. 1 AEUV genannten inhaltlichen Voraussetzungen ohnehin thematisch nicht berührt sind.

b. Gründe der „öffentlichen Ordnung, Sicherheit oder Gesundheit"

Die in Art. 52 Abs. 1 AEUV enthaltenen sachlichen Rechtfertigungsanknüpfungen erweisen sich als nicht einschlägig. Dass Sicherheits- oder Gesundheitsbelange eine geeignete Anknüpfung für die IHK-Pflichtmitgliedschaft bilden könnten, ist nicht zu sehen. Am ehesten noch könnte der Begriff der

643 Zu diesem Erst-Recht-Schluss. *Forsthoff*, in Grabitz/Hilf/Nettesheim (Hrsg.), EU-Kommentar, Art. 50 AEUV, Rn. 3; *Korte*, in: Calliess/Ruffert, EUV/AEUV, Art. 52 Rn. 5; *Müller-Graff*, in: Streinz (Hrsg.), EUV/AEUV, Art. 52 Rn. 4.

644 Der Europäische Gerichtshof scheint insoweit nicht festgelegt zu sein: EuGH v. 15. 12. 2005, verb. RS. C-151 u. 152/04, *Nadin Lux SA*, Slg. 2005, I-11203, Rn. 39; EuGH v. 14. 10. 2002, Rs. C-36/02, *Laserdrome*, Slg. 2004, I-9609 Rn. 30 ff.

„öffentlichen Ordnung" thematisch berührt sein, nämlich dann, wenn er auch als öffentliche Wirtschaftsordnung verstanden werden könnte. Gänzlich ausgeschlossen scheint dies schon deswegen nicht zu sein, weil die inhaltlichen Anknüpfungspunkte des Art. 52 Abs. 1 AEUV nach weitverbreiteter Ansicht[645] der mitgliedstaatlichen Interpretation weite Beurteilungsspielräume belassen.[646]

Der Beurteilungsspielraum der Mitgliedstaaten reicht aber nicht so weit, dass sämtliche Strukturelemente ihrer Wirtschaftsordnung kurzerhand als Bestandteile der öffentlichen Ordnung ausgewiesen werden könnten, zu deren Schutz Beeinträchtigungen der Niederlassungsfreiheit gerechtfertigt wären. Auch bei Anerkennung von Beurteilungsspielräumen der Mitgliedstaaten muss der systematische Zusammenhang mit den beiden anderen Anknüpfungspunkten „Sicherheit" und „Gesundheit" berücksichtigt werden. Aus diesem Zusammenhang ergibt sich, dass unter „öffentlicher Ordnung" in Art. 52 Abs. 1 AEUV „nur die elementaren unverzichtbaren Grundregeln anzuerkennen (sind), die im Grundinteresse der zivilen und politischen Struktur der Gesellschaft in einem Mitgliedstaat erlassen werden."[647] Darunter fallen die Vorschriften über die Organisation von öffentlich-rechtlichen Wirtschaftsverbänden nicht.

3. *Ungeschriebene Rechtfertigungsgründe*

In Ermangelung explizit vorgesehener, geschriebener Rechtfertigungsgründe bleibt nur der Rückgriff auf ungeschriebene Rechtfertigungsgründe. Deren rechtliche Existenz ist seit Jahrzehnten unbestritten. Sie geht auf eine langjährige Rechtsprechung des Europäischen Gerichtshofs zurück.[648] Der Gerichtshof meint, vereinfacht ausgedrückt, dass es den Mitgliedstaaten unbenommen ist,

---

645 Vgl. *Korte*, in: Calliess/Ruffert, EUV/AEUV, Art. 52 Rn. 7 m.w.N.

646 *Forsthoff*, in: Grabitz/Hilf (Hrsg.), EUV/AEUV, Art. 52 Rn. 23 f. meint unter allerdings nicht stichhaltiger Berufung auf EuGH v. 04. 12. 1974, Rs. 41/74, *van Duyn*, Slg. 1974, 1337 Rn. 18 f., sogar, dass es sich bei den inhaltlichen Anknüpfungspunkten des Art. 52 Abs. 1 AEUV nicht um Begriffe des Unionsrechts handele.

647 *Müller-Graff*, in: Streinz (Hrsg.), EUV/AEUB, Art. 52 Rn. 8; *ders.* in: von der Groeben/Schwarze (Hrsg.), Art. 30 EGV Rn. 50 ff.

648 Siehe aus den letzten 20 Jahren nur: EuGH v. 30. 11. 1995, Rs. C-55/94, *Gebhard*, Slg. 1995 I-04165, Rn. 37; EuGH v. 21. 04. 2005, Rs. C-140/03, Kommission/Griechenland, Slg. 2005, I-3177, Rn. 27; EuGH v. 14. 10. 2004, Rs. C-299/02, Kommission/Niederlande, Slg. 2004, I-9761, Rn. 15; EuGH v. 05. 10. 2004, Rs. C-442/02, *CaixaBank France*, Slg. 2004, I-8961, Rn. 11.

aus „zwingenden[649] Erfordernissen des Allgemeininteresses“ Beschränkungen der Grundfreiheiten vorzunehmen, solange es nicht zu (un-)mittelbaren Diskriminierungen kommt. Im Einzelnen erweist sich der Rückgriff auf ungeschriebene Rechtfertigungsgründe freilich durchaus als kompliziert und anspruchsvoll.

a. *Vom EuGH anerkannte „zwingende Erfordernisse des Allgemeininteresses“*

Ob und inwieweit Beschränkungen der Niederlassungsfreiheit unter Rückgriff auf „zwingende Allgemeininteressen“ gerechtfertigt sind, wird in einer ersten Annäherung schon aus der Kasuistik erkennbar, die der Europäische Gerichtshof entfaltet hat.

Als zwingende Erfordernisse des Allgemeininteresses hat der Gerichtshof insbesondere folgende anerkannt: die Kohärenz des Steuersystems[650], die Wirksamkeit der Steueraufsicht[651], die Lauterkeit des Handelsverkehrs[652], die Wahrung der Aufteilung der Besteuerungsbefugnis zwischen den Mitgliedstaaten[653], bestimmte Berufs- und Standesregeln[654], die Betrugsvorbeugung und der Schutz vor Spielsucht[655], der Schutz von Gläubigerinteressen, Minderheitsgesellschaftern und Arbeitnehmern[656], die Sicherstellung der Energieversorgung im Krisenfall[657], der Standard der Hochschulausbildung[658] und der Schutz des gewerblichen und kommerziellen Eigentums[659]. Es handelt sich dabei durchweg um Belange von hohem Gewicht und erheblicher Bedeutung, sodass sich das

---

649 So hat der EuGH schon 1979 in der wegweisenden Rechtssache *Cassis de Dijon* entschieden: „Hemmnisse für den Binnenhandel der Gemeinschaft, die sich aus den Unterschieden der nationalen Regelungen über die Vermarktung dieser Erzeugnisse ergeben, müssen hingenommen werden, soweit diese Bestimmungen notwendig sind, um zwingenden Erfordernissen gerecht zu werden (…).“ EuGH, Urt. v. 10. 02. 1979, Rs. 120/78 *Cassis de Dijon,* Slg. 1979, S. 650 (662). Vgl. auch *Rafii*, Grundfreiheiten: Allgemeine Lehren, in: Schöbener, Europarecht, Rn. 1581.

650 EuGH Rs. C-471/04, *Keller Holding*, Slg. 2006, I-2109 Rn. 40.

651 EuGH v. 15. 05. 1997, Rs. C-250/95, *Futura* u.a., Slg. 1997, I-2471 Rn. 31.

652 EuGH v. 30. 09. 2003, Rs. C 167/01, *Inspire Art*, Slg. 2003, I-10155 Rn. 132.

653 EuGH v. 18. 07. 2007, Rs. C-231/05, *Oy AA*, Slg. 2007, I-6373 Rn. 51 ff.

654 EuGH v. 19. 02. 2001, Rs. C-309/99, *Wouters*, Slg. 2002, I-1577 Rn. 100 ff.

655 EuGH v. 06. 11. 2003, Rs. C-243/01, *Gambelli*, Slg. 2003, I-13031 Rn. 63, 67.

656 EuGH v. 05. 11. 2002, Rs. C-208/00, *Überseering*, Slg. 2002, I-9919 Rn. 92.

657 EuGH v. 04. 06. 2002, Rs. C-503/99, *Kommission/Belgien*, Slg. 2002, I-4809 Rn. 46.

658 EuGH v. 13. 11. 2003, Rs. C-153/02, *Neri*, Slg. 2003, I-13555 Rn. 46.

659 EuGH v. 11. 05. 1999, Rs. C-255/97, *Pfeiffer*, Slg. 1999, I-2835 Rn. 21.

vom EuGH verwendete Attribut „zwingend" schon aus der Zusammenschau der genannten Belange ableiten lässt.

In den genannten Fällen ist der Europäische Gerichtshof nicht durchweg zu einer Rechtfertigung der Niederlassungsbeschränkung gelangt. Die Rechtfertigung hängt im Ergebnis auch noch vor allem von der weiteren Voraussetzung ab, ob die Beschränkung im konkreten Fall verhältnismäßig ist. Aber immerhin hat der Gerichtshof in den genannten Fällen überhaupt einen legitimen, nämlich zwingenden Allgemeinwohlbelang anerkannt.

b. Die Aufgabenstellung der IHK im Dienst eines zwingenden Erfordernisses?

Aus der erwähnten Kasuistik ergibt sich, dass es entscheidend auf den Beschränkungszweck ankommt. Rechtfertigungsfähig ist die Pflichtmitgliedschaft nur dann, wenn die Aufgaben der Industrie- und Handelskammern einem zwingenden Erfordernis dienen. Die Aufgaben sind in § 1 IHK-Gesetz genannt.[660]

(1) Der Begriff des Gesamtinteresses

Hinsichtlich dieses nicht unproblematischen Begriffes darf an dieser Stelle auf die Ausführungen im Rahmen der Überprüfung der EMRK-Konformität der Pflichtmitgliedschaft verwiesen werden.[661] Dort wurde herausgearbeitet, dass der Begriff trotz aller terminologischen Unschärfen einer konsistenten Interpretation zugeführt werden kann.

(2) Wahrnehmung des Gesamtinteresses im zwingenden Allgemeininteresse?

Ist der Begriff des „Gesamtinteresses" auf diese Weise interpretationsfähig und interpretierbar, ist in einem weiteren Schritt zu fragen, ob die „Wahrnehmung des Gesamtinteresses" im unionsrechtlichen Sinne ein rechtfertigendes „zwingendes Allgemeininteresse" darstellt. Dabei ist zu bedenken, dass es nicht Aufgabe der Industrie- und Handelskammern ist, das Gesamtinteresse der deutschen Wirtschaft wahrzunehmen, sondern nur das ihrer Kammerzugehörigen im jeweiligen Kammerbezirk (§ 1 Abs. 1 IHKG). Die Interessenwahrnehmung ist von vornherein regional begrenzt. In kompetentieller Hinsicht fehlt den Industrie- und Handelskammern die Zuständigkeit, jenseits des eigenen Kammerbezirks im

---

660 Im Einzelnen dazu s.o. Kap. I. A. IV.

661 Siehe oben Kap. II. C. III. 3. b.

Interesse anderer Gewerbetreibender tätig zu werden. Diese regionale Zuordnung verbunden mit der nur auf die Wirtschaft als Lebensbereich bezogenen und damit andere Lebensbereiche – Kultur, Justiz, Sport,

Landesverteidigung etc. – ausklammernden, nur sektoralen Interessenvertretung spricht auf den ersten Blick dagegen, von einem zwingenden Erfordernis zu reden. Es handelt sich vielmehr um ein regionales und partikulares Interesse, das durch die Industrie- und Handelskammern wahrgenommen werden soll.

Gegen diese Beurteilung sind freilich Gegeneinwände vorstellbar. So ließe sich entgegen halten, dass die Industrie- und Handelskammern in der Gesamtbetrachtung zu einer deutschlandweiten, flächendeckenden, aber freilich regional gegliederten Interessenwahrnehmung befugt sind. Und es ließe sich weiter argumentieren, dass die partikulare Interessenwahrnehmung insgesamt im Dienst des Allgemeinwohls liegt, weil ohne wirksame Artikulation von Wirtschaftsinteressen vernünftige und sachgerechte politische Abwägungen mit den Interessen anderer Lebensbereiche kaum möglich sind.

Im Ergebnis vermögen diese Gegenargumente aber nicht zu überzeugen. Gegen das Gegenargument der regionalen Gesamtgliederung wäre einzuwenden, dass die konkrete Interessenwahrnehmung jeder einzelnen Industrie- und Handelskammer nur auf den konkreten Kammerbezirk bezogen ist. Das Bild von der flächendeckenden Gesamtvertretung trifft insoweit nicht zu, als im IHK-Gesetz keinerlei Form von bundesweiter Willensbildung oder Koordination regionaler Interessen vorgesehen ist. Der Deutsche Industrie- und Handelskammertag (DIHK), der sich nach seinem Selbstverständnis als Gesamtvertretungseinrichtung sieht[662], hat im IHK-Gesetz keine Rechtsgrundlage. Er ist ein freiwilliger Zusammenschluss in der Rechtsform eines eingetragenen Vereins, dessen Mitglieder die einzelnen Industrie- und Handelskammern sind. Letztlich ist aus der Existenz des DIHK mit seinem auf deutschlandweite Interessenvertretung ausgerichteten Satzungszweck abzuleiten, dass den einzelnen Industrie- und Handelskammern genau diese Zwecksetzung fehlt. Der DIHK schließt eine Lücke, die der Gesetzgeber bei der Konstituierung der Industrie- und Handelskammern als regionalen Vertretungseinheiten offen gelassen hat.

662 So sagt der DIHK in seiner Internetdarstellung über sich selbst: „Er vertritt in allen Fragen, die das Gesamtinteresse der gewerblichen Wirtschaft betreffen, den gemeinsamen Standpunkt der IHKs auf nationaler, europäischer und internationaler Ebene gegenüber der Politik, der Verwaltung, den Gerichten und der Öffentlichkeit." (Quelle: http://www.dihk.de/wir-ueber-uns/wer-wir-sind/dihk).

Gegen den Einwand der vermeintlich im höheren Allgemeininteresse liegenden partikularen Wirtschaftsinteressenwahrnehmung ist vorzubringen, dass die Interessenwahrnehmung von Berufsgruppen grundsätzlich und primär den Mitgliedern der jeweiligen Berufsgruppe dient und in deren Interesse liegt. Die Verfassung des Grundgesetzes sieht in der beruflichen Interessenwahrnehmung einen grundrechtsgeschützten Prozess. Mehrere Grundrechte sind insoweit einschlägig: Art. 5 Abs. 1 Satz 1 GG, Art. 9 Abs. 1 GG und Abs. 3 Satz 1 GG sind insoweit an erster Stelle zu nennen, aber auch an Art. 8 Abs. 1 GG ist zu denken. Diesen Grundrechten ist gemeinsam, dass die Berechtigten in aktiver Betätigung von ihnen Gebrauch machen können, aber auch, dass sie eine aktive Betätigung ablehnen können, mit anderen Worten, dass sie auf die individuelle oder kollektive Wahrnehmung ihrer Interessen verzichten dürfen. Mit diesem durch die Grundrechte geprägten Bild von freiheitlicher, im freien Belieben stehender beruflicher Interessenwahrnehmung ist die Vorstellung von einer beruflichen Interessenwahrnehmung, die im zwingenden Allgemeininteresse liegt, nicht vereinbar.

Hinzu kommt als weiteres Argument, dass nicht ersichtlich ist, warum die berufliche Interessenwahrnehmung der gewerblichen Wirtschaft ein zwingendes Allgemeininteresse darstellen soll, während dies für die berufliche Interessenwahrnehmung anderer Berufsgruppen nicht einmal erwogen wird. Ob und in welcher Form Journalisten, Professoren, Lehrer oder Kranken- und Altenpfleger ihre berufliche Interessen wahrnehmen, bleibt diesen Berufsgruppen selbst überlassen. Dass ihre berufliche Interessenwahrnehmung im „zwingenden Allgemeininteresse“ liegt, wird schwerlich zu begründen sein. Dann ist aber auch nicht begründbar, warum die Interessenwahrnehmung für Angehörige der gewerblichen Wirtschaft eine davon abweichende Bedeutung haben soll.

Mithin ist festzuhalten, dass die zentrale Aufgabe der Industrie- und Handelskammer, das „Gesamtinteresse der ihnen zugehörigen Gewerbetreibenden ihres Bezirks wahrzunehmen“ nicht „zwingenden Erfordernissen“ im Sinne der EuGH-Rechtsprechung dient. Eine Rechtfertigung der Beschränkung der Niederlassungsfreiheit muss insoweit ausscheiden. Damit ist aber noch nicht gesagt, ob die anderen gesetzlich zugewiesenen Aufgaben der Industrie- und Handelskammern „zwingenden Erfordernissen“ dienen.

(3) Andere IHK-Aufgaben im zwingenden Allgemeininteresse?

Den Industrie- und Handelskammer kommen unmittelbar aus dem IHK-Gesetz weitere Aufgaben neben der „Wahrnehmung des Gesamtinteresses“ zu. Sie haben die Aufgabe, „für die Förderung der gewerblichen Wirtschaft zu wirken“

(§ 1 Abs. 1 IHKG), die Behörden durch „Vorschläge, Gutachten und Berichte" zu unterstützen (§ 1 Abs. 1 IHKG), „für die Wahrung von Anstand und Sitte des ehrbaren Kaufmanns zu wirken" (§ 1 Abs. 1 IHKG) und Ursprungszeugnisse und andere dem Wirtschaftsverkehr dienende Bescheinigungen auszustellen (§ 1 Abs. 3 IHKG). Ist die Erfüllung dieser Aufgaben nach dem Gesetzeswortlaut obligatorisch, so ist die Erfüllung anderer Aufgaben erkennbar fakultativ. Die Industrie- und Handelskammern *können* „Maßnahmen zur Förderung und Durchführung der kaufmännischen und gewerblichen Berufsbildung" unter Beachtung der geltenden Rechtsvorschriften, insbesondere des Berufsbildungsgesetzes, treffen (§ 1 Abs. 2 IHKG). Außerdem kann ihnen durch Landesgesetz die Aufgabe einer einheitlichen Stelle im Sinne des Verwaltungsverfahrensgesetzes übertragen werden (§ 1 Abs. 3a IHKG).

Diese Aufgaben weisen tatsächlich in verschiedener Intensität Allgemeinwohlbezüge auf. Es ist nicht zu bestreiten, dass die Unterstützung „der Behörden" durch Ursprungsbescheinigungen und andere Bescheinigungen im Interesse der Allgemeinheit liegt. Deutlich weniger intensiv ist der Gemeinwohlbezug, wenn es um den Förderungsauftrag geht, denn dieser Auftrag ist auf den Kammerbezirk bezogen. Dass die Förderung der gewerblichen Wirtschaft in einem bestimmten Bezirk im zwingenden Allgemeininteresse liegt, ist nicht leicht zu begründen. Stärker wiederum ist der Bezug zum Allgemeininteresse, wenn es um die Aufgabenwahrnehmung der Industrie- und Handelskammern im Bereich der beruflichen Bildung geht. Hier kommt den Industrie- und Handelskammern unter anderem die Aufgabe zu, das Verzeichnis der Ausbildungsverhältnisse zu führen (§ 34 BBiG), die Prüfungsordnungen für die Abschluss-, Umschulungs- und Fortbildungsprüfungen zu erlassen (§ 47 BBiG i.V.m. § 56 Abs. 1, 62 Abs. 3 BBiG) und diese Prüfungen durchzuführen (§37 ff. BBiG). Ohne Zweifel dienen diese Aufgaben, die über den Kreis der eigenen Kammerzugehörigen hinaus weisen und von deren Erfüllung auch und gerade Nicht-Kammerzugehörige profitieren, einen deutlichen Bezug zum Allgemeininteresse auf.

Aber dass es sich um „zwingende Erfordernisse" des Allgemeininteresses in dem Sinne handelt, dass diese Aufgaben notwendigerweise und nur von den Industrie- und Handelskammern zu erfüllen wären, steht damit noch nicht fest. Insoweit sind Zweifel angebracht. Es fällt auf, dass die Aufgaben der Industrie- und Handelskammern immer nur einen eher technisch-administrativen (Vereidigung von Sachverständigen, Ausstellung von Bescheinigungen), subsidiären (Förderung und Organisation beruflicher Bildung, die aber in staatlicher Hand liegt) oder komplementären (gutachterliche Stellungnahmen für Behörden und Gerichte) Charakter aufweisen. Eine wirklich zentrale, unverzichtbare Funktion kommt den IHK-Aufgaben nicht zu, ein „zwingendes“ Allgemeininteresse verlangt ihre Erfüllung gerade durch die Industrie- und Handelskammern nicht.

Bei dieser Bewertung spielt, wenn auch nicht ausschlaggebend, so doch unterstützend, die Erwägung eine Rolle, dass eine stattliche Zahl von EU-Mitgliedstaaten ohne Industrie- und Handelskammern auskommt, oder aber jedenfalls keine obligatorische Mitgliedschaft kennt. Dass die genannten Aufgaben der deutschen Industrie- und Handelskammern zu einem Kanon von eminent wichtigen, zwingend durch öffentlich-rechtliche Körperschaften mit Pflichtmitgliedschaft zu erledigenden Angelegenheiten zu zählen wären, drängt sich angesichts dessen nicht auf.

(4) Hinweise des Europäischen Gerichtshofs zur Rechtskonformität berufsständischer Pflichtmitgliedschaften

Der soeben getroffene Befund deckt sich mit Hinweisen, die der Europäische Gerichtshof zur Pflichtmitgliedschaft in berufsständischen Kammern gegeben hat. Der Gerichtshof hat sich zwar nie mit der Frage beschäftigt, ob die Pflichtmitgliedschaft als eine Beschränkung der Niederlassungsfreiheit unter dem Gesichtspunkt zwingender Erfordernisse des Gemeinwohls zu rechtfertigen ist. Aber er hat gleichwohl zur Unionsrechtskonformität der Pflichtmitgliedschaft entschieden.

In der Rechtssache *Auer* heißt es wörtlich:

> „Dazu ist festzustellen, dass das Erfordernis der obligatorischen Eintragung oder der Pflichtmitgliedschaft bei Berufsverbänden oder Berufskörperschaften, das in mehreren Vorschriften der Richtlinie 78/1026, und zwar in der ersten Begründungserwägung und in den Artikeln 7 und 12, erwähnt wird, als rechtmäßig anzusehen ist, da damit die Zuverlässigkeit und die Beachtung der standesrechtlichen Grundsätze sowie die disziplinarische Kontrolle der Tätigkeit der Tierärzte und damit schutzwürdige Rechtsgüter gewährleistet werden sollen. Die Rechtsvorschriften der Mitgliedstaaten, die die Pflichtmitgliedschaft in einer berufsständischen Kammer vorsehen, sind somit als solche nicht unvereinbar mit dem Gemeinschaftsrecht.“[663]

Damit ist nicht mehr gesagt, als dass Pflichtmitgliedschaften in berufsständischen Kammern nicht „als solche“ gemeinschaftsrechtswidrig sind. Im konkreten Einzelfall kommt es aber darauf an, welche Zwecksetzung mit der Pflichtmitgliedschaft verfolgt wird. In der Rechtssache *Auer* ging es um die Beurteilung der Zuverlässigkeit und die disziplinarische Kontrolle von Tierärzten. Diese Kammeraufgaben dienen unmittelbar und „zwingend“ dem Allgemeininteresse. Mit

663 EuGH v. 22. 09. 1983, Rs. C-271/82, *Auer*, Slg. 1983, 2727 Rn. 18.

den Aufgaben der deutschen Industrie- und Handelskammern ist diese tierärztliche Überwachungs- und Kontrollfunktion aber nicht zu vergleichen. Die Industrie- und Handelskammern haben keine den tierärztlichen Kammern vergleichbare Kontroll- und Überwachungsfunktionen. Ihnen fehlen berufsrechtliche Kontroll- oder Eingriffsbefugnisse vollständig.

In der Rechtssache *Corsten* aus dem Jahr 2000 urteilte der Gerichtshof über die Zulässigkeit einer obligatorischen Eintragung in die Handwerksrolle auch für ausländische Dienstleistungserbringer im Handwerk. Wörtlich heißt es:

> „Die deutsche Regierung trägt vor, dass das Gesamtsystem handwerklicher Qualifikation, das auf dem Erfordernis der Meisterprüfung einschließlich der Pflichtmitgliedschaft in der Handwerkskammer beruhe, der Erhaltung des Leistungsstands und der Leistungsfähigkeit des Handwerks diene. Diese Belange stellten zwingende Gründe des Allgemeininteresses dar und seien nicht durch Vorschriften des Mitgliedstaats gewahrt, in dem der Dienstleistungserbringer niedergelassen sei. (...) Wie die Kommission bemerkt, stellt das Ziel, die Qualität der durchgeführten handwerklichen Arbeiten zu sichern und deren Abnehmer vor Schäden zu bewahren, einen zwingenden Grund des Allgemeininteresses dar, der eine Beschränkung der Dienstleistungsfreiheit rechtfertigen kann."[664]

Die Eintragung in die Handwerksrolle, die der Gerichtshof übrigens in der Rechtssache *Corsten* am Ende als unverhältnismäßig verwirft, ist danach nur deswegen von einem zwingenden Allgemeininteresse getragen, weil die Handwerkskammern als Hauptaufgabe eine inhaltlich-qualitätssichernde Funktion wahrnehmen. Auch dies ist mit der IHK-Zwecksetzung nicht vergleichbar. Die Industrie- und Handelskammern nehmen vor der Aufnahme der Kammerzugehörigen keine Qualitäts- oder Zuverlässigkeitskontrolle vor. Auch sind sie nicht befugt, die Qualität der gewerblichen Leistung der Kammerzugehörigen zu bewerten oder zu kontrollieren. Diese Aufgaben liegen in Deutschland bei den staatlichen Gewerbebehörden.

Die beiden Entscheidungen des Europäischen Gerichtshofs wird man zusammenfassen dahin gehend zu würdigen haben, dass „zwingende Allgemeininteressen" Pflichtmitgliedschaften nur dann tragen, wenn die entsprechende Einrichtung mit eigenen berufsregelnden Zuständigkeiten ausgestattet ist. Genau dies ist aber bei den deutschen Industrie- und Handelskammern nicht der Fall.

---

664 EuGH v. 03. 10. 2000, Rs. C-58/98, *Corsten*, Slg. 2000, I-7919 Rn. 36, 38.

c. Fehlende Verhältnismäßigkeit der IHK-Pflichtmitgliedschaft

Wenn man gleichwohl annimmt, dass ein rechtfertigendes Allgemeininteresse vorliege, wäre in einem weiteren Schritt festzustellen, ob das konkret eingesetzte Mittel zur Verwirklichung dieses Allgemeininteresses, also die gesetzlich verankerte Pflichtmitgliedschaft, verhältnismäßig ist. Eine Beschränkung der Niederlassungsfreiheit kann nur rechtmäßig sein, wenn sie geeignet (notwendig) und erforderlich ist, um das verfolgte Ziel zu verfolgen.[665]

Die IHK-Pflichtmitgliedschaft muss auch insoweit in Bezug zu den Aufgaben der Industrie- und Handelskammern gesetzt werden. Zu jeder der IHK-Aufgaben gibt es eine weniger einschneidende Alternative, nämlich die Aufgabenwahrnehmung entweder durch staatliche Stellen oder durch Private, die hoheitlich beliehen sind, oder durch die Industrie- und Handelskammern auf der Grundlage einer freiwilligen Mitgliedschaft. Im Einzelnen:

Für die zentrale Aufgabe der Interessenwahrnehmung bietet sich evident die letztgenannte Lösung. Der Gewerbetreibende, der seine wirtschaftlichen Interessen institutionell vertreten sehen will, wird sich ohne Weiteres freiwillig einer Körperschaft anschließen. Dies entspricht im Übrigen auch der Rechtslage in der überwiegenden Mehrzahl der anderen EU-Mitgliedstaaten.

Die gutachterlichen Hilfstätigkeiten der Industrie- und Handelskammern lassen sich ohne Weiteres privaten Unternehmen überantworten, die mit diesen Aufgaben beliehen werden. Der Technische Überwachungsverein (TÜV) in Deutschland ist eine entsprechende privatrechtliche Einrichtung, welcher die einschlägigen IHK-Aufgaben möglicherweise übertragen werden könnten.

Die Förderaufgaben im Bereich der Wirtschaft sind ohnehin dem Staat (Bund und Bundesländer) und den Kommunen als öffentliche Aufgaben zugewiesen. Sofern dazu ein Ergänzungsbedarf besteht, lässt er sich am ehesten in privater Initiative (durch Stiftungen und andere gemeinnützige Einrichtungen) befriedigen.

Aufgaben im Bereich der beruflichen Bildung liegen nach der bestehenden Gesetzeslage ohnehin beim Staat. Die Mitwirkung der Industrie- und Handelskammern ist ohne Weiteres substituierbar durch die freiwillige Mitwirkung von Gewerbetreibenden, die in einem transparenten Verfahren hinzu zu ziehen wären.

Selbst wenn man in Rechnung stellt, dass die Mitgliedstaaten bei der Gestaltung ihrer jeweiligen Wirtschaftsordnung auch nach dem Inkrafttreten des

---

665 Ständige Rechtsprechung, vgl. nur EuGH v. 09. 03. 1999, Rs. C-212/97, *Centros*, Slg. 1999, I-1459 Rn. 34.

Lissabon-Vertrages über weite Gestaltungsspielräume verfügen und dass sie grundsätzlich Beschränkungen der Grundfreiheiten aus zwingenden Gründen des Allgemeinwohls vornehmen können, wird man wegen der deutlichen Evidenz der alternativ zur Verfügung stehenden weniger einschneidenden Maßnahmen die deutsche IHK-Pflichtmitgliedschaft mit Blick auf die konkrete Aufgabenstellung insgesamt als unverhältnismäßig einstufen müssen.

IV. Ergebnis zur Niederlassungsfreiheit

Die in § 2 Abs. 1 bis 3 IHKG geregelte IHK-Pflichtmitgliedschaft verstößt gegen Art. 49 Abs. 1 AEU.

C. Dienstleistungsfreiheit, Art. 56 f. AEUV

Als weitere Vorschrift, die die in Europa wirtschaftlich Tätigen betreffen könnte, kommt die Dienstleistungsfreiheit gemäß Art. 56 AEUV in Betracht. Dabei muss jedoch zunächst festgestellt werden, ob deren Schutzbereich angesichts der konkreten Anknüpfung an die Unterhaltung einer Betriebsstätte in § 2 Abs. 1 IHKG überhaupt einschlägig ist.

I. Schutzbereich

1. Personeller Schutzbereich

Träger der Dienstleistungsfreiheit sind nach Art 56 Abs. 1 AEUV „(...) Angehörige der Mitgliedstaaten, die in einem anderen Mitgliedstaat als demjenigen des Leistungsempfängers ansässig sind (...)“. Mit Blick auf des Ziel des Europäischen Binnenmarktes ergibt sich in teleologischer Auslegung jedoch, dass zudem „jeder in einem Mitgliedstaaten ansässige Unionsbürger, der an einer binnengrenzenüberschreitenden Dienstleistung als Leistender beteiligt ist, sowie jeder Empfänger einer grenzüberscheitenden Dienstleistung“[666] und wegen Art. 62 i.V.m. Art. 54 AEUV die entsprechenden Gesellschaften dazu zu zählen sind[667].

---

666 *Müller-Graff*, in: Streinz (Hrsg.), EUV/AEUV-Kommentar, Art. 56 AEUV, Rn. 44.

667 Während entsprechend den Ausführungen zur Niederlassungsfreiheit für die natürlichen Personen EU-Staatsangehörigkeit sowie Ansässigkeit gefordert werden, sind für die Gesellschaften wiederum Staatszugehörigkeit zu einem EU-Mitgliedstaat, sowie Sitz, Hauptverwaltung oder Hauptniederlassung in einem EU-Staat erforderlich, vgl. zur Niederlassungsfreiheit Kapitel IV B. I. 1.

In persönlicher Hinsicht sind es also die Ansässigkeit in bzw. Zugehörigkeit zu einem EU-Mitgliedstaat, die zentral sind und auch von den meisten von der IHK-Pflichtmitgliedschaft Betroffenen erfüllt werden. § 1 GewO[668], der als Jedermannsrecht ausgestaltet ist, erfasst grundsätzlich auch Ausländer[669], es sind jedoch darüber hinaus die aufenthaltsrechtlichen Vorschriften[670] zu beachten.[671]

Soweit die in Deutschland Erwerbstätigen Deutsche oder EU-Bürger sind, ist davon auszugehen, dass der persönliche Schutzbereich der Dienstleistungsfreiheit eröffnet ist.

2. *Sachlicher Schutzbereich*

a. *Dienstleistung*

In sachlicher Hinsicht schützt Art. 56 AEUV den „freien Dienstleistungsverkehr". Der Begriff der Dienstleistung im Sinne der Verträge ist in Art. 57 Abs. 1 AEUV legaldefiniert als „Leistungen, die in der Regel gegen Entgelt erbracht werden". Art. 57 Abs. 2 benennt exemplarisch und nicht abschließend „gewerbliche, kaufmännische, handwerkliche und freiberufliche Tätigkeiten", wobei die ersten beiden Alternativen im Rahmen der Überprüfung der Pflichtmitgliedschaft relevant sein könnten. Kategorisieren lassen sich die Anwendungsfälle der Dienstleistungsfreiheit in die „aktive Dienstleistungsfreiheit" (der Erbringer der Dienstleistung begibt sich zu diesem Zweck in einen anderen Mitgliedstaat), die „Grenzüberschreitung nur durch die Dienstleistung selbst" (ohne Ortsveränderung der beteiligten Personen, sog. Korrespondenzdienstleistungen) und die „passive bzw. negative Dienstleistungsfreiheit" (Leistungsempfänger begibt

668 § 1 der Gewerbeordnung bestimmt: „Der Betrieb eines Gewerbes ist jedermann gestattet, soweit nicht durch dieses Gesetz Ausnahmen oder Beschränkungen vorgeschrieben oder zugelassen sind". Da § 2 Abs. 1 IHKG den Bereich der Pflichtzugehörigen durch das Merkmal der tatsächlichen Unterhaltung einer Betriebsstätte und durch die Gewerbesteuerpflichtigkeit und somit durch das Vorliegen eines Gewerbes bestimmt, legt § 1 GewO den persönlichen Anwendungsbereich fest.

669 Der gewerberechtliche Schutzbereich reicht demnach weiter als der des „Deutschengrundrechts" der Berufsfreiheit in Art. 12 Abs. 1 GG. In Kollisionsfällen steht der gewerberechtliche Schutz der Ausländer dem der inländischen Gewerbetreibenden jedoch deutlich nach, dazu *Kahl*, in: Landmann/Rohmer, Gewerbeordnung, § 1 GewO, Rn. 24, 28.

670 Zentral ist insoweit das AufenthaltsG, das die Aufenthaltstitel und das Recht zur Ausübung einer Erwerbstätigkeit regelt.

671 So auch *Schnattinger*, Rückwirkung des Europarechts auf das deutsche Gewerberecht, S. 60.

sich in einen anderen Mitgliedstaat).[672] Für die Frage nach der Vereinbarkeit der IHK-Pflichtmitgliedschaft mit der Dienstleistungsfreiheit verdienen besondere Beachtung solche Dienstleistungen, die vom europäischen Ausland aus ohne feste Niederlassung in Deutschland erbracht werden.

b. Abgrenzungsprobleme

(1) Relevanz für die Überprüfung der Pflichtmitgliedschaft

Im Zentrum des sachlichen Schutzbereichs der Dienstleistungsfreiheit steht hier weniger die Frage, ob es sich bei der betreffenden Tätigkeit um eine Dienstleistung handelt[673], sondern vielmehr, ob die Dienstleistungsfreiheit in Abgrenzung zur Niederlassungsfreiheit oder selbstständig daneben einschlägig sein kann. Hier findet sich auch gleichzeitig das Hauptproblem mit Blick auf die Überprüfung der Vereinbarkeit der IHK-Pflichtmitgliedschaft mit der Dienstleistungsfreiheit. Gemäß § 2 Abs. 1 IHKG knüpft die Pflichtmitgliedschaft an die Unterhaltung einer Betriebsstätte an und es stellt sich damit die Frage, ob die Dienstleistungsfreiheit parallel zur bzw. anstelle der Niederlassungsfreiheit für das IHK-Pflichtmitglied eine Rolle spielen kann.

(2) Abgrenzung zur Niederlassungsfreiheit

(a) Tatbestandliche Abgrenzung

Dieselbe Tätigkeit betreffend ist die Dienstleistungsfreiheit wegen Art. 57 Abs. 1 AEUV grundsätzlich gegenüber den übrigen Grundfreiheiten subsidiär. Im Falle der deutschen IHK-Pflichtmitgliedschaft ist angesichts der expliziten Anknüpfung an das Vorliegen einer Betriebsstätte in § 2 Abs. 1 IHKG bei Fällen mit einer strukturellen Verankerung insbesondere die Abgrenzung zur Niederlassungsfreiheit gem. Art. 49 ff. AEUV relevant.[674] Damit sind Fälle gemeint, in denen ein Dienstleister aus einem anderen EU-Mitgliedstaat sich zur Erbringung einer Dienstleistung in Deutschland einer (vorübergehenden) räumlich-sachlichen Einheit bedient, wie dies etwa in der Baubranche, aber auch in der Reisebranche zu beobachten ist.

---

672 Vgl. *Streinz*, Europarecht, § 11 Rn. 913.

673 Dies wird bei Tätigwerden gegen Bezahlung aufgrund der Weite der o.g. Definition zumeist unproblematisch anzunehmen sein.

674 Dieses Problem sieht auch *Diederichsen*, in: Schmidt/Vollmöller (Hrsg.), Kompendium Öffentliches Wirtschaftsrecht, § 3 Rn. 62.

In der Literatur wird insoweit die Frage nach der Eingliederung in die Wirtschaft des Aufnahmestaates gestellt.[675] Wer eine Berufstätigkeit in stabiler und kontinuierlicher Weise ausübe, integriere sich in die nationale Volkswirtschaft und somit kämen die Vorschriften über die Niederlassung zur Anwendung.[676] Hintergrund dieser Einteilung sei, dass dem dauerhaft Niederlassungswilligen in größerem Umfang als dem gelegentlich Dienstleistungserbringenden zugemutet werden könne, die Vorschriften des Aufnahmestaates zu erfüllen.[677] So bestimmt auch Erwägungsgrund 77 der Dienstleistungsrichtlinie 2006/123/EG[678] mit Hinweis auf die Rechtsprechung des EuGH:

> „(…) für die Unterscheidung zwischen der Niederlassungsfreiheit und dem freien Dienstleistungsverkehr [ist] ausschlaggebend, ob der Marktteilnehmer in dem Mitgliedstaat, in dem er die betreffende Dienstleistung erbringt, niedergelassen ist oder nicht. Ist der Marktteilnehmer in dem Mitgliedstaat, in dem er seine Dienstleistungen erbringt, niedergelassen, so sollte in seinem Fall die Niederlassungsfreiheit anwendbar sein. Ist der Marktteilnehmer dagegen nicht in dem Mitgliedstaat niedergelassen, in dem die Dienstleistung erbracht wird, so sollte seine Tätigkeit unter den freien Dienstleistungsverkehr fallen.“

Zentral ist bei der Abgrenzung aus Sicht des EuGH entsprechend dem Wortlaut des Art. 57 Abs. 3 AEUV[679] zumeist das zeitliche Moment: Ist die betreffende Tätigkeit darauf angelegt dauerhaft zu erfolgen, greift Art. 49 AEUV, ist sie hingegen zeitlich begrenzt, kann Art. 56 AEUV zur Anwendung kommen.[680] Um die Dauerhaftigkeit der Leistung zu beurteilen, muss man jedoch auch ihre Häufigkeit, regelmäßige Wiederkehr und Kontinuität berücksichtigen.[681] Daraus folgt, dass der vorübergehende Charakter einer Dienstleistung, also die Anwendbarkeit der Dienstleistungsfreiheit, nicht ausschließt, dass der Dienstleistungserbringer

---

675 Z.B. *Forsthoff*, in: Grabitz/Hilf/Nettesheim, Das Recht der EU, Art. 49 AEUV, Rn. 26.

676 *Holoubek*, in: Schwarze/Becker/Hatje/Schoo (Hrsg.), Art. 57 Rn. 26 mit Verweis auf die Anträge des GA Léger in der Rs. C-55/94 *Gebhard*, Rn. 19.

677 *Forsthoff*, in: Grabitz/Hilf/Nettesheim, Das Recht der EU, Art. 49 AEUV, Rn. 27.

678 ABl. Nr. L-376/36 v. 27. 12. 2006.

679 „(…) kann der Leistende zwecks Erbringung seiner Leistungen seine Tätigkeit *vorübergehend* in dem Mitgliedstaat ausüben (…)“.

680 *Müller-Graff*, in: Streinz (Hrsg.), EUV/AEUV-Kommentar, Art. 56 AEUV, Rn. 27 mit Verweis auf beispielhafte Urteile des EUGH, z.B. EuGH, v. 17. 06. 1997, Rs. C-70/95, *Sodemare*, Slg. 1997, I-3395 Rn. 38; EuGH v. 29. 04. 2004, C-171/02, *Kommission/Portugal*, Slg. 2004, I-5645 Rn. 24.; EuGH v. 16. 07. 2009, C-208/07, *Chamier-Gliszinski*, Slg. 2009, I-6095, Rn. 75.

681 EuGH v. 30. 11. 1995, Rs. C-55/94, *Gebhard*, Slg. 1995, I-4165 Rn. 27.

sich im Aufnahmestaat mit einer Infrastruktur ausstattet, soweit diese Infrastruktur zur Leistungserbringung erforderlich ist.[682] So kann der Begriff der Dienstleistungen im Sinne des Vertrages nach der Rechtsprechung des Gerichtshofs auch solche Leistungen umfassen, „deren Erbringung sich über einen längeren Zeitraum, bis hin zu mehreren Jahren, erstreckt.“[683] Für den Fall, dass eine eindeutige Zuordnung zu Dienstleistung oder Niederlassung nicht vorgenommen werden kann, sollte angesichts der Weite des Dienstleistungsbegriffs von einer Dienstleistung ausgegangen werden.[684]

(b) Abgrenzung auf Konkurrenzebene

Besondere Abgrenzungsprobleme ergeben sich außerdem auf der Konkurrenzebene, wenn der Dienstleistende auch über eine Niederlassung im Aufnahmestaat verfügt.[685] Hierbei seien *Forsthoff* zufolge verschiedene Konstellationen zu differenzieren. Erbringe ein Dienstleistender mittels einer eingerichteten Niederlassung Dienstleistungen über die Grenze hinweg, so sei aufgrund der in Art. 57 AEUV angeordneten Nachrangigkeit der Dienstleistungsfreiheit einzig die Niederlassungsfreiheit anwendbar.[686] Anders sei die Situation jedoch zu beurteilen, wenn der Betroffene über eine Niederlassung im Aufnahmestaat verfüge und über diese die Dienstleistung vertreibe. In Parallele zur zweiten Produktfreiheit, der Warenverkehrsfreiheit in Art. 34 AEUV, müsse hier neben der Niederlassungsfreiheit auch die Dienstleistungsfreiheit anwendbar sein, ohne diese zu verdrängen.[687] Der Autor nennt dabei in seiner Argumentation folgendes Beispiel: Würde der im Mitgliedstaat niedergelassene Produzent einer Ware diese in einem anderen Mitgliedstaat über seine dortige Verkaufsniederlassung absetzen, so unterläge es keinem Zweifel, dass Hindernisse für die Errichtung und den Betrieb der Verkaufsniederlassung an Art. 49 AEUV zu messen wären, während die ausgelieferten Waren den Schutz der Warenverkehrsfreiheit genössen, ohne von der Niederlassungsfreiheit verdrängt zu werden.[688] Gleiches

682 EuGH v. 30. 11. 1995, Rs. C-55/94, *Gebhard*, Slg. 1995, I-4165 Rn. 27, dazu können nach Ansicht des EuGH auch ein Büro, eine Praxis oder eine Kanzlei zählen.

683 EuGH, v. 11. 12. 2003, Rs. C-215/01, *Schnitzer*, Slg. 2003, I-14847, Rn. 30.

684 Vgl. *Diederichsen*, in: Schmidt/Vollmöller (Hrsg.), Kompendium Öffentliches Wirtschaftsrecht, § 3 Rn. 62.

685 Dazu *Forsthoff*, in: Grabitz/Hilf/Nettesheim, Das Recht der EU, Art. 49 AEUV, Rn. 43 ff.

686 *Forsthoff*, in: Grabitz/Hilf/Nettesheim, Das Recht der EU, Art. 49 AEUV, Rn. 44.

687 *Forsthoff*, in: Grabitz/Hilf/Nettesheim, Das Recht der EU, Art. 49 AEUV, Rn. 48.

688 *Forsthoff*, in: Grabitz/Hilf/Nettesheim, Das Recht der EU, Art. 49 AEUV, Rn. 48.

müsse also auch für die Dienstleistungsfreiheit gelten. Weiterhin umstritten sei zudem das sog. Kumulierungsproblem, wenn der Dienstleistungserbringer eine Dienstleistung in einem anderen Staat erbringe, ohne sich aber der dort gelegenen (Zweig-)Niederlassung zu bedienen.[689] Hier müsse man jedoch nach herrschender Ansicht, anschließend an die Argumentation im vorherigen Fall, ebenfalls die Dienstleistungsfreiheit anwenden, soweit sich die (Zweig-)Niederlassung nicht als (Mit-)Produzent betätige.[690]

(c) Zwischenergebnis

Die vorangegangenen Ausführungen zeigen, dass es eine Vielzahl von Fällen geben kann, in denen keine einfache und eindeutige Einordnung der Tätigkeit möglich ist. Die Abgrenzung von Niederlassung und Dienstleistung sowie die Frage nach der möglicherweise parallelen Anwendbarkeit kann bisweilen schwierig sein und muss in jedem Einzelfall nach den konkreten Gegebenheiten entschieden werden.

(3) Originäre Einschlägigkeit der Dienstleistungsfreiheit – Problem der Dienstleistungsbetriebsstätte

Für die Frage nach der Erfassung der IHK-Pflichtmitgliedschaft durch die Dienstleistungsfreiheit muss unter Beachtung der nationalen Rechtsgrundlagen bestimmt werden, ob Art. 56 AEUV bei der Frage nach der Vereinbarkeit der Pflichtmitgliedschaft mit dem Europarecht eventuell auch originär[691] eine Rolle spielen könnte. Vom Wortlaut her ist auf den ersten Blick lediglich die Niederlassungsfreiheit betroffen, die Einschlägigkeit der Dienstleistungsfreiheit wirkt hingegen weniger plausibel.[692] Dies wäre jedoch der Fall, wenn eine Tätigkeit

---

689 *Forsthoff*, in: Grabitz/Hilf/Nettesheim, Das Recht der EU, Art. 49 AEUV, Rn. 49.

690 *Forsthoff*, in: Grabitz/Hilf/Nettesheim, Das Recht der EU, Art. 49 AEUV, Rn. 49 m.w.N.

691 Hiermit sind möglicherweise Betroffene gemeint, die, unabhängig von einer Niederlassung, lediglich eine Dienstleistung im Bereich der Geltung des IHKG erbringen und nur deshalb IHK-Pflichtmitglied werden.

692 Deshalb finden sich in Erörterungen auch an den Wortlaut anknüpfende Formulierungen wie: „Auch die Zwangsmitgliedschaft in der IHK erfasst (...) seit jeher nur Gewerbetreibende, die im Kammerbezirk eine gewerbliche Niederlassung, Betriebsstätte oder Verkaufsstelle unterhalten, und *betrifft somit in aller Regel nicht Dienstleistende*“, Diefenbach, GewArch 2006, 217 (220). Andererseits lässt diese Formulierung vieles offen; als „praktisch irrelevant“ stufen *Kluth/Goltz* diese Frage ein, ohne allerdings die Dienstleistungsbetriebsstätte zu problematisieren: *Kluth/Goltz*, Kammern der berufsständischen Selbstverwaltung in der EU, S. 60 Fn. 171.

in Form einer Dienstleistung die Voraussetzungen des § 2 Abs. 1 IHKG – insbesondere der Betriebsstätte – erfüllt und eben nicht als „Niederlassung" zu qualifizieren ist.

(a) Voraussetzungen des § 2 Abs. 1 IHKG

Die Pflichtmitgliedschaft erfasst laut § 2 Abs. 1 IHKG alle natürlichen und juristischen Personen, sofern sie erstens zur Gewerbesteuer veranlagt sind, und zweitens im Bezirk der entsprechenden IHK eine Betriebsstätte unterhalten.

Zur Gewerbesteuer veranlagt wird nach § 2 Abs. 1 S. 1 GewStG „jeder stehende Gewerbebetrieb, soweit er im Inland betrieben wird." § 2 Abs. 1 S. 2 GewStG definiert als Gewerbebetrieb jedes „gewerbliche Unternehmen im Sinne des Einkommensteuergesetzes" und Satz 3 bestimmt, dass ein Gewerbebetrieb im Inland betrieben wird, soweit für ihn im Inland oder auf einem in einem inländischen Schiffsregister eingetragenen Kauffahrteischiff eine Betriebsstätte unterhalten wird."[693] Das Erfordernis einer Betriebsstätte, das bereits als zweites Tatbestandsmerkmal des § 2 Abs. 1 IHKG eine Rolle spielt, ist mithin bereits im Bereich der Veranlagung zur Gewerbesteuer konstitutiv und bedarf im Folgenden einer eingehenderen Untersuchung. Diese erfolgt anknüpfend an die Ausgangsfrage vor allem mit Blick darauf, ob es Dienstleistende geben kann, die unter das Betriebsstättenerfordernis zu subsumieren sind.

(b) Insbesondere: Die Betriebsstätte (§ 12 AO)

Die Unterhaltung einer Betriebsstätte im Kammerbezirk[694] entspricht dem Betriebsstättenbegriff des Steuerrechts in § 12 Abgabenordnung (AO), in Abgrenzung von der bis Ende 2006 relevanten Anknüpfung an das einkommensrechtliche Begriffsverständnis (damals § 4 Abs. 5 Nr. 6 EStG).[695] § 12 Abs. 1 AO bestimmt, dass „jede feste Geschäftseinrichtung oder Anlage, die der Tätigkeit eines Unternehmens dient" als Betriebsstätte einzustufen ist. § 12 Abs. 2 benennt sodann exemplarisch aber nicht abschließend verschiedene Betriebsstätten wie „Stätte der Geschäftsleitung" (Nr. 1), „Zweigniederlassung" (Nr. 2) oder „Warenlager" (Nr. 5).

---

693 Vertiefend zur Gewerbesteuerpflicht als Tatbestandsmerkmal der IHK-Zugehörigkeit *Jahn*, in: Frenzel/Jäkel/Junge, IHKG, § 2 Rn. 35–55.

694 Ausführlich zum Begriff des Kammerbezirks *Meyer*, Der Kammerbezirk, GewArch 2006, S. 305–312.

695 So *Jahn*, in: Frenzel/Jäkel/Junge, IHKG, § 2 Rn. 72.

Voraussetzungen der Betriebsstätte nach § 12 Abs. 1 AO ist eine feste Geschäftseinrichtung oder Anlage. Dazu zählt „jeder körperliche Gegenstand bzw. jede Zusammenfassung körperlicher Gegenstände“, die dazu geeignet sind, „Grundlage für die Tätigkeit eines Unternehmens zu sein“.[696] Diese Voraussetzung beinhaltet eine räumliche und eine zeitliche Komponente, die in einem Abhängigkeitsverhältnis zueinander stehen[697] und deren Vorliegen im jeweiligen Einzelfall geklärt werden muss. In räumlicher Hinsicht reicht es jedoch aus, dass ein „Bezug zu einem bestimmten Punkt der Erdoberfläche“[698] besteht. Dieser muss jedoch nicht fest mit der Erdoberfläche verbunden sein, und es ist ebenso wenig schädlich, wenn es sich um bewegliche Geschäftseinrichtungen, wie beispielsweise Marktstände oder Taxistände, handelt.[699] Zeitlich im Sinne eines „unmittelbaren Dienens“ erforderlich ist ein „Moment der organisatorischen Verfestigung von gewisser Dauer“.[700] Während ein einmalig im Jahr für die (Vor-)Weihnachtszeit installierter Marktstand keine Betriebsstätte begründet, ist bei Ständen auf wiederkehrenden Wochenmärkten eine solche anzunehmen.[701] Notwendig ist überdies, dass der Unternehmer eine „gewisse, nicht nur vorübergehende Verfügungsmacht“ über die entsprechenden Räumlichkeiten hat.[702]

Trotz der Vielzahl an Tatbestandsvoraussetzungen zeigt sich, dass die Betriebsstättendefinition des § 12 Abs. 1 AO relativ weit ist. In Anknüpfung an § 12 AO hat beispielsweise das Bundesverwaltungsgericht auch Automaten als Betriebsstätten eingestuft.[703] Ebenso können Plakatsäulen oder eine unterirdisch laufende Rohrleitung Betriebsstätten in diesem Sinne sein.[704] Auffällig ist vor allem, dass eine feste, dauerhafte Niederlassung nicht zwingend konstitutiv für die Erfüllung der Voraussetzungen des § 12 Abs. 1 AO ist.[705]

---

696 *Gersch*, in: Klein, Abgabenordnung, § 12 Rn. 2.

697 Dazu genauer BFH v. 04. 06. 2008, DStR 2008, 1828 (1829).

698 *Jahn*, in: Frenzel/Jäkel/Junge, IHKG, § 2 Rn. 72.

699 *Gersch*, in: Klein, Abgabenordnung, § 12 Rn. 3; keine Betriebsstätten begründen demnach ständig wechselnde Standplätze (z.B. von ambulanten Händlern) oder Messestände, ebd. Rn. 4.

700 *Gersch*, in: Klein, Abgabenordnung, § 12 Rn. 6.

701 BFH v. 17. 09. 2003, DStRE 2004, 227 (228).

702 *Gersch*, in: Klein, Abgabenordnung, § 12 Rn. 5.

703 BVerwG v. 27. 10. 1998, DVBl. 1998, 722.

704 Vgl. *Gersch*, in: Klein, Abgabenordnung, § 12 Rn. 9, m.w.N.

705 So bestimmt *Wäger*, dass im Bereich des UStG Betriebsstätte und feste Niederlassung identisch sind, während die Definitionen zum Begriff der Betriebsstätte des § 12 AO nicht maßgeblich sind, *Wäger*, in: Sölch/Ringleb, UStG, § 3a, Rn. 85; im Rückschluss

Aufgrund der Weite der Betriebsstättendefinition in § 12 Abs. 1 AO stellt sich also die Frage, ob es Betriebsstätten gibt, die lediglich an die Erbringung einer Dienstleistung und nicht lediglich an eine erfolgte Niederlassung anknüpfen. Diese Betriebsstätten wären dann als sog.

„Dienstleistungsbetriebsstätten" zu bezeichnen und könnten dem Schutz des Art. 56 AEUV unterliegen.

(aa) Dienstleistungsbetriebsstätte im nationalen Recht – striktes Verständnis von Verfügungsmacht

(aaa) Allgemeine Voraussetzungen und Fallgruppen

Mangels gesetzlicher Regelung ist eine sog. echte Dienstleistungsbetriebsstätte im deutschen Recht heute nicht anerkannt.[706] Auch der BFH geht bisher in ständiger Rechtsprechung davon aus, dass das bloße Tätigwerden in fremden Räumen im Grundsatz keine Betriebsstätte i.S.d. § 12 Abs. 1 AO begründet.[707] Dennoch könnte es auch im nationalen Recht Fälle der sog. „unechten Dienstleistungsbetriebsstätte" geben, bei denen aufgrund der Gesamtschau der Umstände auch bei „nur" Dienstleistenden ohne tatsächliche Niederlassung eine Betriebsstätte anzunehmen wäre. Zentrale Voraussetzung bei dieser Frage ist, ob die oben bereits erwähnte, ausreichende Verfügungsmacht des Unternehmers angenommen werden kann.

Nicht notwendig ist dabei eine Verfügungsmacht im bürgerlich-rechtlichen Sinne, jedoch muss es sich um eine nicht nur vorübergehende Verfügungsmacht[708] handeln, die dem Nutzenden eine Rechtsposition einräumt, die ihm ohne sein Zutun nicht mehr ohne Weiteres entzogen werden kann.[709] Eine Mitverfügungsmacht ist insoweit ausreichend.[710] Verfügungsmacht erfordert zudem, dass dem Unternehmer ein Raum oder eine Anlage zur ständigen Nutzung zur Verfügung steht.[711] Neben einer zeitlichen Komponente muss es also

---

daraus ergibt sich, dass die Begriffe im Bereich des § 12 AO voneinander unabhängig sein müssten.

706 *Kahle/Kindich*, Die (unechte) Dienstleistungsbetriebsstätte, IStR 2016, 89.

707 U.A. BFH v. 11. 10. 1989, I R 77/88, BStBl. II 1990, 167; BFH v. 16. 05., I R 113/87, BStBl. II 1990, 983; BFH v. 04. 06. 2008, I R 30/07, BStBl. II 2008, 922.

708 Z.B. BFH v. 11. 10. 1989, I R 77/88, BStBl. II 1990, 166.

709 Z.B. BFH v. 16. 05. 1990, I R 113/87, BStBl. II 1990, 983.

710 Vgl. dazu *Reiser/Cortez*, Betriebsstättenbegriff im Wandel, IStR 2013, 6 (6 f.).

711 Z.B. BFH v. 28. 06. 2008, I R 92/05, BStBl. II 2007, 100.

weitere Umstände geben, die auf eine örtliche Verfestigung der Tätigkeit schließen lassen.[712]

Problematisch sind in diesem Zusammenhang die Dienstleistungen, die auf den ersten Blick keinen konkreten Bezug zu einer Einrichtung des Dienstleisters erkennen lassen. Hierzu zählen insbesondere Dienstleistungen, die keinen (regelmäßigen) Kontakt zum Kunden erfordern, z.B. Übersetzungstätigkeiten oder Reparaturtätigkeiten an versendbaren Wirtschaftsgütern.[713] Bedeutsam ist zudem die Fallgruppe der Dienstleistungen, die in den Räumen des Auftraggebers verrichtet werden, wie beispielsweise Reinigungsdienstleistungen oder Lehrtätigkeiten aller Art.[714]

(bbb) Uneinheitliche Rechtsprechung des BFH

Mit dem Urteil vom 14. Juli 2004[715] hatte der BFH zu entscheiden, ob eine deutsche Gesellschaft, die von der US-Armee über 2 Jahre mit dem Betrieb und der Wartung eines Kampf-Simulationssystems betraut worden war, eine Betriebsstätte im Inland begründete. Zudem sollten die Mitarbeiter die Angehörigen der Armee in der Bedienung der Ausrüstung schulen. Die US-Armee stellte für die Tätigkeiten Räume auf dem in Deutschland gelegenen Kasernengelände zur Verfügung und obwohl die Mitarbeiter das Gelände erst nach Überprüfung betreten durften, hatten sie eigene Schlüssel für alle von ihnen genutzten Räume und Gebäude.

Der BFH nahm in diesem Fall eine ausreichende Verfügungsmacht an, die dazu führte, dass eine inländische Betriebsstätte begründet wurde.[716] Die regelmäßige Tätigkeit und die Arbeit in bestimmten Gebäuden, die wiederum mit für die Arbeit erforderlichen Vorrichtungen ausgestattet waren, führten das Gericht zu diesem Urteil, das Teile der Literatur dazu brachte, von einem Abrücken vom Kriterium der „nicht nur vorübergehenden Verfügungsmacht" zugunsten der „nicht nur vorübergehenden Tätigkeit" zu sprechen.[717] Insgesamt zeigt sich hier

---

712 OFD Karlsruhe, Verfügung v. 16. 09. 2014, IStR 2015, 887.

713 *Kahle/Kindich*, Die (unechte) Dienstleistungsbetriebsstätte, IStR 2016, 90.

714 *Kahle/Kindich*, Die (unechte) Dienstleistungsbetriebsstätte, IStR 2016, 90.

715 BFH v. 14. 07. 2004, I R 106/03.

716 Zum gleichen Ergebnis kam der BFH im Urteil v. 25. 05. 2000 (III R 20/97, BStBl. II 2001, 365), bei dem in der Installation und regelmäßigen Wartung einer Satellitenempfangsanlage unter bestimmten Bedingungen ebenfalls von der Begründung einer Betriebsstätte auszugehen sei.

717 *Reiser/Cortez*, Betriebsstättenbegriff im Wandel, IStR 2013, 6 (7) m.w.N.

entgegen der bisherigen Einstellung des BFH ein relativ weites Verständnis der Voraussetzungen der Verfügungsmacht.

Im Urteil vom 4. Juni 2008[718] nahm der BFH dann in einem ähnlich gelagerten Fall an, dass das Tätigwerden eines niederländischen Subunternehmers von 1991–1993 auf einem deutschen NATO-Flughafen keine ausreichende Verfügungsmacht und damit keine Betriebsstätte begründete. Die Mitarbeiter verfügten zwar über Sicherheitsausweise, durften Reinigungsarbeiten in bestimmten Sicherheitszonen durchführen und die Reinigungsarbeiten an den Flugzeugen wurden in einer dafür bestimmten Reinigungshalle auf dem Flughafen vorgenommen. Der BFH stellte jedoch erneut klar, dass das bloße Tätigwerden in Räumlichkeiten des Vertragspartners nicht ausreiche, um die erforderliche Verfügungsmacht zu begründen, da es neben der zeitlichen Komponente zudem ausreichende Anhaltspunkte für eine örtliche Verfestigung der Tätigkeit geben müsse.[719]

Dieses Urteil wiederum handhabt die Voraussetzungen der Verfügungsmacht deutlich strenger und wurde deshalb bisweilen schon als „Absage an das Modell der Dienstleistungsbetriebsstätte" durch den BFH gedeutet.[720]

Ein Urteil des BFH aus dem Jahre 2011[721] erweckte jedoch wieder den Anschein, als würde sich an dem strikten Verständnis, das der BFH vom Merkmal der Verfügungsmacht hatte, doch etwas ändern.[722] Im Zusammenhang mit der Frage nach einer sogenannten Geschäftsleistungsbetriebsstätte urteilte der BFH, dass unter bestimmten Voraussetzungen allein der Umfang der übertragenen Aufgaben zur Begründung einer Betriebsstätte in den Geschäftsräumen einer Managementgesellschaft ausreichen kann. Aufgrund eines Managementvertrages könne eine Gesellschaft, die Managementleistungen in fremden Räumen in Anspruch nimmt, selbst ohne ein ihr vertraglich eingeräumtes Nutzungsrecht eine nicht nur gelegentlich Mitnutzerin der Räume im Sinne einer ausreichenden Verfügungsmacht sein.[723]Eine wie oben geforderte tatsächliche Verwurzelung ist hier nur sehr begrenzt vorzufinden, sodass in diesem Urteil

718 BFH v. 04. 06. 2008, I R 30/07, BStBl. II 2008, 922.

719 BFH v. 04. 06. 2008, I R 30/07, BStBl. II 2008, 922 Rn. 15.

720 Vgl. *Reiser/Cortez*, Betriebsstättenbegriff im Wandel, IStR 2013, 6 (8) m.w.N.

721 BFH v. 24. 08. 2011, I R 46/10, IStR 2011, 925.

722 *Kahle/Kindich*, Die (unechte) Dienstleistungsbetriebsstätte, IStR 2016, 93.

723 BFH v. 24. 08. 2011, I R 46/10, IStR 2011, 925, Rn. 23.

wiederum ein Abrücken vom strikten Verständnis dieser Voraussetzung gesehen werden könnte.[724]

Insgesamt zeigt sich bei diesem Einblick in die Rechtsprechung zur Frage der Dienstleistungsbetriebsstätte[725], dass der BFH bisher keine völlig eindeutige Linie zu dieser Frage verfolgt.

(ccc) Zwischenergebnis

Die Reichweite des Tatbestandsmerkmals „Verfügungsmacht" im Rahmen der Betriebsstättendefinition steht nicht zweifelsfrei fest. Dennoch zeigen sich auf nationaler Ebene unter bestimmten Voraussetzungen Möglichkeiten, auch die reine Dienstleistungserbringung ausreichen zu lassen, um eine Betriebsstätte zu begründen und dadurch als Dienstleister von der IHK-Pflichtmitgliedschaft betroffen zu sein.

Deutlichere Tendenzen zeigen sich insofern mit Blick auf die internationale Ebene der OECD.

(bb) Exkurs: Abkommensrechtliche Dienstleistungsbetriebsstätte – erweiternde Tendenzen

Seit 2008 wird auf der Ebene der OECD zum einen eine echte Dienstleistungsbetriebsstätte in einem eigenen Tatbestand anerkannt. Art. 5 Abs. 3 des OECD-Musterabkommens, an dem sich Länder orientieren können, die ein Doppelbesteuerungsabkommen schließen wollen, bestimmt: „Eine Bauausführung oder Montage ist nur dann eine Betriebsstätte, wenn ihre Dauer 12 Monate überschreitet".[726] Obgleich die Anerkennung einer echten Dienstleistungsbetriebsstätte der deutschen Rechtstradition eigentlich widerspricht, hat die Bundesrepublik dieser Klausel entsprechende Formulierungen bereits in

---

724 Ähnlich *Reiser/Cortez*, Betriebsstättenbegriff im Wandel, IStR 2013, 6 (10), die im Vergleich mit einem weiteren Urteil des BFH (23. 02. 2011, I R 52/10, nicht veröffentlicht, BeckRS 2011, 95635) ebenfalls eine Abkehr vom Erfordernis der Verwurzelung vermuten.

725 Diese Rechtsprechung wird vom BFH selbst nicht so bezeichnet, da bisher die „Dienstleistungsbetriebsstätte" nicht offen anerkannt wird; dies schließt eine faktische Anerkennung aufgrund der Rechtsprechungsentwicklung jedoch nicht aus.

726 Beispielhaft sei diese Rechtsentwicklung als Zeichen einer allgemeinen Tendenz hier erwähnt, obwohl sie sich inhaltlich eher dem Bereich der Handwerksordnung zuordnen lässt; zu diesem neu geschaffenen Tatbestand gibt es insgesamt noch viele offene Fragen, vgl. *Kahle/Kindich*, Die (unechte) Dienstleistungsbetriebsstätte, IStR 2016, 93, m.w.N.

einige Doppelbesteuerungsabkommen übernommen.[727] Zum anderen ist auf der Ebene der OECD eine Tendenz zur Anerkennung einer „unechten Betriebsstätte“ auszumachen, indem durch eine veränderte Auslegung des Art. 5 Abs. 1 OECD-MK[728] bei gleichbleibendem Abkommenstext die Begründung einer Betriebsstätte erreicht wird.[729]Die Dienstleistungsbetriebsstätte werde damit *Bürkle* und *Ullmann* zufolge dem Generaltatbestand des Art. 5 Abs. 1 OECD-MA untergeordnet und sei über den OECD-MK fortan ein mittelbares Regelbeispiel.[730] Grundlage für diese erweiterte Begriffsdefinition der Betriebsstätte, ist das sog. „Anstreicher-Beispiel“[731], bei dem die Anwesenheit eines Malers in dem Gebäude des Auftraggebers ausreichen soll, um eine Betriebsstätte des Malers zu begründen. Das Tatbestandsmerkmal der Ausübung der Tätigkeit „durch eine feste Einrichtung“ wird auf Ebene der OECD also so weit ausgelegt, dass es eher dem Merkmal „an einer festen Einrichtung“ entspricht.[732] Deutschland hat jedoch, anders als die Mehrheit der übrigen OECD-Staaten, dem Anstreicher-Beispiel durch eine Einfügung im OECD-MK widersprochen, weil durch reine Anwesenheit keine ausreichende Verfügungsmacht begründet werden könne.[733]

Dieser kurze Exkurs zeigt, dass auf der Ebene der OECD Entwicklungen zu erkennen sind, die an die Annahme einer ausreichenden Verfügungsmacht zur Begründung einer Betriebsstätte geringere Anforderungen stellen. Deutschland

---

727 Z.B. DBA mit Liberia v. 25. 11. 1970, BGBl. II 1973, 1286, vgl. Art. 5 Abs. 7; DBA mit China v. 06. 02. 1986, BGBl. II 1986, 446, vgl. Art 5; sowie in jüngerer Zeit jeweils in Art. 5 Abs. 3 b: DBA mit Südafrika (noch nicht in Kraft), neues DBA mit China v. 28. 03. 2014, BGBl. II 2015, 1647; DBA mit Taiwan v. 28. 12. 2012, BGBl. I 2012, 2079 (Anm.: mangels Anerkennung Taiwans als souveräner Staat erfolgte der Abschluss nicht als völkerrechtlicher Vertrag, sondern als Abkommen zwischen dem deutschen Institut in Taipeh und der Taipeh Vertretung in der Bundesrepublik Deutschland); DBA mit der Türkei v. 19. 09. 2011, BGBl. II 2012, 526; DBA mit den Philippinen v. 09. 09. 2013, BGBl. II 2014, 822.

728 OECD-MK, Model Taxe Convention on Income and on Capital, inklusive Kommentar, abrufbar unter: http://www.oecd.org/tax/treaties/model-tax-convention-on-income-and-on-capital-2015-full-version-9789264239081-en.htm (zuletzt aufgerufen am 25.10.2016).

729 So *Kahle/Kindich*, Die (unechte) Dienstleistungsbetriebsstätte, IStR 2016, 90.

730 *Bürkle/Ullmann*, Betriebsstättendefinition des Art. 5 OECD-Musterabkommen, DStR 2013, 944 (947).

731 OECD-MK, Art. 5 Nr. 4.5.

732 Vgl. *Bürkle/Ullmann*, Betriebsstättendefinition des Art. 5 OECD-Musterabkommen, DStR 2013, 944 (947).

733 OECD-MK, Art. 5 Nr. 45.7.

war allerdings, zumindest zur Zeit der Erstellung des Musterkommentars, (noch) nicht bereit, diesen Weg mitzugehen.

(cc) Beispielhafte Fälle im Bereich der IHK-Pflichtmitgliedschaft

Ohne dass darüber bisher höchstrichterlich entschieden wurde, sind nach den vorangegangenen Erläuterungen durchaus Fälle denkbar, bei denen Dienstleister zur IHK-Pflichtmitgliedschaft herangezogen werden und mangels Einschlägigkeit der Niederlassungsfreiheit in den Anwendungsbereich des Art. 56 AEUV fallen. Genannt werden könnte zum Beispiel ein in Österreich ansässiges Baulogistikunternehmen, das seine Logistik- und Transportleistungen nicht nur in Österreich, sondern auch grenzüberschreitend vor allem in Deutschland erbringt. Zu denken wäre auch an ein niederländisches Schulungsunternehmen, das über einen gewissen Zeitraum grenzüberschreitend Lehrtätigkeit in Deutschland ausübt.

Unabhängig davon kann es eine Vielzahl von Fällen geben, in denen eine Abgrenzung zwischen Dienstleistungsfreiheit und Niederlassungsfreiheit auf Tatbestandsebene oder Konkurrenzebene zu dem Ergebnis führt, dass die Dienstleistungsfreiheit einschlägig ist.

(c) Zusammenfassung und Ergebnis

§ 2 Abs. 1 IHKG erfordert unter anderem das Vorliegen einer Betriebsstätte. Dieser Begriff, der gleichen Inhalts ist wie der des § 12 AO, ist Anknüpfungspunkt für die Frage, ob IHK-Pflichtmitglieder auch in den Schutzbereich der Dienstleistungsfreiheit fallen können. Dies wäre nur dann der Fall, wenn es Dienstleister gäbe, die eine Betriebsstätte i.S.d. § 2

Abs. 1 IHKG/§ 12 AO begründen. Es stellte sich also die Frage nach der Anerkennung einer „Dienstleistungsbetriebsstätte“ im nationalen Recht. Eine explizite, sog. „echte“,Dienstleistungsbetriebsstätte wird bisher im deutschen Recht nicht anerkannt, allerdings zeigt sich unter sehr engen Voraussetzungen die punktuelle Akzeptanz einer „unechten“ Dienstleistungsbetriebsstätte durch die höchstrichterliche Rechtsprechung – auch wenn sie bisher nicht so bezeichnet wird. Deutlichere Entwicklungen dieser Art konnten auf der Ebene der OECD ausgemacht werden.

Als Ergebnis ist deshalb festzuhalten, dass der Betriebsstättenbegriff des § 12 AO zwar nicht eindeutig eine Dienstleistungsbetriebsstätte mit umfasst. Dennoch sind Beispiele denkbar, bei denen ein grenzüberschreitend Dienstleistender in Deutschland zur IHK-Pflichtmitgliedschaft herangezogen wird, ohne dass er eine Niederlassung besitzt und deshalb auf den Schutz von Art. 56 AEUV angewiesen ist. Somit muss parallel zu den oben gezeigten Fällen des BFH im Einzelfall entschieden werden, ob nicht ausnahmsweise doch eine Betriebsstätte aufgrund ausreichender Verfügungsmacht des Dienstleisters anzunehmen ist.

c. Ergebnis zum sachlichen Schutzbereich

Die Frage, ob es Dienstleister gibt, die von der Pflichtmitgliedschaft des § 2 Abs. 1 IHKG betroffen sind, kann aus heutiger Sicht durchaus bejaht werden. Es sind Fälle denkbar, die im Zusammenhang mit der IHK-Pflichtmitgliedschaft in den Schutzbereich des Art. 56 AEUV fallen.[734] Angesichts vereinzelter BFH-Urteile und auch angesichts der internationalen Entwicklungen ist es durchaus möglich, dass eine breitere Akzeptanz der sog. unechten Dienstleistungsbetriebsstätte durch den BFH in Zukunft erfolgen wird. Es verbietet sich angesichts der obigen Erwägungen in jedem Fall ein pauschaler Verweis, dass aufgrund der Anknüpfung an eine gewerbliche Niederlassung oder Betriebsstätte die Dienstleistungsfreiheit nie einschlägig sein könne.[735]

3. Kein vorrangig anwendbares Sekundärrecht

a. Sonderproblem: „Doppelverkammerung“ und Dienstleistungsrichtlinie

Im Bereich der Anwendungsvoraussetzungen der EU-Grundfreiheiten wurde bereits erwähnt, dass es kein die Materie abschließend regelndes Sekundärrecht geben darf, das im entsprechenden Falle vorrangig anzuwenden wäre. Dabei kommt im Rahmen der Dienstleistungsfreiheit insbesondere die Dienstleistungsrichtlinie (DLRL)[736] in Betracht. Eine generelle Sperrfunktion konnte insoweit nicht angenommen werden. In Bezug auf das Problem der „Doppelverkammerung“ könnte jedoch punktuell die Anwendung der primärrechtlichen Dienstleistungsfreiheit ausgeschlossen sein, wenn die DLRL auf die entsprechenden Fälle[737] anwendbar wäre. Mit dem Begriff „Doppelverkammerung“ sind die

---

734 Im Ergebnis gleich, argumentativ aber vor allem in Abgrenzung zur Niederlassungsfreiheit, *Diederichsen*, in: Schmidt/Vollmöller (Hrsg.), Kompendium Öffentliches Wirtschaftsrecht, § 3 Rn. 62.

735 So aber z.B. *Jahn*, in: Frenzel/Jäkel/Junge, IHKG, § 2 Rn. 7.

736 Richtlinie 2006/123/EG des Europäischen Parlaments und des Rates vom 12. 12. 2006, ABl. Nr. L-376/36 v. 17. 12. 2006.

737 Zu denken wäre an den Fall eines österreichischen Bauunternehmers, der in Deutschland Dienstleistungen erbringt und hier eine (unechte) Dienstleistungsbetriebsstätte unterhält. Dieser Unternehmer wäre in Österreich Pflichtmitglied der dortigen Wirtschaftskammer und hier zugleich Pflichtmitglied der örtlich zuständigen Industrie- und Handelskammer.

Fälle gemeint, in denen ein Dienstleistungserbringer nicht nur in Deutschland, sondern zugleich auch in einem anderen EU-Mitgliedstaat Pflichtmitglied einer Industrie- und Handelskammer ist.

b. Anwendungsbereich des Art. 14 Ziff. 2 DLRL

Ein Verbot der „Doppelverkammerung" könnte sich aus Art. 14 Ziff. 2 DLRL ergeben:

> „Die Mitgliedstaaten dürfen die Aufnahme oder Ausübung einer Dienstleistungstätigkeit in ihrem Hoheitsgebiet nicht von einer der folgenden Anforderungen abhängig machen:
> (1) (…)
> (2) einem Verbot der Errichtung von Niederlassungen in mehr als einem Mitgliedstaat oder der Eintragung in Register oder der Registrierung bei Berufsverbänden oder -vereinigungen in mehr als einem Mitgliedstaat;
> (3) – (8) (…)"

Die Richtlinie und damit auch die Verbotsvorschrift hatte die Beseitigung von Dienstleistungshemmnissen und von Niederlassungshemmnissen zum Ziel, soweit sie einer ungestörten grenzüberschreitenden Dienstleistung im Wege stehen.[738] In Art. 14 Ziff. 2 DLRL sind „Registrierungen" in „Berufsverbänden oder -vereinigungen" mehrerer Mitgliedstaaten geregelt. Was unter diesen Begriffen zu verstehen ist und ob darunter auch die deutschen IHKs zu fassen sind, kann sich nur im Wege einer richtlinienadäquaten Interpretation erschließen. Ein rein mitgliedstaatliches deutsches Begriffsverständnis muss insoweit von vornherein außer Betracht bleiben.

(1) „Berufsverbände oder -vereinigungen"

Unter „Berufsverbänden oder -vereinigungen" könnte man mit Blick auf den Wortlaut, unabhängig von der Rechtsform, alle Vereinigungen verstehen, in denen Angehörige einer Berufsgruppe oder Sparte zusammengeschlossen sind. Andererseits könnten damit auch lediglich diejenigen gemeint sein, die nur einer einzigen Berufsgruppe angehören. In den Erwägungsgründen der DLRL stehen der wirtschaftliche und soziale Fortschritt Europas, die Weiterentwicklung des Binnenmarkts und die Wettbewerbsfähigkeit als Regelungsziele im

---

738 Darauf weist ausdrücklich der 12. Erwägungsgrund der Dienstleistungsrichtlinie hin: „Ziel dieser Richtlinie ist die Schaffung eines Rechtsrahmens, der die Niederlassungsfreiheit und den freien Dienstleistungsverkehr zwischen den Mitgliedstaaten garantiert (…)".

Vordergrund.[739] Dieser Zielsetzung entspricht es, die Begriffe „Berufsverbände- und – vereinigungen" weit auszulegen und darunter unabhängig von der Rechtsform alle Zusammenschlüsse zu verstehen, in denen Angehörige einer Berufsgruppe zur Verfolgung gemeinsamer Zwecke zusammengeschlossen sind.

(2) „Registrieren"

Die Bedeutung des „Registrierens" wird im systematischen Zusammenhang mit dem Begriff der „Anforderungen" klar, der in Art. 4 Nr. 7 DLRL eine Legaldefinition gefunden hat:

> „Für die Zwecke dieser Richtlinie bezeichnet:
> 1. – 6. (…)
> 7. „Anforderungen" alle Auflagen, Verbote, Bedingungen oder Beschränkungen, die in den Rechts- oder Verwaltungsvorschriften der Mitgliedstaaten festgelegt sind oder sich aus der Rechtsprechung, der Verwaltungspraxis, den Regeln von Berufsverbänden oder den kollektiven Regeln, die von Berufsvereinigungen oder sonstigen Berufsorganisationen in Ausübung ihrer Rechtsautonomie erlassen wurden, ergeben; Regeln, die in von den Sozialpartnern ausgehandelten Tarifverträgen festgelegt wurden, sind als solche keine Anforderungen im Sinne dieser Richtlinie;
> 8. – 12. (…)"

Daraus könnte man auf ein grundsätzlich weites Verständnis des „Registrierens" schließen, das über den schlichten Wortlaut im Sinne eines aktiven „Einschreibungsvorgangs" hinausgeht. Neben dem Anmelden einer Person oder einer Tätigkeit könnte dazu auch jeder Vorgang zu zählen sein, der im Zusammenhang mit dem Beginn einer wirtschaftlichen Tätigkeit steht und zur Aufnahme in eine Berufskammer oder -vereinigung führt. Erfasst sein dürfte in diesem Fall auch ein passives Registrieren, also ein Registriert-Werden in Form der automatisierten Kammermitgliedschaft. Für diese Schlussfolgerung spricht Folgendes: Im Unterschied zur Berufsanerkennungsrichtlinie geht es im Kontext der Dienstleistungsrichtlinie nicht um Registrierungsvorgänge, die Bedingung für die Aufnahme oder Fortführung der wirtschaftlichen Tätigkeit sind. Auch automatisierte, dem Tätigkeitsbeginn folgende Registrierungsvorgänge, in denen der Registrierte nur eine passive Rolle spielt, dürften deshalb von der Richtlinie erfasst sein.[740]

---

739 Vgl. insbesondere die Erwägungsgründe (1) und (2) der DLRL, ABl. Nr. L-376/36 v. 27. 12. 2006.

740 A.A. *Kluth*, in: Handbuch des Kammerrechts, § 5 Rn. 217 m.w.N., der davon ausgeht, dass lediglich Regelungen erfasst sind, die mit der Eintragung ein Genehmigungserfordernis verbinden.

(3) Rechtsprechung

(a) Deutsche Rechtsprechung

In der Rechtsprechung deutscher Gerichte finden sich vereinzelt Urteile, in denen die Anwendbarkeit des Art. 14 Ziff. 2 DLRL im Fall der IHK-Pflichtmitgliedschaft verneint wird. Allerdings beziehen sich diese Entscheidungen nicht auf die Begriffe „Berufsverband" oder „Registrieren", sondern auf den Regelungsinhalt des Art. 14 Ziff. 2 DLRL.

So geht beispielsweise das VG Augsburg[741] davon aus, dass ein Verstoß gegen die Richtlinie nicht vorliegt. In Art. 14 Ziff. 2 DLRL sei nicht ein Verbot der Doppelverkammerung festgeschrieben, sondern genau das Gegenteil angeordnet: Kein Mitgliedstaat dürfe den Dienstleistungserbringern verbieten, sich gleichzeitig in den Berufsverbänden eines anderen Mitgliedstaates zu registrieren. Das Gericht meint, dass die Richtlinienvorschrift zwei unterschiedliche Anforderungen verbietet, die mit der Konjunktion „oder" verbunden sind. Hierbei handele es sich einerseits um das „Verbot der Errichtung (…) in mehr als einem Mitgliedstaat" und andererseits um das „Verbot der Eintragung in Register oder Registrierung (…) in mehr als einem Mitgliedstaat".

Ebenso verneint ein Urteil des VG Ansbach aus dem Jahre 2010[742] einen Verstoß der IHK-Pflichtmitgliedschaft gegen die DLRL. Dort wurde die Vorschrift des Art. 14 Ziff. 2 DLRL allerdings nicht thematisiert. Im Vordergrund standen vielmehr Art. 1 DLRL und der Zusammenhang mit Strafbestimmungen sowie Art. 16 DLRL, der sich ausschließlich mit Dienstleistungserbringern befasst, die eine Dienstleistung in einem anderen Mitgliedsstaat als dem ihrer Niederlassung erbringen. Das Urteil lässt keine Rückschlüsse darauf zu, dass der Anwendungsbereich der DLRL in Bezug auf Art. 14 Ziff. 2 DLRL nicht erfasst wäre.

(b) Rechtsprechung des EuGH

Im Zusammenhang zwischen Art. 14 DLRL und der IHK-Pflichtmitgliedschaft hat der EuGH bisher noch kein Urteil gefällt. Insgesamt lassen sich nicht viele Urteile finden, die Art. 14 der DLRL zum Gegenstand haben. Lediglich drei Urteile betreffen die Vorschrift des Art. 14 DLRL.[743] Keines der genannten Urteile

---

741 VG Augsburg, Gerichtsbescheid vom 27. 11. 2012, Au 2 K 10.519.

742 VG Ansbach, Urteil v. 04. 02. 2010, GewArch 2010, 301 Rn. 31.

743 EuGH v. 16. 06. 2015, Rs. C-593/13, *Rina Services u.a.*, veröffentlich in der digitalen Sammlung; EuGH v. 15. 10. 2015, Rs. C-168/14, *Grupo Itelevesa u.a.* (noch nicht veröffentlicht); EuGH v. 23. 02. 2016, Rs. C-179/14, *Kommission./.Ungarn* (noch nicht veröffentlicht).

beschäftigt sich jedoch mit der Auslegung des Art. 14 Ziff. 2 DLRL. Lediglich im Urteil *Grupo Itelevesa* wird die Reichweite der Auslegung eines Begriffes, nämlich der „Verkehrsdienstleistungen" in Art. 2 Abs. 2 lit. b. DLRL thematisiert. Der EuGH kommt hier zu dem Schluss, dass für die Auslegung unabhängig vom nationalen Wortlaut alle Sprachfassungen maßgeblich sein müssen und mit Blick auf Systematik und Zweck der Vorschrift sowie die Vorarbeiten zur Richtlinie von einer weiten Auslegung auszugehen ist.[744]

(4) Regelungsinhalt des Art. 14 Nr. 2 DLRL

Ob Art. 14 Ziff. 2 DLRL ein Verbot der „Doppelverkammerung" statuiert, ist eine Frage des Regelungsinhalts der Norm. Nachdem die im Tatbestand der Richtlinienvorschrift verwendeten Begriffe („Berufsverband", „Registrierung") durchaus auf den Vorgang der gesetzlich angeordneten Pflichtmitgliedschaft bezogen werden können, bleibt am Ende die Frage, was genau der Regelungsinhalt der Vorschrift ist. Dies ist auf den ersten Blick nicht so einfach zu beantworten. Die deutsche Sprachfassung des Art. 14 Ziff. 2 DLRL lässt durchaus die Interpretation zu, dass sich das „Verbot" im ersten Satzteil des Art. 14 Nr. 2 DLRL nicht auch auf den zweiten Satzteil bezieht. Dann wäre es den Mitgliedstaaten untersagt, eine mehrfache „Registrierung" vorzunehmen und es bestünde ein Verbot der „Doppelverkammerung". Der deutsche Wortlaut lässt aber auch die Deutung zu, dass sich das „Verbot" auch auf den zweiten Satzteil des Art. 14 Ziff. 2 DLRL bezieht. Dann wäre es den Mitgliedstaaten untersagt, die Registrierung in einem Berufsverband davon abhängig zu machen, dass der Dienstleistungserbringer noch in keinem anderen Mitgliedstaat registriert ist.

Welche der beiden gegensätzlichen Interpretationen zutrifft, erhellt ein Blick auf andere Sprachfassungen des Art. 14 Ziff. 2 DLRL. In der englischen Version heißt es: „a prohibition on having an establishment in more than one Member State or on being entered in the registers or enrolled with professional bodies or associations of more than one Member State", in der französischen: „l'interdiction d'avoir un établissement dans plus d'un État membre ou d'être inscrit dans les registres ou dans les ordres ou les associations professionnels de plus d'un État membre" und in der spanischen: „prohibición de estar establecido en varios Estados miembros o de estar inscrito en los registros o colegios o asociaciones profesionales de varios Estados miembros". Die anderen Sprachfassungen verdeutlichen, dass das an die Mitgliedstaaten gerichtete „Verbot" des Art. 14 Ziff.

744 EuGH v. 15. 10. 2015, Rs. C-168/14, *Grupo Itelevesa u.a.* (veröffentlicht in der digitalen Sammlung) Rn 42 f.

2 DLRL sich auf den gesamten Satz bezieht. Dies bedeutet, dass es den Mitgliedstaaten verboten ist, die Registrierung in einem Berufsverband davon abhängig zu machen, dass nicht eine parallele Registrierung in einem anderen Mitgliedstaat besteht. Art. 14 Ziff. 2 DLRL will also gerade die mehrfache Registrierung sicherstellen, und insoweit ist dem VG Augsburg[745] beizupflichten, wenn es annimmt, dass die Dienstleistungsrichtlinie kein Verbot der Doppelverkammerung enthält.

c. *Ergebnis*

Somit wird davon auszugehen sein, dass das Problem der Doppelverkammerung in mehreren Staaten zwar vom Anwendungsbereich der Richtlinie erfasst wird. Die Dienstleistungsrichtlinie verbietet aber eine solche Doppelverkammerung nicht.

Eine darüber hinaus reichende sekundärrechtliche Sperre für die Überprüfung der IHK-Mitgliedschaft anhand des Primärrechts ergibt sich daraus nicht.

II. *Beeinträchtigung*

Aufgrund der Tatsache, dass eine Schutzbereichsbetroffenheit der Dienstleistungsfreiheit durchaus möglich ist, gilt es im Folgenden zu prüfen, ob auch eine Beeinträchtigung dieses Schutzbereiches festgestellt werden kann.

In Parallele zu den Ausführungen zur Niederlassungsfreiheit ist festzustellen, dass auch im Rahmen des Art. 56 AEUV über reine Diskriminierungen hinaus Beschränkungen jeder Art verboten sind. Dafür spricht bereits der Wortlaut des Art. 56 Abs. 1 AEUV („Beschränkungen des freien Dienstleistungsverkehrs"). Eine insofern beschränkende, also behindernde Maßnahme ist bereits jene, die die Leistungserbringung weniger attraktiv macht[746] oder erschwert[747]. Erfasst sind all die Maßnahmen, die geeignet sind, den zwischenstaatlichen Handel unmittelbar oder mittelbar, aktuell oder potentiell zu behindern.[748]

Durch die IHK-Pflichtmitgliedschaft wird dem Betroffenen die Möglichkeit genommen, frei über einen Beitritt zu entscheiden, also diese Freiheit verkürzt. Dieser Sachverhalt ist für den Dienstleistungserbringer – ebenso wie den Niedergelassenen – als Tatsache zu werten, die die wirtschaftliche Tätigkeit bereits

745 Siehe Fn. 750.

746 So grundlegend z.B. EuGH v. 30. 11. 1995, Rs. C-55/94, *Gebhard*, Slg. 1995, I-4165, Rn. 37; zuletzt z.B. EuGH v. 08. 09. 2009, Rs. C-42/07, *Liga Portuguesa*, Slg. 2009, I-7633, Rn. 51.

747 Z.B. EuGH v. 13. 12. 2007, Rs. C-250/06, *United Pan-Europe*, Slg. 2007, I-11135, Rn. 30.

748 Sog. Dassonville-Formel, EuGH v. 11. 07. 1974, Rs. 8/74, *Dassonville*, Slg. 1974, 837.

im Vorfeld weniger attraktiv macht. Die negative Wirkung wird noch verstärkt durch die anknüpfende Beitragspflicht. Erst recht für Dienstleistende, die in der Regel weniger häufig bzw. lange an derselben Stelle ihre Arbeit verrichten, schwindet die Rentabilität der (grenzüberschreitenden) Tätigkeit dadurch deutlich. In Bezug auf den vermeintlichen Bagatellcharakter und die sonstigen Problempunkte im Beschränkungsbereich gilt das zur Niederlassungsfreiheit Gesagte.[749]

III. Rechtfertigung

1. Subsidiarität geschriebener und ungeschriebener Rechtfertigungsgründe des Primärrechts

Es ist nicht ersichtlich, dass die hier in Rede stehende Beschränkung der Dienstleistungsfreiheit im Sekundärrecht eine eigene abschließende Regelung erfahren hätte. Insbesondere die Dienstleistungsrichtlinie ist – mit Ausnahme der Sonderproblematik der Doppelverkammerung – nicht einschlägig. Zu der allgemeineren Frage, ob die Beschränkung der Dienstleistungsfreiheit, die darin liegt, dass ein aus dem EU-Ausland stammender Dienstleister in Deutschland eine Betriebsstätte unterhält und damit kraft Gesetzes einer Pflichtmitgliedschaft in der regional zuständigen Industrie- und Handelskammer unterworfen wird, verhält sich die Dienstleistungsrichtlinie nicht. Insoweit ist es vom Ansatz her naheliegend, auf geschriebene Rechtfertigungsgründe des AEUV zu schauen.

2. Fehlende geschriebene Rechtfertigungsgründe

Als geschriebene Rechtfertigungsgründe kommen allenfalls die in Art. 52 Abs. 1 AEUV enthaltenen Anknüpfungspunkte in Betracht. Die Vorschrift ist über die Verweisung in Art. 62 AEUV auf die Dienstleistungsfreiheit anwendbar. Allerdings greifen die in Art. 52 Abs. 1 AEUV enthaltenen Rechtfertigungsgründe in Bezug auf die Dienstleistungsfreiheit genau so wenig ein wie in Bezug auf die Niederlassungsfreiheit.[750]

3. Ungeschriebene Rechtfertigungsgründe

Auch für die Dienstleistungsfreiheit hat der Europäische Gerichtshof anerkannt, dass Beschränkungen wegen eines zwingenden Allgemeininteresses gerechtfertigt sein können.[751] Er beruft sich dabei auf die sog. *Gebhard*-Formel, derzufolge

---

749 Siehe oben Kapitel IV. B. II. 2.

750 Siehe oben Kapitel IV. B. III. 2.

751 EuGH v. 12. 12. 1996, Rs. C-3/95, *Reisebüro Broede*, Slg. I-6511 Rn. 28.

„nationale Maßnahmen, die die Ausübung der durch den Vertrag garantierten grundlegenden Freiheiten behindern oder weniger attraktiv machen, vier Voraussetzungen erfüllen müssen: Sie müssen in nicht diskriminierender Weise angewandt werden, sie müssen aus zwingenden Gründen des Allgemeininteresses gerechtfertigt sein, sie müssen geeignet sein, die Verwirklichung des mit ihnen verfolgten Zieles zu gewährleisten, und sie dürfen nicht über das hinausgehen, was zur Erreichung dieses Zieles erforderlich ist."[752]

An der für die Rechtfertigung einer Grundfreiheitsbeschränkung zentralen Voraussetzung „zwingender Erfordernisse" des Gemeinwohls fehlt es indes, wenn es um die gesetzliche Anordnung der Pflichtmitgliedschaft in den Industrie- und Handelskammern geht. Insoweit ergeben sich keine Unterschiede zu den oben[753] getroffenen Feststellungen.

IV. Ergebnis

Die Dienstleistungsfreiheit des Art. 56 AEUV erweist sich als einschlägig. Ihr personeller und sachlicher Anwendungsbereich ist eröffnet und mit der gesetzlichen Anordnung der Pflichtmitgliedschaft kommt es zu einer Beschränkung dieser Grundfreiheit. Eine Rechtfertigung ergibt sich weder aus speziellem Sekundärrecht noch aus dem Primärrecht. Auch greifen keine ungeschriebenen Rechtfertigungsgründe ein. Es bleibt damit festzustellen, dass die Dienstleistungsfreiheit des Art. 56 AEUV verletzt ist.

---

752 EuGH v. 30. 11. 1995, Rs. C-55/94 *Gebhard*, Slg. 1995, I-4165 Rn. 37.

753 Siehe oben Kapitel IV. B. III. 4. b.

Kapitel V IHK-Pflichtmitgliedschaft und Europäisches Wettbewerbsrecht

Neben den europäischen Grundfreiheiten könnten auch die Vorschriften des Europäischen Wettbewerbsrechts Relevanz für die deutschen IHKs aufweisen. Die zentralen Wettbewerbsregeln des AEUV finden sich in Art. 101 ff. AEUV.

Auf den ersten Blick weisen diese Vorschriften nur wenig Zusammenhang zu den deutschen IHKs auf, handeln sie doch von Maßnahmen von Unternehmen oder Unternehmensvereinigungen. Dennoch lohnt es sich, nicht zuletzt angesichts der jüngeren EuGH-Rechtsprechung, die Anwendbarkeit des Wettbewerbsrechts auf die IHKs und deren Pflichtmitgliedschaft genauer zu betrachten.

A. Verhältnis zu den Grundfreiheiten und Grundrechten

Um die Pflichtmitgliedschaft der IHKs anhand der europäischen Wettbewerbsvorschriften, namentlich der unternehmensgerichteten Vorschrift des Art. 101 AEUV und der staatsgerichteten Vorschrift des Art. 107 AEUV, überprüfen zu können, ist zunächst deren Anwendbarkeit im Verhältnis zu den bereits behandelten Grundfreiheiten und den Grundrechten der Grundrechtecharta näher zu beleuchten.

I. Grundfreiheiten

1. Parallele Tatbestandseinschlägigkeit

Geht man wie oben angenommen[754] von einer Anwendbarkeit der Grundfreiheiten in Bezug auf die IHK-Pflichtmitgliedschaft aus, so stellt sich zuerst die Frage, ob parallel dazu auch die europäischen Wettbewerbsregeln überhaupt eine Rolle spielen können.

2. Tatsächliche Kollision

Zu dem Fall, dass die Anwendungsbereiche von Grundfreiheiten und Wettbewerbsrecht sich tatsächlich überschneiden, also eine Maßnahme an beiden Regelungsbereichen zu messen wäre, werden verschiedene Ansichten vertreten.

---

754 Siehe oben Kapitel IV. A.

a. Meinungsspektrum

So wird einerseits argumentiert, dass es sich um eigenständige Regelungskomplexe mit unterschiedlicher Schutzrichtung handele, die keine Sperrwirkung entfalten und deren beider Schutz notwendig sei, um das Funktionieren des Binnenmarktes zu gewährleisten.[755]

In der Literatur wird jedoch auch vertreten, dass aufgrund der unterschiedlichen Adressaten eher ein „Komplementärverhältnis" beider Regelungsbereiche anzunehmen sei und die Unterschiede zwischen dem Schutz des Einzelnen durch die Grundfreiheiten und die entgegengesetzte Beschränkung der (unternehmerischen) Privatautonomie durch das Wettbewerbsrecht betont werden müssten.[756] Letztlich gehe es gerade darum, zu verhindern, dass die durch die Grundfreiheiten gewonnenen Freiheiten durch private Initiative wieder beschränkt werden.[757]

b. Stellungnahme

Richtig ist, dass Grundfreiheiten und Europäisches Wettbewerbsrecht grundsätzlich unterschiedliche Schutzrichtungen und Schutzgüter aufweisen. Während die Grundfreiheiten an die Mitgliedstaaten gerichtet sind und dem grenzüberschreitenden Verkehr zur Errichtung und Erhaltung des Binnenmarktes dienen sollen, ist das an die Unternehmen gerichtete Wettbewerbsrecht darauf ausgelegt, einen unverfälschten Wettbewerb innerhalb der Europäischen Union zu garantieren.

Verkannt werden darf jedoch nicht, dass die Adressatenkreise der Norm noch nicht dafür sprechen, dass es sich um zwei völlig getrennte Regelungsbereiche handelt, die dementsprechend ohne Überschneidungen anzuwenden sind. Beispielsweise können die Grundfreiheiten über die Rechtsfigur der unmittelbaren Drittwirkung[758] auch Private verpflichten, andererseits ist Art. 101 AEUV nicht nur an Private als Verpflichtungsadressaten gerichtet, sondern erfasst „natürliche

---

755 Vgl. *Waldhorst*, Die Kammern zwischen Kartell- und Verwaltungsorganisationsrecht, S. 74 f.

756 *Nowak*, Das Verhältnis der Grundfreiheiten und des Wettbewerbsrechts, Beiheft EuR 2004, 77 (81 f.).

757 Vgl. *Terhechte* in: Grabitz/Hilf/Nettesheim (Hrsg.), Das Recht der EU, Art. 3 AEUV Rn. 41.

758 Grundlegend zum jüngeren Streitstand zur Frage der Drittwirkungsproblematik: *Kingreen*, in: Calliess/Ruffert, EUV/AEUV, Art. 36 Rn. 111 ff.; Ausführlich analysierend, auch mit Blick auf die aktuelle EuGH-Rechtsprechung: *Birkemeyer*, Die unmittelbare Drittwirkung der Grundfreiheiten, EuR 2010, 662 ff.

und juristische Personen des Privatrechts oder des öffentlichen Rechts sowie Gesellschaften bzw. rechtliche Gebilde, denen kraft Gesetzes unbeschränkte oder zumindest teilweise Rechtsfähigkeit zuerkannt wird“[759]. Eine gewisse Verschränkung der beiden Bereiche, die folglich auch eine Überschneidung nahelegt, kann also nicht geleugnet werden.

Weiterhin handelt es sich bei beiden Bereichen um Instrumente, deren Aufgabe es gem. Art. 3 EUV[760] ist, dasselbe Ziel, nämlich die Vollendung und Erhaltung des Europäischen Binnenmarktes zu erreichen. Trotz grundsätzlich unterschiedlicher Schutzrichtung ist eine Sperrwirkung des einen gegenüber dem anderen Regelungskomplex vertraglich nicht angelegt und eine parallele Anwendung der Vorschriften bei Erfüllung der sonstigen Tatbestandsvoraussetzungen somit möglich.[761] In diese Richtung weist auch die Rechtsprechung des EuGH, der beispielsweise in der Rechtssache *Wouters* davon ausging, dass neben dem Wettbewerbsrecht auch die Dienstleistungs- und Niederlassungsfreiheit eine Rolle spielen können.[762]

c. *Zwischenergebnis*

Aus diesen Gründen ist davon auszugehen, dass auch bei Einschlägigkeit der Grundfreiheiten, hier der Niederlassungsfreiheit und der Dienstleistungsfreiheit, eine Anwendbarkeit des Europäischen Wettbewerbsrechts nicht von vornherein ausgeschlossen ist und dessen Voraussetzungen somit genauere Betrachtung verdienen.

---

759 *Stockenhuber*, in: Grabitz/Hilf/Nettesheim (Hrsg.), Das Recht der EU, Art. 101 AEUV, Rn. 53.

760 Auch wenn das im früheren Art. 2 EUV (vor dem Vertrag von Lissabon) genannte Ziel eines unverfälschten Wettbewerbs in Art. 3 EUV (ex. Art 2 EUV) der aktuellen Vertragsversion nicht mehr erwähnt wird, sondern stattdessen Teil des Protokolls Nr. 27 ist, so bleibt es doch wegen Art. 51 EUV „Bestandteil der Verträge“.

761 So auch *Müller-Graff*, in: Streinz (Hrsg.), EUV/AEUV-Kommentar, Art. 56 AEUV, Rn. 137; *Waldhorst*, Die Kammern zwischen Kartell- und Verwaltungsorganisationsrecht, S. 74 f.

762 EuGH v. Rs. C-309/99, *Wouters*, Slg. 2002, I-1577, Rn. 119; wie selbstverständlich prüft der EuGH Wettbewerbsrecht und Dienstleistungsfreiheit auch im Urteil v. 05. 12. 2006, verb. Rs. C-94/04 und 202/04, *Cipolla u.a.*, Slg. 2006, I-11421, Rn. 44 ff. (Wettbewerbsrecht) und 55 ff. (Dienstleistungsfreiheit).

II. Grundrechte

Für den Bereich der Grundrechtecharta gilt im Ergebnis dasselbe wie für die Grundfreiheiten. Die (tatbestandliche) Einschlägigkeit eines Grundrechts verhindert nicht die Überprüfung derselben Maßnahme am Maßstab des europäischen Wettbewerbsrechts. Dies ergibt sich hier bereits textlich aus Art. 6 Abs. 1 EUV, der im 2. Halbsatz bestimmt: „(…); die Charta der Grundrechte und die Verträge sind rechtlich gleichrangig“. Schon deshalb wird man eine parallele Anwendbarkeit von Grundrechten und Wettbewerbsregeln nicht infrage stellen können.[763]

B. Unzulässigkeit von Beihilfen, Art. 101 AEUV

Unternehmensgerichtete Kernvorschrift des europäischen Wettbewerbsrechts ist Art. 101 AEUV. Eine nach Art. 101 Abs. 1 AEUV relevante Beschränkung erfordert demnach wettbewerbsbeschränkende Vereinbarungen oder Verhaltensweisen von Unternehmen oder Unternehmensvereinigungen. Um die IHK-Pflichtmitgliedschaft an Art. 101 AEUV zu messen, müssten die IHKs also als Unternehmensvereinigungen einzustufen und die Pflichtmitgliedschaft als tauglicher Prüfungsgegenstand zu qualifizieren sein.

I. IHKs als Unternehmensvereinigungen

1. Begriff des Unternehmens und der Unternehmensvereinigung

Der Begriff des Unternehmens i.S.d. Art. 101 AEUV ist unabhängig vom nationalen Verständnis speziell mit Blick auf das Europarecht zu bestimmen. Mangels ausdrücklicher Regelung im Rahmen der Verträge kommt es insofern auf die Auslegung durch den EuGH und die europäischen Organe an. Dem Begriff des „Unternehmens“ im Europäischen Kartellrecht liegt grundsätzlich ein funktionales Verständnis zugrunde. Zentral ist dabei die Frage nach der wirtschaftlichen Betätigung des Betroffenen.[764] Dieses Verständnis steht im Gegensatz

763 Im Grunde ebenso *Jarass*, in: Jarass, Kommentar EU-GRCh, Art. 6 EUV Rn. 13.

764 *Weiß*, in: Calliess/Ruffert, EUV/AEUV, Art. 101 AEUV, Rn. 25; *Brinker*, in: Schwarze/Becker/Hatje/Schoo (Hrsg.), EU-Kommentar, Art. 101 AEUV, Rn. 26 f.; zu aktuellen Fragen betreffend die Einordnung der Öffentlichen Hand als „Unternehmen“ aber auch grundlegend siehe *Schindler*, Wettbewerbsrechtlicher Unternehmensbegriff des EuGH, KommJur 2011, 126 ff.

zu einer institutionellen Definition des Unternehmens, bei der die Frage nach Organisation und Dauer der Einheit im Vordergrund steht.[765]

Der EuGH versteht unter einem Unternehmen jede eine wirtschaftliche Tätigkeit ausübende Einheit unabhängig von Rechtsform oder Art der Finanzierung[766], ohne dass eine Gewinnerzielungsabsicht notwendig wäre[767]. Eine wirtschaftliche Tätigkeit sei immer dann anzunehmen, wenn Güter oder Dienstleistungen auf einem bestimmten Markt angeboten werden.[768] Diesem funktionellen Unternehmensbegriff folgen die EU-Kommission[769] und auch das Gericht Erster Instanz (EuG)[770]. Grundsätzlich ist nach dieser Definition auch die öffentliche Hand Adressat des Kartellverbots. Ausnahmen ergeben sich lediglich, wenn – im Gegensatz zum wirtschaftlichen Handeln – reine Maßnahmen der öffentlichen Gewalt in Rede stehen, die nicht an Art. 101 ff. AEUV, sondern vor allem an den Grundfreiheiten des AEUV zu messen wären. Staatliches Handeln hingegen wird in der Regel dann angenommen, wenn eine Tätigkeit auch dem Allgemeininteresse dient und mit der Ausübung von hoheitlichen Befugnissen einhergeht.[771]

---

765 *Emmerich*, in: Immenga/Mestmäcker, EU-Wettbewerbsrecht, Art. 101 Abs. 1 AEUV, Rn. 8, der darauf verweist, dass der EuGH früher noch Tendenzen zu dieser heute überholten Definitionsweise zeigte.

766 Z.B. EuGH v. 23. 04. 1991, Rs. C-41/90, *Höfner und Elser*, Slg. 1991, I-01979, Rn. 21; EuGH v. 16. 11. 1995, Rs. C-244/94, *FFSA u.a./Ministère de l'Agriculture und de la Pêche*, Slg. 1995, I-04013, Rn. 14; in jüngerer Zeit z.B. EuGH v. 05. 03. 2009, Rs. C-350/07, *Kattner Stahlbau*, Slg. 2009, I-01513, Rn. 34.

767 EuGH v. 16. 11. 1995, Rs. C-244/94, *FFSA u.a./Ministère de l'Agriculture und de la Pêche*, Slg. 1995, I-04013, Rn. 21.

768 Ständige Rechtsprechung des EuGH, vgl. z.B. EuGH v. 16. 06. 1987, Rs. 118/85, *Kommission/Italien*, Slg. 1987, 2599, Rn. 7; EuGH v. 18. 06. 1988, Rs. C-35/96, *Kommission/Italien*, Slg. 1998, I-3851, Rn. 36; EuGH v. 22. 01. 2002, Rs. C-218/00, *Cisal*, Slg. 2002, I-00691, Rn. 23.

769 Z.B. Entscheidung der Kommission v. 13. 07. 1994, ABl. 1994 Nr. L 243, S. 1 Rn. 140.

770 Z.B. EuG v. 10. 03. Rs. T-11/89, *Shell/Kommission*, Slg. 1992 II 757, Rn. 311; EuG v. 17. 12. 1991, T-6/89, *Enichem Anic/Kommission*, 1991, II-01623, Rn. 235, es spricht hier von einer „wirtschaftlichen Einheit" die von einer „Gesamtheit materieller und personeller Faktoren" gebildet werde; EuG v. 04. 03. 2003, Rs. T-319/99, *Fenin/Kommission*, Slg. 2003, II- 00357, Rn. 35.

771 Vgl. *Stockenhuber*, in: Grabitz/Hilf/Nettesheim (Hrsg.), Das Recht der EU, Art. 101 AEUV, Rn. 70; *Eilmansberger*, in: Streinz (Hrsg.), EUV/AEUV-Kommentar, Vorb. Art. 101 AEUV, Rn. 32.

Eine ähnlich weite Definition hat auch die „Unternehmensvereinigung“ i.S.d. Art. 101 AEUV erfahren. Es handelt sich dabei unabhängig von grundsätzlichem Zweck, Organisation, Sitz und Rechtspersönlichkeit um einen Zusammenschluss von Unternehmen, dessen Sinn zumindest auch darin besteht, die Interessen seiner Mitglieder wahrzunehmen.[772] Ist die Unternehmensvereinigung wiederum selbst wirtschaftlich tätig, ist sie als eigenständiges Unternehmen i.S.d. europäischen Kartellrechts einzustufen.[773]

2. IHK als „Unternehmensvereinigung“ i.S.d. Art. 101 Abs. 1 AEUV

a. IHK-Mitglieder als „Unternehmen“

Aufbauend auf diesen allgemeinen Erwägungen stellt sich die Frage, ob die Mitglieder der IHK als Unternehmen im Sinne des Kartellrechts einzustufen sind und die IHK infolgedessen eine Unternehmensvereinigung i.S.d. Art. 101 AEUV darstellt. Da die Kammerangehörigen schon aufgrund der Voraussetzungen, die sie gem. § 2 Abs. 1 IHKG erfüllen, gewerblich tätig sind, wird man ohne besondere Probleme davon ausgehen können, dass die Betroffenen Rechtssubjekte im Sinne eines Unternehmens gem. Art. 101 Abs. 1 AEUV sind.[774] Das gilt vor allem angesichts der Weite der oben dargelegten Definition, deren primäres Ziel es ist, hoheitliche Akte dem Kartellrecht zu entziehen. Um solche hoheitliche Akte handelt es sich in Bezug auf die Mitglieder der IHKs jedoch gerade nicht. Die Pflichtmitglieder der IHKs sind im Gegenteil geradezu Musterbeispiele unterschiedlichster Art für das im Zentrum der Definition stehende wirtschaftliche Tätigwerden. Die Mitglieder der IHKs sind mithin als Unternehmen im Sinne des Art. 101 AEUV zu qualifizieren.

b. IHK als „Unternehmensvereinigung“

Sind die Mitglieder der IHK als Unternehmen im Sinne des europäischen Kartellrechts einzustufen, stellt sich darauf aufbauend die Frage, ob die IHKs wettbewerblich relevante „Unternehmensvereinigungen“ sind.

---

772 *Emmerich*, in: Immenga/Mestmäcker, EU-Wettbewerbsrecht, Art. 101 Abs. 1 AEUV, Rn. 38.

773 So GA *Lenz* in den Schlussanträgen zur Rs. C-415, 93, *UEFA u.a./Bosman*, Slg. 1995, I-4921, Rn. 256; *Emmerich*, in: Immenga/Mestmäcker, EU-Wettbewerbsrecht, Art. 101 Abs. 1 AEUV, Rn. 38.

774 Ebenso *Waldhorst*, Die Kammern zwischen Kartell- und Verwaltungsorganisationsrecht, S. 86, die darauf hinweist, dass diese Frage beispielsweise für die freien Berufe deutlich schwerer zu beantwortet ist.

(1) *Definitorische Einordnung – IHK zwischen Staat und Gesellschaft*

Dies erfordert einen übergeordneten Zusammenschluss, der zumindest auch darauf angelegt ist, die Interessen der Mitglieder zu vertreten. Bei der IHK handelt es sich um eine Organisation der verschiedenen Unternehmer bzw. Unternehmen, der es gemäß § 1 Abs. 1 IHKG obliegt, „das Gesamtinteresse der ihnen zugehörigen Gewerbetreibenden ihres Bezirks wahrzunehmen". Damit ist davon auszugehen, dass von der grundsätzlichen Definition her die IHK als Unternehmensvereinigung i.S.d. Art 101 AEUV zu klassifizieren ist.[775]

Vor dem Hintergrund, dass gerade staatliche Maßnahmen dem Anwendungsbereich des europäischen Kartellrechts entzogen werden sollten, stellt sich allerdings die Frage, ob dieses Ergebnis angesichts der Stellung der IHKs im staatsnahen Gefüge und ihrer öffentlich-rechtlichen Rechtsform aufrecht erhalten werden kann. Um dies zu beantworten, ist die Rechtsprechungsentwicklung des EuGH zum Anwendungsbereich des europäischen Wettbewerbsrechts aufschlussreich.

(2) *EuGH-Rechtsprechung zur wettbewerbsrechtlichen Relevanz öffentlich-rechtlicher Körperschaften*

Obgleich nicht die Möglichkeit besteht, die Rechtsprechung zum Wettbewerbsrecht und öffentlich-rechtlichen Körperschaften ausführlich und in Gänze darzulegen, sollen doch im Folgenden die grundlegenden Leitlinien aufgezeigt werden. Dies erfolgt immer mit Blick auf die Frage, unter welchen Voraussetzungen die Tätigkeit einer öffentlich-rechtlichen Körperschaft wie der IHK als wettbewerbsrelevant einzustufen ist.

(a) *Frühe Rechtsprechung*

In den Anfängen der Rechtsprechung zur Frage nach der Erfassung öffentlich-rechtlicher Körperschaften durch das europäische Kartellrecht, machte es den Anschein, als wolle der EuGH diese nur partiell anerkennen. So formulierte er im Jahre 1975, dass die Tätigkeit einer – wenn auch autonomen – öffentlich rechtlichen Körperschaft[776] zwar unter Teile der Wettbewerbsvorschriften falle,

---

775 Eine eigene wirtschaftliche Tätigkeit der Vereinigung ist nicht erforderlich; dass die IHKs über ihre ursprünglichen, gesetzlich normierten Tätigkeiten hinaus vermehrt wirtschaftlich agieren und ihr Betätigungsfeld stetig erweitern, könnte jedoch wettbewerbsrechtlich insofern problematisch sein, als sie dabei in Konkurrenz zu ihren eigenen Angehörigen treten.

776 Es ging um eine nichtstaatliche Organisation öffentlichen Rechts, die Abgaben auf das Inverkehrbringen von importiertem Papier, Karton und Zellstoff erhob, und mit

gerade die zentralen Kartellrechtsvorschriften des Art. 85 EGV (jetzt Art. 101 AEUV) und Art. 86 EGV (jetzt Art. 102 AEUV) aber keine Anwendung fänden.[777] Einschränkend erwähnte er jedoch bereits zu diesem Zeitpunkt, dass dies nur insoweit gelte, als die Körperschaft im öffentlichen Interesse und nicht zu Erwerbszwecken tätig werde.[778] Mit Blick auf den Rechtsschutz wies der EuGH allerdings darauf hin, dass es Sache der Bürger und der nationalen Gerichte sei, geeignete Schritte zu ergreifen, wenn die Verletzung unmittelbar anwendbarer Rechtsnormen durch den Staat oder autonome öffentlich-rechtliche Körperschaften in Rede stehe. Überdies sei es Aufgabe der Kommission (und nicht des Gerichtshofs, Anm. d. Verf.) dafür Sorge zu tragen, dass die nationalen Behörden das Kartellrecht einhielten.[779]

Diese frühe Rechtsprechung zeigte eine gewisse Skepsis hinsichtlich der Einbeziehung öffentlich-rechtlicher Körperschaften in den Anwendungsbereich des europäischen Wettbewerbsrechts. Schon damals wurde jedoch erkennbar, dass Voraussetzung der Ausklammerung aus dem kartellrechtlichen Schutzbereich war, dass nicht die wirtschaftliche Tätigkeit, sondern Interessen der Allgemeinheit im Vordergrund stehen.

(b) Rechtsprechung zu Rechtsanwaltskammern

Die Rechtsprechung zur Vereinbarkeit des anwaltlichen Berufsrechts mit dem europäischen Kartellrecht ist inzwischen recht weitläufig und verzweigt. Dennoch lassen sich zwei zentrale und grundlegende Urteile ausmachen, die – soweit ersichtlich – auch heute in ihren inhaltlichen Aussagen noch Gültigkeit beanspruchen.

(aa) Arduino C-35/99

Im Jahre 2002 prüfte der EuGH in einem Vorabentscheidungsverfahren die italienische berufsständische Selbstverwaltung der Rechtsanwälte.[780] Dabei musste er darüber befinden, ob die verbindliche Gebührenordnung für Anwälte, die vom CNF (consiglio nationale forense) – einer Art nationalem Rat der Rechtsanwälte – erlassen wurde, in den Anwendungsbereich des europäischen

---

dem Beitrag sowohl einige ihrer Tätigkeiten beispielsweise in der Forschung, aber auch Subventionen für inländisches Zeitungspapier finanzierte.

777 EuGH v. 18. 06. 1975, Rs. 94/74, *IGAV*, Slg. 1975, 699, Rn. 35.

778 EuGH v. 18. 06. 1975, Rs. 94/74, *IGAV*, Slg. 1975, 699, Rn. 35.

779 EuGH v. 18. 06. 1975, Rs. 94/74, *IGAV*, Slg. 1975, 699, Rn. 36.

780 EuGH v. 19. 02. 2002, Rs. C-35/99, *Arduino*, Slg. 2002, I-1529.

Wettbewerbsrechts falle.[781] Entschieden werden musste deshalb, ob der CNF als staatliche Organisation handelte oder als Unternehmen i.S.d. Wettbewerbsrechts zu gelten hat. Der EuGH bestimmte in diesem Zusammenhang, dass die Tatsache, dass ein Mitgliedstaat die Ausarbeitung einer Gebührenordnung an einen Berufsverband übertrage, für sich noch nicht zum Verlust des Charakters einer staatlichen Maßnahme führe.[782] Dieser bliebe insbesondere dann erhalten, wenn die Mitglieder des Berufsverbandes nicht nur die Interessen der vertretenen Mitglieder, sondern auch das Interesse der Allgemeinheit und anderer Unternehmen berücksichtigen müssten.[783] Zudem sei zu überprüfen, ob der Staat die Kontrolle und Letztentscheidungsbefugnis behalten oder an den Verband übertragen habe.[784]

Mit Blick auf die Vorgaben zum Schutze des Allgemeininteresses befand der Gerichtshof in dieser Sache, dass solche nicht ausreichend erkennbar waren, um die Anwendbarkeit des Kartellrechts auszuschließen. Allerdings führe die Tatsache, dass die Gebührenordnung an und für sich nur als Vorschlag zu werten sei und keine eigene Bindungswirkung entfalte, sowie die Tatsache, dass sie ohne Genehmigung des Ministers nicht in Kraft trete, zu der Annahme, dass der Staat die letztendliche Entscheidungsbefugnis eben nicht auf den CNF übertragen habe.[785]

Der CNF wurde damit nicht als Unternehmen i.S.d. europäischen Kartellrechts anerkannt.[786] Ausschlaggebend waren in diesem Urteil die Fragen nach der Bindung an das Allgemeininteresse und die Frage nach der Übertragung der Letztentscheidungsbefugnis.

(bb) Wouters C-309/99

Am selben Tag erging ein Urteil mit ähnlichem Gegenstand, allerdings unterschiedlichem Ausgang. Dem Gerichtshof oblag es in diesem Urteil[787] unter

---

781 EuGH v. 19. 02. 2002, Rs. C-35/99, *Arduino*, Slg. 2002, I-1529, Rn. 18.

782 EuGH v. 19. 02. 2002, Rs. C-35/99, *Arduino*, Slg. 2002, I-1529, Rn. 36.

783 EuGH v. 19. 02. 2002, Rs. C-35/99, *Arduino*, Slg. 2002, I-1529, Rn 38; diese Vorgaben könnten zum Beispiel durch staatliche Vorgaben in verfahrensrechtlicher und materieller Hinsicht erfolgen, die das Interesse der Allgemeinheit zu sichern bestimmt sind, ebd. Rn. 39.

784 EuGH v. 19. 02. 2002, Rs. C-35/99, *Arduino*, Slg. 2002, I-1529, Rn. 40.

785 EuGH v. 19. 02. 2002, Rs. C-35/99, *Arduino*, Slg. 2002, I-1529, Rn. 43.

786 Dasselbe Ergebnis den CNF betreffend fand ein EuGH-Urteil in einem ähnlichen Verfahren im Jahre 2004, EuGH v. 05. 12. 2006, verb. Rs. C-94/04 und C-202/04, *Cipolla*, Slg. 2006, I-11421.

787 EuGH v. 19. 02. 2002, Rs. C-309/99, *Wouters u.a.*, Slg. 2002, I-1577.

anderem zu entscheiden, ob die niederländische Rechtsanwaltskammer eine Unternehmensvereinigung im Sinne des europäischen Wettbewerbsrechts ist. Problemlos wurde zunächst die Unternehmenseigenschaft der verkammerten Rechtsanwälte bejaht.[788] Im Rahmen der Analyse des Tatbestandsmerkmals „Unternehmensvereinigung" stellte der EuGH zunächst fest, dass die niederländische Rechtsanwaltskammer weder eine auf dem Solidaritätsgrundsatz beruhende Aufgabe erfülle, noch hoheitliche Befugnisse ausübe, sondern vielmehr im Grundsatz eine wirtschaftliche Tätigkeit ausübe.[789] Zudem sei die Rechtsanwaltskammer beim Satzungserlass nicht (gesetzlich) verpflichtet, bestimmte Kriterien des Allgemeininteresses zu berücksichtigen, und die Leitungsorgane der Kammer würden nur durch die Mitglieder und ohne Einfluss der staatlichen Behörden gewählt.[790] Der EuGH betonte auch, dass die Tatsache, dass es sich bei der niederländischen Rechtsanwaltskammer um eine öffentlich-rechtliche Einrichtung handelt, für die Anwendbarkeit des Wettbewerbsrechts grundsätzlich keine Rolle spiele. Der rechtliche Rahmen sei vielmehr irrelevant.[791] Die niederländische Rechtsanwaltskammer wurde somit als Unternehmensvereinigung i.s.d. Wettbewerbsrechts eingestuft.

Fazit dieses Urteil ist, neben der Bekräftigung der Grundsätze der *Arduino*-Entscheidung, dass die Rechtsform die der Staat – selbst zur Erfüllung eigener Aufgaben – wählt, noch keinerlei Aufschluss über die Frage nach der Anwendbarkeit des europäischen Kartellrechts gibt. Es ist anhand der vom EuGH entwickelten Kriterien im Einzelfall zu prüfen, inwiefern die Einheit dem Staat oder aber dem Wirtschaftsleben zuzuordnen ist.

---

788 EuGH v. 19. 02. 2002, Rs. C-309/99, *Wouters u.a.*, Slg. 2002, I-1577, Rn. 45 ff.

789 EuGH v. 19. 02. 2002, Rs. C-309/99, *Wouters u.a.*, Slg. 2002, I-1577, Rn. 58.

790 EuGH v. 19. 02. 2002, Rs. C-309/99, *Wouters u.a.*, Slg. 2002, I-1577, Rn. 61 ff.

791 EuGH v. 19. 02. 2002, Rs. C-309/99, *Wouters u.a.*, Slg. 2002, I-1577, Rn. 65 f; nicht verfangen konnte damit die Ansicht der deutschen Regierung, dass es vom Grundsatz der institutionellen Selbstständigkeit des Mitgliedstaates im Rahmen der nationalen Souveränität gedeckt sein müsse, wie die Ausübung der hoheitlichen Befugnisse ausgestaltet werde. Würden diese an demokratisch legitimierte Einrichtungen übertragen, die allgemeinverbindliche Regeln erlassen könnten, müssten sie trotzdem – als Teil des Staates – der Anwendung der europäischen Wettbewerbsrechts entzogen bleiben, ebd. 54 f.

(c) Rechtsprechung zu „sozialen Systemen"

(aa) Cisal C-218/00

In engem zeitlichen Zusammenhang zu den Urteilen über die Rechtsanwaltskammern erging im selben Jahr ein Urteil im Bereich der sozialen Sicherheit.[792] Gegenstand des Verfahrens war, ob eine italienische öffentlich-rechtliche Versicherungseinrichtung (das sog. INAIL), zu der eine Pflichtmitgliedschaft bestand, als Unternehmen i.S.d. Art. 81 ff. EGV a.F. (Art. 101 ff. AEUV) einzustufen ist. Das INAIL handelte ohne Gewinnerzielungsabsicht und gewährte ein System der Unfallversicherung, die teilweise auch automatisch und selbst bei Ausfall der Beitragszahlung durch den Arbeitgeber zur Leistung verpflichtet war. Die Beiträge wurden dabei aufgrund einer Risikoklasse, der die berufliche Tätigkeit zuzurechnen war, berechnet.[793]

Der Gerichtshof stellte zunächst fest, dass die Ausgestaltung der sozialen Systeme nach ständiger Rechtsprechung den Mitgliedstaaten überlassen ist.[794] Sodann qualifizierte er das INAIL als ein den Grundsatz der Solidarität umsetzendes System[795], das unter staatlicher Aufsicht stünde.[796]

Hier betont der EuGH auch, dass die Pflichtmitgliedschaft, die für ein solches Versicherungssystem kennzeichnend sei, zur Umsetzung des Grundsatzes der Solidarität und Erhaltung des finanziellen Gleichgewichts unerlässlich sei.[797] Aufgrund dieser Feststellungen kam der EuGH zu dem Ergebnis, dass das Wettbewerbsrecht keine Anwendung finde und das INAIL eine rein soziale Aufgabe und keine wirtschaftliche Tätigkeit wahrnehme.[798]

Dieses Urteil stellt somit im Bereich der sozialen Sicherheit enge Voraussetzungen auf, was die Anwendbarkeit des Wettbewerbsrechts auf öffentlich-rechtliche Einrichtungen betrifft. Können die Umsetzung des Grundsatzes der

792 EuGH v. 22. 01. 2002, Rs. C-218/00, *Cisal*, Slg. 2002, I-691.

793 EuGH v. 22. 01. 2002, Rs. C-218/00, *Cisal*, Slg. 2002, I-691, Rn. 15.

794 EuGH v. 22. 01. 2002, Rs. C-218/00, *Cisal*, Slg. 2002, I-691, Rn. 31, m.w.N.

795 EuGH v. 22. 01. 2002, Rs. C-218/00, *Cisal*, Slg. 2002, I-691, Rn. 38 ff., begründet wurde dies mit dem Argument, dass das Fehlen eines unmittelbaren Zusammenhangs zwischen Beiträgen und Leistungen zu einer Solidarität zwischen hoch bezahlten und weniger gut bezahlten Arbeitnehmern führe, ebd. Rn. 42.

796 EuGH v. 22. 01. 2002, Rs. C-218/00, *Cisal*, Slg. 2002, I-691, Rn. 43 ff.; dazu zählten die Tatsache, dass die Verwaltung des Systems gesetzlich übertragen wurde, es staatlicher Aufsicht unterworfen ist und die Höhe der Beiträge letztlich staatlich festgesetzt werde, ebenda Rn. 43.

797 EuGH v. 22. 01. 2002, Rs. C-218/00, *Cisal*, Slg. 2002, I-691, Rn. 44.

798 EuGH v. 22. 01. 2002, Rs. C-218/00, *Cisal*, Slg. 2002, I-691, Rn. 44.

Solidarität und deutlich erkennbare Ausprägungen staatlichen Einflusses nachgewiesen werden, bleibt die Anwendung des europäischen Wettbewerbsrechts ausgeschlossen.

(bb) Kattner C-350/07

Ein weiteres Urteil zu den Systemen sozialer Sicherheit fällte der EuGH im Jahr 2009. In der Rechtssache *Kattner*[799] ging es um die Frage, ob die deutsche Maschinenbau- und Metallberufsgenossenschaft, zu der ebenfalls eine Pflichtmitgliedschaft besteht, als tauglicher Adressat des europäischen Kartellrechts angesehen werden kann. Zunächst qualifizierte der EuGH die Berufsgenossenschaft als ein System der sozialen Sicherheit, weil es an einer sozialen Aufgabe mitwirke, nämlich dem Schutz der Bevölkerung vor (den Folgen von) Berufsrisiken.[800] Der Gerichtshof erläuterte sodann ausführlich die im Urteil *Cisal* aufgestellten Voraussetzungen eines wettbewerbsirrelevanten Systems der sozialen Sicherheit, nämlich die Umsetzung des Grundsatzes der Solidarität und die staatliche Aufsicht. Mit Blick auf den Grundsatz der Solidarität stellt der EuGH mit gleicher Argumentation wie im Urteil *Cisal* fest, dass insbesondere der fehlende Zusammenhang zwischen entrichteten Beiträgen und erhaltenen Leistungen, aber auch andere Ausprägungen des Konstrukts der Finanzierung die solidarische Ausrichtung bekräftigen.[801] Die staatliche Aufsicht ergebe sich insbesondere aufgrund des engen Handlungsspielraums, der der Genossenschaft im Rahmen ihrer Selbstverwaltung überlassen werde[802], sowie der Tatsache, das die Bundesrepublik Deutschland nach den Vorschriften des SGB VII als Aufsichtsbehörde fungiere.[803] Eine Unternehmensvereinigung i.S.d. Kartellrechts und damit dessen Anwendbarkeit wurden mithin mit denselben Argumenten wie im Urteil *Cisal* verneint.

---

799 EuGH v. 05 03. 2009, Rs. C-350/07, *Kattner Stahlbau GmbH*, Slg. 2009, I-1513; hierbei handelt es sich um eines der jüngsten Urteile des EuGH, das mit Blick auf „Pflichtmitgliedschaften“ und Gemeinschaftsrecht Fragen aufgeworfen hat, dazu *Kirchberg*, Pflichtmitgliedschaften und Gemeinschaftsrecht, NJW 2009, 1313 ff.

800 Vgl. EuGH v. 05 03. 2009, Rs. C-350/07, *Kattner Stahlbau GmbH*, Slg. 2009, I-1513, Rn. 35 ff.

801 EuGH v. 05 03. 2009, Rs. C-350/07, *Kattner Stahlbau GmbH*, Slg. 2009, I-1513, Rn. 44 ff.

802 EuGH v. 05 03. 2009, Rs. C-350/07, *Kattner Stahlbau GmbH*, Slg. 2009, I-1513, Rn. 62.

803 EuGH v. 05 03. 2009, Rs. C-350/07, *Kattner Stahlbau GmbH*, Slg. 2009, I-1513, Rn. 64; diese Annahme sei nach Ansicht des EuGH jedoch noch vom vorlegenden Gericht zu prüfen.

(d) Ergebnisse der Rechtsprechungsentwicklung

Der EuGH begegnete der Frage nach der Anwendbarkeit des europäischen Wettbewerbsrechts auf öffentlich-rechtlich organisierte Selbstverwaltungskörperschaften anfänglich mit erkennbarer Zurückhaltung. Schon damals war er bemüht, die Grenze darzulegen, ab wann eine Maßnahme erkennbar nicht mehr der öffentlichen Gewalt zuzurechnen ist. Heute lassen sich zwei Fallgruppen ausmachen, die ein greifbares Bild davon vermitteln, wie der EuGH die Wettbewerbsrelevanz öffentlich-rechtlicher Körperschaften einstuft: Es handelt sich um die Rechtsprechung zu Einrichtungen der sozialen Systeme und die Rechtsprechung zu den berufsständischen Selbstverwaltungskörperschaften der Rechtsanwälte. Die Urteile in den Rechtssachen *Cisal* und *Kattner* zeigen, dass bei nachweisbarer Umsetzung des Grundsatzes der Solidarität und dem Vorhandensein eines bestimmten Maßes an staatlicher Kontrolle das betreffende Handeln als kartellrechtsfest eingestuft und mithin dem Staat zugerechnet wird. Im Gegensatz dazu zeigen die Urteile im Bereich der Rechtsanwaltskammern, dass die Einordnung der Körperschaft als öffentlich-rechtlich nicht automatisch zur fehlenden Wettbewerbsrelevanz der Maßnahmen führt. Stehen jedoch die Interessen der Allgemeinheit im Gegensatz zu den Interessen des Berufsverbandes im Vordergrund und ist auch hier eine staatliche Kontrolle bzw. „Letztentscheidungsbefugnis" nachweisbar, so findet keine Überprüfung anhand von Art. 101 ff. AEUV statt.

Diese angesichts der Themenstellung knappgehaltene Analyse zeigt, dass die Rechtsprechung des EuGH heute grundsätzlich offen ist für die Einbeziehung öffentlich-rechtlich organisierter Selbstverwaltungskörperschaften in das europäische Wettbewerbsrecht. Die betrachteten Urteile weisen im Ergebnis eine übereinstimmende und zumeist parallele Argumentation auf.[804] Die Abgrenzung zu noch staatlichem Handeln ergibt sich aufgrund der Intensität an Allgemeinwohlorientierung. Dazu ist auch die Orientierung am Solidaritätsgrundsatz zu zählen und die Orientierung an der Frage, wie viel staatlicher Einfluss auf die Körperschaft trotz Selbstverwaltung geblieben ist.

---

804 So auch *Kirchberg*, Pflichtmitgliedschaften und Gemeinschaftsrecht, NJW 2009, 1313 (1314).

(3) Anwendung der Rechtsprechungsleitlinien auf die IHK-Pflichtmitgliedschaft

Vor dem Hintergrund der Analyseergebnisse stellt sich nun die Frage, ob aus Sicht des EuGH auch die öffentlich-rechtlich organisierten Industrie- und Handelskammern in den persönlichen Anwendungsbereich des europäischen Kartellrechts fallen müssten. Europäische Rechtsprechung zu diesem Thema ist – soweit ersichtlich – bisher nicht vorhanden.

(a) Allgemeinwohlorientierung

Mit Blick auf die Reichweite der Allgemeinwohlorientierung der IHKs ist § 1 Abs. 1 IHKG aufschlussreich. Dieser legt als Aufgaben der IHKs neben der Wahrnehmung des Gesamtinteresses der Mitglieder die Förderung der gewerblichen Wirtschaft fest.

(aa) Anwendung der EuGH-Grundsätze

Der Fall *Arduino* zeigte bereits, dass beispielsweise die Ausarbeitung einer Gebührenordnung keine im Allgemeininteresse liegende Tätigkeit der öffentlichen Gewalt darstellt, soweit darüber hinaus keine besonderen verfahrensrechtlichen oder materiellrechtlichen Vorgaben gemacht werden.[805] Die vom EuGH vorgenommene Wertung legt nahe, dass auch das Tätigwerden der IHKs zur ihnen originär obliegenden Wirtschaftsförderung und Wahrnehmung des Gesamtinteresses weniger im Allgemeininteresse, als eher in ihrem eigenen Interesse liegt.[806] Auch dürften die IHKs, deren Existenz grundliegend auf einem wirtschaftlichen Zusammenhang fußt, den Interessen ihrer Mitglieder deutlich näher stehen und die Wirtschaftsförderung für die Allgemeinheit – also über den Mitgliederkreis hinaus – eher reflexhaft daraus resultieren.

(bb) Ansicht des Bundesverfassungsgerichts

Andererseits betont das Bundesverfassungsgericht den Gemeinwohlauftrag der Kammern[807], deren Aufgabe nach § 1 IHKG die Wirtschaftsförderung ist. Was das Bundesverfassungsgericht unter dem Gemeinwohl in diesem Zusammenhang versteht, muss zunächst bestimmt werden, bevor eine Aussage über die

---

805 EuGH v. 19. 02. 2002, Rs. C-35/99, *Arduino*, Slg. 2002, I-1529, Rn. 39.

806 Dafür spricht auch das obige Ergebnis, dass die Wahrnehmung des Gesamtinteresses sektoral und nicht allgemein betrachtet werden muss, s.o. Kap. IV. B. III. 4. b. (2).

807 BVerfG, Beschluss der 2. Kammer des Ersten Senats v. 07. 12. 2001, NVwZ 2002, 335 (337) Rn. 46.

Relevanz dieser Einstellung gemacht werden kann. Betrachtet man die frühe Rechtsprechung des Bundesverfassungsgerichts zur Vereinbarkeit der IHK-Pflichtmitgliedschaft mit dem Grundgesetz, so zeigt sich, dass das Gemeinwohl aus Sicht der Richter an die Förderung der Wirtschaft als originäre Staatsaufgabe anknüpfte.[808]

Angesichts der schwierigen Wirtschaftslage nach dem Ende des Zweiten Weltkriegs ist die Einstufung der IHK-Tätigkeit als allgemeinwohlorientiert durchaus nachzuvollziehen. Gleichzeitig sah das Bundesverfassungsgericht jedoch die Beratung der Staatsorgane im Rahmen der Förderung der gewerblichen Wirtschaft als „im Vordergrund stehend" an.[809] Die Betonung des Gemeinwohls hält sich seitdem in der bundesverfassungsgerichtlichen Rechtsprechung[810], während die Aufgabe der Unterstützung des Staates in wirtschaftlicher Hinsicht in den Hintergrund tritt. Vielmehr wird „die für die wirtschaftliche Selbstverwaltung typische Verbindung von Interessenvertretung, Förderung und Verwaltungsaufgaben"[811] hervorgehoben, und davon ist das Gericht auch in der jüngsten Zeit nicht abgerückt.[812]

Erkennbar ist tatsächlich, dass der Schwerpunkt der IHK-Tätigkeit nicht in einer der Allgemeinheit dienenden Wirtschaftsförderung gesehen werden kann. Auch wenn die IHKs im Gegensatz zu Fachverbänden keine reinen Interessenvertretungen sind,[813] nehmen Interessenvertretung und Handeln im Sinne des Gesamtinteresses der Mitglieder doch so viel Raum ein, dass die IHKs nicht als allgemeinwohlgebunden im Sinne der EuGH-Rechtsprechung angesehen werden können.

(cc) IHK-Pflichtmitgliedschaft und Solidarität

Fraglich ist zudem, ob die Existenz der verpflichtenden Mitgliedschaft eventuell Rückschlüsse auf eine solidarische Struktur und damit eine große Bedeutung des Allgemeininteresses schließen lässt.

---

808 Urteil des BVerfG v. 19. 12. 1962, BVerfGE 15, 235 Rn. 22 f.

809 Urteil des BVerfG v. 19. 12. 1962, BVerfGE 15, 235 Rn. 24.

810 BVerfG, Beschluss der 2. Kammer des Ersten Senats v. 07. 12. 2001, NVwZ 2002, 335 (337) Rn. 46.

811 BVerfG, Beschluss der 2. Kammer des Ersten Senats v. 07. 12. 2001, NVwZ 2002, 335 (337) Rn. 46.

812 Urteil des BVerfG vom 12. 07. 2017, BVerfGE 146, 164 (201 f.).

813 BVerfG, Beschluss der 2. Kammer des Ersten Senats v. 07. 12. 2001, NVwZ 2002, 335 (337) Rn. 39.

Aus der Tatsache, dass ebenfalls, wie im Rahmen der Rechtsprechung zu den sozialen Systemen, eine Pflichtmitgliedschaft zu den IHKs besteht, kann man indes schwer den Rückschluss ziehen, dass auch die IHK eine Art soziales, staatsnahes System ist. Zwar ist die Beitragshöhe auch bei der IHK-Zugehörigkeit gestaffelt und unter bestimmten Voraussetzungen die Zahlungspflicht ausgesetzt.[814] Die gerechte Staffelung der IHK-Beiträge basiert allerdings nicht auf einem generellen Umverteilungsgedanken, sondern vielmehr auf einem Gerechtigkeitsverständnis, das auch im privaten Vertrags- und Leistungsbereich heute zu finden ist. Der Hintergrund der zwingenden Mitgliedschaft liegt weniger im solidarischen Gedanken, sondern vielmehr darin, dass dem Gesetzgeber daran gelegen war, ein vollständiges Abbild der Gewerbetreibenden zu erhalten, damit diese sich effektiver für ihr eigenes, und gerade nicht das allgemeine Interesse einsetzen können.

Ebenso spricht gegen eine Einstufung der IHK als soziales System, dass der Mitgliedschaft gerade keine für eine Vielzahl von Personen notwendige geldwerte Leistung gegenübersteht, die allen zugänglich gemacht werden soll. Bei den sozialen Systemen geht es nämlich gerade darum, dass kein unmittelbarer Zusammenhang zwischen Beitragshöhe und empfangener Leistung besteht. Gerade dies lässt sich im Rahmen der IHK-Pflichtmitgliedschaft jedoch nicht ausmachen. Die schwer zu fassenden Leistungen bei der Wahrung des Gesamtinteresses sowie der Wirtschaftsförderung können nicht darunter subsumiert werden. Gleiches wird man über die Unterstützung der Behörden sagen müssen. Die Pflichtmitgliedschaft an sich lässt somit nicht den Rückschluss zu, dass es sich bei der IHK um ein solidarisch finanziertes soziales System handelt.

(dd) Zwischenergebnis

Damit muss insgesamt festgestellt werden, dass die IHKs nicht in dem Maße dem Allgemeinwohl verpflichtet sind, das eine Überprüfung anhand der Wettbewerbsregeln verhindern würde. Die Betonung des Gemeinwohlauftrags der Kammern durch das Bundesverfassungsgericht vermag an dieser Einschätzung nichts zu ändern. Auch handelt es sich bei der pflichtmitgliedschaftlichen Struktur nicht um ein solidarisches System i.S.d. Rechtsprechung des EuGH, die ein starkes Indiz für eine weite Allgemeinwohlbindung wäre.

---

814 Vgl. v.a. § 3 Abs. 3 und 4 IHKG.

(b) Staatliche Kontrolle

Mit Blick auf die Frage nach der Intensität staatlicher Kontrolle kann zunächst auf die Darlegung der staatlichen Aufsichtsmittel verwiesen werden.[815] Das System staatlicher Aufsicht über die IHKs ist demnach gekennzeichnet durch eine reine Rechtsaufsicht und eine im Grunde bestehende weitreichende Selbstständigkeit, die im staatsnahen, dem Wettbewerbsrecht entzogenen Bereich gerade nicht bestehen würde.[816] Bezeichnend für die Organisation des Tätigwerdens der IHK ist vielmehr die Bedeutung der Vollversammlung, deren Wahl und Tätigkeit im Grunde selbstverwaltend ohne unmittelbaren Staatseinfluss geschieht. Kennzeichnend für ein System, das keinem das Wettbewerbsrecht ausschließenden Staatseinfluss unterliegt, ist vor allem die Tatsache, dass die relevanten Organe selbstständig gebildet werden.[817] Die Mitglieder der IHK wählen ihre Leitungsorgane gem. § 5 IHKG i.V.m. der Wahlordnung[818] ohne staatlichen Einfluss, sodass die für eine wettbewerbsrechtlich relevante Organisation notwendige Selbstständigkeit bejaht werden kann.

(c) Fazit zur Einordnung als „Unternehmensvereinigung"

Zusammenfassend kann gesagt werden, dass die IHKs zum einen nicht in deutlichem Ausmaß, sondern wenn überhaupt nur reflexartig dem Allgemeinwohl dienen und zudem keiner weitreichenden staatlichen Kontrolle unterliegen. Der Staat hat mit der Wahl der Organisationsform der wirtschaftlichen Selbstverwaltung vielmehr den IHKs die Letztentscheidungsbefugnis über die politische Positionierung der Wirtschaft übertragen. Dies führt nach dem EuGH dazu, dass die Regelungen ihren staatlichen Charakter verlieren und mithin dem europäischen Wettbewerbsrecht unterliegen.[819] Dass die Entscheidung für eine öffentlich-rechtliche und gegen eine privatrechtliche Organisation der IHKs nach dem 2. Weltkrieg nahezu zufällig war[820], erhärtet die Vorstellung, dass die IHKs nicht als staatliche bzw. staatsnahe Organisationen eingestuft werden sollten. Angesichts der gefundenen Ergebnisse ist deshalb festzustellen, dass die

---

815 Siehe oben Kap. II. B. I. 1 b. (2) (c).

816 Vgl. dazu EuGH v. 05. 03. 2009, Rs. C-350/07, *Kattner Stahlbau GmbH*, Slg. 2009, I-1513, Rn. 61.

817 Vgl. EuGH v. 19. 02. 2002, Rs. C-309/99, *Wouters u.a.*, Slg. 2002, I-1577, Rn. 61.

818 Die anschließenden Wahlen des Präsidiums erfolgt gem. § 6 IHKG, die des Geschäftsführers gemäß § 7 IHKG.

819 EuGH v. 19. 02. 2002, Rs. C-35/99, *Arduino*, Slg. 2002, I-1529, Rn. 43.

820 Siehe oben Kapitel I. A. I.

IHKs aus Sicht des EuGH als Unternehmensvereinigungen i.S.d. Art. 101 AEUV einzustufen wären.

(4) Kritik der Literatur

Dieses Ergebnis wird in der Literatur gelegentlich mit dem Hinweis auf einen Widerspruch zum deutschen Kartellrecht kritisiert.[821] Mit Blick auf die berufsständischen Kammern weisen die Autoren darauf hin, dass die Kammern als öffentlich-rechtlich organisierte Verwaltungsträger mit hoheitlichen Befugnissen ausgestattet seien. Insbesondere ihre Satzungsnormen seien deshalb als hoheitlich gesetztes Recht zu qualifizieren, das wiederum dem Anwendungsbereich des europäischen Kartellrechts entzogen sein müsse.[822] Die Einordnung der Kammern zwischen Staat und Gesellschaft fällt ihnen schwer. Zwar erkennen sie die Rolle an, die die Kammern als Mittler zwischen Staat und Gesellschaft spielen, ordnen sie jedoch trotzdem als Träger öffentlicher Verwaltung dem Bereich hoheitlicher Normsetzung zu.[823]

Dem ist zu entgegnen, dass der EuGH explizit anerkannt hat, dass die Qualifikation als öffentlich-rechtliche Körperschaft nicht ausschlaggebend ist für die Frage, ob das europäische Kartellrecht Anwendung findet.[824] Dafür spricht auch die Erwägung, dass es durch die Wahl der Organisationsform nicht dem nationalen Gesetzgeber obliegen kann, ob das europäische Wettbewerbsrecht Anwendung findet. Deshalb muss es dabei bleiben, dass die europarechtliche Zuordnung unabhängig von der nationalen stattfindet. Zudem ist mit der Bejahung der Anwendbarkeit des europäischen Kartellrechts noch nicht über das Vorliegen eines tatsächlichen Verstoßes entschieden, da im Rahmen der Tatbestandsvoraussetzungen noch eine Vielzahl weiterer Wertungen stattfinden muss.

---

821 *Kluth/Goltz*, Kammern der berufsständischen Selbstverwaltung in der EU, S. 62, zur Einbeziehung der berufsständischen Kammern in den Schutzbereich des europäischen Wettbewerbsrechts.

822 *Kluth/Goltz*, Kammern der berufsständischen Selbstverwaltung in der EU, S. 62.

823 *Kluth/Goltz*, Kammern der berufsständischen Selbstverwaltung in der EU, S. 62, dabei wird die von den Autoren als „Vorbehaltsmodel" bezeichnete Ansicht des EuGH als „Kompromisslösung" betitelt, die den Kammern letztlich nur die „unbefriedigende" Möglichkeit einer Gruppenfreistellungsverordnung nach Art. 81 Abs. 3 EG (heute Art. 101 Abs. 3 AEUV) lasse, um die Abwendbarkeit des Wettbewerbsrechts zu verhindern, S. 63.

824 EuGH v. 19. 02. 2002, Rs. C-309/99, *Wouters u.a.*, Slg. 2002, I-1577, Rn. 65.

Somit lässt sich feststellen, dass der in der Literatur vorgetragene Einwand insbesondere mit Blick auf die Zuständigkeitsverteilung zwischen Europäischer Union und den Mitgliedstaaten nicht verfangen kann.

4. Zwischenergebnis

Als Ergebnis ist an dieser Stelle festzuhalten, dass der persönliche Anwendungsbereich des Wettbewerbsrechts nach Art. 101 AEUV eröffnet ist. Die Mitglieder der IHKs sind als Unternehmen, die IHK selbst infolgedessen als Unternehmensvereinigung einzustufen. Nicht abträglich ist dabei ihre öffentlich-rechtliche Rechtsform, da sie trotzdem im Rahmen ihrer Selbstverwaltung als staatsfern (genug) und nicht (primär) dem Allgemeinwohl verpflichtet gelten muss.[825]

II. Pflichtmitgliedschaft als tauglicher Prüfungsgegenstand

Wurden die IHKs mit Blick auf den persönlichen Anwendungsbereich bisher unabhängig davon betrachtet, welche tatsächliche Maßnahme in Rede steht, soll nun der sachliche Anwendungsbereich des Art. 101 AEUV genauere Beachtung finden. Es stellt sich die Frage, ob die Pflichtmitgliedschaft in den IHKs anhand von Art. 101 AEUV überprüft werden kann.

1. Unmittelbare Anwendung auf staatliche Gesetze

Art. 101 AEUV beschreibt das Verbot wettbewerbsbeschränkender Vereinbarungen und Verhaltensweisen, zu denen nach Abs. 1 „Vereinbarungen von Unternehmen", „Beschlüsse von Unternehmensvereinigungen" und „aufeinander abgestimmte Verhaltensweisen" zählen, die nach den übrigen Voraussetzungen als wettbewerbsrelevant einzustufen sind.

Hier begegnet es bereits Schwierigkeiten, eine entsprechende Maßnahme aufzutun. Möchte man die IHK-Pflichtmitgliedschaft an den Wettbewerbsregeln gemessen sehen, muss man sich fragen, ob die gesetzliche Anordnung in § 2 Abs. 1 IHKG wettbewerbsrelevant im Sinne des Art. 101 AEUV sein kann. Unter die Begriffe Beschlüsse und Vereinbarungen wird man die verpflichtende Mitgliedschaft schon aufgrund ihres einseitigen Charakters nicht fassen können.[826]

---

825 Im Ergebnis ebenso *Waldhorst*, Die Kammern zwischen Kartell- und Verwaltungsorganisationsrecht, S. 228, m.w.N. zu auch aus ihrer Sicht aufgrund der Rechtsprechungsentwicklung des EuGH überholter Literatur, die die grundsätzliche Anwendbarkeit der Vorschriften verneinen will.

826 Dasselbe gilt, wenn man in Erwägung zieht, das Junktim aus Pflichtmitgliedschaft und Beiträgen, also die Pflichtbeiträge, als Gegenstand zu betrachten.

Dasselbe gilt für die Abstimmung von Verhaltensweisen als dritte Alternative. Zwar fallen auch vereinzelt einseitige Verhaltensweisen in den Anwendungsbereich des Wettbewerbsrechts, doch geht es dabei eher um Empfehlungen, Warnungen oder Weisungen.[827] In diese Aufreihung lässt sich eine gesetzliche Verpflichtung gerade nicht einordnen.

Unabhängig von der Tatsache, dass sich die Pflichtmitgliedschaft schon nicht unter die vorhandenen Maßnahmentatbestände subsumieren lässt, stellt sich generell die Frage, wie es um die Überprüfbarkeit hoheitlicher Maßnahmen im sachlichen Tatbestandsbereich gestellt ist. Dabei gilt das Gleiche wie bereits im Rahmen des persönlichen Anwendungsbereiches. Das Handeln des Staates ist – außerhalb seiner eigenen wirtschaftlichen Tätigkeit – grundsätzlich kartellrechtsfest. Schon wenn einem Unternehmen eine Maßnahme durch hoheitliche Tätigkeit eines Mitgliedstaates verbindlich vorgeschrieben wird, ist kein Raum für die Anwendbarkeit des Wettbewerbsrechts, selbst wenn die Wirkungen identisch sind mit einer entsprechenden freiwilligen Vereinbarung der Unternehmen.[828] Erst Recht findet das Wettbewerbsrecht somit keine Anwendung auf die zugrunde liegende staatliche Maßnahme. Dies entspricht auch der Ansicht des EuGH, der sich schon früh darauf festlegte, dass eine gesetzliche einzelstaatliche Regelung nicht in den Anwendungsbereich des Europäischen Kartellrechts falle.[829] Die unmittelbare Überprüfung des § 2 Abs. 1 IHKG anhand von Art. 101 AEUV muss somit ausscheiden.

2. Mittelbare Anwendung auf staatliche Gesetze

Denken könnte man noch an eine mittelbare Anwendbarkeit der Wettbewerbsregeln auf das der Pflichtmitgliedschaft zugrunde liegende hoheitliche Handeln. Der EuGH erkennt an, dass Art. 101 AEUV i.V.m. Art. 3 Abs. 3 und Art. 4 Abs. 3 EUV die Mitgliedstaaten dazu verpflichten

> „alle Maßnahmen zu unterlassen, welche die Verwirklichung der Ziele des Vertrages gefährden können. Obgleich sich Art. 86 (heute 102 AEUV, Anm. d. Verf.) an die Unternehmen richtet, begründet deshalb der Vertrag doch auch für die Mitgliedstaaten die

827 *Emmerich*, in: Immenga/Mestmäcker, EU-Wettbewerbsrecht, Art. 101 Abs. 1 AEUV, Rn. 69.

828 *Emmerich*, in: Immenga/Mestmäcker, EU-Wettbewerbsrecht, Art. 101 Abs. 1 AEUV, Rn. 66, sog. state-action-defense.

829 EuGH v. 18. 10. 1979, Rs. C-5/97, *Buys*, Slg. 1979, 3203, Rn. 30, damals zu einer einzelstaatlichen Preisstoppregelung; „ständige Rechtsprechung" seit EuGH v. 30. 04. 1986, Rs. C- 209–213/84, *Ministère Public/Asjes u.a.*, Slg. 1968, 1485, Rn. 71.

> Verpflichtung, keine Maßnahmen zu treffen oder beizubehalten, die die praktische Wirksamkeit dieser Bestimmungen ausschalten könnten."[830]

Der EuGH bejaht einen entsprechenden Verstoß in vier Konstellationen. Wenn ein Mitgliedstaat

> „Kartellabsprachen vorschreibt, erleichtert oder deren Auswirkungen verstärkt oder wenn er der eigenen Regelung dadurch ihren staatlichen Charakter nimmt, daß er die Verantwortung für in die Wirtschaft eingreifende Entscheidungen privaten Wirtschaftsteilnehmern überträgt."[831]

Ist diese Rechtsfigur damit heute auch grundsätzlich anerkannt, so ist ihre sachliche Reichweite weiterhin umstritten. Es stellt sich hier insbesondere die Frage, ob das staatliche Verhalten damit Angriffspunkt der Vorschrift wird oder aber zusätzlich ein wettbewerbswidriges Verhalten von Unternehmensseite gefordert wird.

So wird einerseits mit Blick auf einen größtmöglichen Schutz durch die Wettbewerbsvorschriften vertreten, dass allein die Auswirkungen der staatlichen Maßnahme genügen müssten, um einen Wettbewerbsverstoß anzunehmen.[832]

Die wohl herrschende Ansicht geht jedoch davon aus, dass mit Blick auf den Grundsatz der Akzessorietät eine unternehmerische Maßnahme i.S.d. Art. 101 AEUV zum staatlichen Verhalten hinzutreten muss.[833] Dieser Ansicht folgt auch der EuGH, wenn er nach Prüfung und Verneinung der Einschlägigkeit obiger Fallgruppen zu dem Ergebnis kommt, dass bei fehlendem Zusammenhang zum unternehmerischen Handeln keine (mittelbare) Verantwortlichkeit nach wettbewerbsrechtlichen Vorschriften angenommen werden kann.[834]

---

830 EuGH v. 19. 11. 1977, Rs. C-13/77, *Anno/ATAB*, Slg. 1977, 2115, Rn. 30/35; vgl. Dazu auch EuGH v. 05. 12. 2006, verb. Rs. C-94/04 und 202/04, *Cipolla u.a.*, Slg. 2006, I-11421, Rn. 46, m.w.N.; eine ausführliche Analyse der zugrunde liegenden Rechtsprechung und der daraus resultierenden Fallgruppen unternimmt *Schwarze*, Der Staat als Adressat der europäischen Wettbewerbsrechts, EuZW 2000, 613 (617 ff.).

831 EuGH v. 21. 09. 1988, Rs. 267/86, *Van Eyke/ASPA*, 1988 4769, Rn. 16, sog. Van-Eyke-Test.

832 GA *Lenz*, Schlussanträge Rs. 311/85, *Sociale Dienst van de Plaatselijke en Gewestelijke Overheidsdiensten*, Slg. 1987, 3801 (3816) Rn. 42.

833 *Weiß*, in: Calliess/Ruffert, EUV/AEUV, Art. 101 AEUV Rn. 14; *Schwarze*, Der Staat als Adressat des europäischen Wettbewerbsrechts, EuZW 2000, 613 (622); Schlussanträge GA *Tesauro*, Rs. C-2/91, *Meng*, Slg. 1993, I-5751 (5784 f.) Rn. 23 f.

834 EuGH v. 17. 11. 1993, Rs. C-2/91, Meng, Slg. 1993 I-5751, Rn. 22.

Der letztgenannten Ansicht ist zuzustimmen. Dafür spricht zum einen der Wortlaut, der an das unternehmerische und gerade nicht an das staatliche Handeln anknüpft. Auch aus systematischen Gründen muss die Unterscheidung zur staatsgerichteten Vorschrift des Art. 107 AEUV erkennbar bleiben. Als weiteres Argument im Rahmen der Systematik kann zudem ausgemacht werden, dass gerade bei den staatsgerichteten Vorschriften Schutz ebenso durch die Grundfreiheiten gewährleistet wird und somit ein allgemeines Erweitern des Art. 101 AEUV nicht geboten scheint.[835]

3. *Zwischenergebnis*

Als Ergebnis muss festgehalten werden, dass die IHK-Pflichtmitgliedschaft keinen tauglichen Gegenstand für eine Überprüfung anhand von Art. 101 AEUV darstellt.[836]

III. Ergebnis

Die IHKs sind im Ergebnis zwar als Unternehmensvereinigungen im Sinne des europäischen Wettbewerbsrechts einzustufen sind, die Pflichtmitgliedschaft stellt allerdings keinen wettbewerbsrelevanten Anknüpfungspunkt dar.

C. Exkurs: Wettbewerbsrelevanz der IHK-Satzungen

Um das Bild der europarechtlichen Bedeutung der pflichtmitgliedschaftlich organisierten IHKs im Rahmen des Art. 101 AEUV zu vervollständigen, soll im Folgenden in angemessener Kürze Stellung zu der Frage der Wettbewerbsrelevanz der IHK-Satzungen bezogen werden.

Die vorstehende Analyse zeigte, dass es sich bei der Pflichtmitgliedschaft in § 2 Abs. 1 IHKG nicht um einen tauglichen Prüfungsgegenstand des europäischen Wettbewerbsrechts handelt. Anderes könnte gelten für die eigenen rechtsetzenden Tätigkeiten der IHKs, d.h. ihre Satzungen. In Rede steht wiederum die Überprüfung der Tätigkeit der IHKs gem. Art. 101 AEUV.

---

835 Eine tief gehende Analyse zum Streitstand findet sich bei *Schwarze*, Der Staat als Adressat des europäischen Wettbewerbsrechts, EuZW 2000, 613 (621 f.).

836 Im Ergebnis identisch, allerdings ohne Überprüfung einer mittelbaren Verantwortlichkeit, *Scheidtmann*, Wirtschafts- und berufsständische Kammern im europäischen Gemeinschaftsrecht, S. 95, der dies damit begründet, dass die Pflichtmitgliedschaft keiner der vom EuGH dazu entwickelten Fallgruppen zuordnen und deshalb nicht einschlägig sei.

I. Satzungsautonomie der IHKs

Die Autonomie zum Erlass von Satzungen zur Regelung des eigenen und übertragenen Wirkungskreises ergibt sich aus der Stellung der IHK als Selbstverwaltungskörperschaft. § 4 IHKG bestimmt einige Bereiche, in denen die Vollversammlung der IHKs als Beschlussorgan zum Erlass von Satzungen befugt ist. Dazu zählen vor allem, aber nicht ausschließlich, die (Haupt-)Satzung, die Wahl- und Gebührenordnung sowie das Finanzstatut. Diese Satzungen betreffen jedoch lediglich das interne Organisationsrecht der IHKs und müssen insofern von vornherein als wettbewerbsrelevant ausscheiden.

Interessanter ist hingegen die Frage, wie es sich mit der sonstigen, auch über den inneren IHK-Kreis hinaus wirkenden Satzungstätigkeit mit Blick auf das Wettbewerbsrecht verhält. Als sonstiges Satzungsrecht sind beispielsweise zu nennen die Sachverständigenordnungen, die Statuten für die Ausstellung von Ursprungszeugnissen und Bescheinigungen, sowie die Prüfungsordnungen in der Berufsausbildung und der Fortbildung oder die Schlichtungsordnungen für Verbraucherschlichterstellen.[837]

II. Insbesondere: Satzungsermächtigung zur Sachverständigenbestellung

Beispielhaft soll im Folgenden die Satzungsgebung der IHK im Rahmen der Bestellung von Sachverständigen betrachtet werden.

1. Grundsätzliche Wettbewerbsrelevanz des Sachverständigenwesens

Nach § 36 GewO i.V.m. den IHKG der Länder[838] kommt den Industrie- und Handelskammern die Aufgabe der Bestellung öffentlich-rechtlicher Sachverständiger zu. Da diese aufgrund ihrer öffentlich-rechtlichen Bestellung in der Gesellschaft einen auf Reputation und Vertrauen aufbauenden Wettbewerbsvorsprung sowie mit ihrer Stellung verbundene Vorrechte genießen[839], ist eine kartellrechtliche Relevanz, also ein möglicher Einfluss auf den Wettbewerb, nicht

837 Eine Übersicht über die Satzungen findet sich bei *Rickert*, in: Frenzel/Jäkel/Junge, IHKG, § 4 Rn. 31.

838 Zu den einzelnen Vorschriften vgl. *Bleutge*, in: Landmann/Rohmer, GewO, Bd. I, § 36 Rn. 52.

839 Vgl. z.B. § 404 Abs. 3 ZPO, der bestimmt: „Sind für gewisse Arten von Gutachten Sachverständige öffentlich bestellt, so sollen andere Personen nur dann gewählt werden, wenn besondere Umstände es erfordern."

von der Hand zu weisen.[840] Eine zwischenstaatliche Relevanz ergibt sich daraus, dass der Sachverständigenmarkt theoretisch auch grenzüberschreibend besteht, durch die Bevorteilung der öffentlich-bestellten Sachverständigen also auch die gesamteuropäischen Sachverständigen möglicherweise benachteiligt werden.

2. *Überprüfung anhand der EuGH-Leitlinien*

Steht eine konkrete Satzungsermächtigungsnorm in Rede, so müssen deren Vorgaben ebenso an den Leitlinien der EuGH-Rechtsprechung gemessen werden. Die oben abstrakt festgestellte Tauglichkeit der IHK als Verpflichtete des Wettbewerbsrechts muss sich mithin auch in der konkreten Tätigkeit widerspiegeln.

a) Beispiel: Gefahrguttransporte

Ein Beispiel für die fehlende Tauglichkeit der IHK-Maßnahme, die sodann dazu führt, dass die IHK in diesem Zusammenhang nicht mehr als „Unternehmensvereinigung" i.S.d. europäischen Wettbewerbsrechts bezeichnet werden kann, ist der Bereich der Gefahrguttransporte. § 5 Abs. 2 Nr. 1 GGBefG[841] bestimmt, dass die IHKs

> „für die Durchführung, Überwachung und Anerkennung der Ausbildung, Prüfung und Fortbildung von am Gefahrguttransport beteiligten Personen, für die Erteilung von Bescheinigungen sowie für die Anerkennung von Lehrgängen, Lehrgangsveranstaltern und Lehrkräften zuständig sind und insoweit Einzelheiten durch Satzungen regeln".

Diese Tätigkeiten sind jedoch primär dem Bereich der Gefahrenabwehr bzw. deren Prävention und damit einer originär staatlichen Sphäre zuzuordnen, sodass die IHKs im Rahmen der Tätigkeit nicht kartellrechtlich relevant handeln.

b) Beispiel: Sachverständigenwesen

Anders verhält es sich wie beschrieben mit dem IHK-Sachverständigenwesen. Diese wettbewerbsrelevante Tätigkeit muss sich an Art. 101 AEUV messen lassen, soweit gemäß den Kriterien des EuGH keine dominierende Allgemeinwohlorientierung herrscht und der Staat den IHKs die Letztentscheidungsbefugnis übertragen hat.

---

840 *Waldhorst*, Die Kammern zwischen Kartell- und Verwaltungsorganisationsrecht, S. 126 f.

841 Gefahrgutbeförderungsgesetz v. 29. 09. 1998, BGBl. I, S. 3115.

(1) Allgemeinwohlorientierung

Die Grundvorschrift der Satzungsermächtigung fordert das Vorliegen einer „persönlichen Eignung“ (§ 36 Abs. 1 S. 1 GewO) sowie beispielsweise „Unabhängigkeit“ oder „Gewissenhaftigkeit“ (§ 36 Abs. 1 S. 2 GewO) und rückt damit die Formulierung inhaltlich in die Nähe der Allgemeininteressen. Allerdings ließ der EuGH es als ausdrückliche Bindung an das Allgemeininteresse gerade nicht ausreichen, dass eine Verordnung im Interesse einer „ordnungsgemäßen Berufsausübung“ sein müsste.[842] Ob die Bindung an das Allgemeininteresse ausreicht, um die Maßnahmen der IHKs noch als hoheitlich zu qualifizieren, darf schon deshalb bezweifelt werden.

(2) Staatliche Kontrolle

Mit Blick auf die Frage nach der Reichweite staatlicher Kontrolle im Sachverständigenwesen der IHK muss zunächst festgestellt werden, dass gem. § 11 IHKG grundsätzlich eine reine Rechtsaufsicht bei Erfüllung der Selbstverwaltungsaufgaben besteht. Auch beim Sachverständigenwesen handelt es sich um eine Selbstverwaltungsaufgabe im übertragenen Wirkungskreis, die lediglich einer Rechtsaufsicht und keiner Fachaufsicht unterliegt.[843] Im Rahmen dieser Rechtsaufsicht bestehen hinsichtlich der IHK-Satzungstätigkeit keine deutlich über die Rechtskontrolle hinausgehende Einwirkungsmöglichkeiten des Staates. Weder ist die Gültigkeit der Satzungsvorschriften beispielsweise von der Genehmigung der Aufsichtsbehörde abhängig[844], noch existieren sonstige verfahrensrechtliche Vorschriften, die die Freiheit der IHKs über die Rechtskontrolle hinaus einengen würden.[845]

(3) Zwischenergebnis

Die Satzungstätigkeit der IHKs im Bereich des Sachverständigenwesens ist somit als nicht hoheitliches Tätigwerden im Sinne der oben analysierten

---

842 EuGH v. 19. 02. 2002, Rs. C-309/99, *Wouters u.a.*, Slg. 2002, I-1577, Rn. 62.

843 Vgl. *Bleutge*, in: Landmann/Rohmer, GewO, Bd. I, § 36 Rn. 55; allgemein zur Abgrenzung der Rechtsnatur der Kammeraufgaben *Möllering*, in: Frenzel/Jäkel/Junge, IHKG, § 1 Rn. 226 ff.

844 Wie beispielsweise die Gebührenordnung des CNF in der Rechtssache *Arduino*, vgl. EuGH v. 19. 02. 2002, Rs. C-35/99, *Arduino*, Slg. 2002, I-1529, Rn. 6, 41.

845 Vgl. *Waldhorst*, Die Kammern zwischen Kartell- und Verwaltungsorganisationsrecht, S. 134.

EuGH-Rechtsprechung zu werten und die Satzungsgebung dementsprechend als kartellrechtlich relevant einzustufen.

Konkret lassen sich bei der Frage nach der Wettbewerbsbeschränkung unterschiedliche Zulassungs-, Ausübungs- und Beendigungsregeln im IHK-Sachverständigenwesen ausmachen, die anhand des europäischen Kartellrechts überprüft werden und in Teilen im Hinblick auf die Wettbewerbsregeln des heutigen AEUV problematisch erscheinen könnten.[846] Eine genaue Analyse würde an diesem Punkt jedoch den thematischen Rahmen überschreiten.

III. Ergebnis

Festgestellt werden kann an diesem Punkt, dass eine grundsätzliche Wettbewerbsrelevanz der IHK-Satzungen nicht von der Hand zu weisen ist, soweit im Zusammenhang mit der jeweiligen Aufgabe den Leitlinien des EuGH genügt wird. Ein Verstoß gegen das Wettbewerbsrecht ist in punktuellen Bereichen des satzungsbasierten Sachverständigenwesens der IHKs zu bejahen.

D. Unzulässigkeit von Beihilfen, Art. 107 AEUV

Nachdem die unternehmensbezogene Vorschrift des Art. 101 AEUV mangels tauglichen Prüfungsgegenstands nicht einschlägig war, kommt noch eine Überprüfung der IHK-Pflichtmitgliedschaft anhand der staatsgerichteten Norm des Art. 107 AEUV in Betracht.[847] Möglich erscheint eine Kollision mit vorgenannter Vorschrift deshalb, weil die IHKs aufgrund ihrer sicheren Finanzierung über die Mitgliedsbeiträge bei ihrer stetig wachsenden unternehmerähnlichen Tätigkeit nicht dasselbe unternehmerische Risiko tragen wie vergleichbar tätige Unternehmer, die dem freien Marktwettbewerb ausgesetzt sind.[848]

---

846 Vgl. dazu die ausführliche Analyse bei *Waldhorst*, Die Kammern zwischen Kartell- und Verwaltungsorganisationsrecht, S. 208 ff.

847 Diese Vorschrift wurde auch in der nationalen Rechtsprechung schon im Zusammenhang mit den IHKs thematisiert: z.B. OVG Koblenz v. 20. 09. 2010, LKRZ 2010, 477 (der gerügte Art. 107 AEUV wurde hier verworfen, allerdings in anderem Zusammenhang); VG Gelsenkirchen v. 07. 05. 2013, NVwZ-RR 2014, 94 (die vom Antragssteller gerügte Vorschrift des Art. 107 AEUV wurde vom Gericht leider nicht weiter thematisiert).

848 Die interessante Frage nach der wettbewerbsrechtlichen Relevanz der IHK-Tätigkeit in Konkurrenz zu den eigenen Kammerangehörigen kann hier aufgrund der Themenstellung nicht vertieft behandelt werden.

I. Beihilfecharakter der Pflichtmitgliedschaft und der Beiträge

1. Junktim pflichtmitgliedschaftlicher Beiträge

Zunächst muss festgestellt werden, ob der IHK-Pflichtmitgliedschaft ein Beihilfecharakter im Sinne der Vorschrift zukommt. Hierbei begegnet man der Frage, ob die Pflichtmitgliedschaft isoliert überhaupt der konkrete Angriffspunkt sein kann. In die Frage nach wirtschaftlichen Zusammenhängen fügt sich die verpflichtende Mitgliedschaft zu den IHKs nämlich erst dann ein, wenn man sie als Junktim mit den direkt daraus resultierenden Beiträgen betrachtet. Stand im Rahmen der Überprüfung anhand der Grundfreiheiten die reine Rechtsverkürzung im Vordergrund, so sind es hier die wirtschaftlichen Gegebenheiten, bei denen Rechtsverkürzungen zumeist mit Geldflüssen unmittelbar verbunden sind. Deshalb ist es angezeigt, im Folgenden nicht die Pflichtmitgliedschaft für sich, sondern die pflichtmitgliedschaftlich angeordneten Beiträge als direktes Resultat der Pflichtmitgliedschaft zum Gegenstand zu machen.

2. Relevante Beihilfe i.S.d. Art. 107 AEUV

Erst kürzlich wurde seitens der EU-Kommission eine Bekanntmachung veröffentlich, die den Begriff der staatlichen Beihilfe i.S.d. Art. 107 Abs. 1 AEUV in ihren Einzelheiten definiert.[849] Schon Art. 108 AEUV (Maßnahmen bei unstatthaften Beihilfen) zeigt, dass die Überwachung des innergemeinschaftlichen Wettbewerbs in den Händen der Kommission liegt, sodass diese Begriffsbestimmung maßgeblich sein soll für die Frage, ob es sich bei den pflichtmitgliedschaftlichen Beiträgen um Beihilfen i.S.d. Art. 107 Abs. 1 AEUV handelt.[850]

a. Wirtschaftlich tätiges Unternehmen

Zunächst verlangt die Kommission, dass es sich bei dem betroffenen Subjekt um ein Unternehmen handelt, das wirtschaftlich tätig ist.[851]

---

849 Bekanntmachung der Kommission zum Begriff der staatlichen Beihilfe im Sinne des Artikels 107 Absatz 1 des Vertrages über die Arbeitsweise der Europäischen Union, Amtsblatt Nr. C-262/01 v. 19. 07. 2016, S. 1–50.

850 Dies gilt um so mehr deshalb, weil bereits der Bekanntmachung die Rechtsprechung der Unionsgerichte (EuGH und Gericht erster Instanz) zugrunde liegen, vgl. Bekanntmachung der Kommission, ebd., Rn. 3.

851 Bekanntmachung der Kommission, ebd. Rn. 7 ff.

(1) Unternehmenseigenschaft der IHK

Die Mitglieder der IHKs wurden oben bereits als Unternehmen qualifiziert, die IHK korrespondierend als Unternehmensvereinigung i.S.d. Art. 101 AEUV. Der Unternehmensbegriff der unternehmensgerichteten Wettbewerbsvorschriften gilt auch im Rahmen der staatsgerichteten Vorschriften[852], sodass diese Ergebnisse auch im Bereich des Art. 107 AEUV Gültigkeit behalten. Weiterhin gilt, dass bei eigener wirtschaftlicher Tätigkeit auch die Unternehmensvereinigung als eigenes Unternehmen einzustufen ist.[853] Ist im Rahmen der IHK-Tätigkeit also eigenes wirtschaftliches Handeln festzustellen, so gilt die IHK selbst als ein in Bezug auf Art. 107 AEUV relevantes Unternehmen.

(2) Wirtschaftliche Tätigkeit der IHK

Wirtschaftlich tätig ist derjenige, der Waren und Dienstleistungen auf einem bestimmten Markt anbietet. In jüngerer Zeit bauen die IHKs ihr Angebot stetig aus und das über die staatlich bestimmten Aufgaben in § 1 Abs. 1 IHKG hinaus.[854] Während diese selbst kaum als wirtschaftliche Tätigkeiten einzustufen sind, weil es sich nicht um ein Angebot auf einem bestimmten Markt, sondern vielmehr um die direkte Erfüllung gesetzlicher Aufgaben handelt, ist die Frage in Bezug auf den sog. „Unternehmensservice“[855] der IHKs womöglich anders zu beantworten. Zu den möglicherweise wettbewerbsrelevanten Angeboten zählt zum Beispiel eine Vielzahl von Beratungsangeboten im Bereich von Existenzgründung, (steuer) rechtlichen Angelegenheiten, im IT- und Multimediabereich, sowie im Hinblick auf Innovationen und Energie. Auch existieren z.B. eine Lehrstellen- und eine sog. Recyclingbörse. Interessant ist auch das Angebot einer „Internationalisierungsberatung“, die die Klärung von Fragen beispielsweise zu Zöllen und Außenwirtschaftsrecht umfasst. Alle diese Tätigkeiten lassen sich unter die oben genannte Definition

---

852 *Mestmäcker/Schweitzer*, in: Immenga/Mestmäcker, EU-Wettbewerbsrecht, Art. 107 AEUV Rn. 11.

853 *Weiß*, in: Calliess/Ruffert, EUV-AEUV, Art. 101 AEUV Rn. 28 mit Verweis auf die Kommissionsentscheidung v. 27. 10. 1992, ABl. Nr. L- 326/31, v. 12. 11. 1992, Rn. 47 ff. zur Einstufung der FIFA als eigenes Unternehmen.

854 Die Frage nach der Reichweite des IHK-Aufgabenbereichs und dessen eventuell unzulässigen Überschreitung kann und soll hier themenbedingt nicht weiter analysiert werden.

855 So zu lesen auf der Internetseite www.ihk-fragen.de unter der Rubrik „Dienstleistungen“, hier findet sich auch eine Auflistung sämtlicher IHK-Angebote; zuletzt aufgerufen am 15. 10. 2018.

subsumieren, da sie in aller Regel gegen Entgelt auf dem entsprechenden Markt angeboten werden. Dem Grunde nach wird man die wirtschaftliche Tätigkeit der IHK also bejahen müssen. Inwiefern deren genaue Reichweite wettbewerbsrechtlich problematisch ist, ist im Rahmen der Frage nach den Auswirkungen auf Handel und Wettbewerb zu klären.

b. Finanzierung aus staatlichen Mitteln

Neben der wirtschaftlichen Tätigkeit eines Unternehmens erfordert die Einschlägigkeit des Art. 107 AEUV jedoch auch eine Finanzierung aus staatlichen Mitteln. Eine solche ist dann zu bejahen, wenn kumulativ die Voraussetzungen der Zurechenbarkeit der Maßnahme zum Staat sowie die unmittelbare oder mittelbare Gewährung staatlicher Mittel vorliegen.[856]

(1) Zurechenbarkeit zum Staat

Die Zurechenbarkeit zum Staat kann angesichts der Vorschrift des § 2 Abs. 1 IHKG, der verpflichtend die Mitgliedschaft vorschreibt und damit die gem. § 3 Abs. 2, 3 IHKG daran anknüpfenden Beiträge nicht nur ermöglicht sondern gesetzlich vorschreibt[857], schlechterdings nicht bezweifelt werden.

(2) Staatliche Mittel

Es muss sich jedoch um Mittel handeln, die unmittelbar oder mittelbar als staatlich einzustufen sind. Problematisch ist insofern, dass die Mittel nicht vom Staat, sondern von den Mitgliedern geleistet werden, dieser Vorgang allerdings staatlich verpflichtend angeordnet ist.

Der EuGH hatte in der Rechtssache *Steinike& Weinlig* über die Vereinbarkeit eines Beitrags zu einem Absatzfonds der deutschen Agrarwirtschaft mit dem europäischen Wettbewerbsrecht zu entscheiden und führte in diesem Zusammenhang aus:

> „Eine staatliche Maßnahme, die bestimmte Unternehmen oder Erzeugnisse begünstigt, verliert die Eigenschaft eines unentgeltlichen Vorteils nicht dadurch, daß sie ganz oder teilweise durch Beiträge finanziert wird, die von Staats wegen von den betreffenden Unternehmen erhoben werden.“[858]

---

856 Bekanntmachung der Kommission zum Begriff der staatlichen Beihilfe im Sinne des Artikels 107 Absatz 1 des Vertrages über die Arbeitsweise der Europäischen Union, Amtsblatt Nr. C-262/01 v. 19. 07. 2016, S. 9 Rn. 38, mit Verweis auf EuGH v. 16. 05. 2002, Rs. C-482/99, Frankreich/Kommission, Slg. 2002, I- 4397 Rn. 24.

857 Aufgrund der gesetzlichen Anordnung des Finanzierungssystems in § 3 IHKG ist die Beitragserhebung für die IHKs nicht disponibel.

858 EuGH v. 22. 03. 1977, Rs. C-78/76, *Steinike& Weinlig*, Slg. 1977, 595 Rn. 22.

Diese Aussage spricht dafür anzunehmen, dass die Zwischenschaltung einer staatlich geschaffenen Verpflichtungsnorm nicht ausreicht, um die Beiträge nicht mehr als durch den Staat erhoben anzusehen. So stellt der EuGH im selben Urteil auch fest, dass es unschädlich mit Blick auf die Einstufung als staatliches Mittel sei, wenn eine Maßnahme, mit der ein Vorteil verschafft wird, nicht unmittelbar durch den Staat finanziert werde, sondern durch eine „von ihm zur Durchführung der Beihilferegelung geschaffene Einrichtung".[859] Darüber hinaus entschied der Gerichtshof, dass es Beihilfen geben kann, deren Finanzierung über „parafiskalische Abgaben oder Pflichtabgaben erfolgt, die vom Staat auferlegt werden"[860] Nach diesen Aussagen des Gerichtshofs, an die sich auch die Kommission gebunden sieht[861], erscheint es möglich, auch die pflichtmitgliedschaftlichen IHK-Beiträge als staatlich finanziert anzusehen.

Dennoch lässt die Rechtsprechung des EuGH auch Zweifel an diesem Ergebnis aufkommen. So bekräftigte der Gerichtshof, dass eine Übertragung staatlicher Mittel nur in bestimmten Fällen ausgeschlossen sein könne. Dazu zählte er die Tatsache, dass Beiträge von Mitgliedern eines Berufsverbandes erhoben und zu einem von der Organisation selbst gewählten kommerziellen Zweck gebunden werden.[862] Dahinter steht jedoch letztlich die Frage, ob am Ende dem Staat oder dem Unternehmen der kontrollierende Einfluss über die Mittel zukommt.

---

859 EuGH v. 22. 03. 1977, Rs. C-78/76, *Steinike&Weinlig*, Slg. 1977, 595 Rn. 21.

860 EuGH v. 02. 07. 1974, Rs. C-173/73, Deutschland/Kommission, Slg. 1974, 709 Rn. 16; EuGH v. 17. 07. 2008, *Essent Netwerk Noord*, Rs. C-206/06, Rn. 58 ff.; im Urteil v. 28. 03. 2019, Rs. C-405/16 P, *EEG-Umlage*, spricht der EuGH der auf die Verbraucher faktisch abgewälzten EEG-Umlage nach dem EEG 2012 die Eigenschaft, staatliche Beihilfe zu sein, im Ergebnis ab. Maßgeblich war insoweit, dass die Umlage von den lokalen Versorgungsunternehmen an die überörtlichen Netzbetreiber zu zahlen ist, und das Gesetz die faktische Abwälzung dieser Umlage von den lokalen Versorgungsunternehmen auf die Stromverbraucher weder verbiet noch ausdrücklich erlaubt (Rn. 69 ff.). Diese Konstellation ist mit der Beitragspflicht im IHKG nicht vergleichbar: Hier sind die IHKs. Verpflichtet, Beiträge zu erheben.

861 Bekanntmachung der Kommission zum Begriff der staatlichen Beihilfe im Sinne des Artikels 107 Absatz 1 des Vertrages über die Arbeitsweise der Europäischen Union, Amtsblatt Nr. C-262/01 v. 19. 07. 2016, Rn. 57 ff., Fallgruppe „Kontrollierender Einfluss auf die Ressourcen".

862 Vgl. EuGH v. 15. 07. 2004, Rs. C-345/02, *Pearle u.a.*, Slg. 2004 I-7139, Rn. 41 zu einer Werbekampagne, die durch satzungsbegründete Mitgliedsbeiträge finanziert wurde; Bekanntmachung der Kommission, ebd. Rn. 58.

Aus diesem Grund müsse man prüfen, ob der Mitgliedstaat nur als Instrument diene, um die entsprechenden Beiträge für obligatorisch zu erklären, während die Entscheidung über die Existenz und Verwendung der Mittel eigentlich dem Unternehmen zukomme.[863]

Im Falle der IHK-Pflichtbeiträge verhält es sich so, dass der Staat in § 2 Abs. 1 IHKG i.V.m. § 3 Abs. 2 und 3 IHKG die pflichtmitgliedschaftlichen Beiträge hoheitlich anordnet. Dies erfolgt ohne jede Beteiligung der IHK, die sich lediglich im Nachhinein als Nutznießer der Vorschrift herausstellt. Deshalb wird man auch sagen können, dass in Zusammenschau mit der Aufgabenzuweisung in § 1 IHKG der Staat die Verwendung der Mittel bestimmt und nicht das Unternehmen IHK. Dass die IHK über die staatlichen Aufgaben hinaus tätig wird, ändert nichts an der grundsätzlichen Einordnung, dass die ursprüngliche „Gewährung" der Mittel zweckgebunden erfolgt.

Vor dem Hintergrund dieser Feststellungen ist davon auszugehen, dass die pflichtmitgliedschaftlichen IHK-Beiträge aus staatlichen Mitteln i.S.d. Art. 107 AEUV finanziert sind.

c. *Vorteil*

Eine beihilferechtliche Relevanz i.S.d. Art. 107 Abs. 1 AEUV erfordert zudem das Vorliegen eines Vorteils aufseiten des betroffenen Unternehmens. Schon früh legte sich der Gerichtshof darauf fest, dass darunter „Maßnahmen gleich welcher Art fielen, die mittelbar oder unmittelbar bestimmte Unternehmen oder Produktionszweige merklich begünstigten"[864]. Als Vorteil ist heute insbesondere jede wirtschaftliche Vergünstigung zu sehen, die ein Unternehmen unter normalen Marktbedingungen nicht erhalten hätte.[865] Gewähre der Staat also von den normalen Marktbedingungen abweichende Konditionen und verbessere sich deshalb die finanzielle Lage des Unternehmens, liege ein Vorteil i.S.d. Art 107 AEUV vor.[866] Deshalb müsse die finanzielle Lage des Unternehmens nach

---

863 Bekanntmachung der Kommission, ebd. Rn. 58; EuGH v. 15. 07. 2004, Rs. C-345/02, *Pearle u.a.*, Slg. 2004 I-7139, Rn. 41; EuGH v. 30. 05. 2013, Rs. C-677/11, *Doux Élevages SNC u.a.*, veröffentlicht in der digitalen Sammlung, Rn. 40.

864 EuGH v. 15. 07. 1964, Rs. C-6/64, *Costa/E.N.E.L.*, Slg. 1964, 1253 (1272).

865 EuGH v. 11. 07. 1996, Rs. C- 39/94, *SFEI u.a.*, Slg. 1996, 3547, Rn. 60.

866 Bekanntmachung der Kommission zum Begriff der staatlichen Beihilfe im Sinne des Artikels 107 Absatz 1 des Vertrages über die Arbeitsweise der Europäischen Union, Amtsblatt Nr. C-262/01 v. 19. 07. 2016, Rn. 67.

der Maßnahme mit der Lage verglichen werden, in der es sich befände, wenn die Maßnahme nicht ergriffen worden wäre.[867]

Stünden den IHKs die Pflichtbeiträge nicht zur Verfügung, würde ihre Hauptfinanzierungsquelle fehlen[868] und sich ihre finanzielle Lage damit deutlich verschlechtern. Zudem muss betont werden, dass Unternehmen, die ähnliche Angebote wie die IHKs bereithalten und unter normalen Marktbedingungen auftreten, gerade nicht über eine derartig sichere Finanzierung verfügen, ihnen die obige Vergünstigung auf dem Markt mithin fehlt.

Somit kann festgestellt werden, dass den IHKs mit der Schaffung der Pflichtbeiträge ein Vorteil gewährt wurde.

d. Selektivität

Dass nur „bestimmte Unternehmen oder Produktionszweige" begünstigt werden, bezeichnet die Kommission mit dem Erfordernis von Selektivität.[869] Dadurch soll gewährleistet, dass keine wettbewerbsirrelevante Begünstigung mit allgemeinem Charakter erfolgt. Aufgrund der gesetzlichen Vorgabe in § 2 Abs. 1 IHKG i.V.m. § 3 Abs. 2 und 3 IHKG ist sichergestellt, dass die oben festgestellte Begünstigung nur einem bestimmten „Unternehmen"[870], nämlich der jeweiligen IHK, zukommt.[871]

---

867 Bekanntmachung der Kommission zum Begriff der staatlichen Beihilfe im Sinne des Artikels 107 Absatz 1 des Vertrages über die Arbeitsweise der Europäischen Union, Amtsblatt Nr. C-262/01 v. 19. 07. 2016, Rn. 67.

868 Vgl. zum Beispiel den Jahresabschlussbericht der IHK Dortmund, S. 4, die im Rahmen ihrer Bilanz darlegt, dass über 70% ihrer Erträge aus Mitgliedsbeiträgen stammen, https://www.dortmund.ihk24.de/blob/doihk24/servicemarken/ueber_uns/downloads/3513200/d90b0588c45d97dffabba134f2083e64/Jahresabschluss-zum-31-12_2015-data.pdf (zuletzt aufgerufen am 25. 11. 2016).

869 Bekanntmachung der Kommission zum Begriff der staatlichen Beihilfe im Sinne des Artikels 107 Absatz 1 des Vertrages über die Arbeitsweise der Europäischen Union, Amtsblatt Nr. C-262/01 v. 19. 07. 2016, Rn. 117 ff.

870 Gemeint ist hier das Unternehmen im Sinne des europäischen Wettbewerbsrechts, also die IHK in ihrer Gesamtheit als wirtschaftlich tätiges Subjekt.

871 Einordnend in die Fallgruppen der Kommission würde man die IHK der „materiellen de-jure-Selektivität" zuordnen, Bekanntmachung der Kommission, ebd. Rn. 121; zur materiellen de-facto-Selektivität vgl. Rn. 122, zur materiellen Selektivität aufgrund von Ermessensentscheidungen der Verwaltung vgl. Rn. 123 ff., zur regionalen Selektivität vgl. Rn. 142 ff.

e. *Auswirkungen auf Wettbewerb und Handel*

Staatliche Begünstigungen können nur dann als Beihilfe i.S.d. Art. 107 Abs. 1 AEUV gelten, wenn sie „den Wettbewerb verfälschen oder zu verfälschen drohen“ und nur „soweit sie den Handel zwischen den Mitgliedstaaten beeinträchtigen“. Es handelt sich dabei dem Wortlaut nach um zwei kumulativ erforderliche Voraussetzungen, die aufgrund ihres engen Zusammenhangs oft gemeinsam geprüft werden[872], hier der Übersichtlichkeit halber jedoch getrennt betrachtet werden sollen.

(1) Verfälschung des Wettbewerbs

Eine staatliche Maßnahme ist dann dazu geeignet, den Wettbewerb zu verfälschen, wenn die Wettbewerbsposition des Empfängers gegenüber seinen Wettbewerbern verbessert wird.[873] Weder die Wettbewerbsverfälschung noch die Auswirkungen auf den Handel müssen nach Ansicht des Gerichtshofs erheblich oder wesentlich sein.[874] Gewährt der Staat einem Unternehmen „in einem liberalisierten Wirtschaftszweig, in dem Wettbewerb herrscht oder herrschen könnte, einen finanziellen Vorteil“[875], so kann eine Wettbewerbsverfälschung angenommen werden.

Dazu muss zunächst festgestellt werden, welcher Wettbewerb betroffen sein könnte. Die bereits erwähnten Dienstleistungstätigkeiten sind vielfältiger Art und könnten deshalb auch mit einer Vielzahl an Unternehmen in Wettbewerb treten. Insbesondere im Bereich von Existenzgründung, IT-Beratung, Beratung zur Unternehmensnachfolge oder Energieberatung fällt es nicht schwer, Unternehmen aufzutun, die diese Leistungen ebenfalls anbieten. Auch Lehrstellenbörsen

---

872 Bekanntmachung der Kommission zum Begriff der staatlichen Beihilfe im Sinne des Artikels 107 Absatz 1 des Vertrages über die Arbeitsweise der Europäischen Union, Amtsblatt Nr. C-262/01 v. 19. 07. 2016, Rn. 186.

873 Bekanntmachung der Kommission zum Begriff der staatlichen Beihilfe im Sinne des Artikels 107 Absatz 1 des Vertrages über die Arbeitsweise der Europäischen Union, Amtsblatt Nr. C-262/01 v. 19. 07. 2016, Rn. 187.

874 In diesem Sinne zum Beispiel EuGH v. 24. 07. 2003, Rs. C-280/00, *Altmark Trans und Regierungspräsidium Magdeburg*, Slg. 2003, I- 7747, Rn. 81; ebenso Bekanntmachung der Kommission zum Begriff der staatlichen Beihilfe im Sinne des Artikels 107 Absatz 1 des Vertrages über die Arbeitsweise der Europäischen Union, Amtsblatt Nr. C-262/01 v. 19. 07. 2016, Rn. 189.

875 Bekanntmachung der Kommission zum Begriff der staatlichen Beihilfe im Sinne des Artikels 107 Absatz 1 des Vertrages über die Arbeitsweise der Europäischen Union, Amtsblatt Nr. C-262/01 v. 19. 07. 2016, Rn. 187.

lassen sich außerhalb der IHK-Tätigkeit finden. Bei einem Großteil dieser Bereiche handelt es sich außerdem um Materien, die vor nationalen Grenzen keinen Halt machen. Abgesehen von – unproblematisch überwindbaren – Sprachbarrieren besteht im Ausland dieselbe Nachfrage nach Beratungen, sodass auch dort die entsprechenden Angebote existieren. Eine grenzüberschreitende Dienstleistungserbringung wird im Vergleich zu den stabil finanzierten IHKs vielen ausländischen Dienstleitern schwerfallen. Stellen Steuer- und Rechtsberatung im Kern möglicherweise noch innerstaatliche Aufgaben dar, so sind es spätestens Innovations- und Internationalisierungsberatungen, die unabhängig von mitgliedstaatlichen Grenzen nachgefragt werden.

Eine nicht nur hypothetische Verfälschung eines europäischen Wettbewerbs im Bereich der Dienstleistungsangebote der IHKs kann demnach angenommen werden.

(2) Auswirkungen auf den Handel

Eng mit der Voraussetzung der Wettbewerbsverfälschung verknüpft ist die Frage nach den Auswirkungen auf den innergemeinschaftlichen Handel. Auch diese müssen nach ständiger Rechtsprechung nicht erheblich sein. Es reicht, wenn eine staatliche Maßnahme Auswirkungen auf den Handel haben könnte.[876] Dabei geht der Gerichtshof so weit, dass es sogar ausreicht, wenn der Begünstigte gar nicht am innergemeinschaftlichen Handel teilnimmt. Wird einem inländischen Unternehmen eine Beihilfe gewährt, so könne dessen Tätigkeit dadurch beibehalten oder verstärkt werden, während die Chancen entsprechender Unternehmen in anderen Mitgliedstaaten, in den Markt des Begünstigten einzudringen, sich verringerten.[877]

Auswirkungen auf den innergemeinschaftlichen Handel wurden seitens der Kommission indes verneint, wenn die betreffende Maßnahme rein lokale Auswirkungen hatte. Dies sei insbesondere dann der Fall, wenn die Leistungen nur in einem geographisch begrenzten Gebiet angeboten würden und es deshalb eher unwahrscheinlich sei, Kunden aus anderen Mitgliedstaaten zu gewinnen.[878]

---

876 EuGH v. 14. 01. 2015, Rs. C-518/13, *Eventech*, n.v. (digitale Slg.), Rn. 65, m.w.N.

877 EuGH v. 24. 07. 2003, Rs. C-280/00, *Altmark Trans und Regierungspräsidium Magdeburg*, Slg. 2003, I-7747, Rn. 81; EuGH v. 14. 01. 2015, Rs. C-518/13, *Eventech*, n.v. (digitale Slg.), Rn. 67.

878 Bekanntmachung der Kommission zum Begriff der staatlichen Beihilfe im Sinne des Artikels 107 Absatz 1 des Vertrages über die Arbeitsweise der Europäischen Union, Amtsblatt Nr. C-262/01 v. 19. 07. 2016, Rn. 196.

Keine Auswirkungen auf den innergemeinschaftlichen Handel hatten aus Sicht der Kommission[879] zum Beispiel Sport- und Freizeiteinrichtungen mit überwiegend lokalem Einzugsgebiet, Tagungszentren, die aufgrund ihres Standortes für Kunden aus anderen Mitgliedstaaten uninteressant waren und Nachrichtenmedien, die aus sprachlichen oder räumlichen Gründen ein örtlich begrenztes Publikum haben.

Angesichts dieser Darlegungen könnte man die Frage stellen, ob die regionale Aufteilung der IHKs dazu führt, dass jede für sich lediglich örtlich relevant ist und keinen Einfluss auf den innergemeinschaftlichen Handel hat. Dabei muss jedoch bedacht werden, dass es letztlich um die Frage gehen muss, ob die Leistung und nicht das betroffene Unternehmen eine rein lokale Verwurzelung aufweist, die möglicherweise den innergemeinschaftlichen Handel unbeeindruckt lässt. Zwar ist das deutsche IHK-Wesen auf 80 regionale IHKs aufgeteilt. Die oben angesprochenen Dienstleistungen haben hingegen keinen örtlich begrenzten Charakter. Sie knüpfen nicht an regionale Industrien an oder sind nach ihrer Art örtlich gebunden. Insbesondere Beratungen sind vom Ort ihrer Erbringung unabhängig und für Unternehmen im Allgemeinen und nicht nur regional von Interesse. Zudem ist vor allem bei grenznahen IHKs davon auszugehen, dass die Leistungen auch grenzüberschreitend Bedeutung haben können. Dass die regionale Aufteilung keine Rolle spielt, legt auch die jüngere EuGH-Rechtsprechung nahe, die den örtlichen Charakter der Leistung schon nicht für zwingend relevant erklärt.[880]

Die regionale Struktur der IHKs vermag bei den Auswirkungen auf den innergemeinschaftlichen Handel also keine Rolle zu spielen, und relevante Auswirkungen i.S.d. Art. 107 AEUV können mit Blick auf die pflichtmitgliedschaftlichen Beiträge deshalb insgesamt bejaht werden.

II. Ergebnis

Die Voraussetzungen des Art. 107 Abs. 1 AEUV sind mit Blick auf die pflichtmitgliedschaftlichen Beiträge zu den IHKs erfüllt. Es handelt sich dabei um eine i.S.d. europäischen Wettbewerbsrechts relevante Beihilfe, gegen die folglich Maßnahmen nach Art. 108 AEUV ergriffen werden müssten.

---

879 Bekanntmachung der Kommission zum Begriff der staatlichen Beihilfe im Sinne des Artikels 107 Absatz 1 des Vertrages über die Arbeitsweise der Europäischen Union, Amtsblatt Nr. C-262/01 v. 19. 07. 2016, Rn. 197.

880 EuGH v. 14. 01. 2015, Rs. C-518/13, *Eventech*, n.v. (digitale Slg.), Rn. 69.

Ergebnisse

I. Die IHK-Pflichtmitgliedschaft verstößt gegen Art. 11 EMRK.

1. Die Vereinigungsfreiheit des Art. 11 EMRK ist vom sachlichen Schutzbereich her – im Gegensatz zu Art. 1 Abs. 1 1. ZP EMRK – einschlägig.
2. Eine Analyse EGMR-Rechtsprechung zur Frage der Reichweite des Merkmals der „öffentlich-rechtlichen Vereinigungen", die nach dieser Rechtsprechung vom Schutzbereich des Art. 11 EMRK ausgenommen sind, ergibt, dass verschiedene Leitlinien zur Abgrenzung existieren. Dazu zählen die gesetzlichen Vorgaben, die Ziele und Aufgaben der Vereinigung, die Mittel und Handlungsmöglichkeiten der Vereinigung sowie Existenz oder Nicht-Existenz einer Disziplinargewalt oder einer staatlichen Aufsicht. Die gesetzlich statuierte Organisationsform hat demgegenüber auf die Qualifikation als „nicht öffentlich-rechtlich" keinen Einfluss. Unter Beachtung der vom EGMR entwickelten Leitlinien sind die IHKs als nicht öffentlich-rechtliche Vereinigungen einzustufen, die unter den sachlichen Schutzbereich des Art. 11 EMRK fallen.
3. Die gesetzlich angeordnete Pflichtmitgliedschaft in der IHK greift in die (negative) Vereinigungsfreiheit des Art. 11 EMRK ein. Der Eingriff ist nicht gerechtfertigt, weil bereits kein legitimes Eingriffsziel vorhanden ist. Überdies wäre der Eingriff unverhältnismäßig.

II. Die IHK-Pflichtmitgliedschaft verstößt gegen Art. 12 und gegen Art. 16 GrCh.

1. Die Anwendbarkeit der Grundrechtecharta ergibt sich aus Art. 51 Abs. 1 GRCh, der auch die Sachverhalte erfasst, in denen eine Einschränkung bzw. bereits die Einschlägigkeit einer Grundfreiheit zu bejahen ist.
2. Eine Rechtfertigung der Beeinträchtigung der EU-Grundrechte durch die IHK-Pflichtmitgliedschaft ist nicht zu begründen.

III. Die IHK-Pflichtmitgliedschaft ist nicht mit der Niederlassungsfreiheit (Art. 49 AEUV) und der Dienstleistungsfreiheit (Art. 56 AEUV) vereinbar.

1. Vorrangiges, die Anwendbarkeit der Grundfreiheiten ausschließendes Sekundärrecht besteht in diesem Bereich nicht.

2. Der Schutzbereich der Niederlassungsfreiheit wird durch die gesetzliche Anordnung der IHK-Pflichtmitgliedschaft beeinträchtigt. Weder die Geringfügigkeit, noch die Gewährung von aus der Pflichtmitgliedschaft resultierenden Partizipationsrechten, noch sonstige Schutzbereichsbegrenzungen vermögen die sich ergebende Grundfreiheitsbeschränkung infrage zu stellen. Eine Rechtfertigung des Eingriffs ist weder aus geschriebenen noch aus ungeschriebenen Rechtfertigungsgründen des Primärrechts möglich. Es mangelt mit Blick auf ungeschriebene Rechtsfertigungsgründe bereits am Vorliegen „zwingender Erfordernisse" des Gemeinwohls.
3. Auch der Schutzbereich der Dienstleistungsfreiheit kann durch die verpflichtende Mitgliedschaft in den IHKs beeinträchtigt sein. In den Fällen einer „unechten Dienstleistungsbetriebsstätte" ist Art. 49 AEUV einschlägig. Die Beeinträchtigung der Dienstleistungsfreiheit kann in diesen Fällen nicht gerechtfertigt werden.

IV. Die IHK-Pflichtmitgliedschaft ist nicht mit dem europäischen Wettbewerbsrecht (Art. 107 AEUV) vereinbar.

1. Das Wettbewerbsrecht ist parallel zu den Grundfreiheiten und den Rechten der Grundrechtcharta anwendbar.
2. Die IHKs sind als Unternehmensvereinigungen i.S.d. Art. 101 ff. AEUV zu qualifizieren. Dies ergibt sich aus der Rechtsprechung des EuGH zur wettbewerbsrechtlichen Relevanz von Rechtsanwaltskammern und „sozialen Systemen".
3. Die IHK-Pflichtmitgliedschaft stellt indes keinen tauglichen Prüfungsgegenstand des Art. 101 Abs. 1 AEUV dar. Ein Verstoß ist insoweit zu verneinen.
4. Die IHK-Pflichtmitgliedschaft – mit der korrespondierenden Beitragspflicht – verstößt jedoch gegen Art. 107 Abs. 1 AEUV, weil insoweit eine relevante Beihilfe gewährt wird.

Literaturverzeichnis

Alkema, Evert, Report on ‚Freedom of Associations and Civil Society', in: Council of Europe (Ed.), Freedom of Association, Yearbook of the European Convention on Human Rights, Vol. 34 A, 1994, S. 52–83. (zit. *Alkema*, Freedom of Associations, S.)

Bernsdorff, Norbert/Borowsky, Martin, Der Grundrechtekonvent – Unveröffentlichte Arbeitsdokumente, Band I/II, Hannover 2003. (zit.: *Bernsdorff/Borowsky*, Arbeitsdokumente GRK, Band, S.)

Bernsdorff, Norbert/Borowsky, Martin, Die Charta der Grundrechte der Europäischen Union – Handreichungen und Sitzungsprotokolle, Baden-Baden 2002. (zit.: *Bernsdorff/Borowsky*, Protokolle GRCh, S.)

Bettermann, Karl August/Bachof, Otto: Die Grundrechte, Band III Halbband 1, Die Wirtschafts- und Arbeitsverfassung, Berlin 1958. (zit.: *Bearbeiter*, in: Bettermann/Bachof, Grundrechte Bd. III/1, S.)

Birkemeyer, Claas: Die unmittelbare Drittwirkung der Grundfreiheiten – zugleich Anmerkung zum Urteil des EuGH v. 17.07.2008, Rs. C-94/07 (Raccanelli) –, EuR 2010, S. 662–678. (zit.: *Birkemeyer*, Die unmittelbare Drittwirkung der Grundfreiheiten, EuR 2010, S.)

Bremer, Heinz: Kammerrecht der Wirtschaft: Kommentar zum Bundeskammergesetz, Landesrecht der Industrie- und Handelskammern einschließlich der Wirtschafts- und Arbeitnehmerkammern und Recht der Aussenhandelskammern, Berlin 1960. (zit.: *Bremer*, Kammerrecht der Wirtschaft, S.)

Brigola, Alexander: Die Metamorphose der Keck-Formel in der Rechtsprechung des EuGH – Ein Eckpfeiler im System des freien Warenverkehrs in neuem Körper, EuZW 2012, S. 248–253. (zit.: *Brigola*, Die Metamorphose der Keck-Formel, EuZW 2012, S.)

Brosius-Gersdorf, Frauke: Bindung der Mitgliedstaaten an die Gemeinschaftsgrundrechte – Die Grundrechtsbindung der Mitgliedstaaten nach der Rechtsprechung des EuGH, der Charta der Grundrechte der Europäischen Union und ihre Fortentwicklung, Berlin 2005. (zit.: *Brosius-Gersdorf*, Bindung der Mitgliedstaaten an die Gemeinschaftsgrundrechte, S.)

Bühler, Margit: Einschränkung von Grundrechten nach der europäischen Grundrechtecharta, Berlin 2005. (zit.: *Bühler*, Einschränkung von Grundrechten nach der EU-GRCh, S.)

Bürkle, Franziska/Ullmann, Robert: Die Betriebsstättendefinition des Art. 5 OECD-Musterabkommen: Aktuelle Änderungen bei Bau- und Montage- sowie

Dienstleistungsbetriebsstätten, DStR 2013, S. 944–949. (zit.: *Bürkle/Ullmann*, Die Betriebsstättendefinition des Art. 5 OECD-Musterabkommen, S.)

Busch, Berthold: Zur Wirtschaftsverfassung der Europäischen Union – Grundlagen, Entwicklung und Perspektiven, Köln, 2008. (zit.: *Busch*, Zur Wirtschaftsverfassung der EU, S.)

Calliess, Christian/Ruffert, Matthias (Hrsg.): EUV/AEUV, das Verfassungsrecht der Europäischen Union mit Europäischer Grundrechtecharta; Kommentar, 5. Auflage München 2016. (zit.: *Bearbeiter*, in: Calliess/Ruffert, EUV/AEUV, Art. Rn.)

Coppel, Jason/O'Neill, Aidan: The European Court of Justice: Taking rights seriously?, CMLR 1992 (29), S. 669–692. (zit.: *Coppel/O'Neill*, The European Court of Justice: Taking rights seriously?, CMLR 1992, S.)

Council of Europe: Freedom of Association, Seminar organised by the Secretariat General of the Council of Europe in co-operation with the Ministery of Justice of Iceland in Reykjavik (Iceland), 26.-28. August 1993, Dordrecht/Boston/London 1994. (zit.: *Council of Europe*, Freedom of Association, S.)

Council of Europe: Legal Committee – Ad Hoc Joint Committee – Committee of Ministers – Consultative Assembly, 23 June–28 August 1950, Band V, Den Haag, 1979, in: Collected edition of the „travaux préparatoires" of the European convention on human rights, Band I – VIII, Den Haag 1975–1985. (zit.: *Council of Europe*, Travaux Préparatoires V, S.)

Cremer, Wolfram: Der programmierte Verfassungskonflikt: Zur Bindung der Mitgliedstaaten an die Charta der Grundrechte der Europäischen Union nach dem Konventsentwurf für eine Europäische Verfassung, NVwZ 2003, 1452–1457. (zit.: *Cremer*, Der programmierte Verfassungskonflikt, NVwZ 2003, S.)

Croon, Johanna: Keck und die Konvergenz der Grundfreiheiten, BLJ 2008, S. 119–124 (zit.: *Croon*, Keck und die Konvergenz der Grundfreiheiten, BLJ 2008, S.)

Dauses, Manfred: Handbuch des EU-Wirtschaftsrechts, München, Loseblattsammlung Stand Juli 2018, 45. Ergänzungslieferung. (zit.: *Dauses*, EU-Wirtschaftsrecht, Art. Rn.)

Diefenbach, Wilhelm: Einwirkungen des EU-Rechts auf das deutsche Kammerrecht, GewArch 2006, S. 217–227. (zit.: *Diefenbach*, Einwirkungen des EU-Rechts, GewArch 2006, S.)

Dietz, Sara/Streinz, Thomas: Das Marktzugangskriterium in der Dogmatik der Grundfreiheiten, EuR 2015, S. 50–73. (zit.: *Dietz/Streinz*, Das Marktzugangskriterium in der Dogmatik der Grundfreiheiten, EuR 2015, S.)

Dougan, Michael: The Treaty of Lisbon: winning minds not hearts, CMLR (45) 2008, S. 617–703. (zit.: *Dougan*, The Treaty of Lisbon, CMLR 2008, S.)

Eberhartinger, Michael: Konvergenz und Neustrukturierung der Grundfreiheiten, EWS 1997, S. 43–52. (zit.: *Eberhartinger*, Konvergenz und Neustrukturierung der Grundfreiheiten, EWS 1997, S.)

Ehlers, Dirk (Hrsg.): Europäische Grundrechte und Grundfreiheiten, 4. Auflage, Berlin 2015. (zit.: *Bearbeiter*, in: Ehlers (Hrsg.), Europäische Grundrechte und Grundfreiheiten, § Rn.)

Eidenmüller, Horst (Hrsg.), u.a.: Ausländische Kapitalgesellschaften im deutschen Recht, München 2004. (zit.: *Bearbeiter*, in: Eidenmüller (Hrsg.) u.a., Ausländische Kapitalgesellschaften, § Rn.)

Eidenmüller, Horst/Rehm, Gebhard: Niederlassungsfreiheit versus Schutz des inländischen Rechtsverkehrs: Konturen des Europäischen Internationalen Gesellschaftsrechts, ZGR 2004, S. 159–188. (zit.: *Eidenmüller/Rehm*, ZGR 2004, S.)

Eisner, Carolin: Die Schrankenregelung der Grundrechtecharta der Europäischen Union – Gefahr oder Fortschritt für den Grundrechtsschutz in Europa?, Baden-Baden 2005. (zit.: *Eisner*, Die Schrankenregelung der EU-Grundrechtecharta, S.)

Emmert, Frank: Europarecht, München 1996. (zit.: *Emmert*, Europarecht, S.)

Engeli, Christian/Haus, Wolfgang: Quellen zum modernen Gemeindeverfassungsrecht in Deutschland, Stuttgart 1975. (zit.: *Engeli/Haus*, Quellen zum modernen Gemeindeverfassungsrecht in Deutschland, S.)

Epiney, Astrid: Umgekehrte Diskriminierungen – Zulässigkeit und Grenzen der discrimination à rebours nach europäischem Gemeinschaftsrecht und nationalem Verfassungsrecht, Köln 1995. (zit.: *Epiney*, Umgekehrte Diskriminierungen, S.)

Epping, Volker/Hillgruber, Christian (Hrsg.): Grundgesetz Kommentar, 2. Auflage, München 2013. (zit.: *Bearbeiter* in: Epping/Hillgruber, GG-Kommentar, Art. Rn.)

Everling, Das Niederlassungsrecht in der EG als Beschränkungsverbot – Tragweite und Grenzen, in: Schön, Wolfgang/Flume, Werner/Jakobs, Horst Heinrich (Hrsg.): Gedächtnisschrift Brigitte Knobbe-Keuk, Köln 1997, S. 607–626. (zit.: *Everling*, in: GS Knobbe-Keuk, S.)

Fischer, Klemens H: Der Vertrag von Nizza – Text und Kommentar einschließlich der konsolidierten Fassung des EUV und EGV sowie des Textes der EU-Charta der Grundrechte, Baden – Baden 2001. (zit.: *Fischer*, Der Vertrag von Nizza, S.)

Frenz, Walter: Handbuch Europarecht, Europäische Grundfreiheiten (Band 1), Berlin 2012. (zit.: *Frenz*, Handbuch Europarecht, Band 1, S.)

Frenz, Walter: Handbuch Europarecht, Europäische Grundrechte (Band 4), Berlin 2009. (zit.: *Frenz*, Handbuch Europarecht, Band 4, S.)

Frenzel, Gerhard/Jäkel, Ernst/Junge, Werner (Hrsg.): Industrie- und Handelskammergesetz, Kommentar zum Kammerrecht des Bundes und der Länder, 7. Auflage, Köln 2009. (zit.: *Bearbeiter* in: Frenzel/Jäkel/Junge, IHKG, § Rn.)

Gneist, Rudolf von: Die preußische Kreis-Ordnung in ihrer Bedeutung für den inneren Ausbau des deutschen Verfassungsstaates, Berlin 1870. (zit.: von *Gneist*, Die preußische Kreis-Ordnung, S.)

Grabenwarter, Christoph/Pabel, Katharina: Europäische Menschenrechtskonvention, Ein Studienbuch, 6. Auflage, München u.a. 2016. (zit.: *Grabenwarter/Pabel*, EMRK, § Rn.)

Grabenwarter, Christoph: Auf dem Weg in die Grundrechtsgemeinschaft?, EuGRZ 2004, S. 563–570. (zit.: *Grabenwarter*, Auf dem Weg in die Grundrechtsgemeinschaft?, EuGRZ 2004, S.)

Grabenwarter, Christoph: Die Charta der Grundrechte für die Europäische Union, DVBl. 2001, S. 1–13. (zit.: *Grabenwarter*, Charta der Grundrechte für die EU, DVBl. 2001, S.)

Grabitz, Eberhard/Hilf, Meinhard/Nettesheim, Martin (Hrsg.), Das Recht der Europäischen Union – Kommentar, Loseblattausgabe Stand Mai 2018, 64. Ergänzungslieferung, München 2018. (zit.: *Bearbeiter*, in: Grabitz/Hilf/Nettesheim (Hrsg.), Das Recht der EU, Art. Rn.)

Greer, Steven, The Margin of Appreciation: Interpretation and Discretion under the European Convention on Human Rights, Council of Europe Publishing, Human rights files No. 17, 2000, https://www.echr.coe.int/LibraryDocs/DG2/HRFILES/DG2-EN-HRFILES-17(2000).pdf. (zit. *Greer*, Margin of Appreciation, S.)

von der Groeben, Hans/Schwarze, Jürgen/Hatje, Armin (Hrsg.): Europäisches Unionsrecht, Vertrag über die Europäische Union – Vertrag über die Arbeitsweise der Europäischen Union – Charta der Grundrechte der Europäischen Union, Band 1–4, 7. Auflage 2015. (zit.: *Bearbeiter*, in: von der Groeben/Schwarze/Hatje, Europäisches Unionsrecht, Bd. Art. Rn.)

Große-Wentrup, Anna: Die Europäische Grundrechtecharta im Spannungsfeld der Kompetenzverteilung zwischen Europäischer Union und Mitgliedstaaten – Eine Untersuchung am Beispiel von Art. 14 und Art. 16 EuGRC, Berlin 2003. (zit.: *Große-Wentrup*, Die GRCh im Spannungsfeld der Kompetenzverteilung zwischen EU und Mitgliedstaaten, S.)

Grote, Rainer/Marauhn, Thilo (Hrsg.): EMRK/GG, Konkordanz-Kommentar zum europäischen und deutschen Grundrechtsschutz, Tübingen 2006. (zit.: *Bearbeiter*, in: Grote/Marauhn, EMRK/GG, Kap. Rn.)

Haferkamp, Ute: Die Kapitalverkehrsfreiheit im System der Grundfreiheiten des EG-Vertrags, Baden-Baden 2003. (zit.: *Haferkamp*, Die Kapitalverkehrsfreiheit im System der GF, S.)

Hardach, Gerd: Der Deutsche Industrie- und Handelskammertag 1861–2011, Der Spitzenverband der Industrie- und Handelskammern im Wandel der Zeit, Berlin 2011. (zit.: *Hardach*, DIHT, S.)

Heer-Reißmann, Christine: Die Letztentscheidungskompetenz des Europäischen Gerichtshofs für Menschenrechte in Europa – Eine Untersuchung zum Verhältnis von EGMR und EuGH in Menschenrechtsfragen unter Berücksichtigung des Verhältnisses des BVerfG zum EuGH. (zit.: *Heer-Reißmann*, Die Letztentscheidungskompetenz des EGMR, S.)

Hendler, Reinhard: Selbstverwaltung als Ordnungsprinzip, zur politischen Willensbildung und Entscheidung im demokratischen Verfassungsstaat der Industriegesellschaft, Köln u.a. 1984. (zit.: *Hendler*, Selbstverwaltung als Ordnungsprinzip, S.)

Heselhaus, Sebastian/Nowak, Carsten (Hrsg.): Handbuch der europäischen Grundrechte, München 2006. (zit.: *Bearbeiter*, in: Heselhaus/Nowak, Handbuch der europäischen Grundrechte, § Rn.)

Hobe, Stephan: Europarecht, 9. Auflage, München 2017. (zit.: *Hobe*, Europarecht, Rn.)

Huber, Ernst Rudolf: Selbstverwaltung der Wirtschaft, Stuttgart 1958. (zit.: *E.R. Huber*, Selbstverwaltung der Wirtschaft, S.)

Huber, Peter Michael: Unitarisierung durch Gemeinschaftsgrundrechte – Zur Überprüfungsbedürftigkeit der ERT-Rechtsprechung, EuR 2008, S. 190–199. (zit.: *P. M. Huber*, Unitarisierung durch Gemeinschaftsgrundrechte, EuR 2008, S.)

Immenga, Ulrich/Mestmäcker, Ernst-Joachim: Wettbewerbsrecht, Band 1 (EU), 5. Auflage, München 2012. (zit.: Immenga/Mestmäcker, EU-Wettbewerbsrecht, Art. Rn.)

Jarass, Hans/Pieroth, Bodo: Grundgesetz für die Bundesrepublik Deutschland, Kommentar, 15. Auflage, München 2018. (zit.: *Bearbeiter*, in: Jarass/Pieroth, GG, Art. Rn.)

Jarass, Hans: Charta der Grundrechte der Europäischen Union: GRCh – unter Einbeziehung der vom EuGH entwickelten Grundsätze, der Grundrechtsregelungen der Verträge und der EMRK – Kommentar, 3. Auflage, München 2016. (zit.: *Jarass*, Kommentar EU-GRCh, Art. Rn.)

Kahle, Holger/Kindich, Aaron: Die (unechte) Dienstleistungsbetriebsstätte, IStR 2016, S. 89–96. (zit.: *Kahle/Kindich*, Die (unechte) Dienstleistungsbetriebsstätte, IStR 2016, 89)

Karpenstein, Ulrich/Mayer, Franz: EMRK Konvention zum Schutz der Menschenrechte und Grundfreiheiten Kommentar, 2. Auflage, München 2015. (zit.: *Bearbeiter*, in: Karpenstein/Mayer, EMRK, Art. Rn.)

Kempees, Peter: ‚Legitimate aims' in the case-law of the European Court of Human Rights, in: Mahoney, Paul u.a. (Hrsg.), Protection des droits de l'homme: la perspective européenne, Protecting human rights: the European perspective, Köln u.a. 2000, S. 659–675. (zit.: *Kempees*, „Legitimate aims" in the case-law of the ECHR, in: Mahoney u.a. (Hrsg.), Protection des droits de l'homme: la perspective européenne, S.)

Kempen, Bernhard: Die Pflichtmitgliedschaft in den Industrie- und Handelskammern verstößt gegen geltendes Unionsrecht, in: Sachs/Siekmann (Hrsg.), Der grundrechtsgeprägte Verfassungsstaat, Festschrift Klaus Stern, 2012, S. 761–784. (zit. *Kempen*, FS Klaus Stern, 2012, S.)

Keucher, Johannes: Geschichtliche Entwicklung und gegenwärtiger Stand des Kammer-Systems, zugl. jur. Diss, Halle 1931. (zit.: *Keucher*, Geschichtliche Entwicklung, S.)

Kirchberg, Christian: Pflichtmitgliedschaften und Gemeinschaftsrecht, NJW 2009, S. 1313–1314. (zit.: *Kirchberg*, Pflichtmitgliedschaften und Gemeinschaftsrecht, NJW 2009, S.)

Klein, Franz (Hrsg.): Abgabenordnung – einschließlich Steuerstrafrecht –, Kommentar, 14. Auflage, München 2018. (zit.: *Bearbeiter*, in: Klein, Abgabenordnung, § Rn.)

Kluth, Winfried (Hrsg.): Die IHK-Entscheidung des Bundesverfassungsgerichts vom 12. Juli 2017, Halle, 2018. (zit.: *Bearbeiter*, in: Kluth (Hrsg.), Entscheidung des Bundesverfassungsgerichts, S.).

Kluth, Winfried (Hrsg.): Handbuch des Kammerrechts, 2. Auflage, Baden-Baden 2011. (zit.: *Bearbeiter*, in: Kluth, Handbuch des Kammerrechts, § Rn.)

Kluth, Winfried: Rechtliche und funktionelle Unterschiede des Kammerrechts zum Vereinsrecht, 2008, abrufbar über die Website www.kammerrecht.de, http://www.kammerrecht.de/media/aktuelles/Kluth- Chinavortrag_de.pdf (zuletzt abgerufen am 21. 08. 2019). (zit.: *Kluth*, Unterschiede des Kammerrechts zum Vereinsrecht, S.)

Kluth, Winfried: Funktionale Selbstverwaltung, Verfassungsrechtlicher Status – Verfassungsrechtlicher Schutz, Habil.-Schrift, Tübingen 1997. (zit.: *Kluth*, Funktionale Selbstverwaltung, S.)

Kluth, Winfried: Verfassungsfragen der Privatisierung von Industrie- und Handelskammern, in: Stern (Hrsg.) Studien zum öffentlichen Recht und zur Verwaltungslehre (Band 61), München 1997. (zit.: *Kluth*, Verfassungsfragen der Privatisierung von IHKs, S.)

Kluth, Winfried/Goltz, Ferdinand: Kammern der berufsständischen Selbstverwaltung in der EU – Die Bedeutung der Träger berufsständischer und wirtschaftlicher Selbstverwaltung im europäischen Binnenmarkt und in einer künftigen Europäischen Verfassung, Baden-Baden 2004. (zit.: *Kluth/Goltz*, Kammern der berufsständischen Selbstverwaltung in der EU, S.)

Kluth, Winfried/Rieger, Frank: Die neue EU-Berufsanerkennungsrichtlinie – Regelungsgehalt und Auswirkungen für Berufsangehörige und Berufsorganisationen, EuZW 2005 Heft 16, S. 486–492.

(zit.: *Kluth/Rieger*, Die neue EU-Berufsanerkennungsrichtlinie, EuZW 2005, S.)

Lackhoff, Klaus: Die Niederlassungsfreiheit des EGV – nur ein Gleichheits- oder auch ein Freiheitsrecht?, Berlin 2000, zugl. Diss. Universität Münster 1998. (zit.: *Lackhoff*, Die Niederlassungsfreiheit des EGV, S.)

Landmann, Robert v./Rohmer, Gustav (Hrsg.): Gewerbeordnung und ergänzende Vorschriften, Band I, Loseblattsammlung, Stand Juni 2018 (79. EL), München 2018. (zit.: *Bearbeiter*, in: Landmann/Rohmer, Gewerbeordnung, § Rn.)

Larenz, Karl/Canaris, Claus-Wilhelm: Methoden der Rechtswissenschaft, 3. neubearbeitete Auflage, Berlin 1995. (zit.: *Larenz/Canaris*, Methoden der Rechtswissenschaft, S.)

Lenz, Carl Otto/Borchardt, Klaus-Dieter: EU-Verträge, Kommentar, 6. Auflage 2012. (zit.: *Lenz/Borchardt*, EU-Verträge, Art. Rn.)

Lindner, Josef F.: Zur grundsätzlichen Bedeutung des Protokolls über die Anwendung der Grundrechtecharta auf Polen und das Vereinigte Königreich – zugleich ein Beitrag zur Auslegung von Art. 51 EGC –, EuR 2008, S. 786–799. (zit.: *Lindner*, Zur grundsätzlichen Bedeutung des Protokolls über die Anwendung der GRC auf Polen und das Vereinigte Königreich, EuR 2008, S.)

Lock, Tobias: Das Verhältnis zwischen dem EuGH und internationalen Gerichten – Der EuGH und internationale Gerichte, zugl. Diss. Erlangen-Nürnberg 2009, Tübingen 2010. (zit.: *Lock*, Das Verhältnis zwischen dem EuGH und internationalen Gerichten, S.)

Lusensky, Franz: Gesetz über die Handelskammern, Handelskammergesetz, 2. Auflage, Berlin 1909. (zit.: *Lusensky*, Gesetz über die Handelskammern, S.)

Macdonald, Ronald S./Matscher, Franz/Petzold, Herbert (Hrsg.), The European System for the Protection of Human Rights, Dordrecht 1993. (zit.: *Bearbeiter*, in: Macdonald/Matscher/Petzold, The European System for the Protection of Human Rights, S.)

Maunz, Theodor/Dürig, Günter/Herzog, Roman u.a. (Hrsg.): Grundgesetz-Kommentar, Loseblattsammlung, Stand 08/2018, 84. Auflage 2018. (zit.: *Bearbeiter*, in: Maunz/Dürig, GG, Art. Rn.)

Meyer, Jürgen (Hrsg.), Charta der Grundrechte der Europäischen Union, Kommentar, 4. Auflage, Baden-Baden 2014. (zit.: *Bearbeiter*, in: Meyer (Hrsg.), GRCh-Kommentar, Art. Rn.)

Meyer-Ladewig, Jens/Nettesheim, Martin/von Raumer, Stefan (Hrsg.): Europäische Menschenrechtskonvention, Kommentar, 4. Auflage, Baden-Baden, 2017. (zit.: *Bearbeiter*, in: Meyer-Ladewig (Hrsg.), HK-EMRK, Art. Rn.)

Mock, Hanspeter: Le droit au respect de la vie privée et familiale, du domicile et de la correspondance (Article 8 CEDH) à l'aube du XXI. siècle, Rue universelle des droits de l`homme (10) 1998, S. 237–246. (zit.: *Mock*, Le droit au respect de la vie privée et familiale, du domicile et de la correspondance (Art. 8 CEDH) à l'aube du XXI. siècle, RUDH (10) 1998, S.)

Most, Otto: Die Selbstverwaltung der Wirtschaft in den Industrie- und Handelskammern, 3. Auflage, Jena 1927. (zit.: *Most*, Selbstverwaltung, S.)

Müller, Johannes: Kapitalverkehrsfreiheit in der Europäischen Union, Bedeutung, Inhalt und Umfang, Weiterentwicklung, Auswirkungen auf Völkerrecht und nationales Recht, zugl. Diss. Erlangen-Nürnberg 1998, Berlin 2000. (zit.: *Müller*, Kapitalverkehrsfreiheit in der EU, S.)

Nikolaysen, Gert: Entwicklungslinien und Perspektiven des Grundrechtsschutzes in der EU – Die gemeinschaftsrechtliche Begründung von Grundrechten, in: Bruha, Thomas/Nowak, Carsten/Petzold, Hans Arno (Hrsg.), Grundrechtsschutz für Unternehmen im europäischen Binnenmarkt, Baden-Baden 2004, S. 15–43. (zit.: *Nikolaysen*, in: Bruha/Nowak/Petzold (Hrsg.), Entwicklungslinien und Perspektiven des Grundrechtsschutzes in der EU, S.)

Nowak, Carsten: Wirtschaftsgrundrechte und Wirtschaftsverfassung in Deutschland und in der Europäischen Union, in: Bruha. Thomas/Nowak, Carsten/Petzold, Hans Arno (Hrsg.), Grundrechtsschutz für Unternehmen im europäischen Binnenmarkt, Baden-Baden 2004, S. 45–77. (zit.: *Nowak*, Wirtschaftsgrundrechte und Wirtschaftsverfassung in Deutschland und in der EU, in: Bruha/Nowak/Petzold (Hrsg.), Grundrechtsschutz für Unternehmen im europäischen Binnenmarkt, S.)

Nowak, Carsten: Das Verhältnis des Wettbewerbsrechts und der Grundfreiheiten im Binnenmarkt, Beiheft EuR 2004, S. 77–106. (zit.: *Nowak*, Das Verhältnis des Wettbewerbsrechts und der Grundfreiheiten, Beiheft EuR 2004, S.)

Pautsch, Arne, Die Durchführung von Wirtschaftlichkeitsprüfungen und -kontrollen bei Kammern, in: Kluth (Hrsg.), Jahrbuch des Kammer- und Berufsrechts, 2015, S. 31–38. (zit. *Pausch*, Wirtschaftlichkeitsprüfungen, in: Kluth (Hrsg.), Jahrbuch des Kammer- und Berufsrechts, 2015, S.)

Peters, Anna/Altwicker, Tilmann: Europäische Menschenrechtskonvention – Mit rechtsvergleichenden Bezügen zum deutschen

Grundgesetz, 2. Auflage, München 2012. (zit.: *Peters/Altwicker*, Europäische Menschenrechtskonvention, § Rn.)

Philippi, Nina: Die Charta der Grundrechte der Europäischen Union – Entstehung, Inhalt und Konsequenzen für den Grundrechtsschutz in Europa, Baden-Baden 2002. (zit.: *Philippi*, Die Charta der Grundrechte der Europäischen Union, S.)

Reiser, Hagen/Cortez, Benjamin: Betriebsstättenbegriff im Wandel – Zur veränderten Bedeutung des Kriteriums der Verfügungsmacht, IStR 2013, S. 6–15. (zit.: *Reiser/Cortez*, Betriebsstättenbegriff im Wandel, IStR 2013, S.)

Rengeling, Hans-Werner: Die wirtschaftsbezogenen Grundrechte in der Europäischen Grundrechtecharta, DVBl. 2004, S. 453–464. (zit.: *Rengeling*, Die wirtschaftsbezogenen Grundrechte in der EU-GRCh, S.)

Rengeling, Hans-Werner/Szczekalla, Peter: Grundrechte in der Europäischen Union – Charta der Grundrechte und Allgemeine Rechtsgrundsätze, Köln u.a. 2004. (zit.: *Rengeling/Szczekalla*, Grundrechte in der EU, § Rn.)

Roth, Wulf-Henning, Die Niederlassungsfreiheit zwischen Beschränkungs- und Diskriminierungsverbot, in: Schön, Wolfgang/Flume, Werner/Jakobs, Horst Heinrich (Hrsg.): Gedächtnisschrift Brigitte Knobbe-Keuk, Köln 1997, S. 729–742. (zit.: *Roth*, in: GS Knobbe-Keuk, S.)

Sachs, Michael (Hrsg.): GG-Kommentar, 8. Auflage, München 2018. (zit.: *Bearbeiter*, in: Sachs, GG, Art. Rn.)

Salzwedel, Jürgen: Staatsaufsicht in Verwaltung und Wirtschaft, in: Vereinigung der Deutschen Staatsrechtslehrer (Hrsg.), Veröffentlichungen der Vereinigung der Deutschen Staatsrechtslehrer – Berichte und Diskussionen auf der Tagung der Vereinigung der Deutschen Staatsrechtslehrer, Band 22, Berlin 1965, S. 206–239. (zit.: *Salzwedel*, in: VVDStRL Band 22 (1965), S.)

Scheidtmann, André: Wirtschafts- und berufsständische Kammern im europäischen Gemeinschaftsrecht, zugl. Diss. 2007 (Universität zu Köln), Frankfurt 2007. (zit.: *Scheidtmann*, Wirtschafts- und berufsständische Kammern im europäischen Gemeinschaftsrecht, S.)

Scheuing, Dieter H.: Zur Grundrechtsbindung der EU-Mitgliedstaaten, EuR 2005, S. 162–191. (zit.: *Scheuing*, Zur Grundrechtsbindung der EU-Mitgliedstaaten, EuR 2005, S.)

Schilling, Theodor: Internationaler Menschenrechtsschutz, das Recht der EMRK und des IPbpR, 3. Auflage, Tübingen, 2016. (zit.: *Schilling*, Internationaler Menschenrechtsschutz, Kap. Rn.)

Schnattinger, Andrea: Die Rückwirkung des Europarechts auf das deutsche Gewerberecht, zugl. Diss. Würzburg 2005, Göttingen 2005. (zit.: *Schnattinger*, Die Rückwirkung des Europarechts auf das deutsche Gewerberecht, S.)

Schöbener, Burkhard: Zwischen grundrechtlicher Kontinuität und Dynamik im subjektiven Rechtsschutz in: Kluth (Hrsg.), Die IHK-Entscheidung des Bundesverfassungsgerichts vom 12. Juli 2017, Halle 2018, S. 41–66. (zit. *Schöbener*, Kontinuität und Dynamik im subjektiven Rechtsschutz, S.)

Schöbener, Burkhard (Hrsg.): Europarecht – Lexikon zentraler Begriffe und Themen, Bade-Baden, 2019. (zit. *Bearbeiter*, in: Schöbener (Hrsg.), Europarecht, Rn.)

Schöbener, Burkhard: Rechtsschutz, in: Kluth (Hrsg.), Handbuch des Kammerrechts, 2. Auflage, § 14, Baden-Baden 2011. (zit.: *Schöbener*, in: Kluth (Hrsg.), Handbuch des Kammerrechts, § 14 Rn.)

Schöbener, Burkhard: Die unternehmerische Freiheit in der Europäischen Grundrechtecharta – ein Wirtschaftsgrundrecht zwischen Formelkompromiss und Gewährleistungseffizienz, in: Ennuschat, Jörg u.a. (Hrsg.), Wirtschaft und Gesellschaft im Staat der Gegenwart, Gedächtnisschrift Peter J. Tettinger, Köln u.a. 2007. S. 159–177. (zit.: *Schöbener*, Die unternehmerische Freiheit in der EU-GRCh, in: GS Tettinger, S.)

Steinke, Kirsa: Die Übertragbarkeit der Keck-Rechtsprechung des EuGH auf die Niederlassungsfreiheit, zugl. Diss. Göttingen 2007, Frankfurt/Main 2009. (zit.: *Steinke*, Die Übertragbarkeit der Keck-Rechtsprechung auf die NLF)

Stern, Klaus/Sachs, Michael (Hrsg.): Kommentar Europäische Grundrechte-Charta, München 2016. (zit.: *Bearbeiter*, in: Stern/Sachs, Europäische GRCH, Art. Rn.)

Schindler, Sven: Wettbewerbsrechtlicher Unternehmensbegriff des EuGH im Rahmen des Art. 101 AEUV (ex. Art. 81 EGV) – Ein widersprüchlicher Paradigmenwechsel von besonderer Bedeutung für die öffentliche Beschaffungstätigkeit, KommJur 2011, S. 126 -129. (zit.: *Schindler*, Wettbewerbsrechtlicher Unternehmensbegriff des EuGH, KommJur 2011, S.)

Schmidt-Aßmann, Eberhard, Zum staatsrechtlichen Prinzip der Selbstverwaltung, in: Selmer, Peter/v. Münch, Ingo (Hrsg.), Gedächtnisschrift Wolfgang Martens, 1987, S. 249–264. (zit.: *Schmidt-Aßmann*, in: GS Martens, 1987, S.)

Schmidt, Reiner/Vollmöller, Thomas (Hrsg.): Kompendium Öffentliches Wirtschaftsrecht, 4. Auflage, Berlin 2015. (zit.: *Bearbeiter*, in: Schmidt/Vollmöller (Hrsg.), Kompendium Öffentliches Wirtschaftsrecht, § Rn.)

Schwarze, Jürgen: Der Staat als Adressat des europäischen Wettbewerbsrechts, EuZW 2002, S. 613–627. (zit.: *Schwarze*, Der Staat als Adressat des europäischen Wettbewerbsrechts, EuZW 2000, S.)

Schwarze, Jürgen: Der Grundrechtsschutz für Unternehmen in der Europäischen Grundrechtecharta, EuZW 2001, S. 517–524. (zit.: *Schwarze*, Grundrechtsschutz für Unternehmen in der EU-GRCH, EuZW 2001, S.)

Schwarze, Jürgen/Becker, Ulrich/Hatje, Armin/Schoo, Johann (Hrsg.): EU-Kommentar, 4. Auflage, Baden-Baden 2019. (zit.: *Bearbeiter*, in: Schwarze/Becker/Hatje/Schoo (Hrsg.), EU-Kommentar, Art. Rn.)

Schwier, Henning: Der Schutz der „Unternehmerischen Freiheit“ nach Artikel 16 der Charta der Grundrechte der Europäischen Union – Eine Darstellung der tatsächlichen Reichweite und Intensität der grundrechtlichen Gewährleistung aus rechtsvergleichender Perspektive, zugl. Diss. Köln 2007, Frankfurt 2008. (zit.: *Schwier*, Der Schutz der „Unternehmerischen Freiheit nach Art. 16 GRCh, S.)

Sölch, Otto/Ringleb, Karl (Hrsg.): Umsatzsteuergesetz, Kommentar, Loseblattsammlung, 84. Ergänzungslieferung Stand: September 2018. (zit.: *Bearbeiter*, in: Sölch/Ringleb, UStG, Art. Rn.)

Spiekermann, Julia: Die Folgen des Beitritts der EU zur EMRK für das Verhältnis des EuGH zum EGMR und den damit einhergehenden Individualrechtsschutz, zugl. Diss. Bremen 2012, Baden-Baden 2013. (zit.: *Spiekermann*, Die Folgen des Beitritts der EU zur EMRK für das Verhältnis des EuGH zum EGMR, S.)

Stober, Rolf: Die Industrie- und Handelskammer als Mittler zwischen Staat und Wirtschaft – Zum IHK-Auftrag vor den Herausforderungen in Gegenwart und Zukunft, Köln u.a. 1992. (zit.: *Stober*, Die IHK als Mittler zwischen Staat und Wirtschaft, S.)

Stork, Stefan: Die Änderung der Richtlinie 2005/36/EG über die Anerkennung von Berufsqualifikationen, GewArch 9/2013, S. 338–345. (zit.: *Stork*, Die Änderung der Richtlinie 2005/36/EG, S.)

Streinz, Rudolf (Hrsg.): EUV/AEUV – Vertrag über die Europäische Union und Vertrag über die Arbeitsweise der Europäischen Union – Kommentar, 3. Auflage, München 2018. (zit.: Bearbeiter, in: Streinz (Hrsg.), EUV/AEUV-Kommentar, Art. Rn.)

Swoboda, Michael: Was wir tun – Leistungsprofil der Industrie- und Handelskammern, Köln 2011. (zit.: *Swoboda*, Was wir tun, S.)

Tettinger, Peter/Stern, Klaus (Hrsg.): Kölner Gemeinschaftskommentar zur Europäischen Grundrechte-Charta, Köln 2006. (zit.: *Bearbeiter*, in: Tettinger/Stern, Kommentar EU-GRCh, Art. Rn.)

Waldhorst, Nicola: Die Kammern zwischen Kartell- und Verwaltungsorganisationsrecht, Dargestellt am Beispiel der Bundesrechtsanwaltskammer und der Industrie- und Handelskammern, zugl. Diss. Univ. Bochum 2005, Baden-Baden 2005. (zit.: *Waldhorst*, Die Kammern zwischen Kartell- und Verwaltungsorganisationsrecht, S.)

Wallrab, Annette: Die Verpflichteten der Gemeinschaftsgrundrechte – Umfang und Grenzen der Bindung der Europäischen Gemeinschaft und der Mitgliedstaaten an die Grundrechte des Europäischen Gemeinschaftsrechts, zugl. Diss. Universität Freiburg 2000, Baden-Baden 2004. (zit.: *Wallrab*, Die Verpflichteten der Gemeinschaftsgrundrechte, S.)

Weber, Werner: Staats- und Selbstverwaltung in der Gegenwart, 2. Auflage, Göttingen 1967. (zit.: *Weber*, Staats- und Selbstverwaltung, S.)

Weiler, Joseph H.H./Lockhart, Nicolas J. S.: „Taking rights seriously" seriously: the European Court and it's fundamental rights jurisprudence – Part I and Part II, CMLR 1995 (32) S. 51–94, CMLR 1995 (32) S. 579–627. (zit.: *Weiler/Lockhart*, „Taking rights seriously" seriously: the European Court and it's fundamental rights jurisprudence, S.)

Weise, Jürgen: Kammern in Not – Zwischen Anpassung und Selbstbehauptung – Die Stellung der Industrie- und Handelskammern in der Auseinandersetzung um eine neue politische und wirtschaftliche Ordnung 1945–1956, dargestellt am Beispiel rheinischer Kammern und ihren Vereinigungen auf Landes-, Zonen- und Bundesebene, Köln 1989. (zit.: *Weise*, Kammern in Not, S.)

Wiethoff, Jan Hendrik: Das konzeptionelle Verhältnis von EuGH und EGMR – Unter besonderer Berücksichtigung der aktuellen Verfassungsentwicklung der Europäischen Union, zugl. Diss. Bochum 2007, Baden-Baden 2008. (zit.: *Wiethoff*, Das konzeptionelle Verhältnis von EuGH und EGMR, S.)

Will, Martin: Selbstverwaltung der Wirtschaft, Recht und Geschichte der Selbstverwaltung in den Industrie- und Handelskammern, Handwerksinnungen, Kreishandwerkerschaften, Handwerkskammern und Landwirtschaftskammern, Tübingen, 2010. (zit.: *Will*, Selbstverwaltung der Wirtschaft, S.)

Winkel, Harald: Industrie- und Handelskammern in der Bewährung 1945–1956, in: Abelshauser, Werner/Petzina, Dietmar (Hrsg.), Ordnungspolitische Weichenstellungen nach dem Zweiten Weltkrieg, Berlin 1991, S. 145–163. (zit.: *Winkel*, Industrie- und Handelskammern, in: Abelshauser/Petzina (Hrsg.), Ordnungspolitische Weichenstellungen, S.)

Wirtz, Manuela, Das Haushaltsrecht der Kammern: Eine Analyse des Budgetrechts am Beispiel der wirtschaftsständischen und berufsständischen Kammern in Nordrhein-Westfalen, Diss. 1999. (zit. *Wirtz*, Haushaltsrecht der Kammern, S.)

Wunderlich, Nina: Das Grundrecht der Berufsfreiheit im Europäischen Gemeinschaftsrecht – Der Schutz der Wirtschaftsteilnehmer gegenüber Eingriffen der Gemeinschaft in ihre berufliche Freiheit, zugl. Diss. Freiburg 2000, Baden-Baden 2000. (zit.: *Wunderlich*, Berufsfreiheit im Europäischen Gemeinschaftsrecht, S.)

Zacher, Hans F.: Aufgaben einer Theorie der Wirtschaftsverfassung, in: Coing, Helmut/Kronstein, Heinrich/Mestmäcker, Ernst-Joachim (Hrsg.), Wirtschaftsordnung und Rechtsordnung, Festschrift Böhm, Karlsruhe 1965, S. 63–109. (zit.: *Zacher*, Aufgaben einer Theorie der Wirtschaftsverfassung, in: FS Böhm, S.)

Zoellner, Anne-Christine: Das Verhältnis von Bundesverfassungsgericht und Europäischem Gerichtshof für Menschenrechte, unter Berücksichtigung der Rolle des EuGH, zugl. Diss. Hamburg 2008, Hamburg 2009. (zit.: *Zoellner*, Das Verhältnis von BVerfG und EGMR, S.)

Ziegenhorn, Gero: Der Einfluss der EMRK im Recht der EU-Grundrechtecharta – genuin chartarechtlicher Grundrechtsschutz gemäß Art. 52 Abs. 3 GRCh, zugl. Diss. Bonn 2008, Berlin 2009. (zit.: *Ziegenhorn*, Der Einfluss der EMRK, S.)

www.ingramcontent.com/pod-product-compliance
Ingram Content Group UK Ltd.
Pitfield, Milton Keynes, MK11 3LW, UK
UKHW021845290926
8980IPUK00005B/659

9 783631 843765